欧亚备要

主办：中国社会科学院古代史研究所内陆欧亚学研究中心

主编：余太山　李锦绣

高句丽与拓跋鲜卑
国家起源比较研究

杨军 著

商务印书馆
The Commercial Press

图书在版编目（CIP）数据

高句丽与拓跋鲜卑国家起源比较研究 / 杨军著.
北京：商务印书馆，2025. -- （欧亚备要）. --ISBN 978-7-100-24309-4

I . K289

中国国家版本馆CIP数据核字第20244LS658号

权利保留，侵权必究。

（欧亚备要）
高句丽与拓跋鲜卑国家起源比较研究
杨军 著

商 务 印 书 馆 出 版
（北京王府井大街36号 邮政编码100710）
商 务 印 书 馆 发 行
三河市尚艺印装有限公司印刷
ISBN 978-7-100-24309-4

2025年3月第1版　　　开本710×1000　1/16
2025年3月北京第1次印刷　印张18½
定价：98.00元

编者的话

《欧亚备要》丛书所谓"欧亚"指内陆欧亚（Central Eurasia）。这是一个地理范畴，大致包括东北亚、北亚、中亚和东中欧。这一广袤地区的中央是一片大草原。在古代，由于游牧部族的活动，内陆欧亚各部（包括其周边）无论在政治、经济还是文化上都有了密切的联系。因此，内陆欧亚常常被研究者视作一个整体。

尽管司马迁的《史记》已有关于内陆欧亚的丰富记载，但我国对内陆欧亚历史文化的研究在很多方面长期落后于国际学界。我们认识到这一点并开始急起直追，严格说来是在 20 世纪 70 年代末。当时筚路蓝缕的情景，不少人记忆犹新。

由于内陆欧亚研究难度大，早期的研究者要克服的障碍往往多于其他学科。这也体现在成果的发表方面：即使付梓，印数既少，错讹又多，再版希望渺茫，不少论著终于绝版。

有鉴于此，商务印书馆发大愿心，选择若干较优秀、尤急需者，请作者修订重印。不言而喻，这些原来分属各传统领域的著作（专著、资料、译作等）在"欧亚"的名义下汇聚在一起，有利于读者和研究者视野的开拓，其意义显然超越了单纯的再版。

应该指出的是，由于出版时期、出版单位不同，尤其是研究对象的不同，导致诸书体例上的差异，这次重新出版仅就若干大的方面做了调整，其余保持原状，无意划一，借此或可略窥本学科之发展轨迹也。

愿本丛书日积月累，为推动内陆欧亚历史文化的研究起一点作用。

余太山

序

在本书绪论中，作者宣称，他要完成的工作有二：一是对高句丽、拓跋鲜卑这两个民族的国家起源问题作个案研究；二是在个案研究的基础上，对国家形成的模式作理论方面的探讨。他谦逊地补充说：相对于个案研究而言，理论的探讨更为重要，只是从自身的知识结构、研究兴趣、理论水平等方面考虑，他还是将重点放在了两个个案研究上。

尽管作者就国家起源问题对高句丽、拓跋鲜卑两者所作个案研究非常精彩，但我相信读过本书的人都会将兴趣集中于理论方面的探讨。这是因为作者选择高句丽和拓跋鲜卑两者同时进行个案研究就是为了将典型农耕民族和典型游牧民族的国家形成模式进行比较，以求得更具普遍意义的结论。事实上，本书的主要价值正体现在作者对这些理论的求索，特别是所采用的方法之中。以下指出最有借鉴意义的三点：

一、作者深知，理论必须从事实出发，作没有史料依据的逻辑推导无济于事。问题在于，究竟需要作多少有关的个案研究才足以从中归纳出理论来？换言之，如何才能使有限的个案研究成果能够具备作为理论基础的条件？

正是考虑到这一点，作者在比较高句丽和拓跋鲜卑之前，先作了高句丽和夫余、百济，以及拓跋鲜卑和秃发鲜卑、吐谷浑之间的比较，目的是分别考察高句丽和拓跋鲜卑的国家形成模式是否具有代表性；在得到确认之后，才开始条分缕析进一步比较高句丽和拓跋鲜卑的国家形成模式。既然客观上个案研究无法穷尽，这不失为一种切实可行的方法。

二、显而易见，要得出更具普遍意义的结论，仅仅将自己个案研究成果（即使这些个案研究具有各自的代表性）进行比较是远远不够的，还必须将个案研究成果和已有的国家起源理论进行比较，才能在明确合理内核的同时，最大限度地克服局限性。

在本书中，作者将个案研究所得高句丽和拓跋鲜卑的国家形成模式与恩格斯和塞维斯的国家起源理论作了探同析异的比较。可以说，作者关于中国北方少数民族向国家演进的规律很大程度上是在这一探析、比较的过程中发现的。

三、在进行有关国家起源问题的理论研究时，不能不面对一个如何对待马克思主义经典作家论述的问题。如所周知，国家学说是马克思主义的核心部分，有关国家起源的理论是这一学说的有机组成部分，其重要性不言而喻，我们没有理由不认真对待。

作者将自己个案研究成果和恩格斯关于国家起源理论比较的过程实际上也是对这一理论验证的过程。而正是在这一验证的过程中，作者汲取了恩格斯有关理论的营养（主要是得到验证的部分），加上从其他理论借鉴的可信成分，形成了自己关于中国北方少数民族向国家演进的理论——本书表述为个案研究和比较研究中得出的结论。这一结论，正展示了作者对马克思主义经典作家关于国家起源理论的丰富和发展。

这就是说，作者不仅在自己的创造性理论思维过程中自觉地将经典作家的理论作为向导，而且将丰富和发展马克思主义国家起源学说视为己任，为学术研究中如何正确对待马克思主义经典作家的论述树立了一个很好的典范。

当前关于中国国家起源的讨论正在不断深入，成绩显著，但中国北方民族，特别是游牧民族的国家起源一直是其薄弱环节，而只有同时系统研讨游牧和农耕民族国家的起源，中国国家起源的研究才能更上层楼。在这方面，本书可视为一个良好的开端。希望作者百尺竿头，再接再厉，更广泛地进行个案研究，从中概括出关于中国北方民族的国家形成模式的科学结论。

余太山
2006 年 1 月 9 日

目　录

序 1

第一章　绪论 1
　　（一）研究现状 2
　　（二）研究思路与方法 7

第二章　前国家形态 10
　第一节　来自大兴安岭 11
　　（一）拓跋鲜卑起源地 11
　　（二）高句丽起源地 28
　　（三）迁徙前的经济类型 41
　第二节　早期社会组织 44
　　（一）拓跋鲜卑早期社会组织 44
　　（二）高句丽早期社会组织 58
　　（三）家庭、私有制与权力 66
　小结 75

第三章　向国家过渡：高句丽模式 77
　第一节　社会组织形式 78
　　（一）朱蒙所部迁入前的浑江流域 78
　　（二）朱蒙所部带来的变化 88
　　（三）城民谷民：新的整合 92
　第二节　权力与机构 97

（一）王权的出现 …… 97

　　　（二）统治结构 …… 111

　小结 …… 125

　附录：高句丽王世系积年考——兼论朱蒙建国时间 …… 129

第四章　向国家过渡：拓跋鲜卑模式 …… 141

　第一节　社会组织形式 …… 142

　　　（一）南迁匈奴故地前后的变化 …… 142

　　　（二）离散部落：新的整合 …… 153

　第二节　权力与机构 …… 170

　　　（一）王权的出现 …… 170

　　　（二）官员与机构 …… 188

　小结 …… 200

第五章　国家形成的模式 …… 204

　第一节　两种理论体系的解读 …… 206

　　　（一）重读《家庭、私有制和国家的起源》…… 206

　　　（二）关于酋邦理论 …… 220

　第二节　拓跋鲜卑与高句丽的比较研究 …… 233

　　　（一）关于高句丽的比较研究 …… 233

　　　（二）关于拓跋鲜卑的比较研究 …… 241

　　　（三）拓跋鲜卑与高句丽的比较研究 …… 251

　　　（四）与两种理论的比较研究 …… 257

　小结 …… 264

参考书目 …… 267
索引 …… 283

第一章 绪论

　　本书所要完成的工作主要是两个：一是对高句丽、拓跋鲜卑这两个民族的国家起源问题作个案研究；二是在此个案研究的基础上，对国家形成的模式作一点理论方面的探讨。虽然相对于个案研究而言，理论的探讨更为重要，但从作者自身的知识结构、所从事的专业、研究兴趣以及理论水平等方面考虑，本书还是要将重点放在两个个案研究上。这也决定了本书的研究方法主要是历史学的，而不是人类学的、政治学的，更不是哲学的。概言之，本书的研究方法主要是实证性的，是从历史事实出发，作理论上的归纳、总结与思考，尽量避免作没有史料依据的逻辑的推导。归根结底，本书是一部历史学著作。

　　之所以选择高句丽与拓跋鲜卑进行个案研究，除了作者对有关这两个少数民族早期历史的史料与研究现状较为熟悉之外，更重要的原因在于，这两个个案既具有代表性，也具有可比性。从生活在呼伦湖附近地区开始，一直到北魏建国，拓跋鲜卑是典型的游牧民族，其国家形成过程可以代表一种游牧民族由前国家形态向国家演进的模式；高句丽人自朱蒙所部迁入浑江流域起，开始发展成为典型的农耕民族，其国家形成过程可以代表一种农耕民族向国家演进的模式。虽然在目前研究东北地方史的学者们所作的分类中，高句丽属于秽貊族系，拓跋鲜卑属于东胡族系，但是，我们有理由相信，二者的核心或领导家族最初都来自大兴安岭北麓；他们开始迁徙的时间大体相同，所建立的国家走向强盛的时间也大体相同，因此，对他们向国家演进的模式作比较研究完全是可行的。我们希望，从对这一农一牧两个民族国家形成过程的比较中，可以发现一些共性的、规律性的认识。由于目前所知的原生形态的国家，都是以农业为主要经济类型，学术界对典型游牧民族的国家起源问题研究较少，因此将游牧民族的国家起源过程与农耕民族的国家起源过程相比较，以使相关结论更具普遍意义，就显得尤其重要。

高句丽与拓跋鲜卑建立的国家同样都是次生形态的国家（secondary state）。[①] 不可否认，在研究国家起源问题上，原生形态的国家远比次生形态的国家更具重要性。但是，到目前为止，为学术界所公认的原生形态的国家仅有6个，分别出现在美索不达米亚、埃及、中国、印度河流域、中美洲与南美洲。正如美国学者 Barbara J. Price 所说，有关这些原生形态国家的最直接资料"事实上仅仅来源于考古学资料"。[②] 根据物质遗存研究人类早期的政治组织形式，虽然是最直接的资料，但无论如何也具有不可避免的模糊性。而高句丽与拓跋鲜卑的国家形成过程，却都存在汉语的文献记载。这正是我们研究这两个次生形态国家的意义之所在。

（一）研究现状

关于国家起源问题，学术界探讨得最多的是国家形成的原因或者说动力问题，并提出种种假设，但对国家形成的过程相对来说较少关注，流行的理论只有两种，[③] 一种是摩尔根、恩格斯为代表的氏族—部落—部落联盟—国家的演进模式，[④] 另一种是塞维斯（Elman R. Service）为代表的群队—部落—

---

① 莫顿·弗里德把国家分为原生的（Pristine）和次生的（Secondary）。所谓原生形态的国家，是指在形成过程中未受到在其之前已经出现的国家的影响的国家；所谓次生形态的国家，是指在其他国家的影响下形成的国家。

② Barbara J. Price, Secondary State Formation: An Explanatory Model, in Ronald Cohen and Elman R. Service eds., *Origins of The State: The Anthropology of Political Evolution* (Philadelphia: Institute for the Study of Human Issues, Inc., 1978), p. 161.

③ 也有一些学者提出过国家形成的其他模式，如李宏伟认为，从前国家形态向国家演进的模式是：氏族→部族→分化社会→原始国家。见李宏伟《两种国家起源模式的比较研究——国家起源道路新探》，《中央民族大学学报》，2003年第2期。王希恩认为，存在两种模式，二者都是从群队、氏族到部落，此后，一种模式是经部落联盟演进为国家，另一种模式是经酋邦演进为国家。见王希恩《民族过程与国家》，甘肃人民出版社1998年，第44页。但是，这些观点并未引起学术界的广泛认同，也没有出现从这些理论观点出发所作的国家起源的个案研究，因此，本书仅从恩格斯、塞维斯两种理论出发展开论述。

④ 易建平非常正确地指出："在摩尔根和恩格斯的理论中，原始社会的最高组织形式是民族而不是部落联盟，故而，人类社会是通过民族而不是通过部落联盟最后形成为国家的"，"既然在摩尔根与恩格斯以及马克思的著作中，国家产生之前人类社会的最高组织形式，不是部落联盟，而是民族"，那么，"许多中国学者用来阐明所有'原生'国家形成的部落联盟模式的基本理论架构即便能够成立，模式本身也应该改名为'民族模式'"。见易建平《部落联盟还是民族——对摩尔根和恩格斯有关论述的再思考》，《历史研究》，2003年第5期。但这种观点属于"新说"，尚未得到学术界的广泛认同。因此，本书仍从目前学术界的传统说法立论。

酋邦—国家的演进模式。

1877年，摩尔根的《古代社会》一书出版，恩格斯后来盛赞摩尔根"以他自己的方式，重新发现了40年前马克思所发现的唯物主义历史观"。这部书不仅提出全新的理论模式，更重要的是，开创了用人类学方法研究国家起源问题之先河，而在此之前，西方关注国家问题的主要学者，如霍布斯（T. Hobbes）、洛克（J. Locke）、休谟（D. Hume）、卢梭（J. Rousseau）、维科（G. Vico）、孟德斯鸠（C. L. S. Montesquieu）等，都是哲学家或政治哲学家，对国家起源问题的研究仍停留在哲理性阶段。①

1880年底至1881年3月初，马克思认真研读了《古代社会》一书，并作了详细摘要，即《摩尔根〈古代社会〉一书摘要》。② 马克思去世后，恩格斯在整理马克思遗著时发现了这本摘要，并依据摩尔根的研究与马克思的批语，于1884年写成《家庭、私有制和国家的起源》一书。该书出版后，第二年就被译为波兰文、意大利文、塞尔维亚文，1886年译成罗马尼亚文，1888年译成丹麦文，1893年译成法文、保加利亚文，1894年译成俄文、西班牙文，1902年译成英文，1927年译成日文，1928年译成中文。在恩格斯生前，该书的德文版已经出到第6版。③ 由此可见其在学术界引起的广泛影响。事实上，自恩格斯《家庭、私有制和国家的起源》一书出版后，由摩尔根提出的氏族—部落—部落联盟—国家的演进模式成为学术界通说，以人类学、历史学而不是哲学的方法研究国家起源问题也为学术界所认同。

自1928—1929年郭沫若发表《中国古代社会研究》一书开始，摩尔根

---

① 有关西方学者对国家起源问题的研究概况，参见谢维扬《中国早期国家》，浙江人民出版社1995年，第18—25页。

② 此据文末："卡尔·马克思写于1880年底—1881年3月初"，见《马克思恩格斯全集》第45卷，人民出版社1985年，第571页。苏联学者塔尔塔科夫斯基也认为是"1880—1881年冬天"。见《马恩列斯研究资料汇编》，书目文献出版社1982年，第126页。李永采、李长林、程德祺等认为，马克思研读摩尔根《古代社会》一书并作详细摘要是在1881年5月至1882年3月（见《驱拨谬雾究真谛——恩格斯著〈家庭、私有制和国家的起源〉新辨释》，东南大学出版社1993年，第40页）；卓天华认为是在1881年5月至1882年2月（见《马克思的原始社会史观——读马克思〈摩尔根《古代社会》一书摘要〉》，《北方论丛》，1984年第3期），张新的看法与此相同（见《恩格斯传》，当代世界出版社1998年，第478页）；蔡曙先认为是在1880年5月至1881年2月（见《〈家庭、私有制和国家的起源〉写作背景和经过》，《四川大学学报》，1979年第3期）。皆未详何据。

③ 李永采、李长林、程德祺等《驱拨谬雾究真谛——恩格斯著〈家庭、私有制和国家的起源〉新辨释》，东南大学出版社1993年，第50页、第44页表。

和恩格斯提出的由前国家形态向国家演进的模式，一直在中国学术界居于垄断地位。但与国际学术界不同，在中国，从事国家起源问题研究的主要不是人类学家，而是历史学家。当然，考古学家在对该问题的研究中发挥着重要作用，这一点，中国学术界与国际学术界的情况是一致的。

20世纪六七十年代，将国家起源问题的研究提升到一个新高度，最重要的标志就是群队—部落—酋邦—国家的演进模式的提出。

"酋邦"这一概念最初是朱利安·斯图尔德（Julian Steward）在编写《南美印第安人手册》一书时创造的。1955年，卡列沃·奥伯格（Kaitrvo Oberg）正式采用了"酋邦"这一术语，把它作为人类社会发展的一个特定阶段。1962年，埃尔曼·塞维斯（Elman R. Service）在他的《原始社会结构》（*Primitive Social Organizaiton: An Evolutionary Perspective*）一书中将原始社会依社会演化阶段分为群队（Band）、部落（Tribe）、酋邦（Chiefdom）三类，从而将酋邦确定为人类社会发展的一个阶段，正式提出了群队—部落—酋邦—国家的四阶段社会发展模式。① 1975年，塞维斯在《国家和文明的起源》（*Origins of the State and Civilization: The Processs of Cultural Evolution*）一书中对此观点作了进一步阐述。

在塞维斯的观点发表之后不久，另一位文化人类学家弗里德（Morton H. Fried）也提出了一个十分相似的理论框架：无等级无分层社会—等级社会—分层社会—国家。受弗里德理论的影响，塞维斯又在20世纪70年代对自己的理论进行了修正，重新提出平均主义社会—等级社会—帝国式国家—古代文明或古典帝国的理论框架，但不久，他就又回到自己原来的理论。群队—酋邦理论自20世纪六七十年代提出以来，成为西方文化人类学界沿用较多的公式。

其中"群队"一词在英文中是"band"，现在有多种汉译，如"队群"、"原始群"、"集群"、"游群"、"游团"、"地方集团"、"地域集团"等。"酋邦"一词译自英文"chiefdom"，这个词又被译作"酋长领地"、"酋长社会"和"酋领制社会"等。从译名的多样性可以看出，中国学术界对这一理论的吸纳还只是近些年的事情。在中文著作中，最早引进塞维斯的酋邦理论研究

---

① 有关"酋邦"理论演进的详细介绍，参见易建平《部落联盟与酋邦——民主·专制·国家：起源问题比较研究》，社会科学文献出版社2004年版；李宏伟《两种国家起源模式的比较研究——国家起源道路新探》，《中央民族大学学报》，2003年第2期。

中国国家起源问题的是考古学家张光直的《中国青铜时代》。[①] 此后，中国学者开始关注这一新出现的理论。1995年出版的谢维扬的《中国早期国家》，是引入酋邦理论探讨中国国家起源问题的第一部力作，在学术界引起强烈反响，推动中国学术界对酋邦理论的研究走向深化。[②] 部分中国学者开始抛弃传统的部落联盟模式，转而采用酋邦模式——有的学者对谢维扬著作的评价就是"走出部落联盟"。[③] 王震中的著作也引起学术界的广泛关注。[④] 其中，对酋邦理论的探讨最为深入的当推易建平。[⑤]

中国学者对国家起源问题的研究重点始终放在对中国这一原生形态国家的研究方面，对周边少数民族的次生形态的国家研究较少。对拓跋鲜卑国家的起源，黄烈、[⑥] 唐长孺、[⑦] 曹永年、[⑧] 陈启汉[⑨] 有专文论述，马长寿、[⑩] 李亚农、[⑪] 林干、[⑫] 韩国磐、[⑬] 杜士铎[⑭] 以及张博泉[⑮] 的论著也都有所涉及。这些论著以及

---

① 张光直《中国青铜时代》，生活·读书·新知三联书店1983年。
② 有关中国学者酋邦问题的研究现状，参见李黔宁《近年来关于酋邦问题讨论综述》，《中国史研究动态》，2000年第4期。
③ 王和《走出部落联盟——读谢维扬著〈中国早期国家〉》，《历史研究》，1999年第1期。
④ 王震中《中国文明起源的比较研究》，陕西人民出版社1994年。
⑤ 参考易建平《论古代非专制政治地区发展的差异》，《历史研究》，1998年第6期；《部落联盟模式、酋邦模式与对外战争问题》，《史学理论研究》，2000年第4期；《部落联盟模式与希腊罗马早期社会权力结构》，《世界历史》，2000年第6期；《酋邦与专制政治》，《历史研究》，2001年第5期；《酋邦与"中央集权"》，《史林》，2001年第4期；《祖鲁与酋邦模式》，《四川大学学报》，2001年第2期；《伦斯基的园耕社会理论与谢维扬的酋邦学说》，《世界历史》，2001年第4期；《战争与文化演进：卡内罗的限制理论》，《史学理论研究》，2001年第4期；《部落联盟还是民族——对摩尔根和恩格斯有关论述的再思考》，《历史研究》，2003年第5期；《部落联盟与酋邦——民主·专制·国家：起源问题比较研究》，社会科学文献出版社2004年。
⑥ 黄烈《拓跋鲜卑早期国家的形成》，《魏晋隋唐史论集》第二辑，中国社会科学出版社1984年，第60—94页。
⑦ 唐长孺《拓跋国家的建立及其封建化》，《魏晋南北朝史论丛（外一种）》，河北教育出版社2000年，第233页。
⑧ 曹永年《早期拓跋鲜卑的社会状况和国家的建立》，《历史研究》，1987年第5期。
⑨ 陈启汉《论拓跋鲜卑南迁及其氏族制度解体》，《广东社会科学》，1985年第1期。
⑩ 马长寿《乌桓与鲜卑》，上海人民出版社1962年。
⑪ 李亚农《周族的氏族制与拓跋族的前封建制》，华东人民出版社1954年。
⑫ 林干《东胡史》，内蒙古人民出版社1989年；林干、再思《东胡乌桓鲜卑研究与附论》，内蒙古大学出版社1995年。
⑬ 韩国磐《南北朝经济史略》，厦门大学出版社1990年，第174页。
⑭ 杜士铎《北魏史》，山西高校联合出版社1992年。
⑮ 张博泉《鲜卑新论》，吉林文史出版社1993年。

通史著作中的相关章节，都是从部落联盟的理论模式出发，研究拓跋鲜卑国家的形成。唯有谢维扬认为，拓跋鲜卑自力微至什翼犍时期的政治组织的性质是酋邦，公元338年什翼犍"始置百官，分掌众职"，并制定法律，"标志着拓跋鲜卑已完全国家化"。[①] 罗新认为："献帝邻时期发生的这一氏族分化，可能是拓跋集团从部落阶段向酋邦阶段转化的一个标志。"[②] 但对此并未展开论述。

关于朝鲜半岛的国家起源，中国学者多认为始于箕氏朝鲜。而朝、韩学者对此多持否定态度。在日本学者中，早期有过调和箕氏朝鲜与檀君朝鲜的说法，[③] 但总体说来，还是否认箕子东迁史事的说法影响比较大，持这种观点的学者以今西龙为代表。[④] 朝、韩学者多认为，朝鲜半岛的国家始于檀君朝鲜，檀君建在中国的尧以前。在挖掘"檀君陵"之后，对檀君以及檀君朝鲜的肯定态度，在朝鲜半岛的学术界达到前所未有的新高度。[⑤]《檀君陵发掘报告》以朝鲜社会科学院的名义宣称平壤是古朝鲜首都、檀君古朝鲜于公元前3000年左右建国，从而向学术界暗示了今后关于古朝鲜研究的基调，一批著名韩、朝学者在不到一年的时间里纷纷出版著作或论文，修改自己以前的学术观点。[⑥] 对檀君朝鲜的肯定很快就成为朝、韩学术界的主流观点。

中国学者认为，檀君朝鲜是后起的神话，不可以视为信史。所谓"檀君陵"也不是公元前的遗迹，其遗物明显属于高句丽时期，朝鲜方面发表的考古学报告是有问题的。[⑦] 目前国际学术界尚未出现将檀君朝鲜列为第7个原生形态国家加以研究的例子，说明朝、韩这种观点并未得到国际学术界的

---

① 谢维扬《中国早期国家》，浙江人民出版社1995年，第512页。
② 罗新《北魏直勤考》，《历史研究》，2004年第5期。
③ [日]吉备西村《朝鲜史》，点石斋书局1903年，第5页。
④ 今西龙分析记载箕子赴朝鲜史事的中国史书，一概指为不可信。见[日]今西龙《箕氏朝鲜传说考》，《东北亚历史与考古信息》，1999年第2期。
⑤ 参见[朝鲜]《朝鲜建国始祖檀君》，外文出版社1994年。
⑥ 参见[韩]吴江原著，李慧竹译《关于北韩学界最近提出的古朝鲜"新平壤说"——以"檀君陵"发掘及南北韩学界的论考为中心》，《东北亚考古资料译文集·高句丽、渤海专号》，北方文物杂志社2001年，第132—138页。
⑦ 参见[韩]吴江原著，李慧竹译《关于北韩学界最近提出的古朝鲜"新平壤说"》，《东北亚考古资料译文集·高句丽、渤海专号》，北方文物杂志社2001年；王培新《檀君陵发掘质疑》，《东北亚历史与考古信息》，1994年第2期。

认同。但在这种大的背景之下，中、朝、韩、日学者很少对高句丽的国家起源问题进行深入探讨，而是笼统地认为，该地区在高句丽以前已步入国家形态，需要讨论的只是高句丽人是何时建立了自己民族的国家。

虽然黄枝连的论述在很多方面与本书并不一致，但在将新罗、百济、高句丽视为朝鲜半岛最早的国家这一点上，[①] 我们是支持他的说法的。我们不敢肯定日本学者武田幸男是否具有同样的观点，但是，他的《朝鲜各古代国家的形成》一文，就是论述新罗、百济、高句丽的。[②]

（二）研究思路与方法

在有关国家起源问题的研究中，国外学术界向来非常重视个案的研究。由 Henri J. M. Claessen 和 Peter Skalník 主编的《早期国家》一书，[③] 就是从个案研究出发总结普遍性规律的典型例子。本书的研究思路也是这样，即：试图在进行个案研究与比较研究的基础上，得出一点规律性的认识。

本书所关注的是不同部族由前国家形态向国家演进的模式，不准备涉及向国家演进的原动力问题，因此，我们不会讨论与此问题相关的复杂争论。但是，不可回避的问题是，国家出现的标志是什么。

按恩格斯的说法，国家出现的标志包括三个方面：第一，国家是按地区来划分它的国民的。第二，公共权力的设立，这种公共权力已经不再直接就是自己组织为武装力量的居民了。第三，为了维持这种公共权力，就需要公民缴纳费用——捐税。捐税是以前的氏族社会完全没有的。[④] 恩格斯的观点一直是中国学术界的传统说法，当然有的学者仅是片面地强调前两条，而忽略了恩格斯在行文中没有冠以序号的捐税问题。随着酋邦理论在中国的流行，近年来，已有一些学者对恩格斯所说的国家出现的标志提出修正意见。如王震中认为：

[①] 黄枝连《东亚的礼义世界——中国封建王朝与朝鲜半岛关系形态论》，中国人民大学出版社 1994 年，第 1—26 页。

[②] ［日］武田幸男《朝鲜各古代国家的形成》，姜维公、高福顺译著《中朝关系史译文集》，吉林文史出版社 2001 年，第 165—172 页。

[③] Henri J. M. Claessen and Peter Skalník, ed., *The Early State*, Mouton Publishers, The Hague, The Netherlands, 1978.

[④] 恩格斯《家庭、私有制和国家的起源》，《马克思恩格斯选集》第 4 卷，人民出版社 1995 年，第 170—171 页。

国家形成的标志应修正为：一是阶级或阶层的存在；二是强制性的权力系统的设立。阶级、阶层或等级之类的出现是国家得以建立的社会基础，凌驾于全社会之上的强制性的公共权力系统的设立则是国家的社会职能，是国家机器的本质特征。[1]

我们认为，不论是将国家看成社会冲突的产物，还是看成社会融合的产物，国家，归根到底，是一种政治组织方式，是控制社会的体制与方法。人类社会在步入国家之后，固然在许多方面都与前国家形态存在着本质的差异，但是，其中最重要的差异是，控制社会的体制与方法的不同，因为这是我们区别前国家形态与国家的标准。

在前国家社会里，对社会起控制作用的组织是血缘组织，控制社会的方法以非暴力的方法为主；而在步入国家之后，对社会起控制作用的组织主要是非血缘组织，控制社会的方法以合法的暴力为主。因此，我们认为，由前国家形态向国家演进的过程中，首先需要关注的问题就是社会组织由血缘组织向非血缘组织的演进；与此同时，原有的血缘组织下的控制方法也就失去了作用，需要新的控制社会组织的方法。当社会组织不依赖血缘关系而存在时，也就是说，由血缘关系中产生的权威不再能保证社会组织的正常运转时，就需要形成一种血缘关系之外的权力，也就是控制非血缘组织的力量。

基于这种思考，本书的具体研究思路与方法，是将研究工作分为四个部分：首先，研究拓跋鲜卑与高句丽步入国家之前的社会组织形态，最重要的是要弄清其血缘组织的层级与运行方式。其次，研究拓跋鲜卑与高句丽的血缘组织瓦解的过程，也就是其血缘组织是如何演变为非血缘组织的。第三，研究拓跋鲜卑与高句丽在血缘组织瓦解中形成公共权力的过程，着重考察王权的形成过程、官僚队伍的形成过程与血缘组织之外的新机构的出现过程，也就是重点研究超出血缘组织之外的权力控制在哪些人的手中，这些权力是通过何种机构来实现的。最后，是将拓跋鲜卑与高句丽向国家演进的模式作比较研究。其中第一步，是分别选取两个个案与拓跋鲜卑和高句丽进行比较研究——选择秃发鲜卑和吐谷浑与拓跋鲜卑进行比较，选择夫余和百济与高

---

[1] 王震中《中国文明起源的比较研究》，陕西人民出版社1994年，第3页。

句丽进行比较，目的是检验和修正通过对拓跋鲜卑和高句丽的个案研究所得出的向国家演进的两个模式，我们称之为拓跋鲜卑模式与高句丽模式。第二步，将经过检验的拓跋鲜卑模式与高句丽模式作比较研究，以期作出一点具有普遍意义的理论推测。第三步，将我们的理论推测与恩格斯的理论、塞维斯的理论进行比较。

虽然恩格斯在其所说的第二点，即公共权力的设立方面，过分强调"这种公共权力已经不再直接就是自己组织为武装力量的居民"，也就是过分强调了这种权力作为合法暴力的性质，过分强调了国家作为镇压机器的功能，但总的来说，我们可以将恩格斯的两条标准理解为：一是由血缘组织向非血缘组织的演进；二是超出血缘关系之外的权力。如果从这个角度出发，也可以说，我们的研究思路仍旧是遵循恩格斯的标准。

本书的写作方案是，用一章的篇幅分析拓跋鲜卑与高句丽在前国家形态下血缘组织的特点，用一章的篇幅研究拓跋鲜卑向国家演进的模式，用一章的篇幅研究高句丽向国家演进的模式，再用一章的篇幅进行所有的比较研究。这就是本书的第二至五章。第五章的简短结语，是对全书的概括与归纳，主要是对该项研究所得出的结论的概括与归纳。仅仅是关心作者的观点，而不需要知道作者是如何得出这种观点的读者，只读第五章的小结部分就可以达到目的了。

第二章　前国家形态

无论是拓跋鲜卑还是高句丽，他们从前国家形态向国家演进的历程都可以上溯到其民族的大迁徙。正如本书下面将论述的，两个民族的相似处还在于，都先后经历了两次迁徙。

高句丽人的先世经历的第一次迁徙是公元前 2 世纪与东夫余各部一同进行的东迁；第二次迁徙大约在公元前 2 世纪 20 年代脱离东夫余迁入卒本川自行发展，并从此被称为卒本夫余，这就是高句丽人的前身。

拓跋鲜卑的第一次迁徙是在宣帝推寅领导下的"南迁大泽"，① 时间大约是公元 1 世纪；第二次迁徙是在第二推寅领导下的南迁匈奴故地，时间大约是公元 2 世纪。

两个民族向国家的演进都主要发生在第二次迁徙以后。因此，如果想对两个民族从前国家形态向国家演进的历程有比较清楚的认识，就必须对其第二次迁徙以前的社会组织状况有比较清楚的认识，这毕竟是其向国家演进过程的起点。由于两个民族的两次迁徙间隔的时间都比较短，——高句丽的两次迁徙仅相距 22 年，也就是一代人的时间，拓跋鲜卑的两次迁徙也只相距百年上下，——因此，为了弄清第二次迁徙以前的社会组织状况，在我们的研究中还不得不涉及与第一次迁徙相关的一些情况。

更为重要的是，我们的研究证明，在进行第一次迁徙前，高句丽与拓跋鲜卑两个民族的先世都是居住在大兴安岭北段的，二者很可能出自同一原始族群，在文化上具有某些相似性。以前的研究者未曾揭示过的这种联系，使

---

① 《魏书》卷 1《序纪》。

我们对这两个民族进行的比较研究具有了特殊意义。因此，我们的研究就从两个民族的第一次迁徙开始。

第一节　来自大兴安岭

（一）拓跋鲜卑起源地

马长寿在1962年出版的《乌桓与鲜卑》一书中，最早提出拓跋鲜卑起源于大兴安岭北段的说法。[①] 虽然拓跋鲜卑的起源地有额尔古纳河流域、贝加尔湖附近、嫩江与额尔古纳河之间的大兴安岭山脉之内、在嫩江流域而靠近大兴安岭等说法，[②] 但其中在学术界影响最大的应属马长寿的大兴安岭北段说。

1980年，米文平在内蒙古自治区阿里河附近的嘎仙洞发现北魏太平真君四年（443年）的刻石祝文以后，虽然仍有部分学者持不同看法，[③] 但总体而言，马长寿首倡的拓跋鲜卑起源于大兴安岭北段说渐成为学术界的定论。从此，嘎仙洞成为研究拓跋鲜卑早期历史的重要地理坐标，也成为研究拓跋鲜卑迁徙的公认起点。

笔者虽然支持拓跋鲜卑起源于大兴安岭北段说，但觉得在研究拓跋鲜卑早期社会组织与迁徙之前，首先应对学术界目前通行的几种认识加以澄清。

1.《魏书·序纪》所载诸帝的年代

对拓跋鲜卑早期历史记载较详的首推《魏书》卷1《序纪》。按《序纪》的记载，拓跋鲜卑的始祖是黄帝的少子昌意。从其后裔仕于尧时的始均算起，"积六十七世"，至成帝毛，"统国三十六，大姓九十九"。成帝毛以下诸帝，《序纪》都载有其帝号与名讳。毛以后五世至宣帝推寅，"始迁大泽"。又七世，至所谓"第二推寅"时，迁"居匈奴之故地"。

[①] 马长寿《乌桓与鲜卑》，上海人民出版社1962年，第239页。
[②] 米文平《鲜卑石室的发现与初步研究》，《文物》，1981年第2期。
[③] 反对将嘎仙洞看成拓跋鲜卑发源地的观点主要见于下列文章：陶克涛《论嘎仙洞刻石》，《民族研究》，1991年第6期；张博泉《嘎仙洞刻石与对拓跋鲜卑史源的研究》，《黑龙江民族丛刊》，1993年第1期；周向永《"鲜卑"涵义考纲》，《博物馆研究》，2000年第3期；李志敏《嘎仙洞的发现与拓跋魏发祥地问题》，《中国史研究》，2002年第1期。另见张博泉《鲜卑新论》，吉林文史出版社1993年，第61—86页。

神元皇帝力微"元年，岁在庚子"，这是《序纪》所载的最早年代，依钱大昕与王鸣盛的考定，此庚子年为公元220年。① 由此我们可以推算出神元皇帝力微以下诸帝的在位时间。《魏书》卷1《序纪》所载拓跋鲜卑的早期世系我们可以列表如下：

世次	帝号	名讳	与前帝关系	即位年	卒年
1		始均	不详		
67	成皇帝	毛	不详		
68	节皇帝	贷	不详		
69	庄皇帝	观	不详		
70	明皇帝	楼	不详		
71	安皇帝	越	不详		
72	宣皇帝	推寅	不详		
73	景皇帝	利	不详		
74	元皇帝	俟	不详		
75	和皇帝	肆	不详		
76	定皇帝	机	不详		
77	僖皇帝	盖	不详		
78	威皇帝	侩	不详		
79	献皇帝	邻	不详		
80	圣武皇帝	诘汾	子		
81	神元皇帝	力微	子	220	277
82	章皇帝	悉鹿	子	278	286
83	平皇帝	绰	弟	287	293
84	思皇帝	弗	侄	293	294
85	昭皇帝	禄官	叔	295	307
86	穆皇帝	猗卢	侄	308	316
87	平文皇帝	郁律	侄	317	321
88	惠皇帝	贺傉	堂兄弟	321	325
89	炀皇帝	纥那	堂兄弟	325	329
90	烈皇帝	翳槐	侄	329	335
91	炀皇帝	纥那	叔	336	338
92	烈皇帝	翳槐	侄	338	338
93	昭成皇帝	什翼犍	弟	338	376

---

① 钱大昕《廿二史考异》："神元皇帝元年，岁在庚子。是岁，魏文帝受汉禅，改元皇初。"王鸣盛《十七史商榷》卷66"追尊二十八帝"条："神元元年，岁在庚子，系魏黄初元年，即汉献帝在位之三十一年。"都认为神元皇帝元年即曹魏黄初元年，即公元220年。

按《序纪》的说法，力微以前至始均，在位时间不详的共计80帝。有的学者按一世30年计算，因而认为，始均仕于尧、封于舜约在公元前23世纪，成帝毛组成36国联盟是公元前3世纪，推寅南迁大泽为公元前2世纪，相当于西汉武帝时代，诘汾南迁则是公元2世纪。① 这种纪年的算法似乎可以证明《序纪》所载都是正确的，但实际上，以30年为一世的说法本身就是有问题的。

最早提出按30年为一世来计算中国北方少数民族历史年代的是日本学者白鸟库吉，但这种说法显然是受中国古人30年为一世说法的影响，② 并不是通过对少数民族世次年代实例进行计算所得出的结果。

《魏书·序纪》中有明确纪年的自神元皇帝力微至昭成帝什翼犍共11帝（炀帝、烈帝先后在位两次，都只计入一次），总计在位156年，但按世代算，实际只是5代人。详见下表：

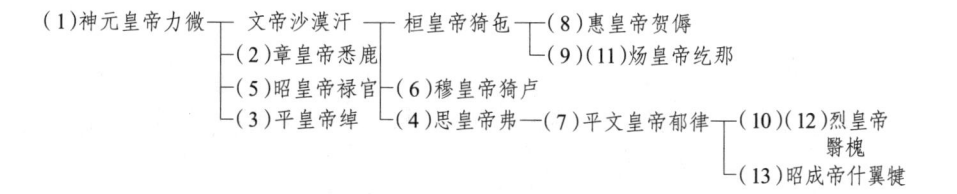

(1)神元皇帝力微┬文帝沙漠汗─┬桓皇帝猗㐌─┬(8)惠皇帝贺傉
　　　　　　　│　　　　　　└　　　　　　└(9)(11)炀皇帝纥那
　　　　　　　├(2)章皇帝悉鹿
　　　　　　　├(5)昭皇帝禄官　(6)穆皇帝猗卢
　　　　　　　└(3)平皇帝绰─(4)思皇帝弗─(7)平文皇帝郁律┬(10)(12)烈皇帝翳槐
　　　　　　　　　　　　　　　　　　　　　　　　　　　　└(13)昭成帝什翼犍

此5代平均一世31年，似乎可以证明白鸟库吉提出的算法是正确的。但是，我们应该注意到，上表中的第一代力微在位58年、享年104岁，这使得5代人的平均值大大提高了。如果抛开可信度不高的力微，③ 按4代计，从章皇帝即位的278年算起，则仅有98年，一世的平均数为24.5年。

---

① 曹熙《早期鲜卑史初探》，《齐齐哈尔师范学院学报》，1985年第1期。另外，曹永年《拓跋鲜卑南迁匈奴故地时间和契机考》也是按30年一世计算（《内蒙古社会科学》，1987年第4期）。林干《东胡史》依25—30年计算，虽然已认识到30年一世的说法太长，但其修正后的时间仍是过长（内蒙古人民出版社1989年，第88—89页）。干志耿、孙秀仁提出以20—25年为一世，相对比较准确，但其具体计算有误，将始均与毛相混，因而得出毛"统国三十六，大姓九十九"是周初史事的错误结论。见干志耿、孙秀仁《关于鲜卑早期历史及其考古遗存的几个问题》，《民族研究》，1982年第1期。
② 《史记》卷10《孝文本纪》《集解》引孔安国说："三十年曰世。"
③ 吕思勉认为："拓跋氏事有年可考者，当始文帝入质之岁，实曹魏景元二年。《魏书》以是年为神元四十二年者，上推神元元年为庚子，取与曹魏建国同时也。亦不足信。"见吕思勉《吕思勉读史札记》，上海古籍出版社1982年，第813页。

可资参证的是东部鲜卑宇文部、慕容部与西部鲜卑秃发氏以及自慕容部分出的吐谷浑的世系年代。

宇文部的世系，据《魏书》卷103《匈奴宇文莫槐传》，莫槐死后，其弟普拔继位，以下为丘不勤、莫槐、逊昵延、乞得龟，接连5世都是父子相承。《魏书》卷1《序纪》称宇文莫槐死于平帝七年（293年）。《资治通鉴》系宇文部"由是散亡"于晋建元二年（344年）。①则宇文氏最后5世仅传51年。即使考虑到普拔生年不详，乞得龟死于非命，二者不计，依三世51年计，每世也仅17年。

慕容部的世系，《晋书》卷108《慕容廆载记》称慕容廆死于咸和八年（333年），享年65岁，则其生年当在公元269年。下及前燕灭亡（370年）共传4世，99年，平均每世不足25年。

需要说明的是秃发氏的世系问题。

曹永年《拓跋鲜卑南迁匈奴故地时间和契机考》将秃发部首领的世次列表如下：②

```
诘汾 ┬ 匹孤 ─ 寿阗 ┬ ? ─ 务丸 ─ ? ─ 推斤 ─ 思复犍 ─ 乌孤 ─ 傉檀
     └ 力微       └ ? ─ 树机能
```

并因乌孤死于公元399年，树机能死于公元279年，断定秃发鲜卑4世120年，平均一世30年。但其计算方法恐怕是有问题的。

按曹永年的说法，力微继位之年应即诘汾去世之年，因此，上述秃发氏的世系中有三个人的卒年是明确的，即诘汾、树机能、乌孤。因此，对秃发氏的世次积年至少有3种计算方法，详见下表：

序号	开始时间	截止时间	总积年	经历世代	平均每世时间
1	诘汾卒年220	乌孤卒年399	179	8	22.4
2	诘汾卒年220	树机能卒年279	59	4	14.8
3	树机能卒年279	乌孤卒年399	120	4	30

① 《资治通鉴》卷97《晋纪》19。
② 曹永年《拓跋鲜卑南迁匈奴故地时间和契机考》，《内蒙古社会科学》，1987年第4期。需要说明的是，傉檀是乌孤之弟，在表中应与乌孤并列，而不应列于乌孤之后。

在正常情况下，我们显然应该取第1种算法，因为其包含的世代较多，这样就有可能更准确。2、3两种算法都是截取第1种算法中的一部分世代，显然误差会较第1种算法大。① 曹永年不仅选取了平均时间最长的第3种算法，而且认为，从树机能至乌孤4世120年，则树机能上溯至匹孤出生也约为120年，由此得出匹孤生于公元160年前后的结论。但是，自树机能以下4世120年，是自树机能卒年至乌孤卒年，将此数字应用到树机能以上4世时，本应该是自诘汾卒年至树机能卒年，而在曹永年的算法中，却换算为自匹孤生年至树机能卒年，显然，这种计算方法本身是有问题的。顺便说一句，如果用树机能至乌孤120年的数字上推4代至诘汾卒年的话，只能得出诘汾卒于公元160年，明显与其所论定的诘汾卒于220年矛盾。

因此，我们认为，秃发氏的世系应为平均一世22.4年，而不是曹永年所计算的一世30年。不能以秃发氏的世系作为一世30年说的证据。

吐谷浑的世系见下表：②

人名	即位年	卒年	在位时间	与前王关系	世次
吐谷浑	283	317	34		1
吐延	317	329	12	子	2
叶延	329	351	22	子	3
碎奚	351	376	25	子	4
视连	376	390	14	子	5
视罴	390	400	10	子	6
乌纥堤	400	405	5	弟	6
树洛干	405	417	12	视罴子	7
阿豺	417	426	9	弟	7
慕璝	426	436	10	从弟	7
慕利延	436	452	16	弟	7
拾寅	452	481	29	兄子	8
度易侯	481	490	9	子	9
伏连筹	490	528	38	子	10

---

① 曹永年所采用的第3种算法中，树机能是务丸从兄，树机能与乌孤都非自然死亡，这显然会加大年代的误差。而最重要的是，《十六国春秋》与《古今姓氏书辨证》都称推斤享年110岁，4代中就有一代特别长寿，因此，以此4世计算的每世平均年限显然是偏长的。

② 此表数字来源于周伟洲《吐谷浑史》附录（一）《吐谷浑大事年表》，宁夏人民出版社1985年。

续表

人名	即位年	卒年	在位时间	与前王关系	世次
呵罗真	529	529	1	子	11
佛辅	530	533	3		
可沓振	534	535	1		
夸吕	535	591	56	伏连筹子	11
世伏	591	597	6	子	12
伏允	597	635	38	弟	12
诺曷钵	636	688	52	孙	14
慕容忠	688	698	10	子	15
宣赵	698	709	11	子	16
曦皓	709	738	29	子	17

（曦皓以下世次与在位时间不详）

据上表计算，吐谷浑 17 世 455 年，平均一代 26.8 年。

另一个可以参考的数字是北魏建国后的世系。自 386 年至 556 年，170 年中共传 10 代，每代平均仅 17 年。①

上述各种参考数字可以列表如下：

拓跋鲜卑（序纪）	慕容鲜卑	秃发鲜卑	吐谷浑	宇文鲜卑	北魏建国后	平均
24.5	25	22.4	26.8	17	17	22.1

从上述 6 组数字比较来看，《魏书·序纪》所载的拓跋鲜卑建国前诸帝的平均在位时间是相对较长的。6 组数字的平均值为 22.1 年。如果我们从力微算起，加上北魏诸帝，自 220 年至 556 年共传 15 代，每代平均也只有 22.4 年。

综上，我们认为，拓跋鲜卑每世约在 22 年，最多不会超过 25 年。以 30 年为一世的算法是不可取的。以此为依据，按《序纪》所载世次计算，自神元皇帝力微即位的公元 220 年上推，我们对始均、毛、推寅、邻的在位时间就有了两组数字：

---

① 数字依据《北魏世系表》，见杜士铎主编《北魏史》，山西高校联合出版社 1992 年，第 588 页。

帝号	即位年		卒年	
	大约时间	最早时间	大约时间	最早时间
始均	前1540	前1780	前1518	前1755
成帝毛	前88	前130	前66	前105
宣帝推寅	22	前5	44	20
献帝邻	176	170	198	195

按《魏书·序纪》的记载，宣帝推寅时，鲜卑人从大鲜卑山南迁大泽，这是拓跋鲜卑的第一次迁徙。现在学术界通常的认识是，[1] 大泽指呼伦湖，这次迁徙是从大兴安岭北段，南迁至呼伦湖。从上表所列宣帝推寅在位的时间来看，这次南迁不能早于宣帝即位的公元前5年，而更可能是公元1世纪的上半叶。[2] 拓跋鲜卑离开呼伦贝尔地区是献帝时代，从上表来看，即在170—198年之间。自宣帝推寅至献帝邻，拓跋鲜卑在呼伦湖附近地区居住了8世，近200年。

上述断代与考古资料反映出的时间也是相吻合的。

呼伦湖附近的完工与扎赉诺尔两处遗址即是拓跋鲜卑居住在大泽时期的遗址。孙危将内蒙古自治区出土的鲜卑墓葬分为5期，其中第一期是"公元前1世纪末—公元1世纪末"、第二期是"公元2世纪初—公元2世纪中"。属于第一期的墓葬有"呼伦贝尔盟额尔古纳右旗拉布达林和七卡、呼伦贝尔盟满洲里市扎赉诺尔、呼伦贝尔盟陈巴尔虎旗完工和呼伦贝尔盟新巴尔虎旗伊和乌拉共五处墓葬"。属于第二期的墓葬有"呼伦贝尔盟伊敏河（包括孟根楚鲁和伊敏车站）"。[3] 也就是说，拓跋鲜卑居住在大泽附近的时间从公元前1世纪末下延至公元2世纪中，与我们推测的宣帝推寅与献帝邻的时代是基本吻合的。

---

[1] 张博泉认为，宣帝推寅时拓跋鲜卑南迁大泽，是迁到内蒙古西部科布多地带。见《鲜卑新论》，吉林文史出版社1993年，第71—72页。靳维柏认为，鲜卑迁徙的大泽不是呼伦湖，而是嫩江流域某处。见张博泉《关于鲜卑早期文化的再认识》，《北方文物》，1988年第3期。李志敏认为，南迁大泽是迁往河套一带。见李志敏《嘎仙洞的发现与拓跋魏发祥地问题》，《中国史研究》，2002年第1期。

[2] 黄烈也认为以30年为一世的算法是不可取的，但其认为，第一推寅"约当东汉前期"，比本书推算的时间略晚。参见黄烈《拓跋鲜卑早期国家的形成》，《魏晋隋唐史论集》第二辑，中国社会科学出版社1983年，第66页。

[3] 孙危《内蒙古地区鲜卑墓葬的初步研究》，《内蒙古文物考古》，2001年第1期。

此外，我们还可以参考碳十四数据。拉布达林遗址的年代，"根据社会科学院考古研究所实验室对 M3 葬具朽木碳十四的测定结果，距今为 1770±50 年（树轮校正年代为 1715±65 年）"，①从公布碳十四测定结果的 1988 年算起，应为公元 218±50 年，树轮校正年代为公元 273±65 年，上限是公元 168 年，正在我们上述推算的时间段之内。

宿白认为"扎赉诺尔墓群的年代不会早于公元一世纪"。②关于完工，内蒙古自治区文物工作队的《清理简报》怀疑当地有不同时代的墓葬，因出土的骨器和陶器与扎赉诺尔相近，故认为"年代大致与扎赉诺尔相近，也可能略早于扎赉诺尔"。③宿白也认为完工早于扎赉诺尔，但没有具体的断代。孙危将完工归入第一期，即公元前 1 世纪末至公元 1 世纪末。④都在我们上述推算的时间段之内。⑤

如果上表的推算不误，则始均生活的年代——假如真的曾经有过始均这个历史人物的话——应约在公元前 1780—公元前 1518 年之间，大体相当于夏代中后期至商初，⑥而不会是《魏书·序纪》所说的尧舜之时。因此，我们对《魏书·序纪》的下述记载应该有一个新的认识：

> 昔黄帝有子二十五人，或内列诸华，或外分荒服，昌意少子，受封北土，国有大鲜卑山，因以为号。其后，世为君长，统幽都之北，广漠之野，畜牧迁徙，射猎为业，淳朴为俗，简易为化，不为文字，刻木纪契而已，世事远近，人相传授，如史官之纪录焉。黄帝以土德王，北俗谓土为托，谓后为跋，故以为氏。其裔始均，入仕尧世，逐女魃于弱水之北，民赖其勤，帝舜嘉之，命为田祖。爰历三代，以及秦汉，獯鬻、

---

① 赵越《内蒙古额右旗拉布达林发现鲜卑墓》，《考古》，1990 年第 10 期。
② 宿白《东北、内蒙古地区的鲜卑遗迹——鲜卑遗迹辑录之一》，《文物》，1977 年第 5 期。
③ 内蒙古自治区文物工作队《内蒙古陈巴尔虎旗完工古墓清理简报》，《考古》，1965 年第 6 期。
④ 孙危《内蒙古地区鲜卑墓葬的初步研究》，《内蒙古文物考古》，2001 年第 1 期。
⑤ 靳维柏认为，完工遗址的年代较早，甚至早于鲜卑人第一次南迁，当是为匈奴所破退保鲜卑山时期的遗迹。但其对完工遗址的断代恐怕是有问题的。见《关于鲜卑早期文化的再认识》，《北方文物》，1988 年第 3 期。
⑥ 杜士铎《北魏史》（山西高校联合出版社 1992 年，第 46 页）也认为拓跋先世可以上溯到夏末商初，但是，仍从米文平说，以 25 年为一世，因而认为拓跋鲜卑最早在嘎仙洞一带活动的时间为公元前 1700—前 1800 年，而这个时代已与其夏末商初说不相符了。

猃狁、山戎、匈奴之属，累代残暴，作害中州，而始均之裔，不交南夏，是以载籍无闻焉。积六十七世，至成皇帝讳毛立。聪明武略，远近所推，统国三十六，大姓九十九，威振北方，莫不率服。[①]

虽然《序纪》说拓跋鲜卑人"世事远近，人相传授"，但结合《魏书》卷57《高佑传》载其与李彪等人在上书中称"自始均以后，至于成帝，其间世数久远，是以史弗能传"来看，拓跋鲜卑人中流传的本民族史事的口碑资料，所保存的世次是相当有限的，不会有远至80代以前的传说。大概仅存在始祖名为始均，始均至成帝毛为67世的传说，但并不存在对此67世具体史事的任何记载。结合我们对始均可能存在的年代的推测来看，《序纪》中记载的黄帝少子昌意受封北土、始均入仕尧世等说法，都出自后代的编造，并不具有史料价值。现在学术界在研究拓跋鲜卑早期历史的时候，往往从黄帝少子昌意、幽都、广漠、始均仕于尧封于舜等谈起，这显然是受了伪史料的误导。

另外，需要说明的是，自成帝毛至献帝邻共计13帝，相互之间的关系史书无载。固然，在此后，献帝邻、圣武帝诘汾、神元帝力微、章帝悉鹿等4代都是父子相传，但是，从前面我们列出的力微以后的世系可见，拓跋鲜卑人的继承制并不是绝对的父死子继，不仅存在兄终弟及，甚至还存在叔侄间的继承，力微以下11帝，实际上只是5代人。因此，不能仅依据献帝至章帝4代的父子相承，就得出献帝以前诸帝也是父子相承的结论。如果献帝以前诸帝的继承关系与神元帝力微以下11帝相似，那么，自成帝毛至圣武帝诘汾14帝很可能只有6—7代人。力微以下5代11帝仅156年，依此推算，则力微以前14帝也不过200年左右，成帝毛的时代尚在公元初，显然与考古资料反映出的时间不符。因此本书不采用这种推算方法。但这可以证明，本书所计算的《序纪》诸帝的积年，是取的较大值，采用比这再大的数字进行推算，恐怕是与事实不符的。

2. 拓跋鲜卑的历史应始于成帝毛

《魏书·序纪》将拓跋鲜卑的祖源上溯到黄帝身上，这实在是后人编造

[①] 《魏书》卷1《序纪》。

的一个神话,从《山海经》中,我们可以找到这个神话所有情节的来源。

《山海经》卷16《大荒西经》:

> 西北海之外,赤水之西,有先民之国,食谷,使四鸟。有北狄之国。黄帝之孙曰始均,始均生北狄。

在中原史家的眼中,蒙古草原上的民族都可以泛称为北狄。既然始均是北狄的始祖,自然也可以称之为是来自蒙古草原的拓跋鲜卑的始祖。而且这条资料称始均是黄帝之孙,是中华正胤,这也是入主中原的拓跋鲜卑可以接受的。

《山海经》卷17《大荒北经》:

> 大荒之中,有山名曰不句,海水入焉。有系昆之山者,有共工之台,射者不敢北向。有人衣青衣,名曰黄帝女魃。蚩尤作兵伐黄帝,黄帝乃令应龙攻之冀州之野。应龙畜水,蚩尤请风伯雨师纵大风雨,黄帝乃下天女曰魃,雨止,遂杀蚩尤。魃不得复上,所居不雨。叔均言之帝,后置之赤水之北。叔均乃为田祖。

这一段显然是《魏书·序纪》"其裔始均,入仕尧世,逐女魃于弱水之北,民赖其勤,帝舜嘉之,命为田祖"的原型。在这里,神话的编造者显然认为,叔均就是始均。由于史书中没有关于始均的资料,于是神话的编造者就开始寻找有关叔均的资料。于是发现了下面这条。

《山海经》卷16《大荒西经》:

> 西北海之外,赤水之东,有长胫之国。有西周之国,姬姓,食谷。有人方耕,名曰叔均。帝俊生后稷,稷降以百谷。稷之弟曰台玺,生叔均。叔均是代其父及稷播百谷,始作耕。

在这条资料中,叔均"代其父及稷播百谷,始作耕",正与前文"乃为田祖"的记载相吻合。但问题是,这条资料中称叔均是帝俊之孙、后稷之侄,与关于始均的资料中称始均是黄帝之孙不吻合。但《山海经》卷18《海内经》还称"稷之孙曰叔均,是始作牛耕",也与此条资料相矛盾。将始均算为帝俊的后裔,一则世代不好确定,二则身世也不如算作黄帝之孙显赫。因此,神话的编造者将黄帝之子昌意拉来,编造出黄帝—昌意—始均的世系。编造者也知道这种世系存在问题,因为昌意在中国古史的传说中被认为是颛顼之父而十分出名,这种编造的世系很容易受到质疑,所以,编造者才没有直言始均是昌意之子,而是在昌意之后加入大段不相干的叙述,而后说"其裔始均",含混带过。

罗泌《路史》卷40早已明确指出,上述《魏书·序纪》的内容出于后人的编造:

> 《魏书·序纪》则因《山海经》始均生北狄,而妄谓为拓跋之先。又误以始均为叔均,而遂以为稷后。其言始均事尧,则是以为叔均矣。俱妄也。

宋人叶适《习学记言》卷34也对《魏书·序纪》上述记载持怀疑态度:

> 魏收为拓跋序世次,自始均爵于舜,六十七世至毛,而后威服北方。又十三世而至诘汾,以天女之子为子,是为力微。力微立四十二年,始遣子朝于魏,魏景元二年也。自诘汾以前,既皆荒忽诞漫,而力微生于天女,推其年当是汉桓灵之岁,盖亦近尔,乃复有此异事!昔玄鸟生商,后稷野字,皆在上古,或者犹以为远而诬,不知收何所考信而云然也。崔浩实录魏事,旧人皆怒,遂致族诛,然则收之不足凭也审矣。

综上可证,《魏书·序纪》中与黄帝、昌意、始均有关的所有记载都出自后人的编造。自始均以下67世,《魏书·序纪》又没有任何相关记载,恐怕也是出于后人的编造。[①] 所以,我们应该承认,史书中关于拓跋鲜卑的记

[①] 吕思勉即认为,所谓积67世至成帝毛的说法出于后人的编造,之所以称67世,是为与以后各代相合,凑足81世。"自受封至成帝六十七世,又五世至宣帝,又七世至献帝,又二世至神元,其数凡八十一。八十一者,九九之积也。"见吕思勉《吕思勉读史札记》,上海古籍出版社1982年,第809页。

载就是始于成帝毛，而不是更早。道武帝追尊祖先28代，也就是上溯至成帝毛，这也可以证明，拓跋鲜卑人对自己民族历史的追溯，也就是至成帝毛时为止。即在北魏时，无论是中原史家，还是拓跋鲜卑人自己，对其历史的追忆只能上溯到成帝毛时期。

对于前引《魏书·序纪》，如果剔除其中的编造部分，可以证明：拓跋鲜卑最初居住在大鲜卑山附近，"畜牧迁徙，射猎为业"，没有文字。既然"自始均以后，至于成帝，其间世数久远，是以史弗能传"，[①]可见，《序纪》所载"畜牧迁徙，射猎为业"、"世事远近，人相传授"，都是成帝毛以后的情况。因此，说拓跋鲜卑渔猎经济为主并存在畜牧业，这只是成帝毛以后的情况，而不能算作是始均时代的情况。

需要说明的是，罗泌、叶适指出《魏书·序纪》上述史料出于后人的编造是正确的，可是他们认为编造者就是《魏书》的作者魏收，却是不正确的。

公元305年，桓帝去世，次年，[②]卫操树碑于大邗城，碑文中已称拓跋鲜卑是"轩辕之苗裔"。[③]这是称拓跋鲜卑出于黄帝的最早记载。公元386年，拓跋珪"用崔宏议，自谓黄帝之后，以土德王"。[④]与卫操立碑时隔整整80年之后，拓跋珪才接受崔宏的建议，自称是黄帝之后，这说明当初卫操刻碑称拓跋鲜卑出于黄帝，只是臣事拓跋鲜卑的汉族文人的比附，并未得到拓跋鲜卑统治者的认同。由此看来，卫操是这则神话的始作俑者。拓跋珪"自谓黄帝之后，以土德王"，显然，神话中"黄帝以土德王，北俗谓土为托，谓后为跋，故以为氏"这部分的内容已经出现了。结合拓跋珪建国以后大力发展农业的史实来看，神话中始均为田祖的内容很可能也是在此时编入的。由于女魃的事迹与始均为田祖的记载出现在《山海经》的同一段记事中，所以，始均逐女魃的故事也应在此时附入。因此可以认定，在拓跋珪在位时，这则神话已大体定型。

---

① 《魏书》卷57《高佑传》。
② 《魏书》卷23《卫操传》称此事"时晋光熙元年秋也"，即公元306年。卷1《序纪》虽系此事于桓帝去世之后，但称"后定襄侯卫操，树碑于大邗城，以颂功德"，说明卫操立碑距桓帝去世有一段时间，故应以《卫操传》为准。
③ 《魏书》卷23《卫操传》。
④ 《资治通鉴》卷110《晋纪》32。

公元 431 年，世祖拓跋焘册沮渠蒙逊文中说："昔我皇祖胄自黄轩"，[①]说明在拓跋珪接受崔宏的建议自称黄帝后裔之后 45 年，这种观念已成为北魏王朝的正统观念。正始元年（504 年），元详死后，其墓志称他的家世是"启源轩皇"，[②] 正光五年（524 年）去世的元宁，墓志上写着："其先唐尧之苗裔，汉高之胤胄。"[③] 可见，在北魏皇帝提倡之下，早在魏收作《魏书》之前，这种观念就已经成为拓跋鲜卑全民的共识了。并不是魏收编造了这则神话，他只不过是把当时已成为北魏正统观念的神话堂而皇之地写入正史罢了。

3. 嘎仙洞与拓跋鲜卑的发源地

根据我们的推算，成帝毛的时代约相当于公元前 130 年至前 66 年，或者说，公元前 2 世纪至前 1 世纪。西汉王朝对匈奴的大规模战争开始于公元前 129 年。正是由于匈奴受到来自西汉王朝的进攻，实力大为削弱，对远离其统治中心的大兴安岭北段控制力下降，才给拓跋鲜卑人提供了独立发展的契机。成帝毛"统国三十六，大姓九十九"，当是拓跋鲜卑摆脱匈奴人的统治独立发展的开始。

《魏书·序纪》给我们留下的最宝贵的史料之一，就是拓跋鲜卑最初居住在大鲜卑山附近，这是我们考察拓跋鲜卑南迁大泽前的居住地的最重要线索。但对于大鲜卑山位于何地，《魏书》却并未留下任何有价值的记载。

后世学者研究大鲜卑山的所在地，主要有两种思路。其一，因《序纪》有"其后世为君长，统幽都之北"的说法，而从幽都或幽都山出发研究大鲜卑山的所在地。[④] 其二，因乌洛侯使者说拓跋鲜卑旧墟在其国西北，而从乌洛侯的所在地出发来研究大鲜卑山的所在地。[⑤] 也有的是两种思路兼而用之。前一种方法显然是受《魏书·序纪》所载伪史料的误导，其结论自然是靠不住的。后一种方法虽然一直是研究中的主流，但问题在于，在拓跋鲜卑南迁 400 多年以后，他们自己已经记不得祖先的原住地了，乌洛侯人又从何得

---

① 《魏书》卷 99《卢水胡沮渠蒙逊传》。
② 《元详墓志》，见赵超《汉魏南北朝墓志汇编》，天津古籍出版社 1992 年。
③ 《元宁墓志》，见赵超《汉魏南北朝墓志汇编》，天津古籍出版社 1992 年。
④ 曹熙《〈楚辞〉中的鲜卑与幽都考》，《齐齐哈尔师范学院学报》，1983 年第 4 期；《早期鲜卑史初探》，《齐齐哈尔师范学院学报》，1985 年第 1 期。
⑤ 马长寿《乌桓与鲜卑》，上海人民出版社 1962 年，第 238—239 页。

知？嘎仙洞石刻祝文的发现，证明这里就是乌洛侯人向北魏王朝报告的拓跋鲜卑人"旧墟"所在地，但是，乌洛侯人的报告是否准确、这里是否真的是拓跋鲜卑的原居地，则需要进一步研究。

关于乌洛侯人，《旧唐书》卷 199 下《乌罗浑国传》："乌罗浑国，盖后魏之乌洛侯也，今亦谓之乌罗护"，《新唐书》卷 217 下《回鹘传》："太宗时，北狄能自通者，又有乌罗浑，或曰乌洛侯，曰乌罗护"，可证《魏书》之乌洛侯即两唐书中的室韦乌罗护部。

但是，《新唐书·回鹘传》记载，乌罗浑"大抵风俗皆靺鞨也"，《旧唐书·乌罗浑国传》："风俗与靺鞨同"，《唐会要》卷 99 亦言乌罗浑国"风土与靺鞨同"，说明乌罗浑本是靺鞨人的部落，而后加入室韦之中。

《新唐书》卷 75 下《宰相世系表》"乌氏"条："乌氏出自姬姓。黄帝之后，少昊氏以乌鸟名官，以世功命氏。齐有乌之余，裔孙世居北方，号乌洛侯，后徙张掖"，韩愈《乌氏庙碑铭》："乌氏之处北者，家张掖，或入夷狄为君长"，[①] 二者显然同出一源。《新唐书·宰相世系表》提到以鸟名官的少昊氏，居于东北亚东部的古代民族秽貊系、肃慎系各族始祖起源传说往往与鸟或卵有关，[②] 而居于西部的东胡族系绝不见类似传说，这也可以证明，乌洛侯从族系上讲，应出自秽貊系或肃慎系，而不是东胡系。乌洛侯人既不出自东胡族系，又是后迁来此地的，其所报告的拓跋鲜卑的"旧墟"显然可信度并不很高。

嘎仙洞发现以后，考古工作者发现，这里存在旧石器文化到新石器文化的完整发展系列。陶器的形制、加工工艺与完工和扎赉诺尔鲜卑墓出土的陶器具有文化上的相似特征，但更具原始性。[③] 因而，学术界不仅坚信这里是拓跋鲜卑的发源地，还推导出拓跋鲜卑在这里活动了 2000 年左右的结论，由此"印证"了我们前面批驳过的昌意、始均等"史料"。

但是，在我们证明上述史料出于后人编造，不具有任何价值之后，嘎仙洞的考古资料与文献资料之间就出现了脱节。从文献记载来看，拓跋鲜卑最早的信史始于成帝毛，自成帝毛至宣帝推寅南迁大泽以前，他们一直活动

[①] 马其昶《韩昌黎文集校注》，上海古籍出版社 1986 年，第 396 页。
[②] 参见杨军《〈诗经〉婚恋诗与婚恋风俗研究》，吉林人民出版社 2001 年，第 151—153 页。
[③] 米文平《鲜卑石室的发现与初步研究》，《文物》，1981 年第 2 期。

在大鲜卑山附近。按我们前面的推算，这一时期应是公元前 2 世纪—公元 1 世纪。而目前我们掌握的与嘎仙洞有关的碳十四数据是距今 2450±80 年、2380±80 年，[①] 也就是公元前 6 世纪—公元前 4 世纪，远在文献所载的成帝毛活动的时代以前。如果我们相信《魏书·序纪》对成帝毛的记载，那么，应该承认，已经"统国三十六，大姓九十九"的拓跋鲜卑势力已比较强大，其遗迹绝不可能仅局限于嘎仙洞一隅。[②] 在没有发现相应的考古学文化之前，就盲目相信乌洛侯人的传闻，断定这里就是大鲜卑山附近的拓跋鲜卑原居住地，显然是粗率的。当然，嘎仙洞附近的遗存，也许真的可以证明拓跋鲜卑远在公元前 6 世纪以前就生活在这里，从而可以为我们提供补文献之不足的信史，但这是需要进一步研究后才能作出结论的。

目前来看，完全相信乌洛侯人的报告，从而认定嘎仙洞就是拓跋鲜卑的原居住地，从研究方法上说，并不是没有问题的。抛开这种研究方法，我们仅能从拓跋鲜卑的族属渊源上对其原居住地作一些推测。

对于室韦人的族源，学术界虽然有肃慎说，豕韦说，丁零说，自成一系说，东胡、勿吉—靺鞨、突厥语族民族综合体说等诸种说法，[③] 但通常的认识是，室韦人源自鲜卑，室韦就是鲜卑的不同音译。[④] 因此，室韦人的旧居，就是鲜卑人的发源地。[⑤] 北朝时的室韦生活在嫩江流域。隋代的室韦五部中，虽然也有学者认为北室韦才是北朝时的室韦人，但多数学者认为，南室韦才是北朝时的室韦。[⑥] 而南室韦的居住地"包括今黑龙江省西部与内蒙古自治区兴安盟、呼伦贝尔盟一带"，[⑦] 嘎仙洞也正在此地理范围之内。我们认为，大鲜卑山当在此地理范围之内，笼统地说，就是大鲜卑山在大兴安岭北段，马长寿的见解是正确的。但现在的研究还不足以具体指出哪座山才是大鲜卑

[①] 中国社会科学院考古研究所编《中国考古学中碳十四年代数据集（1965—1991）》，文物出版社 1992 年，第 65 页。

[②] 靳维柏《关于鲜卑早期文化的再认识》，《北方文物》，1988 年第 3 期。

[③] 参见孙进己《东北民族源流》，黑龙江人民出版社 1987 年，第 79—93 页；张久和《原蒙古人的历史：室韦—达怛研究》，高等教育出版社 1998 年，第 36—41 页。

[④] 法国学者伯希和与中国学者方壮猷都曾论述过此问题。参见张久和《原蒙古人的历史：室韦—达怛研究》，高等教育出版社 1998 年，第 24 页注①、第 28 页。

[⑤] 王颐《室韦的族源》也认为，室韦人的居住地，就是鲜卑部族的旧地（《内蒙古社会科学》，1984 年第 3 期）。

[⑥] 张久和《原蒙古人的历史：室韦—达怛研究》，高等教育出版社 1998 年，第 45 页。

[⑦] 郑英德《室韦地理新探》，《社会科学辑刊》，1983 年第 4 期。

山，对这个问题的研究还有待于进一步深入。

4. 第二推寅与檀石槐西部大人推演

王沈《魏书》中提到，檀石槐三部中的西部大人有置鞬、落罗、日律、推演、宴荔游，[①] 胡三省在注《资治通鉴》时认为，檀石槐的西部大人推演，就是拓跋鲜卑首领宣帝推寅。[②] 马长寿认为"这种见解是有卓识的"，同时作了一点修正，认为檀石槐的西部大人推演不是拓跋鲜卑的宣帝推寅，而是第二推寅献帝邻。[③] 此后，这种观点渐成为学术界的通说。

正如有的学者已经指出的那样，这种观点的优势在于，"在《魏书·序纪》和王沈《魏书》之间架起了一座桥梁"，[④] 使学者们在研究拓跋鲜卑早期的历史时，不仅可以利用《魏书·序纪》，还可以利用王沈《魏书》的相关记载。这在关于拓跋鲜卑早期历史的史料非常有限的情况下，对学者是十分有吸引力的观点，因而，很多学者未加深究，即对这种观点表示赞同，并以此为前提展开自己的研究。但是，不论是第一推寅还是第二推寅，与檀石槐西部大人推演都是不存在任何关系的。以此为桥梁将《魏书·序纪》的记载与王沈《魏书》的相关记载相比附，只能在研究中造成混乱。

赞同第二推寅就是檀石槐西部大人推演的学者多认为，二者名号相同、活动地域一致、时间吻合、重大事件合拍，因而应该是同一个人。[⑤] 因古史中不乏同名的例子，特别是少数民族，甚至多人同名，因而，名号相同这一证据不足辩，下面主要对另外三条证据加以分析。

首先，认为第二推寅与檀石槐西部大人推演活动地域一致的说法是不能成立的。王沈《魏书》并没有提到檀石槐西部大人推演的活动地域，我们只能根据"从上谷以西至燉煌，西接乌孙为西部"[⑥] 的区域划分，笼统地说，其驻牧地在上谷至敦煌的广大范围内。而拓跋鲜卑在第二推寅南迁以后，是进入"匈奴故地"，即阴山北麓，这是上述广大范围内的一个具体的、相对比较狭小的地域。可以说，二者是点与面的关系。拓跋鲜卑的居住地包括在推

---

① 《三国志》卷30《乌丸鲜卑传》裴松之注引王沈《魏书》。
② 《资治通鉴》卷77《魏纪》9。
③ 马长寿《乌桓与鲜卑》，上海人民出版社1962年，第241—242页。
④ 曹永年《拓跋鲜卑南迁匈奴故地时间和契机考》，《内蒙古社会科学》，1987年第4期。
⑤ 曹永年《拓跋鲜卑南迁匈奴故地时间和契机考》，《内蒙古社会科学》，1987年第4期。
⑥ 《三国志》卷30《乌丸鲜卑传》裴松之注引王沈《魏书》。

演所活动的自上谷以西至敦煌的范围之内，只能证明，二者的活动区域都在上谷至敦煌的范围里，却并不能由此得出二者居住地区一致的结论。原因很简单，在此范围内，与推演所部并存的部落很多，至少见于王沈《魏书》的就还有置鞬、落罗、日律、宴荔游等4部，我们当然不能因此认为这些部都与推演所部活动地域一致，并由此得出二者是同部的结论。

其次，关于重大事件合拍，说者也仅举出"自檀石槐后，诸大人遂世相传袭"①一事，认为第二推寅邻传位给子诘汾，与上述记载吻合。如前所述，从力微以后的世系可见，拓跋鲜卑人的继承制并不是绝对的父死子继，不仅存在兄终弟及，甚至还存在叔侄间的继承，力微以下11帝，实际上只是5代人，因此，不能仅依据献帝至章帝4代的父子相承，就得出邻以后拓跋鲜卑的"大人"已"世相传袭"的结论。

最后，赞同此说的学者们认为最有力的证据是，第二推寅南迁的时间与推演担任檀石槐西部大人的时间相吻合，认为拓跋鲜卑南迁匈奴故地是在公元163—166年，或再扩大一些，在公元160年或170年，②而檀石槐征服各部也是在163—166年。但是，这种时间相吻合，是从30年一世出发进行推算得出的结论，如前所述，以30年为一世的计算方法是错误的。按我们的推算，献帝邻即位的时间不会早于公元170年，在其年迈以后才责令儿子诘汾率部南迁并传位于诘汾，因而，拓跋鲜卑南迁匈奴故地的时间绝不会早于公元190年，而檀石槐在公元166年就已经将属地划分为三部，已出现西部大人推演，此时拓跋鲜卑尚未进入西部。显然，二者在时间上是不吻合的。

有的学者认为，力微是在南迁匈奴故地之后出生的，并将诘汾遇仙女的地点定在匈奴故地，由此，从力微的卒年、享年推断力微生于174年，诘汾与仙女相遇在173年，因而得出拓跋鲜卑在173年以前已进入匈奴故地的结论。③但《魏书·序纪》原文是：

  始居匈奴之故地。其迁徙策略，多出宣、献二帝，故人并号曰"推寅"，盖俗云"钻研"之义。初，圣武帝尝率数万骑田于山泽，欻见辎

---

① 《后汉书》卷90《乌桓鲜卑传》。
② 林干《东胡史》，内蒙古人民出版社1989年，第91页。
③ 陈启汉《论拓跋鲜卑南迁及其氏族制度解体》，《广东社会科学》，1985年第1期。

耕自天而下。既至，见美妇人，侍卫甚盛。

在叙述迁徙匈奴故地之事后，有"初"字，表明以下的内容在时间上与前述迁徙匈奴故地并不衔接，而是对此前事件的追述，显然，诘汾遇仙女与力微的出生，都是在南迁匈奴故地以前，上述结论显然出自对史料的误解。

还有一种说法是从《新唐书》卷71下《宰相世系表》"窦氏"条窦统在窦武之难后逃入拓跋鲜卑的记载出发，因窦武之难发生于东汉灵帝建宁元年（168年），所以，认为拓跋鲜卑在168年以前已经迁入匈奴故地了。① 但考之《新唐书·宰相世系表》，原文是：

> 统字敬道，雁门太守，以窦武之难，亡入鲜卑拓跋部，使居南境代郡平城，以间窥中国，号没鹿回部落大人。后得匈奴旧境，又徙居之。

显然，这也是迁居匈奴故地以前的事情，并不能由此证明在公元168年以前拓跋鲜卑已进入匈奴故地。更何况《新唐书》的上述记载并不可靠。据《魏书》卷113《官氏志》："纥豆陵氏，后改为窦氏"，鲜卑窦氏原姓纥豆陵，根本不是姓窦，将先祖追述至汉代的窦氏，这是孝文帝改汉姓、定姓族之后，鲜卑窦氏的依托之词。② 因此，《新唐书》的故事不过是后人的编造，是不能据此证史的。

综上，我们认为，说拓跋部的第二推寅就是檀石槐西部大人推演的说法是不能成立的。我们支持黄烈的观点，即无论是第一推寅还是第二推寅，与檀石槐西部大人推演在年代上均不相当，二者不宜混同。③

（二）高句丽起源地

《三国志》卷30《高句丽传》与《后汉书》卷85《高句丽传》都称高句丽是夫余"别种"。但是，"别种"一词究竟是指族源相同的情况还是指族源

---

① 陈启汉《论拓跋鲜卑南迁及其氏族制度解体》，《广东社会科学》，1985年第1期。
② 陈连庆认为："魏晋南北朝时，氐、羌、鲜卑皆有窦氏，且并为大家，往往喜将祖先依托于汉族窦氏。"见陈连庆《中国古代少数民族姓氏研究》，吉林文史出版社1993年，第192页。
③ 黄烈《拓跋鲜卑早期国家的形成》，《魏晋隋唐史论集》第二辑，中国社会科学出版社1983年，第73—74页。

不同的情况，史学界目前仍存在分歧。多数学者认为指族源不同的情况，[①] 但也有不少学者认为指族源相同的情况。[②] 因为这个问题不仅关系到高句丽的族源，也关系到高句丽的起源地，所以，我们首先要对"别种"一词的内涵加以研究。

1."别种"的含义

目前见于史书记载的最早使用别种概念的是东汉贾逵（30—101年）。《史记》卷39《晋世家》《集解》引贾逵说："东山，赤狄别种"，《史记》卷110《匈奴列传》《索隐》引贾逵说："犬夷，戎之别种也"。另外，《史记》卷39《晋世家》《集解》引贾逵说廧咎如："赤狄之别"，显然"别"是"别种"的简称，这也是后代史家通行的用法。从贾逵对"别种"一词不作任何解释并已采用简称来看，贾逵不是此词的发明者，此词的出现当在贾逵之前，也就是说，至晚在西汉末、东汉初即已出现，至贾逵时已被广泛使用。

"别"字在东汉以前的史书中多用作动词，意义是区别，作修饰语的情况不多，可考见的有以下三条：《淮南子》卷21《要略》："韩，晋别国也"，指韩国是从晋国分出独立发展的国家；《礼记》第15《丧服小记》："别子为祖，继别为宗"，指大宗子之外的诸子成为小宗的宗子建立新的宗派；《左传》昭公三年："晋之别县不唯州"，指从晋国中分出的相对独立的私邑。不论是"别国"、"别子"还是"别县"，"别"字作为修饰语，其意义都是从一个共同体中分出而后独立发展的情况。

汉代"种"字指子孙后代，《史记》卷46《田敬仲完世家》："女不取媒因自嫁，非吾种也"，就可以证明这一点；参之《三国志》卷30《乌丸鲜卑传》："怒则杀父兄，而终不害其母，以母有族类，父兄以己为种，无复报者故也"，《三国志》中的"种"也是指后代。《后汉书》卷87《西羌传》："其后子孙分别，各自为种"、"忍生九子为九种，舞生十七子为十七种"，也证明"种"指子孙后代。则"别种"一词，当指自原部族中分出而后独立发展的子孙后代。所以，从族源上讲，"别种"与本种是同族。

最早见于记载的"别种"一词出于经学家贾逵之口，说明此词与经学存

[①] 有代表性的是张博泉《别种刍议》，《社会科学战线》，1983年第4期。
[②] 有代表性的是刘庆《别种杂说》，《北方文物》，1988年第1期；孙进己等《渤海的族源》，《学习与探索》，1982年第5期。

在密切关系。自贾逵之后，有胡广、苏林使用过"别种"，与《三国志》的作者陈寿大约同时代的韦昭、杜预也都使用过"别种"一词。可以说，自公元1世纪至公元3世纪下半叶，"别种"一词已成为学术界的通行用法。贾逵、胡广、苏林、杜预、韦昭所说的"别种"与"本种"之间的族属关系详见下表：

使用者	出处	本族	别种	是否同族
贾逵	《史记》卷39《晋世家》《集解》引	赤狄	东山皋落氏	是
贾逵	《史记》卷39《晋世家》《索隐》引	赤狄	廧咎如	是
贾逵	《史记》卷110《匈奴列传》《索隐》引	戎	犬夷	是
胡广	《史记》卷110《匈奴列传》《索隐》引	东胡	鲜卑	是
苏林	《汉书》卷7《昭帝纪》注引	西南夷	廉头、姑缯、牂柯、谈指、同并	是
杜预	《春秋左传注》隐公二年	氐、羌	戎、狄、蛮、夷	否
杜预	《春秋左传注》闵公二年	赤狄	东山皋落氏	是
杜预	《春秋左传注》僖公二十三年	赤狄	廧咎如	是
杜预	《春秋左传注》宣公十五年	赤狄	潞	是
杜预	《春秋左传注》宣公十六年	赤狄	甲氏、留吁	是
杜预	《春秋左传注》成公元年	戎	茅	是
杜预	《春秋左传注》成公六年	蛮氏戎	夏阳说	不详
杜预	《春秋左传注》昭公十二年	白狄	鲜虞	是
韦昭	《国语》卷1《周语上》注	西戎	姜氏之戎	是

表中杜预称氐羌是戎狄蛮夷的"别种"，虽然从族源上说不通，但如果从"别种"指某一母体中分出独立发展的部分的意义上去理解，戎狄蛮夷是对少数民族的通称，而氐羌显然是少数民族的一个分支，那么，与"别种"一词的用法也是相符的。所以，除去一条资料"别种"与其本种之间的族属关系无法考证之外，其他各条资料都符合前述"别种"一词的用法。这说明，自公元1世纪至公元3世纪下半叶，学术界对"别种"一词内涵的认识

是基本相同的,即:从原部族中分出后独立发展的子孙后代。

《三国志》的作者陈寿师事的谯周,^①是东汉末著名经学家,谯周之父"治《尚书》,兼通诸经及图、纬",谯周"耽古笃学"、"研精六经",^②陈寿治学显然也是自经学入门,其所用"别种"一词不可能与传统经学家通用的含义相违。而且,在陈寿的时代,学术界对"别种"一词的内涵已经基本形成共识,陈寿不加解释地使用这一词,一方面说明此词的通用性,另一方面也证明陈寿个人对此词的理解与学术界通行的认识是一致的。也就是说,陈寿也认为,"别种"指的是从原部族中分出后独立发展的子孙后代。

继《三国志》之后使用"别种"一词的正史是《后汉书》。在《后汉书》中"别种"共出现四处,卷85《高句丽传》中称高句丽是夫余"别种",小水貊是高句丽"别种",与《三国志》卷30《高句丽传》完全相同,显然出自《三国志》,则范晔对"别种"一词内涵的理解与陈寿相同。另外两处,一见卷65《皇甫规传》,一见卷87《西羌传》,都是在说明羌人的族属问题。所以,分析《后汉书》卷87《西羌传》中所载羌人的族属关系,不仅可以理解范晔对"别种"的定义,也可以理解陈寿对"别种"的定义。

《后汉书》卷87《西羌传》记载:

> 至爱剑曾孙忍时,秦献公初立,欲复穆公之迹,兵临渭首,灭狄豲戎。忍季父卬畏秦之威,将其种人附落而南,出赐支河曲西数千里,与众羌绝远,不复交通。其后子孙分别,各自为种,任随所之。或为牦牛种,越嶲羌是也;或为白马种,广汉羌是也;或为参狼种,武都羌是也。忍及弟舞独留湟中,并多娶妻妇。忍生九子为九种,舞生十七子为十七种,羌之兴盛,从此起矣。

这里所说的"子孙分别,各自为种",指子孙后代分出独立发展,渐产生风俗文化上的差异,即形成不同的"种",也就是"别种"形成的过程。只不过羌人的分化变异较大,中原史家无法识别何者为正统,何者是发生文化变异的部分,所以也就无法用"别种"来指代相对于原部族的传统发生文

---

① 《晋书》卷82《陈寿传》。
② 《三国志》卷42《谯周传》。

化变异的后代,只好一律称之为某某种。"忍生九子为九种,舞生十七子为十七种"也是出于相同情况。

"子孙分别,各自为种"显然是对"别种"一词的最好解释。这也从另一角度证明了,范晔、陈寿对"别种"的理解,是指从原部族中分出后独立发展的子孙后代。

《好太王碑》、《高丽大兄冉牟墓志》、《三国史记》、《三国遗事》等朝鲜史书一致认为,高句丽的统治集团出自夫余人,与上述我们对《三国志》卷30《高句丽传》中"别种"一词的认识是相吻合的。

所以,《三国志》卷30《高句丽传》称高句丽"东夷旧语以为夫余别种",陈寿所要表达的意思是,在东夷人的口碑传说中,认为夫余人中分出一部分独立发展,后来形成了高句丽族。

2. 东夫余与北夫余

中国史书《三国志》、《后汉书》都是称高句丽为夫余"别种",而对夫余没有作进一步的区分。在朝鲜史书中,却存在着高句丽出自东夫余与出自北夫余两种不同的说法。

朝鲜史书《三国遗事》卷1引《古记》:

> 《前汉书》:宣帝神爵三年壬戌(前59年)四月八日,天帝降于讫升骨城(在大辽医州界),乘五龙车,立都称王,国号北扶余,自称名解慕漱,生子名扶娄,以解为氏焉。王后因上帝之命,移都于东扶余。东明帝继北扶余而兴,立都于卒本州,为卒本扶余,即高句丽之始祖。

《三国史记》卷13《高句丽本纪》:

> 阿兰弗遂劝王移都于彼,国号东扶余。其旧都有人,不知所从来,自称天帝子解慕漱,来都焉。

《三国遗事》卷1引《高丽本记》:

> 北扶余王解夫娄,既避地于东扶余。

分析上述三条史料，我们可以发现，存在两个解慕漱、两个北夫余。第一个解慕漱先建立了北夫余，生子名夫娄，在夫娄时率部东迁。在夫娄东迁以后，第二个解慕漱才在夫娄所部的原居地建立了另一个北夫余。而夫娄所部为与之相区别而改称东夫余。

两个北夫余的异同，我们可以用下面的简表来说明：

北夫余（此时君主是解慕漱）──东迁（此时君主是解夫娄）──更名东夫余
　　　　　立国（此时君主是解慕漱）──国号北夫余

参之《三国遗事》引《坛君记》："君与西河河伯之女要亲，有产子名曰夫娄"，可能解慕漱是夫余人最初对君长的称号，所以才出现两个北夫余的建立者同名解慕漱的现象。

据《三国史记·高句丽本纪》，高句丽始祖朱蒙为东夫余王金蛙养子，高句丽应出于东夫余。由于东夫余在迁徙前也称北夫余，从这个意义上讲，《三国遗事》引《古记》称"东明帝继北扶余而兴"，也是正确的。现在发现的石刻史料都称高句丽源自北夫余，如《好太王碑》称"惟昔始祖邹牟王之创基也，出自北夫余天帝之子"，[①]《高丽大兄冉牟墓志》称"河泊之孙日月之子邹牟圣王元出北夫余"。[②] 由此看来，高句丽人自己还记得他们与东夫余一起自北夫余（即橐离国）迁出的往事。

《三国志》卷30《夫余传》载夫余："其印文言'濊王之印'，国有故城名濊城，盖本濊貊之地，而夫余王其中，自谓'亡人'，抑有以也"；《后汉书》卷85《夫余传》也说夫余"本濊地"，说明在两书所记载的夫余国中，统治民族为自他处迁来的夫余人，被统治民族是本地土著濊人。《论衡·吉验》、《梁书》卷54《高句丽传》称夫余出自"橐离国"，《后汉书》卷85《夫余传》、《北史》卷94《百济传》作"索离"，《魏略》作"高离"，当是对同一名称的不同音译。

参证前引朝鲜史书的记载可见，《三国志》、《后汉书》为之立传的夫余，就是朝鲜史书中的东夫余，中国史书中的橐离国，才是朝鲜史书中的北夫

[①] 王健群《好太王碑研究》，吉林人民出版社1984年，第202页。
[②] 孙进己等编《东北古史资料丛编》（二），辽沈书社1989年，第476页。

余。高句丽人与夫余人有着相同的始祖起源传说，①应是随东夫余一起从橐离国（即北夫余）迁出后，又自东夫余中分出独立发展。因此，我们认为，高句丽的先世与夫余人一样，也是来自橐离国。

司马迁称战国时的燕国"北邻乌桓、夫余，东绾秽貊、朝鲜、真番之利"，②此夫余在燕国以北而不是以东，证明这里所载夫余是东迁前的北夫余。这是秦统一前的史事，所以，在解夫娄率领下东迁的旧北夫余——也就是橐离国的立国时间应不晚于公元前3世纪中期。③

3. 橐离国的所在地

《史记》卷110《匈奴列传》："诸左方王将居东方，直上谷以往者，东接秽貊、朝鲜"，朝鲜当指卫氏朝鲜，《史记》中所说的"秽貊"与《三国志》卷30《秽传》、《后汉书》卷85《秽传》所载"秽貊"不同，因为后者"南与辰韩，北与高句丽、沃沮接，东穷大海，今朝鲜之东皆其地也"，④在古朝鲜之东，不与匈奴接界。《史记》卷110《匈奴列传》所说的"秽貊"当在卫氏朝鲜的北方，也就是《三国志》、《后汉书》的夫余的所在地。

此地域南接卫氏朝鲜，西与北都是匈奴的控制区，即匈奴左地。《论衡》、《魏略》、《后汉书》等书所载夫余人的始祖起源传说都认为此地区的夫余是由北向南迁入该地域的，而《三国史记》等朝鲜史书一方面称此夫余为东夫余，另一方面称其徙居地为东海滨的迦叶原，显然认为此部夫余人是自西向东迁徙。虽然两国古史记载不同，但都可以解释为《三国志》、《后汉书》中的夫余，或者说东夫余，是从匈奴左地迁来的，中国史书称夫余出自"北夷"也正是这个原因。⑤

匈奴左地有广义、狭义之分。从广义上讲，包括东胡故地，东接秽貊、

---

① 杨军《也谈高句丽柳花神话》，《社会科学战线》，2001年第1期。
② 《史记》卷129《货殖列传》。
③ 朝鲜学者李趾麟认为，《山海经》第17《大荒北经》中有"胡不与之国"，"不与"就是"夫余"的同音异译。"《山海经》是在公元前三世纪以前通过较长时间完成的"，因此，"夫余的建国年代，尽管再晚，也应视其为公元前三世纪中期"。虽然其结论与笔者相同，但说"不与"即"夫余"，除了音近之外，毕竟缺少有力的证据。更为重要的是，李趾麟将两个北夫余、东夫余混为一谈，笼统地认为夫余立国于公元前3世纪中期，并以此说明东夫余的史事，这是不正确的。所以不取其说。参见李趾麟《夫余考》，《东北亚历史与考古信息》，2002年第1期。
④ 《三国志》卷30《秽传》。
⑤ 《论衡·吉验》、《后汉书》卷85《夫余传》。

朝鲜，从狭义上讲，只指匈奴左方王将的驻地，不包括东胡故地。①我们这里使用的是广义的用法，即包括东胡故地在内。橐离国不可能位于匈奴左方王将的驻地，而只能位于东胡故地。

《史记》卷129《货殖列传》将夫余与乌桓并列而不是与秽貊、朝鲜并列，证明在迁徙以前夫余人与乌桓相邻，同居于"东接秽貊、朝鲜"的匈奴左地，相对于中原来说是处于北方，而不是居住在相对于中原来说属于东方的秽貊地与朝鲜相邻。乌桓的居住地西接匈奴，南接汉地，故橐离国当在乌桓人之北，也只有这样，其迁入秽貊地才能称之为南下。

《三国志》、《后汉书》的《夫余传》在谈到夫余疆域四至时都指出，西与鲜卑接。如前所述，《三国志》、《后汉书》的夫余实为东夫余，说明东夫余的西边是鲜卑人活动的地域。那么，东夫余人原来的居住地，即橐离国（北夫余），应该在鲜卑人活动的地域之内。

夫余与高句丽有着共同的始祖起源传说，这应是对他们一同自橐离国外迁的历史的模糊记忆。但是，在中国史书记载的夫余人的始祖起源传说中，东明迁徙的方向都是向南。②而在高句丽的始祖起源传说中，朱蒙所部的迁徙却是向东南。③如果我们联系朝鲜史书《三国史记》、《三国遗事》都是把迁徙之后的夫余称为"东夫余"来看，显然，东明的迁徙也不会是向正南，也应该是东南。由此，我们可以确立研究橐离国方位的三个准则：其一，在《三国志》、《后汉书》所记载的夫余的西或北面。其二，在鲜卑人活动的地域中，或至少邻近鲜卑人活动的地域。其三，其地的东南不远就有一条大河。

目前，学术界关于橐离国的所在地意见分歧较大。张博泉先生认为，橐离国在今黑龙江与松花江合流处以北，博朗湖以西，列亚河以东。④干志耿则认为，橐离国在今嫩江下游和松花江中游以北，约当今松嫩平原。⑤孙进己认为，橐离国在今东辽河北。⑥《中国历史地图集》则置北夫余于齐齐哈尔

---

① 王可宾《匈奴左地与姑夕王驻地》，《黑龙江文物丛刊》，1984年第2期。
② 见《论衡·吉验》，《三国志》卷30《夫余传》裴松之注引鱼豢《魏略》，《后汉书》卷85《夫余传》，《梁书》卷54《高句骊传》。
③ 见《魏书》卷100《高句丽传》、《北史》卷94《高句丽传》、《隋书》卷81《高丽传》。
④ 张博泉《〈魏书·豆莫娄传〉中的几个问题》，《黑龙江文物丛刊》，1982年第2期。
⑤ 干志耿《古代橐离研究》，《民族研究》，1984年第2期。
⑥ 孙进己、王绵厚《东北历史地理》第一卷，黑龙江人民出版社1989年，第257页。

以北嫩江支流乌裕尔河流域。①但诸家的说法都是先确定夫余的所在地，然后向夫余的北方寻找橐离国，并不能与上述三个准则完全相符。由于诸家对夫余所在地认识不同，所以，对橐离国的定位分歧也就很大。对夫余所在地的不同理解，也影响到或来源于对鲜卑所在地的不同理解，因此，对鲜卑东界所至说法也很不一致，使我们也无法用鲜卑的所在地作为确定橐离国所在地的参照物。剩下的可行的方案只有从河流考证一个方法了。

东明迁徙时所渡过的河名，《论衡》、《后汉书》作"掩㴲"，《梁书》作"掩滞"，《北史》作"淹滞"；朱蒙所渡过的河名，《好太王碑》作"奄利"，《三国史记》作"淹㴲"，《东国史略》、《东国通鉴》作"淹滞"。二者显然是对同一条河流的不同译名。因此，东夫余自橐离国出发向东南方向迁徙所渡过的大水，与高句丽的始祖起源传说中朱蒙自东夫余出发向东南迁徙时所渡过的大水，是同一条河。这也是两个民族始祖起源传说极其相似的重要原因之一。

《好太王碑》记载朱蒙"巡幸南下，路由夫余奄利大水"②的"奄利大水"，就是夫余迁徙时所渡过的大河。这里提供的最重要信息是，"奄利大水"被称为"夫余奄利大水"，也就是在当时的夫余境内。《好太王碑》立于414年，其中记载好太王在位的二十年（411年），"东夫余旧是邹牟王属民，中叛不贡。王躬率往讨，军到余城"。王健群认为，这里所说的"余城"就是夫余国的国都。③虽然高句丽此次对东夫余的进攻最终并未占领夫余都城，不久就退兵了，但《魏书》卷100《高句丽传》记载，李敖"至其所居平壤城，访其方事，云：辽东南一千余里，东至栅城，南至小海，北至旧夫余"，《资治通鉴》系李敖出使于公元435年，④这说明，在435年以前，高句丽人已占据了东夫余国都附近地区，即今吉林农安一带。⑤因此，可以肯定，《好太王碑》建立时，东夫余因受到来自南部的高句丽的进逼，统治中心已在北移，则位于其境内的"奄利大水"只能是松花江及嫩江下游。松花江在东夫

---

① 《〈中国历史地图集〉释文汇编·东北卷》，中央民族学院出版社1988年，第31页。
② 王健群《好太王碑研究》，吉林人民出版社1984年，第202页。
③ 王健群《好太王碑研究》，吉林人民出版社1984年，第222页。
④ 《资治通鉴》卷122《宋纪》4。
⑤ 《〈中国历史地图集〉释文汇编·东北卷》，中央民族学院出版社1988年，第108页。李健才认为，夫余前、后期王城所在地不同，后期王城是在吉林农安。见李健才《夫余的疆域和王城》，《东北史地考略》，吉林文史出版社1986年，第17—24页。

余统治区，则东夫余迁徙前的橐离国只能在嫩江以西，这样，东夫余的迁徙才能向东南方向进入松花江流域。因此，东夫余与高句丽的起源地橐离国当在大兴安岭东麓至嫩江一带。

诸史记载的夫余南迁所渡过的掩滞水，当为嫩江中下游，朱蒙所部进一步南迁所渡过的"奄利大水"，是东流松花江。但古人是将嫩江与东流松花江视为一条河的，因此，二者都可以称为"奄利大水"。有的学者认为，唐代的它漏河就是橐离河的不同音译，指嫩江下游与东流松花江，[①] 是有一定道理的。

豆莫娄一称达末娄，《魏书》卷100《豆莫娄传》称豆莫娄为"旧北扶余"，《新唐书》卷220《流鬼传》载达末娄"自言北扶余之裔"，都证明其与北夫余属同一民族。如前所述，在夫娄所部的北夫余东迁迦叶原并改名东夫余以后，解慕漱所部于原地立国，称北夫余，则此"旧北扶余"是指从前的北夫余，也就是东迁之前的夫娄所部。夫娄所部后改称东夫余，也就是《三国志》、《后汉书》为之立传的夫余，与豆莫娄属于同一民族。《魏书》卷100《失韦传》说失韦"语与库莫奚、契丹、豆莫娄国同"，可证此夫余人的语言与库莫奚、契丹、室韦的语言相同或相似。奚与契丹"异种同类"，都是鲜卑的"别种"，[②] 室韦"盖契丹之类，其南者为契丹，在北者号为失韦"，[③] 则与豆莫娄语言相同的三个民族都出自鲜卑。

夫娄所部夫余人的语言与鲜卑语相似，加之先世都出自大兴安岭，所以其先世当是鲜卑人的一支。[④] 朱蒙所部出自夫娄所部，高句丽的族源也与鲜卑人有一定关系。

有的学者根据《列仙传》、《水经注》中关于瑕丘仲"后为夫余胡王"的记载，认为"夫余王解慕漱就是中土流人瑕丘仲，是来自中土的流浪者成为少数民族的君王"，"瑕丘仲成为夫余王和卫满在朝鲜称王很相似，都是中土流人在其他民族居住的边远地区称王。不同的是卫满成为朝鲜王之后不改姓

[①] 干志耿、孙秀仁《黑龙江古代民族史纲》，黑龙江人民出版社1987年，第161页。
[②] 《魏书》、《北史》、《隋书》、《新五代史》都认为契丹与奚是鲜卑别种，"异种同类"，《旧五代史》虽认为契丹是"匈奴之种"，也是指鲜卑化的匈奴人。《旧唐书》、《新唐书》的含义也基本相同。唯《新唐书》认为契丹为鲜卑后裔，奚则为乌桓后裔。
[③] 见《北史》卷94《室韦传》。《隋书》、《旧唐书》、《新唐书》也都认为室韦与契丹同类，即属于同一族系。
[④] 刘高潮、姚东玉认为夫余王族出自东胡族系，与本书的观点相似。见刘高潮、姚东玉《"日种"说与匈奴之族源——兼论夫余王族属东胡系统》，《求是学刊》，1988年第4期。

名，一仍其旧；瑕丘仲却是改姓易名当上夫余王，以至于人们无法了解他的真实来历，给后人研究夫余历史留下一个难解之谜"。① 但是，这种说法立论的前提与基础是关于瑕丘仲的事迹，不论是《列仙传》还是《水经注》，都是将瑕丘仲作为仙人加以记载的，历史上是否真有其人是成问题的，以此作为信史，显然是不可取的。

4. 迁徙的时间

朝鲜史书《三国遗事》卷1引《古记》称东夫余的迁徙在汉宣帝神爵三年壬戌（前59年），高句丽的先世自东夫余中迁出是汉元帝建昭二年（前37年），《三国史记》对朱蒙建国时间的记载也与此相同。但由高句丽王的世系推算，上述记载是错误的。

《魏书》卷100《高句丽传》记载，始祖朱蒙以下的世系为：朱蒙—始闾谐（闾达）—如栗—莫来，这是见于中国史书的对高句丽王世系的最早记载。据《魏书》卷100《高句丽传》可知，北魏世祖时曾遣李敖出使高句丽，"敖至其所居平壤城，访其方事"，则《魏书》上述记载当得自李敖的调查，也就是说，这是高句丽人中流传的高句丽王世系。

立于414年的《好太王碑》记载，高句丽始祖名"邹牟"，其下世系为：邹牟—孺留—大朱留王。按《三国史记》的记载，孺留为王名，其与中国史书记载的始闾谐（闾达）显然不存在对音关系，证明《好太王碑》的记载与《魏书》的记载来源不同。《资治通鉴》系李敖出使于435年，证明在5世纪早期，高句丽国内流传着对早期王名的不同记载。

《三国史记》卷13《高句丽本纪》记载，高句丽始祖东明圣王"讳朱蒙"，作者金富轼自注："一云邹牟，一云象解。"朱蒙之子琉璃明王"讳类利，或云孺留"。卷14《高句丽本纪》称琉璃明王之子大武神王"讳无恤"，金富轼自注："或云大解朱留王。"显然，金富轼修《三国史记》时，对高句丽始祖以下三王名字的记载，既不是完全依据《好太王碑》，也不是完全依据中国史料，而是另有所本。虽然我们无法断定金富轼修史时是否曾见到过《好太王碑》，但是，这种对高句丽始祖以下三世的记载既然能见于官方所立的碑文中，也应该有所流传。

---

① 李炳海《夫余神话中的中土文化因子——兼论夫余王解慕漱系中土流人》，《民族文学研究》，2002年第1期。

因此，在朝鲜半岛至少曾流传三种对高句丽早期王名的不同记载：《好太王碑》的记载、由李敖传入中国并载入《魏书》的记载、金富轼修《三国史记》所依据的记载。前引《三国史记》金富轼自注表明，金富轼在修史时试图调和其所依据的史料与《好太王碑》、中国史料的矛盾。

《魏书》卷100《高句丽传》记载："莫来子孙相传，至裔孙宫"，证明朱蒙至莫来四世高句丽王都早于宫。见于《汉书》、《三国志》、《后汉书》等成书早于《魏书》的中国正史的高句丽王还有驺，那么，按中国史书的记载，宫以前至少有五位高句丽王。在《三国史记》的记载中，宫是高句丽第六位王，之前有始祖东明圣王、琉璃明王、大武神王、闵中王、慕本王等五位王。

《好太王碑》记载，好太王是始祖朱蒙的十七世孙。朝鲜学者多认为，《三国史记》所载王系，自朱蒙至好太王只有十二世，少五世，[①] 因此，高句丽国存在的时间应该再向上追溯五代。[②] 杨通方认为《好太王碑》的十七世孙是指自朱蒙至好太王高句丽共传十七位王，《三国史记》记载朱蒙至好太王为十九王，是有两代王误载。[③] 朴真奭、王健群也认为应指十七位王，但认为应从第三位王大朱留王算起，碑文所载大朱留王即《三国史记》所载大武神王，在《三国史记》的记载中，自大武神王至好太王，正好十七位王。[④] 但碑文中既然说的是"十七世孙"，恐怕不应理解为十七代王。

《三国史记》卷18《高句丽本纪》记载，好太王是长寿王琏之父。而在中国史书的相关记载中，不是将琏称为钊之曾孙，就是称为安之孙，却没有提到其父亲的名字。也就是说，中国史书中没有任何关于好太王的记载。

---

① 朝鲜学者认为，计算几世孙不应将始祖计算在内。如计入始祖朱蒙，自朱蒙至好太王应为十八代，而《三国史记》只记载了十三代，少五代人。但中国史书计算几世孙时是以始祖为第一世的。如《周书》卷49《高丽传》称成为琏的五世孙、《隋书》卷81《高丽传》称汤是琏的六世孙，都可以证明这一点。因此，朝鲜学者这种计算方法是错误的。按《三国史记》所载，好太王应为朱蒙十三世孙，比之《好太王碑》的记载少四世。
② [朝鲜]孙永钟著，文一介译《高句丽建国年代的再探讨》，《东北亚历史与考古信息》，1991年第1期；[朝鲜]蔡熙国著，颜雨泽译《高句丽封建国家的建国年代问题》，《东北亚历史与考古信息》，1999年第1期。
③ 杨通方《高句丽不存在山上王延优其人——论朝鲜〈三国史记〉有关高句丽君主世系问题》，《世界历史》，1981年第3期。
④ 朴真奭《关于高句丽存在山上王与否的问题——与杨通方同志商榷》，《世界历史》，1989年第2期；王健群《好太王碑研究》，吉林人民出版社1984年，第206页。

根据中国历代正史《高句丽传》的记载，我们可以排出长寿王琏以上至宫的高句丽王世系：宫—遂成—伯固—伊夷模—位宫—（不详）—（不详）—（不详）—乙弗利—钊—安—（不详）—琏。从琏的父辈算起，至宫是十二世。前引《魏书》记载朱蒙至莫来共四世，再加上见于《汉书》卷99《王莽传》的"高句丽侯驺"，就已经十七世了。其世次如下：朱蒙—始闾谐（闾达）—如栗—莫来—驺—宫—遂成—伯固—伊夷模—位宫—（不详）—（不详）—（不详）—乙弗利—钊—安—（不详）。

但是，按《汉书》卷99《王莽传》的记载，驺被杀于始建国四年（12年），《后汉书》卷85《高句丽传》记载，宫死于建光元年（121年），如果宫是继驺之后的高句丽国王，则其在位长达109年，这当然是不可能的。因此，所谓的十七世孙，当是指大朱留王的十七世孙，自驺至宫还有两代高句丽王中国史书失载。也就是说，依《好太王碑》的记载推算，宫以上至少存在过七位高句丽王，自朱蒙至驺至少五世。

综上，虽然在高句丽人中流传着对高句丽王的王名与世系的不同记载，但都认为在宫以前至少存在过五位高句丽王。如果我们以中国史书的记载为准，那么，这五位高句丽王的名字是：朱蒙、闾达、如栗、莫来、驺。

虽然对严尤诱斩"高句丽侯驺"一事学术界存在较大分歧，[①]但从《汉书》卷99《王莽传》的记载来看，王莽派出的使者"其东出者，至玄菟、乐浪、高句丽、夫余"，说明此时新莽政权与东方各地保持着密切联系，应对当地情况较为熟悉，《汉书》对"高句丽侯驺"的记载应是可信的。

按《三国史记》的记载推算，好太王于392年即位，而按《好太王碑》的记载推算，则其即位当在391年。《三国史记》记载好太王以下共九世十王，在中国史书中都可以得到印证。从392年至高句丽灭亡的668年，276年间共历九世，平均一世30.67年。即使我们不计特别长寿的长寿王，以文咨明王以下七世推算，结果也差不多。依此平均值计算，朱蒙至驺五世，当有138年。驺被杀于始建国四年（12年），则朱蒙南迁立国当在公元前126年左右，而不是《三国史记》、《三国遗事》所记载的公元前37年。

《三国史记》卷6《新罗本纪》文武王十年条记述670年新罗文武王封

---

① 李大龙《关于高句丽侯驺的几个问题》，《学习与探索》，2003年第5期。

高句丽王裔安胜为王时写道："公太祖中牟王……子孙相继，本支不绝，开地千里，年将八百。至于建产……家国破亡，宗社湮灭。"证明从朱蒙建国至为唐朝所灭，高句丽共存在了将近800年。如果我们将朱蒙建国定在公元前126年前后，至668年，高句丽共存在794年左右，与上述记载正相吻合。如果依《三国史记》的记载，将朱蒙建国定于公元前37年，高句丽仅存在705年，与"年将八百"的记载显然是不吻合的。

《三国史记》所载宫以上五位高句丽王中，闵中王是大武神王之弟，实际上只有四代人。卷13《高句丽本纪》琉璃明王三十一年条则称："（严）尤诱我将延丕斩之，传首京师"，其下金富轼自注："《两汉书》及《南北史》皆云诱句丽侯骀斩之。"有关骀的记事出现在第二代王琉璃明王的本纪中，不仅与中国史书所记载的高句丽王世系矛盾，也与《好太王碑》的记载矛盾。参之金富轼的注仅指出这里的记载与中国史书所载不同，而不是像《高句丽本纪》其他自注中多次所作的那样，明确认为是中国史书所载有误，可见，《三国史记》本条记事应是金富轼讳言高句丽王为严尤诱杀一事所作的曲笔。即使排除上述可能，《三国史记》成书晚于《汉书》千年，我们也不应该弃《汉书》而从《三国史记》。

从高句丽王的世系与在位时间推算，朝鲜史书《三国史记》、《三国遗事》的记载有误，朱蒙所部南迁进入沸流水流域在公元前126年前后，概言之，是在汉武帝灭卫氏朝鲜设四郡之前，而不是之后。因此，汉玄菟郡高句丽县就是因设在朱蒙所部的居住区而被命名为高句丽县，并不是在朱蒙所部之外还存在一个早于朱蒙所部进入沸流水流域的高句丽族。如果我们相信《三国遗事》东夫余的迁徙与高句丽先世的迁徙中间相差22年，也就是一代人的记载的话，那么，这一族群最早离开大兴安岭的时间应该在公元前2世纪中叶。

（三）迁徙前的经济类型

拓跋鲜卑与高句丽的发源地都与大兴安岭有关，但是其迁徙却采取了完全不同的路线。拓跋鲜卑是先南下而后西迁，进入匈奴故地，即蒙古草原南部，从事游牧的地带；高句丽则是先南下而后东迁，进入秽貊人的居住地，从事农耕的地带。二者迁徙的时间与进入的地区见下表：

	第一次迁徙时间	停留的地区	第二次迁徙时间	进入的地区
拓跋鲜卑	前5—公元44年	呼伦贝尔	190—200年	阴山以北
高句丽	前2世纪中叶	松嫩平原	前126年左右	浑江流域

《魏书·序纪》记载,从成帝毛的时代起,拓跋鲜卑就是"畜牧迁徙,射猎为业"的,其经济类型已经兼有渔猎与游牧。根据我们对《魏书·序纪》所载诸帝年代的推算,这应该是公元前2世纪—前1世纪的情况。在此之前的拓跋鲜卑的经济类型,无论是文献资料还是考古资料,都付诸阙如。[①]

迁入呼伦贝尔地区以后,拓跋鲜卑经济类型中的游牧成分显然大为增加。内蒙古陈巴尔虎旗完工墓葬中发现"埋有大量的牛、马、狗等牲畜,反映了当时的畜牧业已有相当发展"。[②] 扎赉诺尔"墓中以大量的牛、马、羊骨殉葬,显然这一部落的民族是以游牧为生"。[③] "拉布达林古墓群的埋葬制度与扎赉诺尔、南杨家营子、伊敏河古墓群有较大的一致性。墓中均以大量的牛、马等动物肢体随葬……表明他们当为游牧为生,善于骑射的北方古代民族"。[④]

扎赉诺尔墓葬虽然出土谷物,[⑤] 有人认为是穄,即糜子,"但从多次考古发掘来看,始终不见农业生产工具出土,这一现象是值得注意的",[⑥] 所以,认为拓跋鲜卑居住在呼伦贝尔地区时已经存在农业的观点,尚缺乏更有力的证据,[⑦] 因为这种谷物也可能来自采集,而不是人工培植。学者多认为拓跋鲜

[①] 现在学术界通行的做法是,根据嘎仙洞出土的文物来判断拓跋鲜卑早期的经济类型,在我们看来,在没有进一步的资料可以证明嘎仙洞与拓跋鲜卑早期的关系以前,这种研究方法是有问题的。也有的学者认为,昂昂溪—白金宝文化是鲜卑文化,"以昂昂溪文化为代表的早期居民在嫩江流域过着以渔猎经济为主的母系氏族生活,以后逐渐演变成了白金堡文化"。见张泰湘、范忠泽、王世杰《从最新考古学成就看鲜卑族的渊流与发展》,《黑龙江民族丛刊》,2003年第2期。鉴于以昂昂溪—白金宝文化为鲜卑文化的说法并未得到学术界的广泛认同,因而本书也不取其说。

[②] 内蒙古自治区文物工作队《内蒙古陈巴尔虎旗完工古墓清理简报》,《考古》,1965年第6期。

[③] 内蒙古文物工作队《内蒙古扎赉诺尔古墓群发掘简报》,《考古》,1961年第12期。

[④] 赵越《内蒙古额右旗拉布达林发现鲜卑墓》,《考古》,1990年第10期。

[⑤] 扎赉诺尔古墓出土的随葬品中有罐14件,罐内一般都发现有腐烂的谷壳。见内蒙古文物工作队《内蒙古扎赉诺尔古墓群发掘简报》,《考古》,1961年第12期。

[⑥] 陈凤山、白劲松《内蒙古札赉诺尔鲜卑墓》,《内蒙古文物考古》,1994年第2期。

[⑦] 曹熙认为:"在出土的陶罐中残存的谷子是呼伦池畔当时的农作物之一,表明农耕时代业已开始。"见曹熙《鲜卑南迁前的社会经济形态探讨》,《求是学刊》,1981年第3期。

卑人的农业起源于南迁盛乐之后，①当是正确的认识。至少可以肯定，在呼伦贝尔地区时，拓跋鲜卑即使已经开始从事农业生产，农业在其经济生活中的地位也是无足轻重的。

可以说，在向西进入蒙古草原腹地以前，拓跋鲜卑已成为典型的游牧民族。在呼伦湖附近地区的200年，拓跋鲜卑的牧业经济有了长足的发展，这决定了他们在下一步的迁徙中，必然西向进入游牧经济非常发达的蒙古草原。

高句丽迁徙之前的经济类型，文献上没有任何踪迹可循。但是，在高句丽建国之初，第二代王琉璃明王二十一年（2年），薛支建议迁都国内尉那岩，理由是："见其山水深险，地宜五谷，又多麋鹿鱼鳖之产"，②这说明，高句丽建国初的经济类型是以农业为主，渔猎业在其经济生活中还占有举足轻重的地位。

有的学者认为，白金宝文化是夫余族的遗存。③也有的学者认为，白金宝和汉书一期文化是夫余人的先世橐离国的遗存，汉书二期文化与望海屯类型文化是夫余国早期文化遗存。④但是，白金宝和汉书一期文化相当于西周至春秋，远早于文献记载的橐离国存在的时间，汉书二期文化与望海屯类型文化相当于战国至西汉，才与文献记载的橐离国存在的时间相符。因此本书不取此说。但是，这种文化的下限达西汉，接近夫余与高句丽人的先世自橐离国迁出的年代，分布地域主要在嫩江中下游与松花江流域，这又是夫余与高句丽人的先世迁徙的必经之地，因此，说高句丽人在迁徙以前，经济类型与汉书二期文化相似，还是完全可能的。

从我们现在掌握的考古资料来看，汉书二期文化"以渔猎生产为主"，存在原始农业，虽然也存在畜牧业，但"不是逐水草迁徙的游牧民族或部落"。⑤由此推测，高句丽的先世在迁徙以前，存在较原始的农业，而且畜牧

---

① 张维训《论鲜卑拓跋族由游牧社会走向农业社会的历史转变》，《中国社会经济史研究》，1985年第3期。杨少卫《鲜卑拓跋魏前期农牧业地位之比较》，《首都师范大学学报》，1997年第2期。
② ［高丽］金富轼著，杨军校勘《三国史记》（上），吉林大学出版社2015年，第179页。
③ 郝思德《白金宝文化初探》，《求是学刊》，1982年第5期。
④ 李殿福《汉代夫余文化刍议》，《东北亚研究——东北考古研究（二）》，中州古籍出版社1994年。干志耿也主张白金宝文化是橐离文化。见干志耿《橐离文化研究》，《民族研究》，1984年第2期。
⑤ 都兴智《试论汉书文化和白金宝文化》，《北方文物》，1986年第4期。

业并不发达，大概也是以渔猎生产为主要经济类型的。

拓跋鲜卑与高句丽迁徙前的经济类型的共性在于，渔猎经济在其经济生活中都占有举足轻重的地位；不同之处在于，高句丽在迁徙之前已经存在原始农业，而拓跋鲜卑在南迁大泽以后，畜牧业在其经济生活中已居于主导地位。正是这种差异，使拓跋鲜卑在进一步的迁徙中主要受蒙古草原的吸引，而高句丽则迁向东北东部的农耕地区。

居住在山林里的民族，可能永远是以渔猎为主要经济类型的，同时，也存在原始农业和欠发达的畜牧业。当他们从山林中走出来的时候，他们的经济类型必然发生变化。虽然出于对传统经济类型的依赖，渔猎还会在一段时间里在他们的经济生活中占有较重要的地位，但是，他们不得不转变为牧人或是农民，这既取决于他们迁入地区的自然地理环境，更取决于他们迁入之前已在当地生根的经济类型。高句丽后来在"无良田"的地方"力佃作"，[①]主要原因是，他们迁入前农耕经济在当地已占据主导地位；而在拓跋鲜卑转变为牧人的过程中，起作用的绝不仅仅是呼伦贝尔地区的自然地理环境，更主要的是在匈奴西迁以后加入鲜卑人中的那些"自号鲜卑"的匈奴人，他们将自己早已熟悉的游牧生活带给了鲜卑人。

第二节　早期社会组织

（一）拓跋鲜卑早期社会组织

《魏书·序纪》记载："成皇帝讳毛立，聪明武略，远近所推，统国三十六，大姓九十九，威振北方，莫不率服。"学者们多是依据这条史料，得出成帝毛时已经在北方建立起一个以拓跋鲜卑为核心的部落联盟的结论。也有的学者进而认为，所谓的36国，就是36个部落；99姓，就是99个氏族。虽然对《序纪》所载36、99两个数字很少有人信以为真，但是，认为国、姓就是部落、氏族的说法，现在已经成为学术界的通说。但问题是，从未有学者探讨过《序纪》中所记载的"国"与"姓"的内涵，这自然会给人

---

① 《三国志》卷30《高句丽传》。

以套用照搬摩尔根《古代社会》与恩格斯《家庭、私有制和国家的起源》的印象。

1. 36国与99姓

吕思勉认为"其曾统有诸姓，则必不尽诬"，但所谓的36国与99姓，则"不足信"：

> 九十九者，合己为百姓也。统国三十六者，四面各九国。自受封至成帝六十七世，又五世至宣帝，又七世至献帝，又二世至神元，其数凡八十一。八十一者，九九之积也。（自成帝至神元十五传，为三与五之积。盖取三才五行之义，比拟三皇五帝也。）世数及所统国姓，无一非九之积数，有如是巧合者乎？①

陶克涛沿袭这种观点，并进而认为，所谓36国的说法是魏收取自《山海经》与《淮南子》，36是载籍中常见的数字，并不是实数。②这种观点是有道理的。

对于36国99姓出现的时间，《魏书·序纪》记载为成帝毛的时代，而《官氏志》则称："安帝统国，诸部有九十九姓，"③按《序纪》所列诸帝的世次，安帝是成帝之后第4世，依一世22—25年推算，大约晚于成帝百年左右。安帝之后就是领导拓跋鲜卑人南迁大泽的宣帝推寅了。因此，对于《序纪》与《官氏志》这两条史料的正确理解应该是，拓跋鲜卑在南迁大泽以前，内部已存在"国"、"姓"两级社会组织。

据《魏书·官氏志》：

> 初，安帝统国，诸部有九十九姓。至献帝时，七分国人，使诸兄弟

---

① 吕思勉《吕思勉读史札记》，上海古籍出版社1982年，第809—810页。杜士铎《北魏史》："也有人认为二数都是3的积数，可能与鲜卑考古中的三鹿纹饰牌有关。"（山西高校联合出版社1992年，第46页）
② 陶克涛《毡乡春秋：拓跋篇》，内蒙古人民出版社1997年，第43页。
③ 马长寿认为《魏书·官氏志》中的"安帝"是"成帝"之误，此说法得到多数学者的认同，但这种说法显然并没有佐证。如果仅以《官氏志》与《序纪》互校，我们固然可以说"安帝"是"成帝"之误，但反过来，也可以说《序纪》的"成帝"是"安帝"之误。

各摄领之，乃分其氏。

既然先提到"安帝统国，诸部有九十九姓"，则"七分国人"的"国人"也就是安帝所统的"九十九姓"民众。"七分国人"，显然是打乱了原有的36国、99姓的部落结构。所以，拓跋鲜卑最早的这种"国"、"姓"两级的社会组织，到献帝邻时发生了质的改变，从这个意义上讲，原有的36国与99姓不复存在了。由此看来，"国"、"姓"两级社会组织，自成帝毛至献帝邻南迁匈奴故地以前，至少存在了300年左右。

《周书》卷2《文帝纪》记载：

魏氏之初，统国三十六，大姓九十九，后多绝灭。至是，以诸将功高者为三十六国后，次功者为九十九姓后，所统军人，亦改从其姓。

《周书》卷4《明帝纪》记载：

诏曰："三十六国，九十九姓，自魏氏南徙，皆称河南之民。今周室既都关中，宜改称京兆人。"

上述两条史料说明，至少在北魏后期，拓跋鲜卑人中还流行着36国与99姓的说法。但北魏人所说的36国与99姓并不是指自成帝至献帝时代存在的36国99姓。

《魏书·官氏志》在谈到献帝"七分国人"之后说："自后兼并他国，各有本部，部中别族，为内姓焉"，又记载了"七族"，并称其与叔孙氏、车氏，"凡与帝室为十姓"，而后在"神元皇帝时，余部诸姓内入者"下列举了75姓，又以"四方诸部"的名义列举了35姓。可见，"七族"、"十姓"及以下的110姓，都是献帝以后的事，特别是所列举的110姓，都是"神元皇帝""自后兼并他国"的产物，其形成是在献帝的孙子神元皇帝力微即位以后的事。这110姓与成帝至献帝时期的36国、99姓是没有直接关系的。

在《魏书》中，我们也可以找到《官氏志》所载110姓形成较晚的证据。《魏书》卷103《高车传》：

牵屯山鲜卑别种破多兰部世传主部落，至木易干有武力壮勇，劫掠左右，西及金城，东侵安定，数年间诸种患之。天兴四年，遣常山王遵讨之于高平，木易干将数千骑弃国遁走，尽徙其人于京师。

《魏书》卷2《太祖纪》天兴二年三月：

遣建义将军庾真、越骑校尉奚斤讨库狄部帅叶亦干、宥连部帅窦羽泥于太浑川，破之，库狄勤支子沓亦干率其部落内附。真等进破侯莫陈部，获马牛羊十余万头，追殄遗迸，入大峨谷。

库狄氏、宥连氏、侯莫陈氏都见于《官氏志》，而其成为拓跋鲜卑的属部却是在天兴二年（399年）之后。据姚薇元的考证，鲜卑别种破多兰部，就是《官氏志》所记载的110姓中的"破多罗氏"，① 显然，破多罗部成为拓跋鲜卑的"四方诸部"是在天兴四年（401年）以后，上述4姓的出现比献帝"七分国人"的时代还要晚200多年，与成帝、安帝时代的所谓36国、99姓当然是没有任何关系的。前引见于《周书》记载的北魏人所说的36国与99姓形成于神元皇帝力微以后，在孝文帝南迁时尚存在。则《周书·文帝纪》所说的"后多灭绝"，指的是孝文帝迁都洛阳以后，这些随迁的部族因与汉族杂居，其原有的部族组织才渐渐地不复存在了。后人说"江左、代北诸姓，纷乱不一"，② 说的也是孝文帝以后的情况。

《周书·文帝纪下》所说："以诸将功高者为三十六国后，次功者为九十九姓后"，《容斋三笔》卷3《元魏改功臣姓氏》在记载此事时指出：

翻以中原故家，易赐蕃姓，如李弼为徒河氏，赵肃、赵贵为乙弗氏，刘亮为侯莫陈氏，杨忠为普六茹氏，王雄为可频氏，李虎、阎庆为大野氏，辛威为普毛氏，田宏为纥干氏，耿豪为和稽氏，王勇为库汗氏，杨绍为叱利氏，侯植为侯伏侯氏，窦炽为纥豆陵氏，李穆为拓拔氏，陆通为步六孤氏，杨纂为莫胡卢氏，寇儁为若口引氏，段永为尔绵

---

① 姚薇元《北朝胡姓考》，科学出版社1958年，第200—201页。
② 《新唐书》卷199《柳冲传》。

氏，韩褒为侯吕陵氏，裴文举为贺兰氏，王轨为乌丸氏，陈忻为尉迟氏，樊深为万纽于氏。

《通志》卷30《氏族略·变氏姓第六》：

阎庆之为大野氏，辛威之为普屯氏，韩袞之为侯吕邻氏，李弼之为徒何氏，田弘之为纥干氏，王雄之为可频氏，王熊之为拓王氏，蔡氏之为大利稽氏，阴氏之为邱目陵氏，张氏之为叱罗氏，周氏之为车非氏，南氏之为宇文氏。①

其中提到的拓跋鲜卑姓氏多见于《魏书·官氏志》，证明北周为之立后的36国与99姓指的是神元帝以后的36国与99姓，与《序纪》中所载成帝时的36国99姓没有关系。马长寿认为："魏远祖毛时的三十六国和九十九姓在很早的时候就变更或绝灭了。《魏书·官氏志》所列的一百八十姓，是历代魏国祖先在蒙古草原经过长期迁移而与匈奴、高车等族相互融合之后的产物"，②是正确的认识。

史书对神元帝至孝文帝时存在的36国、99姓也有不同的记载。

《隋书》卷33《经籍志》：

三十六族，则诸国之从魏者；九十二姓，世为部落大人者，并为河南洛阳人。

《新唐书》卷199《柳冲传》：

"虏姓"者，魏孝文帝迁洛，有八氏十姓，三十六族九十二姓。八氏十姓，出于帝宗属，或诸国从魏者；三十六族九十二姓，世为部落大人。并号河南洛阳人。

---

① 《氏族博考》卷3《变易第八》在张氏之后多"侯氏之为侯伏氏又为贺屯氏"一句，余同。
② 马长寿《乌桓与鲜卑》，上海人民出版社1962年，第240页。

《魏书》与《周书》中的36国99姓，在《隋书》与《新唐书》中写作36族92姓，国、族的数字未变，姓的数字却少了7个。而《魏书·官氏志》所列举的"四方诸部"35个、"内入诸姓"75个，国、族少了1个，姓少了24个。魏收也说："年世稍久，互以改易，兴衰存灭，间有之矣，今举其可知者"，承认其记载并不全面。

但据陈连庆考证，今本《魏书·官氏志》佚脱15姓，则《魏书》原本至少已载有125姓。《魏书》之外诸书尚可以考见36姓，除陈连庆称"疑是"的8姓不敢断定是拓跋鲜卑姓之外，尚有24姓。[①] 则文献可考的拓跋鲜卑姓氏总计达149姓，比36国、99姓的说法已多出14姓。由此看来，36国99姓也好，36族92姓也好，都是北魏时人一种笼统的说法，并不是确实的数字，实际上的国、族、姓的数字要多于此。

2. 国、部、族、姓

《魏书》卷1《序纪》、卷113《官氏志》与《周书》卷2《文帝纪》、卷4《明帝纪》的记载都称36国、99姓，《隋书》卷33《经籍志》、《新唐书》卷199《柳冲传》则称36族、92姓，而《魏书·序纪》列举诸姓时分作两部分，一是"余部诸姓内入者"，一是"四方诸部"。可见，36国也可以称为36族或36部，而99姓则不可以称族、国。

《隋书》卷33《经籍志》："三十六族，则诸国之从魏者；九十二姓，世为部落大人者"，将"姓"解释为"世为部落大人"的家族的姓氏，这显然是北魏统治者在拓跋鲜卑人中确立门阀制度以后的观念。《旧唐书》卷104《哥舒翰传》："蕃人多以部落称姓，因以为氏"，说明北方少数民族的姓氏多来源于其部落称号，同一部落的成员都采用相同的姓氏，一姓也就是原来的一个部落。92姓，也就是92个部落。而国、族、部则与此不同，是"诸国之从魏者"，是后降附于拓跋鲜卑的"国"。这里的"国"虽然不能理解为国家，但也绝不是与前述"姓"内涵相同的概念。

姚薇元认为，《魏书·官氏志》中的"吐伏卢氏"就是豆卢氏，[②] "其先本姓慕容氏，前燕之支庶也"，后因归魏，"赐姓豆卢氏"。[③] 在《官氏志》中，吐伏卢氏属于"内入诸姓"，慕容氏却属于"四方诸部"，陈连庆认为，慕容部

---

① 陈连庆《中国古代少数民族姓氏研究》，吉林文史出版社1993年，第131—144页。
② 姚薇元《北朝胡姓考》，科学出版社1958年，第95—96页。
③ 《周书》卷19《豆卢宁传》。

包括豆卢氏在内，计有 23 姓。① 由此，我们可以发现，所谓的国、族、部与姓的最大区别在于：称姓的各部落，一部就是一姓，此姓也仅此一部；而称国、族、部的各部落，一部包括许多姓，也就是许多部落，是若干姓或部落都降附拓跋鲜卑，但在隶属于拓跋鲜卑的前提下，仍保持其原有的部落结构。

甚至还有的部分姓或部落游离于拓跋鲜卑的政权之外，与拓跋鲜卑没有从属关系。如前引《魏书》卷 103《高车传》所载"鲜卑别种破多兰部"，在被拓跋鲜卑打败以后，虽然《魏书》称"尽徙其人于京师"，但同时也记载："木易干将数千骑弃国遁走"，"余种分迸，其后为赫连屈丐所灭"，② 至少还有两支并未降附于魏，因此破多罗氏在《魏书》中属于"四方诸部"，而不是"内入诸姓"。

如果我们认为，自成帝至献帝时代的 36 国、99 姓也具有相同的含义，那么，在南迁大泽以前，拓跋鲜卑人的部落组织可以图示如下：

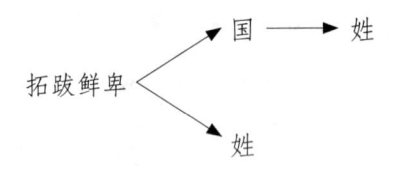

献帝的"七分国人"，是对上述部落结构的改革，打乱了原有的国与姓的区别，以姓为单位，将所有国人划分为 8 部分，拓跋鲜卑自己为一部，由帝室直接领导，降附各姓分为 7 部分，由拓跋鲜卑派帝室成员管理，这也就是所谓的"鲜卑八国"。虽然旧有的姓这一级组织基本未发生变化，但旧有的"国"这一级组织则被打乱重组。原来降附的 36 国被重组为 7 国，与拓跋鲜卑一起构成 8 国。此后拓跋鲜卑中又分出叔孙氏、车氏两姓，就构成了"八国十姓"。从大泽南迁匈奴故地的拓跋鲜卑就是这"八国十姓"。

《魏书·官氏志》天赐元年十一月：

> 以八国姓族难分，故国立大师、小师，令辩其宗党，品举人才。③

---

① 陈连庆《中国古代少数民族姓氏研究》，吉林文史出版社 1993 年，第 59—73 页。
② 《魏书》卷 103《高车传》。
③ 《魏书》卷 113《官氏志》。

所谓"八国姓族难分",不会是指献帝改革后的八国,因为这在《魏书·官氏志》中都有明确的记载,并不"难分"。而应该是指,在献帝划分八国以后,下至拓跋珪的时代,八国所属各姓,哪一个是原来的姓,哪一个属于原来的36国下属的姓,以及哪一姓原来属于哪一"国",鲜卑人自己也说不大清楚了。

在进入匈奴故地以后,拓跋鲜卑对归附各部仍采取不打乱其原有的社会组织的方式加以统辖,因此,在"八氏十姓"之外,又出现了降附的"姓"与"国"。

《新唐书》卷199《柳冲传》:

> 魏孝文帝迁洛,有八氏十姓,三十六族九十二姓。八氏十姓,出于帝宗属,或诸国从魏者;三十六族九十二姓,世为部落大人。并号河南洛阳人。

据此,拓跋鲜卑的部落结构我们可以图示如下:

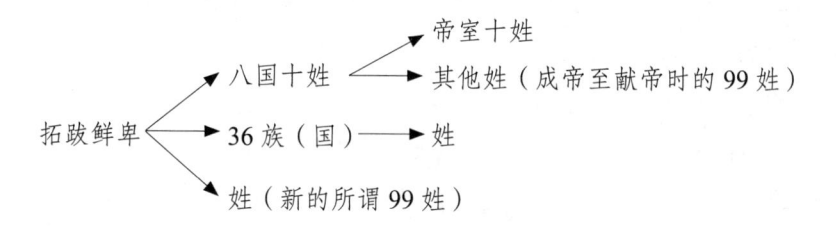

```
                    ┌─ 帝室十姓
         ┌─ 八国十姓 ─┤
         │          └─ 其他姓(成帝至献帝时的99姓)
拓跋鲜卑 ─┼─ 36族(国) ──→ 姓
         │
         └─ 姓(新的所谓99姓)
```

之所以说"八氏十姓,出于帝宗属,或诸国从魏者",是指十姓虽然都出自帝室,但其下辖诸姓多是献帝改革以前的36国与99姓,他们不是出自帝室所在的部落,而是从属于拓跋鲜卑的其他部落,即"诸国从魏者"。

3. 两级社会组织

《后汉书》卷87《西羌传》称羌人"凡百五十种",种是羌人规模最大的社会组织。种的形成,最典型的例子是忍与其弟舞,"忍及弟舞独留湟中,并多娶妻妇,忍生九子为九种,舞生十七子为十七种",证明种有共同的男性祖先,最初是指有血缘关系的人群,是典型的血缘组织。乌桓人"怒则杀父兄,而终不害其母,以母有族类,父兄以己为种,无复报者故也",[1] 也证

---

[1] 《三国志》卷30《乌丸鲜卑传》裴松之注引王沈《魏书》。

明"种"是指有血缘关系的人群。

种的形成,是"子孙分别,各自为种",[①]即出自血亲组织自身的分化。在种的发展过程中,"强则分种为酋豪,弱则为人附落",[②]强大的宗族可以从原来的血亲组织中分裂出去,成立自己的新的血亲组织;弱小的血亲组织无法继续独立存在,便成为另一个强大的血亲组织的附庸。这样,强大的种既包括由原来的血亲组织发展成的部落,也包括来自其他血亲组织的依附部落。《后汉书》卷87《西羌传》记载忍的季父卬"将其种人附落而南,出赐支河曲西数千里",其部就由种人与附落两部分组成。

强大的种往往包括来自多种血亲组织的附落,血缘关系十分复杂,这些血缘关系复杂的依附部落,既被称为附落,也被称为杂种,烧当羌欲进攻先零羌与卑湳羌时,就是"集会附落及诸杂种"。[③]由于杂种都是依附于其他种的弱小种,因此,有的学者认为,史书中的杂种一词意思是小种,[④]也是正确的。

当种内包括数种乃至数十种血亲组织时,种已不再是血亲组织,而是以某个血亲组织为主导的诸血亲组织的复合体。作为血亲组织复合体的种的结构我们可以图示如下:

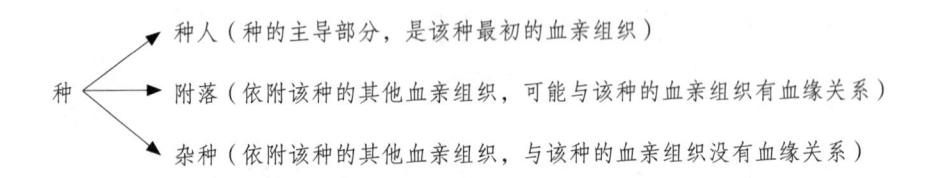

种 → 种人(种的主导部分,是该种最初的血亲组织)
　　→ 附落(依附该种的其他血亲组织,可能与该种的血亲组织有血缘关系)
　　→ 杂种(依附该种的其他血亲组织,与该种的血亲组织没有血缘关系)

作为血亲组织复合体的种之间也常常一同行动。《魏书》、《北史》、《隋书》、《新五代史》诸书都称契丹与奚"异种同类",在被慕容部打败之后,"俱窜于松漠之间",就是典型的例子。

北方民族形成国家以前,最通行的社会组织就是上述血亲组织—血亲组织复合体两级结构。《晋书》卷97《匈奴传》记载北狄入居塞内的"凡十九

---

① 《后汉书》卷87《西羌传》。
② 《后汉书》卷87《西羌传》。
③ 《后汉书》卷87《西羌传》。
④ 李志敏《魏晋六朝"杂胡"之称释义问题》,《民族研究》,1996年第1期。

种，皆有部落"，可证匈奴族种下"皆有部落"。①《后汉书》卷86《南蛮西南夷传》"六夷七羌九氐，各有部落"，回鹘"其部落曰袁纥、薛延陀、契苾羽、都播、骨利干、多览葛、仆骨、拔野古、同罗、浑、思结、斛薛、奚结、阿跌、白霫，凡十有五种"，②其中都播又"分三部"，白霫"其部有三：曰居延，曰无若没，曰潢水"，③也是种下有部。《北史》卷96《党项传》、《隋书》卷83《党项传》都称党项是"每姓别为部落"，《新唐书》卷221上《党项传》作"以姓别为部，一姓又分为小部落"。《新唐书》卷217下《回鹘传》："葛逻禄本突厥诸族"，但又"有三族"，是族下有族。契丹与奚"异种同类"，④但契丹古分八部，奚人也有五部，⑤是种下有部。靺鞨七部之一的黑水部"分为十六部"，⑥室韦五部之一的南室韦"分为二十五部"，⑦作为鲜卑一种的鲜卑慕容部，其首领莫护跋"魏初率诸部落入居辽西"，⑧都是部下有部。只不过诸史用词不一，或称种，或称部，或称族，或称姓，而且对两级社会组织通称部落，因此造成不应有的混乱。

由此看来，拓跋鲜卑的姓，就是"蕃人多以部落称姓，因以为氏"、⑨"姓别自为部落"⑩的部落，即血亲组织，而包括若干姓的"国"、"族"、"部"就是血亲组织的复合体，与上述"种"的概念内涵是一致的。

因此，拓跋鲜卑在成帝以后已"统国三十六，大姓九十九"，应该理解为，拓跋鲜卑作为血亲组织的复合体，不仅领有自己原有的血亲组织，而且还控制了其他血亲组织复合体及其下属各血亲组织。献帝"七分国人"，就是取消了其他血亲组织复合体控制其所属的血亲组织的权力，而将所有的血亲组织统一划归拓跋鲜卑的帝室领导。所有的血亲组织统一划分为七个组，取代了原有的血亲组织复合体。更为重要的是，这七个组的领导都出自拓跋

---

① 《晋书》卷97《匈奴传》。
② 《新唐书》卷217上《回鹘传》。
③ 《新唐书》卷217下《回鹘传》。
④ 《魏书》卷100《契丹传》。
⑤ 《周书》卷49《库莫奚传》。
⑥ 《旧唐书》卷199下《靺鞨传》。
⑦ 《北史》卷94《室韦传》。
⑧ 《魏书》卷95《徒河慕容廆传》。
⑨ 《旧唐书》卷104《哥舒翰传》。
⑩ 《魏书》卷101《宕昌羌传》。

鲜卑的帝室家族，而不是像从前一样，出自在血亲组织复合体中占主导地位的血亲组织。"七族"的首领是依靠拓跋鲜卑这个宗主部落的实力来进行统治，其权力源于宗主部落对所有血亲组织所拥有的控制力，其本人与其所控制的部落的成员之间不具有血缘关系。而从前的血亲组织复合体的首领则不是这样，其本人是复合体中占主导地位的血亲组织的成员，其权力源于该血亲组织成员的认同与拥戴。我们也可以说，前者的权力来自于其所控制的部落之外，是自上而下的；后者的权力来自于其所控制的部落之内，是自下而上的。

"七分国人"的最大意义在于，使对部落的领导权与血缘关系相分离，在拓跋鲜卑中第一次出现了超出血缘关系与血亲组织之上的权力，这是拓跋鲜卑由前国家形态向国家迈出的第一步。

血亲组织内部，还经常分成不同的宗族。以女真人为例：

> 金人初起完颜十二部，其后皆以部为氏，史臣记录有称"宗室"者，有称完颜者。称完颜者亦有二焉，有同姓完颜，盖疏族，若石土门、迪古乃是也；有异姓完颜，盖部人，若欢都是也。[①]

完颜部分为十二部，都以完颜为姓。就是在王室所在的完颜部内，还分为王室家族（即宗室）、王室的远亲（即疏族）和异姓完颜（即部人，分属不同的家族）。因此，《魏书·官氏志》记载，在"七分国人"之后，"自后兼并他国，各有本部，部中别族，为内姓焉"，就是说，拓跋鲜卑所控制的各部落中也存在着不同的家族。以"七国"而言，其中既包括原来的血亲组织内的家族，即"本部"，也有依附于该血亲组织的其他家族，即"别族"，而统治该"国"的献帝的兄弟的后裔，也形成一个家族，即"内姓"。拓跋鲜卑不断"兼并他国"，不仅控制其"本部"，也控制其"别族"，在这些家族中，被拓跋鲜卑指定为征服后的"国"或"姓"的领导者的家族，就是所谓的"内姓"，或"内入诸姓"，也就是《魏书》、《北史》、《周书》等史书中所记载的"世领部落"的家族，或者说，是"世为部落大人者"。由此看来，在"七分国人"之后，拓跋鲜卑并未将这一新举措应用到后征服的诸部

[①]《金史》卷59《宗室表》。

落，而是沿用了从前的不打乱被征服部落原有结构的统治模式，在其血亲组织内选择某一家族世代统领该血亲组织，听命于拓跋鲜卑的帝室。

无论是成帝至献帝时的36国，还是神元以后逐渐形成的新的36国，其在归附拓跋鲜卑之前，都是独立的部落组织，因此，自然可以称之为"国"。这种部落组织都有一个居于主导地位的部落，即血亲组织，有的还有"附落"、"杂种"，因此，自然也可以称之为"部"。在归附拓跋鲜卑之后，他们都受血亲组织内某一家族的领导，成为该家族的附庸，从这个意义上讲，也可以称之为"族"。而"姓"就是血亲组织。

《新唐书》卷199《柳冲传》："魏孝文帝迁洛，有八氏十姓，三十六族九十二姓"，说明在孝文帝迁都洛阳以前，拓跋鲜卑的血亲组织依然存在。

4. 非血亲组织

在《魏书·官氏志》记载的"内入诸姓"中，现在可以考证出，"属于匈奴族的姓氏有六，属于丁零族的姓氏有六，属于柔然族的姓氏有三，属于乌桓及东部鲜卑的姓氏有九，属于其他东西方各族的姓氏有七，共计三十一姓"。[1] 如前所述，《官氏志》所载，是神元皇帝力微以下的情况，这足以证明，在拓跋鲜卑形成国家以前，其所统辖的部落中，与拓跋鲜卑没有血缘关系的部落所占比例是相当高的。拓跋鲜卑在建国以前，就已经不是亲属部落结成的联盟了，而是不同民族、不同血缘的部落组成的复合体。

自成帝至安帝所统的36国与99姓，究竟是由具有血缘关系的亲属部落组成的联盟，还是由不同民族、不同血缘的部落组成的复合体，现在已无从考知，但通过对扎赉诺尔与完工出土的人骨的研究，学者们现在基本可以肯定，当他们南迁大泽，即居住在呼伦贝尔地区以后，至献帝"七分国人"以前，拓跋鲜卑就已经是由不同民族的部落组成的复合体了。

> 扎赉诺尔汉代鲜卑族居民的种族特征，可能系以西伯利亚蒙古人种为主体（A组），另外还有一部分可归属为西伯利亚蒙古人种和北极蒙古人种的混血类型（B组）。值得注意的是，在古代对比资料中，扎赉诺尔A组的鲜卑族居民在体质特征上与外贝加尔地区的匈奴人最为相

---

[1] 马长寿《乌桓与鲜卑》，上海人民出版社1962年，第254页。

似，并且相互之间的接近程度甚至超过了扎赉诺尔 A 组与同一片墓地中埋葬的扎赉诺尔 B 组鲜卑族成员之间的关系。而扎赉诺尔 B 组所具有的西伯利亚、北极人种的混血特征，却在古代对比组中与完工组最为相似。这就使得扎赉诺尔墓地的鲜卑族居民似乎处于一种介于完工居民和匈奴人之间的过渡位置上。结合到历史上北匈奴西迁后，大量匈奴人加入鲜卑共同体的事实，我们或许可以做出如下推测：完工组所体现的以北极蒙古人种为主要体质因素的特点，可能代表了拓跋鲜卑祖先类型的特征，而扎赉诺尔居民中种系成分的复杂性，表明了他们很可能是鲜卑、匈奴两族混血的产物，抑或他们中的某些人本身就可能是那些"自号鲜卑"的匈奴族成员。①

通常认为，拓跋鲜卑南迁大泽时，先抵达完工一带，因遇阻沼泽而西及扎赉诺尔。② 从上述人种学的考察出发，我们可以得出这样的结论：在南迁大泽以前，或者准确地说，在拓跋鲜卑迁往完工以前，其中并未包括大量的异族成分，那么，成帝至安帝时期的 36 国与 99 姓很可能还是有血缘关系的各部落的联盟。至少我们可以肯定，这是鲜卑人同族各部落之间的联盟。

在南迁大泽的初期，也就是完工时期，③ 鲜卑人的血缘组织还保存得比较完好。在完工墓1B 中，就有性别不同的人骨架26 具，④ 宿白认为，这种家族丛葬制度说明，当时拓跋鲜卑还保持着"大家族组织"。⑤

根据我们的推算，拓跋鲜卑南迁大泽不会早于公元前 5 年，更可能是公元 1 世纪的上半叶。在此之后不久，即公元 1 世纪的下半叶，北匈奴主体部分西迁，余种"皆自号鲜卑"，⑥ 可能从这个时期开始，拓跋鲜卑即与匈奴人的余部有所接触。一些匈奴人的血亲组织加入拓跋鲜卑的联盟，双方开始通婚。这是使得扎赉诺尔墓地的鲜卑人骨的 B 组具有"西伯利亚、北极人种的

---

① 朱泓《人种学上的匈奴、鲜卑与契丹》，《北方文物》，1994 年第 2 期。
② 宿白《东北、内蒙古地区的鲜卑遗迹——鲜卑遗迹辑录之一》，《文物》，1977 年第 5 期。
③ 李逸友《扎赉诺尔古墓为拓跋鲜卑遗迹论》，《中国考古学会第一次年会论文集（1979）》，文物出版社 1980 年，第 331 页。
④ 内蒙古自治区文物工作队《内蒙古陈巴尔虎旗完工古墓清理简报》，《考古》，1965 年第 6 期。
⑤ 宿白《东北、内蒙古地区的鲜卑遗迹——鲜卑遗迹辑录之一》，《文物》，1977 年第 5 期。
⑥ 《后汉书》卷 90《乌桓鲜卑传》。

混血特征"的原因。

另外，需要注意的是，"扎赉诺尔 A 组的鲜卑族居民在体质特征上与外贝加尔地区的匈奴人最为相似，并且相互之间的接近程度甚至超过了扎赉诺尔 A 组与同一片墓地中埋葬的扎赉诺尔 B 组鲜卑族成员之间的关系"，这说明，匈奴人加入鲜卑共同体不是一次性的，而且有先后若干批。直至拓跋鲜卑南迁匈奴故地之前，仍有匈奴人来到呼伦贝尔地区，成为拓跋鲜卑部的组成部分。

还有一个问题需要说明。匈奴帝国内部民族众多，但中原史书往往通称为匈奴。匈奴一词既有作族名的内涵，也有作国名的内涵。从前一方面去理解，匈奴应该就是匈奴族人。从后一个方面去理解，匈奴的意思是匈奴国人，却不一定是匈奴族。史书中往往将两种用法相混同。马长寿认为，帝室十姓中的纥骨氏、乙旃氏都是高车姓，也就是说，以此二姓命名的部落最初应该是高车人，而不是鲜卑人。① 在献帝"七分国人"以后，他们也成为与帝室"百世不通婚"的拓跋鲜卑的正胤，证明这部分高车人很早就已经东迁，并完成了与拓跋鲜卑的融合。这说明，在拓跋鲜卑居住在大泽附近的时期，其部族中不仅混入匈奴人的成分，② 还混入了高车人的血统。

在南迁匈奴故地之后，拓跋鲜卑部内的民族成分更加复杂。按马长寿的考证，拓跋鲜卑 75 个"内入诸姓"中，匈奴姓 6 个、丁零姓 6 个、柔然姓 3 个、乌桓与东部鲜卑姓 9 个、其他各族姓 7 个，这说明，在拓跋鲜卑部内至少包括 6 个匈奴人的血亲组织、6 个丁零人的血亲组织、3 个柔然人的血亲组织、9 个乌桓人与东部鲜卑人的血亲组织，还有其他族的血亲组织 7 个。在匈奴帝国瓦解后蒙古草原各族力量的重新组合过程中，血亲组织发挥着十分重要的作用。

草原民族以血亲组织为单位，加入不同的部落联盟。依据"强则分种为酋豪，弱则为人附落"③ 的草原定律，许多不同民族的血亲组织成为拓跋鲜卑这一宗主部落的"附落"。随着拥有"附落"数量的不断增加，如何控制它们就成为拓跋鲜卑的统治者所面临的最大问题。正是对这个问题的解决，促

---

① 马长寿《乌桓与鲜卑》，上海人民出版社 1962 年，第 247—248 页。
② 曹永年认为，拓跋鲜卑帝室十姓中的"普氏"，就是匈奴人的贵姓"须卜氏"，这一部原应是匈奴人。见曹永年《早期拓跋鲜卑的社会状况和国家的建立》，《历史研究》，1987 年第 5 期。
③ 《后汉书》卷 87《西羌传》。

使拓跋鲜卑由前国家形态向国家演进。

（二）高句丽早期社会组织

从中、朝各种史书的记载中都可以看出，自朱蒙南迁至高句丽立国初期，高句丽最重要的社会组织就是"五部"。"五部"，或者称"五族"，才是高句丽步入国家之前的最重要的社会组织。因此，了解高句丽建国前的社会组织必须从五部入手。

1."五族"

最早为高句丽立传的正史《三国志》卷30《高句丽传》称高句丽："本有五族，有涓①奴部、绝奴部、顺②奴部、灌奴部、桂娄部。"《翰苑·蕃夷部·高丽》注引鱼豢《魏略》作："其国本有五族，有消奴部、绝奴部、顺奴部、灌奴部、桂娄部"，当是《三国志》所本。《后汉书》、《梁书》、《南史》的《高句丽传》都一直沿用这种说法，至两唐书的《高丽传》才不再称"五族"，而改称五部。从前引《三国志》、《魏略》先称"五族"后称某部来看，陈寿、鱼豢都是将部作为族的同义词来使用的，两唐书的改动不能算错，但这一改动却使"五族"的另一层含义变得不明显了。

《三国志》中以数字称族的用法，除高句丽的"五族"与古人习用的三族、九族外，还曾出现八族一说。卷9《何晏传》裴松之注引《魏氏春秋》："初，宣王使晏与治爽等狱。晏穷治党与，冀以获宥。宣王曰：'凡有八族。'晏疏丁、邓等七姓……"参之同卷《曹爽传》可知，这七姓指邓飏、丁谧、毕轨、李胜、桓范、张当与夏侯玄的家族，加上何晏之族为八族。八族之"族"显然与"姓"同义，是指同姓的血亲。

三族与九族何指，古人说法不一，但归纳起来不外是两类，一类认为三族、九族是单指血亲，一类则认为包括部分姻亲。《曹爽传》载邓、丁、何等人"皆伏诛，夷三族"，"三族"显然即上文所引"七姓"的"姓"、"八族"的"族"，则《三国志》中所谓的三族、九族，是对"族"或"姓"的进一步区分，都是指血亲。参之《尔雅》卷4《释亲》"父之党为宗族"的说法可知，《三国志》中的"族"多是"宗族"的省称，用以指血亲集团。高

---

① 《后汉书》卷85《高句丽传》作"消"。
② 《南史》卷79《高句丽传》作"慎"。

句丽的"五族"显然也应具有相同的内涵,所谓"五族",就是五个血亲集团。两唐书改称五部,使这种血亲集团的含义变得不明显了。

《三国志》卷30《乌丸鲜卑传》裴松之注引王沈《魏书》称乌桓人"怒则杀父兄,而终不害其母,以母有族类,父兄以已为种,无复报者故也"。《左传》僖公十年"非我族类"孔颖达疏:"类族一也"。类与族是同义词,族类作为同义复合名词,其含义与族相同,也是指血亲集团。同一血亲集团内部不能通婚,所以,乌桓人的母亲出自另一个血亲集团。乌桓人的部族就是由多个血亲集团组合而成的。

《三国志》卷30《乌丸鲜卑传》称曹操在打败乌桓之后,"幽州、并州柔所统乌丸万余落,悉徙其族居中国",既是"悉徙其族",也可以证明这一万多家乌桓人分成若干个"族",也就是血亲集团。《三国志》以族、族类指称乌桓人的血亲集团,可证其称高句丽各部为五族也同样具有血亲集团的含义。

中国史书、朝鲜史书所载五部名称不同,中国史书中的消奴部、绝奴部、顺奴部、灌奴部、桂娄部,分别是朝鲜史书《三国史记》所载的多勿部、椽那部、桓那部、贯那部、沸流部。[①]《三国志》卷30《高句丽传》载"绝奴部世与王婚",又称"伊夷模无子,淫灌奴部,生子名位宫",《三国史记·高句丽本纪》载琉璃明王"纳多勿侯松让之女为妃",就是说,史书中可以找到消奴部、绝奴部、灌奴部与桂娄部通婚的记载。这说明,五族之间不是血亲关系,而是姻亲关系。这五个血亲集团通过彼此通婚而结成的姻亲集团,是高句丽早期国家的核心。

关于高句丽族的族源,过去较为通行的是秽貊说与夫余说。近年来,多源说已渐成为学术界的通论。[②]如果我们从民族迁徙的角度考察,就可以很清楚地认识到,高句丽族的族源主要分两支,一支是东北土著民族集团,一支是从夫余国南迁的民族集团。"五族"就是从夫余国南迁的民族集团,它的主体部分是夫余族。[③]

[①] 杨军《高句丽五部研究》,《吉林大学社科学报》,2001年第4期。
[②] 比较有代表性的是孙进已《高句丽的起源及前高句丽文化的研究》,《社会科学战线》,2002年第2期,第162页。
[③] 杨军《高句丽五部研究》,《吉林大学社科学报》,2001年第4期。

虽然《三国史记·高句丽本纪》中迟至公元72年才出现贯那部，公元74年才出现桓那部，但公元32年已出现南部使者，南部即灌奴部，亦即贯那部。证明史书记载有缺，二者在公元32年前肯定已经存在，我们不能将二者在《三国史记》中首次出现的时间作为其部建立的时间。五部中，形成最晚的当是椽那部，在公元22年，因此，我们认为，五部的最后定型不会晚于公元22年。①

五部中，多勿部（消奴部）之设，是出于对前此迁入该地的夫余人血亲组织的改造，椽那部（绝奴部）之设是为安置东夫余降人。②那么，当初从东夫余国迁出的，可能只是沸流部（桂娄部）、贯那部（灌奴部）与桓那部（顺奴部），即三个血亲组织。《三国史记》称朱蒙与"乌伊、摩离、陕父等三人为友"，一起南迁，可能就是对此史事的反映。

我们在史书中基本找不到关于高句丽早期社会组织的记载。但是，朱蒙所部与东夫余一起从北夫余迁出，双方共同行动的时间达22年，应该具有相同或相似的社会组织。因此，通过对夫余人社会组织的考察，我们可以对朱蒙所部早期社会组织有更深刻的认识。

2. "诸加"与"别主"

朱蒙所部从中分出的东夫余，就是中国史书《三国志》、《后汉书》为之立传的夫余国。夫余国"本濊貊之地，而夫余王其中，自谓'亡人'，抑有以也"，③其国的统治民族为夫余，被统治民族是秽貊。

最早记载夫余人社会结构的是《三国志》卷30《夫余传》的下述记载：

> 国有君王，皆以六畜名官，有马加、牛加、猪加、狗加、大使、大使者、使者。邑落有豪民，名下户皆为奴仆。诸加别主四出，道大者主

---

① 朝鲜学者姜仁淑认为，五部形成于高句丽出现以前。而又认为，"公元前3世纪初，高朱蒙集团从夫余迁移到这里，在掌握了桂娄部之后，于公元前277年取替了椽那部王权，建立了高句丽国家"。即认为五部形成于公元前277年以前。见［朝鲜］姜仁淑著，文一介译《关于先行于高句丽的古代国家句丽》，《东北亚历史与考古信息》，1992年第1期，第45—51页。但这种说法是没有任何史料可以证明的。
② 《三国史记》卷14《大武神王本纪》记载，夫余王从弟"与万余人来投，王封为王，安置椽那部"，《东国通鉴·高句丽》此条记作"置椽那部"，证明最初设立椽那部，就是为安置东夫余降人。
③ 《三国志》卷30《夫余传》。

数千家，小者数百家。

学术界目前流行的说法是，根据"邑落有豪民，名下户皆为奴仆"的记载，得出夫余人的"下户"是奴隶、"豪民"是奴隶主的结论，并由此认定夫余人已处于奴隶制社会。[①] 但是，细品《三国志》的文意，是说邑落有"豪民"，把"下户"都称为奴仆，这里的"名下户"只能解释成"将下户称为"，并不能说明"下户"就是奴仆。

《三国志·夫余传》中"下户"共出现两次，除上引史料外，还见于"有敌，诸加自战，下户俱担饮食之"，这里"下户"与"诸加"相对，证明参加战斗的是"诸加"，"下户"是没有参军作战的义务的。"诸加自战"，显然不能是只有"以六畜名官"的官员们参加战斗，而应该理解为"诸加"及其所属参加战斗。由下文提到"牛加兄子名位居，为大使，轻财善施，国人附之"来看，"诸加"的下属是"国人"，"国人"是不可能包括"下户"在内的，因为作为"大使"的位居，其"轻财善施"是不会施给那些被称为奴仆的"下户"的。因此，所谓的"诸加自战"，就是"诸加"与"国人"自战。

由此可以证明，夫余国内主要可以分为两个阶层：国人与下户。作为统治者的"诸加"属于国人。国人是统治民族，下户是被统治民族，但下户的身份不是奴隶。《三国志·夫余传》记载，"杀人者死，没其家人为奴婢"，显然，夫余人的奴隶被称为奴婢，而不是"下户"。因此，将下户称为奴仆的"豪民"，就是统治者"诸加"，并不能由此得出其身份是奴隶主的结论。结合夫余"本濊貊之地，而夫余王其中"的记载来看，夫余国的"国人"是后迁入该地区的征服者民族夫余人，而"下户"是被夫余人征服的当地土著居民濊貊人。

《后汉书》卷85《夫余传》记载："其邑落皆主属诸加"，而从前引《三国志·夫余传》"邑落有豪民，名下户皆为奴仆"的记载来看，"邑落"中的居民以下户为主，那么，《后汉书》的记载可以证明，从事农业生产的濊貊

---

① 佟冬《中国东北史》第一卷，吉林文史出版社1987年，第339—340页；董万仑《东北史纲要》，黑龙江人民出版社1987年，第63页；傅朗云、杨旸《东北民族史略》，吉林人民出版社1983年。朴灿奎撰文专辨"下户"的性质，仍肯定了夫余人的"下户"是奴隶的传统说法。见《高句丽之"下户"性质考》，《东疆学刊》，2003年第3期。

人的村落是隶属于夫余人的统治者的。也正是从这个意义上,诸加才把下户称为奴仆。

夫余人的官称有"马加、牛加、猪加、狗加、大使、大使者、使者",可以分为"诸加"与"使者"两大类。再结合"诸加别主四出,道大者主数千家,小者数百家"的记载,可知,诸加是夫余国的贵族,诸加对自己领地上的民户拥有绝对的统治权,由诸加派出"大使、大使者、使者"等"别主"负责管理其领地。张博泉先生与董万仑都指出,"诸加"的"加",也可以写作"家",① 结合朱蒙自夫余南迁时是三个血亲组织一起行动来看,"诸家"最初既是指夫余人的血亲组织,也用以指这种血亲组织的首领。赵展认为,"家"与"加"都是"达"的译写,"达"是"头人"、"酋长"之意,"大家"就是"大达",即部落联盟的大酋长,或指各部的部长,当是正确的。②

综上分析可以发现,夫余人自大兴安岭东麓东迁进入秽貊族系的居住区,成为征服者和统治者以后,为实现自我防御及征服并奴役秽貊人,将原有的血亲组织改造为一种军事移民组织。血亲组织的首领成为军事首领,率领夫余人的血亲组织成员作战,而剥夺了被征服的秽貊族当兵的权力。以武力为后盾,将被征服的村落分别划归夫余人的各个血亲组织统治,并对其进行经济剥削。血亲组织的首领派出代表"别主"负责对秽貊人的村落进行具体的管理,由此看来,夫余人作为征服民族,与被征服的秽貊人分别居住在不同的村落,界线分明。

夫余国共有"户八万",结合"诸加别主四出,道大者主数千家,小者数百家"的记载来看,③ 当是将所有民户分别隶属于几十个"加"。说明夫余人迁徙时拥有几十个血亲组织。与南迁大泽前已经号称"统国三十六,大姓九十九"的拓跋鲜卑相比,其血亲组织的数字较少,迁徙初的实力恐怕也比不上拓跋鲜卑。朱蒙南迁,仅仅是从夫余带走了三个血亲组织,其实力更为有限,所以,高句丽早期根本无法与夫余抗衡,④ 成为汉玄菟郡高句丽县下属

---

① 张博泉《东北地方史稿》,吉林大学出版社1985年,第76页;董万仑《东北史纲要》,黑龙江人民出版社1987年,第63页。
② 赵展《试论高句丽的社会制度》,《中央民族大学学报》,1999年第4期。
③ 《三国志》卷30《夫余传》。
④ 《三国史记·高句丽本纪》虽然讳言高句丽早期与夫余的关系,但在琉璃明王十四年下记载:"王惮扶余强大,欲以太子都切为质",也透露出高句丽早期无法与夫余抗衡的信息。

的部族,[①] 也是其自保的方式。

3. 接纳异族的方式

高句丽所出自的夫余国,其居民可分为两大系统:秽貊与夫余。《三国志》卷30《夫余传》说夫余:"国有故城名秽城,盖本秽貊之地,而夫余王其中,自谓'亡人'",就可以证明这一点。

据《三国史记》、《三国遗事》等朝鲜史书,朱蒙与"乌伊、摩离、陕父等三人为友",一起南迁,乌伊、摩离可能是随朱蒙迁徙的部族的名称。[②] 乌伊,《三国史记》中也作鸟伊,伊字《东国史略》作夷,则乌伊也可以写成鸟夷。鸟夷是东北亚最古老的土著民族,秽系部族皆出自鸟夷。[③] 高句丽一词《阙特勤碑文》作"Bokli",以汉字标音,正是摩离。[④]《后汉书》卷85《高句丽传》:"句骊一名貊耳",摩离即貊。可见,随朱蒙迁徙的各部,除夫余人外,还有秽系部族与貊系部族。朱蒙自东夫余外迁,随迁的是三个夫余人的血缘组织,以及这三个夫余人的血缘组织所控制的秽貊系土著居民"下户"。

在朱蒙所部的迁徙过程中,先是对抗夫余人的追兵,而后又需要征服土著居民立国。虽然《三国史记》仅记载"四方闻之,来附者众",似乎当地土著居民对朱蒙所部的降附是和平、自愿地进行的,但参之"其地连靺鞨部落,恐侵盗为害,遂攘斥之"[⑤] 的记载可以看出,这一过程恐怕还是表现为武力征服的。《三国史记》称沸流国的松让是自动降附的,但同时记载朱蒙"知有人在上流者,因以猎往寻",[⑥] 东北古代各民族的围猎活动往往就是一种准军事活动,由此看来,朱蒙以围猎方式去寻找沸流国,显然也是一种军事上的远征。即使沸流部的并入不是军事征服的结果,如果朱蒙所部没有武力为后盾,这也是不可想象的。

在朱蒙所部南下后,因面临不间断的军事行动,显然仅靠随朱蒙迁徙

[①]《三国志》卷30《高句丽传》记载:"高句丽令主其名籍"。
[②] 参见杨军《高句丽五部研究》,《吉林大学社会科学学报》,2001年第3期。
[③] 参见杨军《秽与貊》,《烟台师范学院学报》,1996年第4期;《公元前朝鲜半岛的民族迁徙与融合》,《东北亚论坛》,2002年第3期;《秽国考》,《黑龙江民族丛刊》,2004年第1期。
[④] 岑仲勉《突厥集史》,中华书局1958年,第893页。关于貊为高句丽的另一种译名之说,参见杨军《高句丽名义考》,《东北史地》,2004年第5期。
[⑤] [高丽]金富轼著,杨军校勘《三国史记》(上),吉林大学出版社2015年,第176页。
[⑥] [高丽]金富轼著,杨军校勘《三国史记》(上),吉林大学出版社2015年,第176页。

的三个夫余人的血缘组织内的人员，是无法提供足够的兵源的。因此，朱蒙所部打破了夫余国内"下户"不得当兵的限制，将随迁的秽貊人编入部队。《三国史记·高句丽本纪》记载，乌伊与摩离在公元 14 年"领兵二万西伐梁貊，灭其国，进兵袭取汉高句丽县"，当是以秽貊人为主力的一次军事行动。在夫余国内的"国人"与"下户"、征服者与被征服者间的差异在逐渐消除，秽貊系部落被纳入夫余人的血缘组织之内，原有的夫余人的血亲组织成为朱蒙所部唯一的社会组织。此次军事行动上距朱蒙南下 51 年，也就是说，在经过大约两代人以后，随朱蒙南下的秽貊系部落已与夫余人融合成一个新的共同体。

将秽貊系民众纳入夫余人原有的血缘组织的方式主要有两种，一种是个别人的纳入，另一种是全部落的纳入。

《三国史记·高句丽本纪》记载：

> 朱蒙行至毛屯谷（《魏书》云至普述水），遇三人：其一人着麻衣；一人着衲衣；一人着水藻衣。朱蒙问曰："子等何许人也，何姓何名乎？"麻衣者曰："名再思"；衲衣者曰："名武骨"；水藻衣者曰："名默居"，而不言姓。朱蒙赐再思姓克氏，武骨仲室氏，默居少室氏。

这条史料说明，在朱蒙所部南迁时，无论是来自蒙古草原的夫余人移民，还是浑江地区的土著居民，多没有与汉族通用的姓意义相同的姓氏。到高句丽晚期，仍存在无姓者，所以才有"内部姓高，即王族也。高丽称无姓者皆内部"的习惯。[①] 需要注意的是，朱蒙对上述三人的赐姓，尚在确立其自身姓高之前，说明这时的赐姓，与中原帝王的赐姓意义不同，不是给予其一种家族的标志，而是使其拥有五部下属的某一血缘组织成员的身份，与同族人之间建立一种假想的亲属关系。加入者需要改姓，就是双方对这种新的亲属关系或者说血缘关系的认同。由此分析，在此前加入五部的秽貊人有一些当也采取了同样的形式。

但是，夫余国内的秽貊族居民是以"邑落"的形式"主属诸加"的，这

---

① 张楚金《翰苑·蕃夷部·高丽》雍公叡注，见《辽海丛书》第 4 册，辽沈书社 1985 年，第 2518 页。

证明其存在自身的社会组织。因此，随朱蒙迁徙的秽貊族居民，多不是以个人的形式加入到朱蒙所率的移民集团中来，而是保持原有的社会组织随朱蒙率领的三个夫余人的血缘组织一同迁徙。他们加入到夫余人的血缘组织中，更主要的是也不会以上述的个人收养的形式，而是以整个部落的形式加入，成为五部的下属部落。

在高句丽五部中，中国史书记载的与王室世婚的绝奴部，就是《三国史记》中所记载的椽那部。《三国史记·高句丽本纪》所载中川王后椽氏，即出自椽那部。椽那部的明临笏睹曾尚公主。公元190年，于畀留、左可虑"皆以王后亲戚执国权柄"，后"与四椽那谋叛"，[①] 此时王后是故国川王之后于氏。综上，椽那部（绝奴部）内应该包括四个部落，即所谓"四椽那"。"左可虑"是否姓"左"现在还无从考定，但于畀留与故国川王王后于氏同为于姓，参之新大王时有国相明临答夫，则明临笏睹之姓为"明临"，因此，椽那部内部，至少存在椽氏、明临氏、于氏三个不同的姓氏，也就是三个血亲集团。参之前引"朱蒙赐再思姓克氏，武骨仲室氏，默居少室氏"的记载可知，高句丽的五部内部仍包括不同的姓氏，也就是不同的血缘组织。故国川王王后于氏出自"提那部"，其父名于素，证明五部之内的血缘组织也是称部的。高句丽五部这种部下辖部的结构证明，秽貊人的加入，使五部由原来的简单的血亲组织发展为血亲组织的复合体。

《三国史记·高句丽本纪》称沸流部的三部长"资贪鄙，夺人妻妾牛马财货，恣其所欲"，既然是"夺人妻妾"而不是"夺人子女"，可见，五部虽然已发展为包含不同民族成分的血亲组织的复合体，但是旧有的血亲组织内部不能通婚的习惯还是保持下来了。也就是说，五部之下的秽貊人部落不是以姻亲部落的形式成为五部的组成部分的，而是存在着与个别人加入五部的形式类似的整部落的加入形式，秽貊人的血亲组织与五部原来的夫余人的血亲组织确立一种假想的亲属关系，形成人为的亲属部落。正是对这种假想的亲属关系的认同感，阻止他们之间的通婚。

在朱蒙所部迁徙的过程中，随朱蒙所部夫余人迁徙的秽貊族居民的血亲

---

① ［高丽］金富轼著，杨军校勘《三国史记》（上），吉林大学出版社2015年，第202页。

组织与夫余人的血亲组织间建立起假想的亲属关系，并基于这种假想的亲属关系将夫余人原有的简单血亲组织改造为血亲组织复合体。

从中我们可以看出，在朱蒙南下之初，其组织人民的方式还是依赖于传统的血缘关系，既没有试图打破传统的血缘组织，也未尝试血缘组织之外的管理方式。但是，当朱蒙所部定居浑江流域并不断征服新的土著部族之后，将新征服的部族全部纳入血缘组织的体系之内，不仅是行不通的，也是不必要的了。因此，朱蒙所部很快就恢复了夫余国内以夫余人的血亲组织控制被征服部族的统治方式，并改以自夫余国中迁来的夫余人与秽貊人新结合成的血亲组织复合体来控制当地被征服的部族；迁徙来的夫余人与秽貊人的血亲组织复合体内的人民，打破了以前在夫余国内的"国人"和"下户"之间的界线，全部成为高句丽的"国人"，而把新被征服的各部族视为他们共同的"下户"。

"国人有气力，习战斗"，"国中大家不佃作，坐食者万余口，下户远担米粮鱼盐供给之"，[①] 说明在高句丽立国初期，也保持着夫余国内不允许被征服者当兵的传统，五部内的"国人"主要从事军事征服，"国中大家"不从事生产，靠被征服者"下户"的贡赋生活。

正是新的征服使高句丽人不得不采纳新的统治方式，这对高句丽社会形成深刻的影响，促使高句丽从前国家形态向国家过渡。

（三）家庭、私有制与权力

目前，我们考察高句丽南迁之前的夫余人的家庭结构，唯一可以利用的资料就是《三国史记·高句丽本纪》中所记载的东夫余王金蛙的家庭。

对于朱蒙之母与金蛙的关系《三国史记》语焉不详。但从朱蒙南逃以后，其母与其妻礼氏、其子类利一直留在东夫余，也就是与金蛙生活在一起来看，朱蒙之母柳花当是金蛙的妾，只不过柳花先与解慕漱私通，而后才嫁给金蛙作妾的。虽然称柳花是河伯之女是无稽之谈，但柳花有"诸弟"，在传说中，朱蒙南逃遇险时是鱼鳖等水族搭成浮桥救了他，这是其为母族所救的隐讳表达，说明朱蒙的母族还是相当有势力的。因而，朱蒙母子在金蛙家

---

① 《三国志》卷30《高句丽传》。

中的身份不会是非自由人。朱蒙从血统上讲是解慕漱之子，与金蛙没有任何血缘关系，但从其母与金蛙的关系上论，他既可以被看成是金蛙的养子，也可以被看成是金蛙的庶子，因此，才有乌伊、摩离、陕父等人愿意与之为友，他在南迁时才能拉起自己的队伍，也正因此，金蛙的嫡子们及拥护他们的大臣才将朱蒙看成是王位的潜在竞争者。

在朱蒙南迁前已经娶礼氏为妻，这可以证明金蛙的儿子们在结婚之后仍旧是与金蛙生活在一起的。由此，金蛙的家庭结构可以图示如下：

```
      妻──┬──金蛙（父家长）──┬──妾（柳花）
  妻──┬──七子（嫡子）      朱蒙（庶子）──┬──礼氏（妻）
      孙（嫡孙）                              类利（庶孙）
```

从金蛙对待朱蒙母子的态度我们可以看出，在夫余人的家庭结构中，父家长至少拥有以下三个方面的权力：

第一，金蛙曾经将柳花"幽闭于室中"，① 在朱蒙出生后，一开始不想抚养他，"弃之"，后来又在嫡子的劝说下要处死他。这证明父家长对于家庭成员拥有生杀予夺的权力。

第二，金蛙命朱蒙养马，"以肥者自乘，瘦者给朱蒙"，② 说明此时已盛行财产私有制，而家庭所有的财产完全归父家长支配。

第三，"后猎于野，以朱蒙善射，与其矢少，而朱蒙殪兽甚多"，③ 如果我们考虑到狩猎在当时夫余人的经济生活中所占有的重要地位，可以由此推论，父家长有权统一安排家庭的生产活动，不仅有权分配产品，也有权分配生产资料——箭。

另外，夫余人"用刑严急，被诛者皆没其家人为奴婢"，④ 高句丽人也是"有罪，诸加评议便杀之，没入妻子为奴婢"，⑤ 说明这一时期高句丽人中已经存在着奴隶，则高句丽人的父家长制大家庭中也应该包括非自由人。

---

① [高丽]金富轼著，杨军校勘《三国史记》（上），吉林大学出版社2015年，第175页。
② [高丽]金富轼著，杨军校勘《三国史记》（上），吉林大学出版社2015年，第175页。
③ [高丽]金富轼著，杨军校勘《三国史记》（上），吉林大学出版社2015年，第175页。
④ 《后汉书》卷85《夫余传》。
⑤ 《后汉书》卷85《高句丽传》。

大武神王时，沸流部的三个部长"夺人妻妾牛马财货"，①说明在南下之初，夫余人这种多妻制的父家长制家庭也曾流行于高句丽人之中。上述三个部长的行为，最主要的是侵犯了父家长的权力，因此才受到惩处，这也可以证明，在高句丽人的早期社会组织中，五部下属的血亲组织是由若干个具有血缘关系的父家长制家庭构成的。由于这种血亲组织与中原汉族的宗族非常类似，中原史家才用称汉族宗族组织的概念"族"来指称。上述三个部长的行为也表明，在血亲组织中，具有亲属关系的各家庭地位并不是平等的，已经出现了权贵家庭对同血亲组织其他家族的压迫与剥夺。无疑，各家庭所拥有的私有财产数量也已经出现差距，也就是说，在血亲组织内部已经存在贫富差距。

南迁大泽之前拓跋鲜卑的家庭模式现在已无从考究，宿白从完工墓葬中存在丛葬制推论，认为至少在南迁大泽之初，拓跋鲜卑人中还流行大家族组织，而非个体家庭，现在这一观点基本成为学术界的定论。

> 1963年发掘的一座分为上下层的丛葬墓（第一号墓），情况较为清楚。墓内有一个显著的主体，即置于下层墓底北部的一具仰身直肢的骨架。该骨架左侧置有石镞、骨镞，西部排列着陶器，头部附近还出有一件极为特殊的牛角状器。特别布置的尸体和随葬品，反映了他生前在家族中的特殊地位——应当是家族的长老。其余的二十五具不同性别的骨架，姿势不同地置于他的四周和上面，应当都是这个家族的成员。这么多的家族成员不可能同时死亡，估计其中的绝大部分肢体分离的骨架，是为了和长老同埋一起而进行的"二次葬"。②

我们由此推测，拓跋鲜卑人在南迁前及迁入大泽之初的家庭结构与夫余人有相似之处，都属于父家长制大家庭，父家长在家庭内部拥有至高无上的权力，这一点甚至在墓葬中也要体现出来。

从扎赉诺尔古墓的随葬品数量来看（见下表），这一时期拓跋鲜卑人的贫富差距已经相当明显。

---

① ［高丽］金富轼著，杨军校勘《三国史记》（上），吉林大学出版社2015年，第187页。
② 宿白《东北、内蒙古地区的鲜卑遗迹——鲜卑遗迹辑录之一》，《文物》，1977年第5期。

墓号	墓室长（米）	墓室宽（米）	墓室深（米）	人架数	性别	随葬品
1	1	0.22—0.32	1.35	1	女	桦树皮圆牌1 陶钵1
2	1.9	0.5—0.6	3	1	女	桦树皮圆牌1 陶钵1 环首铁刀1 铁镞12 三棱镞9 长条饰片2 弯形饰片2 衔1 铁衔1 环1 贝壳1
3	1.8	0.4—0.44	1.35	1	男	桦树皮圆牌1 敞口陶钵1 铁鞘1 菱形饰片2 弯形饰片2 扁形镞8 铁镞1 骨环1 羊矩骨1
4	2.1	0.44—0.56	1.35	1	男	敞口陶罐1 铁矛1 铁衔1 三棱镞7 弯形饰片1 带扣1 铜环1 铜泡3
5	1.7	0.4—0.44	2.5	1	男	弯形饰片1
6	1.88	0.34—0.38	2.5	1	男	桦树皮圆牌1 敞口陶罐1 铜饰牌1 铁鞘1 铁镞2 三棱镞1 长条饰片1 弯形饰片2 翅尾镞1 羊矩骨1 牛头骨1
7	1.9	?—0.6	1.3	1	男	陶壶1 长条双孔铁刀1 串珠1 羊矩骨1
8	2.16	0.6—0.88	1.8	2	男女	敞口陶罐1 带纹饰陶罐1 陶壶1 双耳陶罐1 铁镞1 三棱镞2 弯形饰片2 鸣响2 马头骨1 马蹄骨3
9	1.9	0.38—0.45	1.4			
10	1.75	0.4—0.45	1.7	2	男女（母子）	桦树皮圆牌2 敞口陶罐2 陶尊1 桦树皮盒2 长条双孔铁刀1 翅尾镞1 铜手镯1 铜戒指2
11	1.8	0.45—0.54	1.5	1	男	铜镜1
12	2	0.42—0.55	1.75	1	男	敞口陶罐1 铁鞘1 环首铁刀1 长条双孔铁刀1 铁矛1 铁镞10 三棱镞17 衔1 菱形环3 长条饰片1 弯形饰片3 环1 羊距骨1 牛蹄骨3
13	1.85	0.4—0.55	1.95	1	男	桦树皮圆牌1 敞口陶罐1 铁鞘1 铁矛1 铁镞2 翅尾镞4 长条饰片2 弯形饰片4 衔2 菱形环1 圆形环2 扁形镞2 鸣响1 砥石1 马蹄骨4
14	1.85	0.4—0.52	1.35	2	男女	铁鞘1 长条双孔铁刀1 距骨1
15	1.6	0.5—0.7	2	1	男	桦树皮圆牌2 敞口纹饰陶罐1 圆形环1 串珠2
16	2	0.44—0.52	1.6	1	男	长条饰片1 石珠17 牛头骨3 马头骨1
17	1.9	0.5—0.52	1.1	1	男	铜环1 铁鞘1 环首铁刀1 铁镞1 条饰片1 菱形饰片2 衔1 带扣2 纹饰板1 椎5 羊距骨2
18	2	0.37—0.4	1.4	1	男	桦树皮圆牌1

续表

墓号	墓室长(米)	墓室宽(米)	墓室深(米)	人架数	性别	随葬品
19	1.2	0.44—0.56	1.45	1	男	串珠2 羊距骨1 牛头骨1 羊骨头2 羊蹄骨3
20	1.7	0.41—0.47	2.05	1	男	桦树皮圆牌1 敞口陶罐1 环首铁刀1 长条双孔铁刀1
21	1.8	?—0.52	1.4	1	男	桦树皮圆牌1 敞口陶罐1 陶壶1
22	1.8	0.4—0.52	1.8	1	男	马蹄骨3
23	1.9	0.44—0.56	2.9	1	男	桦树皮圆牌1 环首铁刀1 铁镞1 菱形镞2 弯形饰片2 菱形饰片1 铁衔1 陶壶1 羊头骨1 羊蹄骨4
24	1.85	0.36—0.5	1.3	1	男	桦树皮圆牌1
25	1.9	0.44—0.54	2.8	1	男	桦树皮圆牌1 敞口陶罐1 陶壶1 桦树皮盒1 桦树皮弓囊1 环首铁刀1 长条双孔铁刀1 铁矛1 铁镞5 翅尾镞1 弯形饰片2 木弓1 铁衔1 串珠2 鸣响1 菱形环6 牛蹄骨4 马蹄骨4 羊蹄骨4
26	0.9	0.19—0.26	1.1	1	男	陶碗1 陶壶1
27	2.1	0.8—1	3.6	1		圆形铜护1 环首铁刀1 长条双孔铁刀1 长条饰片1 弯形饰片2 铁矛1 陶壶1 衔1 鹿角茎骨2 马蹄骨3
28	1.6	0.22—0.4	2.6	1	男	桦树皮圆牌1 敞口陶罐1 直颈平底壶1 环首铁刀1 铁矛1 铜环1 铜泡2 马蹄骨3
29			1	1	女	铜包1 锯齿形铜饰7 螺旋形铜饰1 鱼骨串珠5 鱼骨簪32 马头骨1 羊头骨1
30	1.9	0.44—0.54	2.8	1	男	桦树皮圆牌2 桦树皮盒1 铁矛1 带扣1 弯形饰片3 长条饰片2 三棱镞1 扁形镞1 翅尾镞1 马蹄骨3
31	2.1	0.38—0.43	2.25	1	男	桦树皮圆牌1 铜环1 铁镞2 铁衔1 带扣1 三棱镞5 弯形饰片1 菱形饰片1 马蹄骨4

（凡未标明材质者，皆为骨质）[①]

完工墓葬与扎赉诺尔墓葬年代相去不远，由此推测，完工时期拓跋鲜卑

---

① 本表依据内蒙古文物工作队《内蒙古扎赉诺尔古墓群发掘简报》(《考古》，1961年第12期）所附《内蒙古扎赉诺尔古墓葬登记表》改制。

的父家长制大家庭也当出现了贫富分化。

上表显示，扎赉诺尔墓葬以单人葬为主，存在个别合葬，但绝不见与完工类似的丛葬。扎赉诺尔古墓中丛葬的消失，学者皆认为是拓跋鲜卑人的家庭形态已由父家长制大家庭演变为个体家庭的标志。

从完工到扎赉诺尔的变化，有的学者认为，这是随着时间的推移拓跋鲜卑自身发生的变化，① 也有的学者认为，这是同一历史时期不同区域的拓跋鲜卑内部融入匈奴、高车等异族比例不同而导致的差异。② 但不管怎么说，大家都认为，这种变化是拓跋鲜卑南迁大泽，与匈奴等族接触后，在其影响下所发生的变化。对扎赉诺尔人骨的分析证明，这里的拓跋鲜卑有相当部分"很可能是鲜卑、匈奴两族混血的产物，抑或他们中的某些人本身就可能是那些'自号鲜卑'的匈奴族成员"，③ 似乎可以印证上述说法。

但是，匈奴人的葬俗历来以单人葬为主，④ 这与其家庭结构没有直接的联系，扎赉诺尔的墓葬以单人葬为主，只能证明拓跋鲜卑南迁大泽以后，葬俗方面受到匈奴葬俗的影响，并不能证明拓跋鲜卑人家庭结构方面的变化。因此，我们认为，说拓跋鲜卑在匈奴人的影响下由父家长制家庭过渡到个体家庭并没有充分证据。

现在学者多认为，史书中记载的匈奴、乌桓等北方各族的一"落"，或者一"帐"，就是一"家"。⑤ 一家平均5人左右，共居一个毡房，也就是"落"。⑥ 这种说法将作为居住单位的"落"或"帐"，与作为社会单位的家庭相等同，恐怕是有问题的。

从《史记》卷110《匈奴列传》对匈奴人婚姻制度的记载来看，"父死，妻其后母；兄弟死，皆取其妻妻之"，匈奴人中盛行接续婚与多妻制。"其攻战，斩首虏赐一卮酒，而所得卤获因以予之，得人以为奴婢"，⑦ 由此看

---

① 宿白《东北、内蒙古地区的鲜卑遗迹——鲜卑遗迹辑录之一》，《文物》，1977年第5期。
② 曹永年《拓跋鲜卑南迁匈奴故地时间和契机考》，《内蒙古社会科学》，1987年第4期。
③ 朱泓《人种学上的匈奴、鲜卑与契丹》，《北方文物》，1994年第2期。
④ 乌恩《论匈奴考古研究中的几个问题》，《考古学报》，1990年第4期。
⑤ 莫任南《匈奴、乌桓的"落"究竟指什么？》，《民族研究》，1994年第1期。
⑥ 林干《中国古代北方民族通论》，内蒙古人民出版社1998年，第33页。
⑦ 《史记》卷110《匈奴列传》。

来，在匈奴人的家庭中，不仅包括作为户主的父家长、他的一个以上的妻子及其子女，还包括非自由人。这种家庭结构本身就可以证明，一个家庭包含的所有人口是不可能全部居住在同一毡房中的。即使户主人与一个以上的妻子及其子女连同家内奴隶能够同居一帐，则一帐的平均人口数也绝不会是 5 人，也就是说，这种结构的匈奴人家庭，其人口的平均数不可能是 5 人。

《后汉书》卷 89《南匈奴列传》记载，南匈奴"领户三万四千，口二十三万七千三百"，平均每户的人口 7 人，就可以证明这一点。唐太宗的太子承乾仿效突厥人，"选貌类胡者，被以羊裘，辫发，五人建一落，张毡舍"，① 证明一"落"就是一"帐"，指一个毡房。一般来讲，一个毡房里居住的人数在 5 人左右。将此与匈奴人每户平均 7 人的数字相对照可以证明，有一些匈奴人的家庭是拥有一个以上的毡房的，同一家庭成员分居不同的毡房。有些可能是主人与奴隶分居不同的毡房，有些可能是家长的不同妻子及其子女分居不同的毡房，② 当然，也有一些家庭人口较少又无奴隶，是全家居于同一毡房的，也只有在这种情况下，"落"、"帐"与"家"才是相吻合的。

《蒙古秘史》记载，脱罗豁罗真的长子都蛙锁豁儿有四个儿子，次子朵奔蔑儿干有两个儿子，但在都蛙锁豁儿去世以前，他们一直生活在一起，他们显然不可能居于同一毡房中。在阿阑豁阿去世之后，她的 5 个儿子才"分其马群家资"，③ 证明在此之前，兄弟们一直在一起生活；家中还有仆人马阿里黑伯牙兀歹，显然也不可能居于同一毡房中。这条史料还可以证明，大家庭的财产实行的是共有制，由家长统一支配。由此推测，匈奴人的大家庭也

---

① 《新唐书》卷 80《常山王承乾传》。
② A. 伯恩什达姆通过对突厥碑文的研究发现，"艾列格什碑文提到死者离开了自己的几个住所。这直接表明他的帐不是一个，而是几个。这种情形一般存在于一夫多妻制婚姻下"，证明突厥人的一夫多妻制家庭就是分居几个帐，而不是共居一帐的。"13 世纪到过蒙古的普兰迦宾详细描述了蒙古人的家庭结构"，"如果一个鞑靼男子有许多妻子，那么每个妻子便都有自己的帐房和自己的家；丈夫吃喝睡是今天同这个妻子在一起，明天同那个妻子在一起"，证明 13 世纪蒙古人的家庭也是分处不同的帐房的。这些都可以作为我们对该问题观点的旁证。参见 [苏] A. 伯恩什达姆《6 至 8 世纪鄂尔浑叶尼塞突厥社会经济制度》，新疆人民出版社 1997 年，第 130 页。
③ 道润梯步《新译简注〈蒙古秘史〉》，内蒙古人民出版社 1978 年，第 6—13 页。

应与此类似。已婚的儿子虽然另立毡房，但与父亲的毡房相邻而居并一起迁徙畜牧，生产、消费都是以大家庭为单位，而不是以小家庭为单位，财产也是大家庭所有的。

对于这种另立毡房的已婚子女来说，虽然居住形式发生了变化，但并不是独立的家庭，而仍旧是大家庭的组成部分。中原史家不了解匈奴等北方游牧民族的家庭制度，很难判断哪几个毡房才是一"家"，因此，才使用"落"、"帐"等居住单位描述其人口规模，而不是按中原汉族的习惯以户为单位进行计算。也有的史书虽然在描述游牧民族的人口时以家为计算单位，但也因不能准确地把握游牧民族的"家"的内涵，而受以"落"为单位的计算方法的影响，把"落"等同于家。

综上可见，匈奴人的家庭结构是与拓跋鲜卑相似的父家长制家庭，说拓跋鲜卑在匈奴人的影响下由父家长制家庭过渡到个体家庭显然不能成立。

南迁大泽后，拓跋鲜卑与匈奴通婚，受匈奴影响而采取单人葬与帐落的居住模式，其家庭结构却仍旧是父家长制大家庭，这一点迁徙前后是没有太大变化的。在南迁大泽以前甚至是完工时期，我们没有任何证据可以证明拓跋鲜卑人的父家长制大家庭中包括非自由人；但是，在扎赉诺尔时期以后，如果我们承认拓跋鲜卑受到匈奴人的影响的话，就应该承认，从这一时期开始，拓跋鲜卑人的父家长制大家庭里已经包括非自由人了。只不过，"大人已下，各自畜牧治产，不相徭役"，①从事社会生产的主要还是拓跋鲜卑本部落成员，而不是奴隶。

若干个父家长制家庭所属的全部帐落一同驻牧，一处居住，也就构成所谓的"邑落"。按乌桓人的风俗来看，"邑落各有小帅，不世继也"，邑落存在一个被称为"小帅"的首领，但是其产生方式并不是世袭，而是推举。邑落构成拓跋鲜卑基层的血缘组织。具有亲属关系的各邑落"常推募勇健能理决斗讼相侵犯者为大人"，构成部落，"大人"就是部落的首领，对下属各邑落具有领导权和一定的管理权。与鲜卑同俗的乌桓人的习惯是，"其约法，违大人言死，盗不止死。其相残杀，令部落自相报，相报不止，诣大人平

---

① 《三国志》卷30《乌丸鲜卑传》裴松之注引王沈《魏书》。

之，有罪者出其牛羊以赎死命，乃止。自杀其父兄无罪。其亡叛为大人所捕者，诸邑落不肯受，皆逐使至雍狂地"。[①] 部落的首领不仅拥有司法权，甚至有权处死违抗命令的部落成员。

综上所述，我们可以将高句丽人建国前的权力结构与拓跋鲜卑南迁大泽以后的权力结构对比如下：

五部联盟的首领──→五部的部长──→五部内各部的部长──→各家庭的父家长

拓跋鲜卑的首领──→部落的大人──→邑落的"小帅"──→各家庭的父家长

高句丽五部与拓跋鲜卑的部落，最初都是一种血亲组织，在迁徙过程中其他部族血亲组织的加入，使之成为跨部族的血亲组织复合体，但高句丽五部内的各部与拓跋鲜卑部落下属的各邑落，其性质仍旧是血亲组织。从这一点来看，高句丽与拓跋鲜卑在建国前的权力结构是极其相似的。高句丽五部的部长与拓跋鲜卑的部落大人都已经具有对部落成员的人身强制力，高句丽五部的部长可以"夺人妻妾牛马"，而拓跋鲜卑的部落大人甚至有权力追捕、处死违抗命令的部落成员，标志着凌驾于血缘组织之上的权力的出现，高句丽与拓跋鲜卑的前国家形态已经发展到了尽头。

[①] 以上史料皆见《三国志》卷30《乌丸鲜卑传》裴松之注引王沈《魏书》。王沈《魏书》中记载鲜卑史事的部分里，"邑落"的概念使用得比较混乱。"鲜卑自燉煌、酒泉以东邑落大人，皆诣辽东受赏赐"，将"邑落"与"大人"联称，是将"邑落"作为"部落"的同义词来使用的。在提到檀石槐三部的时候，东部"二十余邑"、中部"十余邑"、西部"二十余邑"，并提到三部的"大人"的名字，显然，这里的"邑"是"邑落"的简称，也是指"部落"。这与上文所引的"邑落"的内涵是不一致的。但"筑南北两部质宫，受邑落质者百二十部"，其"邑落"显然不是"部落"，因为檀石槐三部的部落总计也只有60个左右，不会有多达120个鲜卑部落派出人质的。这个"邑落"的内涵又与上文所引的接近。王沈《魏书》称鲜卑"言语习俗与乌丸同"，而后没有像记载乌桓人的风俗习惯那样对鲜卑人的风俗习惯加以说明，显然王沈认为，二者风俗习惯相同，既然于乌桓部分已有详细记载，此处不必再费笔墨。鉴于王沈《魏书》记载鲜卑史事部分"邑落"概念内涵混乱，因此，此处引用其记载乌桓风俗的内容来说明鲜卑人的社会组织情况。

小　结

当拓跋鲜卑与高句丽人的先世还生活在大兴安岭一带的时候，他们的经济生活都是以渔猎采集为主，只不过拓跋鲜卑在逐渐发展畜牧业，而高句丽人中已存在比较原始的农业。不论是拓跋鲜卑还是高句丽人，社会的最基本单位都是父家长制家庭。至晚在拓跋鲜卑南迁大泽、高句丽人随东夫余人东迁之后，其父家长制家庭中已包括非自由人。拓跋鲜卑与高句丽的私有制已比较发达，财产归父家长制家庭所有，由父家长统一安排生产和消费，父家长对家庭成员拥有生杀予夺的权力，不论其是自由人还是非自由人。

拓跋鲜卑与高句丽最基层的社会组织都是若干有血缘关系的父家长制家庭联合组成的血亲组织。同一血亲组织的成员或是具有真实的血缘关系，或是人为地建立假想的血缘关系，但不论是哪一种情况，大家都承认彼此具有父系血缘关系，有相助的义务，血亲组织内部不能通婚。同一血亲组织的成员相邻而居，共同生产、一起迁徙、联合作战，必要时，也一同脱离该血亲组织原来所隶属的部落，加入与本血亲组织不具有血缘关系的部落，甚至是加入异族的部落。血亲组织由选举产生的首领领导，首领的主要任务是遵照习惯法调节血亲组织内部的矛盾，并领导迁徙。虽然组成血亲组织的父家长制大家庭之间也存在分合离异的情况，但一般说来，血亲组织是拓跋鲜卑与高句丽人最具凝聚力的社会组织，在他们的政治生活中发挥着至关重要的作用。

由具有亲属关系的血亲组织结合成的血亲组织复合体在史书中多称之为"部"。在迁徙之前，拓跋鲜卑与高句丽就是若干个有亲属关系的"部"所组成的联盟。"部"的首领与联盟的首领都是选举产生的，其职能与血亲组织的首领类似。但在南迁以后，"部"与联盟的首领具有较强的军事职能。

迁徙导致的最大变化是，拓跋鲜卑与高句丽人的部落联盟中混入大量异族血亲组织。最初，即在拓跋鲜卑南迁匈奴故地以前、高句丽人自东夫余中分立迁出以后，二者都试图将这些不具有亲属关系的异族血亲组织纳入自身原有的部落—血亲组织的结构之内，拓跋鲜卑在献帝时"七分国人"、高句丽在朱蒙南下之后允许随迁的秽貊系民众当兵并成为"五部"的正式成员，都是这方面的努力。虽然此后拓跋鲜卑与高句丽人的部落结构中都纳入了大量的异民族成员，但其组织人民的原则仍是血缘的，是依靠拓跋鲜卑与高句丽人原有的部落——血亲组织，对新加入的异族成员进行融合，使之迅速鲜卑化或高句丽化。其结果是，当拓跋鲜卑南迁匈奴故地以后，在大泽时代加入拓跋鲜卑的匈奴人、高车人已无法识别，都成为拓跋鲜卑"国人"的有机组成部分；高句丽进入浑江流域以后，从东夫余迁出的夫余人与随迁的秽貊人"下户"之间的界线已经消失，二者共同构成高句丽人的"五部"，成为新的"国人"阶层，而将浑江流域的土著居民看成"下户"。

在这一时期里，父家长的权力是基于血缘的，虽然血亲组织、血亲复合体以及部落联盟的首领都是选举产生的，但仍旧具有血缘关系的背景。所以我们可以说，自下而上的社会组织，都是以血缘关系为纽带的。拓跋鲜卑在献帝时"七分国人"、朱蒙以后高句丽组建五部，实际上已经打乱了原有的血缘关系，但却未能过渡到以地缘方式组织人民，而是基于假想的血缘关系将原本不同族的血亲组织按血缘方式组织成一个统一体。拓跋鲜卑采取的方式是，派出核心部落的权贵家族成员分统不同血缘、不同族属的各部，以各部首领的实际的血缘关系为纽带，建立各部间的假想的血缘关系。高句丽人采取的方式是，将五部成员与被征服"邑落"的"下户"区分开来，五部成为一个内婚的集团，以姻亲关系为基础，承认各部落都是同族部落，确认各部落内部的亲属关系。

但是，在拓跋鲜卑南迁匈奴故地、高句丽人进入浑江流域以后，面对更广阔的地域与众多的被征服人口，旧有的血缘组织已无法发挥整合功能，无法将之全部纳入旧体制的框架中。于是，无论是拓跋鲜卑还是高句丽，一开始都采取了不改变被征服民族原有的社会结构、接受其臣服与贡赋的统治方法。但这种模式显然并不能适应内外形势发展的需要，当拓跋鲜卑与高句丽为加强对征服地区的控制而逐渐改变其统治方法时，他们就在向国家演进的道路上迈出了至关重要的一步。

第三章 向国家过渡：高句丽模式

因受朝鲜史书《三国史记》朱蒙所部于公元前37年自夫余迁出的记载的误导，多数学者将高句丽的建国时间确定在公元前37年，虽然还有太祖大王建国说[①]和朱蒙之前建国说[②]两种不同的观点，但在学术界均影响不大。近年对高句丽建国时间的论述中，学者们多仍力主公元前37年说。[③]但是，如本书第二章所考，《三国史记》所载夫余与高句丽先世的迁徙时间是错误的，因此，对高句丽的建国时间我们必须重新加以考察。

如果我们考虑到"旧夫余俗，水旱不调，五谷不熟，辄归咎于王，或言当易，或言当杀"[④]这种夫余人的旧俗，那么，可以肯定，在朱蒙所部自夫余迁出之时，夫余的"王"尚不具备国王应有的权力与地位，夫余人尚未步入国家。因此，说朱蒙所部自夫余迁出进入卒本川之后，马上就形成国家，是不可思议的。我们探讨高句丽人从前国家形态向国家演进的过程，应该从朱蒙所部迁入卒本川开始，而不是至朱蒙所部迁入卒本川为止。

[①] 孙进己、艾生武《关于高句丽社会性质的几个问题》，《朝鲜史通讯》，1982年第4期；顾铭学《〈魏志·高句丽传〉考释（上）》，《学术研究丛刊》，1981年第1期。李淑英、耿铁华认为，孙进己、艾生武的观点与顾铭学的观点并不完全相同，参见李淑英、耿铁华《高句丽建国时间考论》，《学习与探索》，2004年第3期。
[②] 姜孟山《试论高句丽族的源流及其早期国家》，《朝鲜史研究》，1983年第5期；［朝鲜］孙永钟著，文一介译《高句丽建国年代的再探讨》，《东北亚历史与考古信息》，1991年第1期；［朝鲜］蔡熙国著，颜雨泽译《高句丽封建国家的建国年代问题》，《东北亚历史与考古信息》，1999年第1期。
[③] 参见李淑英、耿铁华《高句丽建国时间考论》，《学习与探索》，2004年第3期；朴真奭著，李东源译《通过好太王碑看朱蒙建立高句丽国的年代》，《延边大学学报》，1999年第1期。
[④] 《三国志》卷30《夫余传》。

第一节　社会组织形式

（一）朱蒙所部迁入前的浑江流域

朱蒙所部大约于公元前 126 年前后迁入浑江流域，并最终在这里建立了高句丽人的国家。因此，为了对高句丽人从前国家形态向国家演进的过程有更清楚的认识，我们除了必须对朱蒙所部迁入浑江流域前的社会组织状况进行深入研究之外，还必须对浑江流域其他部族在朱蒙迁入前的社会组织状况，以及朱蒙所部迁入后所引发的变化作深入研究。

首先我们要对浑江流域土著居民的社会组织情况作一番考察。

1. 浑江流域土著居民的社会组织

多年的考古调查与发掘证明，浑江中游在新石器时代已形成自己的文化，[1] 浑江流域一些新石器时代晚期至青铜时代的文化遗存，如桓仁县台西沟遗址、姚山遗址、凤鸣遗址、集安市大朱仙沟遗址、二道崴子遗址、荒崴子遗址、东村遗址，通化市王八脖子遗址等，都应该是高句丽人建国前的文化遗存。这一地区文化的叠压关系明确，下层为新石器晚期至青铜时代文化，其上面叠压着汉代文化，再上层则为高句丽建国后的文化。[2]

关于浑江流域考古学文化的族属问题，目前有貊文化、[3] 秽文化、[4] 夷文化[5] 三种不同的观点。笔者认为，包括浑江流域在内的中国东北至朝鲜半岛的广大地区，见于文献记载的最原始的土著居民是夷人。[6] 夷人作为一个大的族群，内部存在很多分支，秽人是最重要的一支。[7] 大约在西周晚期，原生活在蒙古草原上的貊系民族东迁进入包括浑江流域在内的秽人的居住区，

---

[1] 康家兴《浑江中游的考古调查》，《考古通讯》，1956 年第 6 期。
[2] 马大正等《古代中国高句丽历史丛论》，黑龙江教育出版社 2001 年，《前言》。
[3] 王绵厚《高句丽民族的起源及其考古学文化》，《东北古族古国古文化研究（中卷）》，黑龙江教育出版社 2000 年，第 68—87 页；李殿福《高句丽民族的形成、发展与解体》，《东北亚研究——东北考古研究（二）》，中州古籍出版社 1995 年，第 95—96 页。
[4] 孙进己、张志立《秽貊文化的探索》，《辽海文物学刊》，1986 年创刊号。
[5] 孙进己《高句丽的起源及前高句丽文化的研究》，《社会科学战线》，2002 年第 2 期；刘子敏《高句丽历史研究》，延边大学出版社 1996 年，第 13—18 页。但孙进己并不赞同刘子敏将浑江流域的民族确定为高夷的说法。
[6] 杨军《公元前朝鲜半岛的民族迁徙与融合》，《东北亚论坛》，2002 年第 3 期。
[7] 杨军《秽国考》，《黑龙江民族丛刊》，2004 年第 1 期。

与秽人杂居并融合，逐渐形成一个新的族系，即秽貊族系。① 因此，说朱蒙所部迁入以前浑江流域的居民是貊人、秽人、夷人固然都是正确的，但却也都是不全面的。我们应该认识到，无论是朱蒙所部还是浑江流域的土著居民，其族属成分都是多元的，至少包括貊、秽、夷等不同的系统，甚至还包括部分汉人。②

不论是夷人还是朱蒙所部迁入前浑江地区的秽人，文献中都找不到关于其社会组织情况的任何记载。对于貊人，生活在公元前4世纪的孟子，③ 曾在与白圭探讨税率时提到一些相关情况：④

> 白圭曰："吾欲二十而取一，何如？"
> 孟子曰："子之道，貉道也。万室之国，一人陶，则可乎？"
> 曰："不可，器不足用也。"
> 曰："夫貉，五谷不生，惟黍生之。无城郭、宫室、宗庙、祭祀之礼，无诸侯币帛饔飧，无百官有司，故二十取一而足也。今居中国，去人伦，无君子，如之何其可也？陶以寡，且不可以为国，况无君子乎？欲轻之于尧舜之道者，大貉小貉也；欲重之于尧舜之道者，大桀小桀也。"⑤

从这段对话来看，貊人在公元前4世纪时还没有"百官有司"，也就是尚未形成国家与任何血缘组织之外的权力机构，经济方面处于"无城郭"的游牧渔猎经济类型，但已存在种植"黍"的原始粗放的农业，"无诸侯币帛饔飧"，证明尚不存在部落间的联盟。其社会组织显然还是血缘组织。

---

① 杨军《秽与貊》，《烟台师范学院学报》，1996年第4期。
② 孙进己《高句丽的起源及前高句丽文化的研究》，《社会科学战线》，2002年第2期；杨军《高句丽族属溯源》，《社会科学战线》2002年第2期。孙进己倾向于将高句丽族源中后迁入浑江流域的一支称为"貊人"，而将浑江流域的原住民称为"夷人"，这一点与笔者的认识是不一致的。
③ 关于孟子的生卒年有两种观点。一、生于周安王十七年（公元前385年），卒于周赧王十一年（公元前304年）；二、生于周烈王四年（公元前372年），卒于周赧王二十六年（公元前289年）。大略而言，说孟子活动于公元前4世纪应该是不错的。
④ 笔者认为，貊系民族约在西周末期自蒙古草原东迁，因此，下引孟子的言论应说的是其迁入秽人居住区以后的情况，而不是其在蒙古草原时的情况。关于貊系民族的迁徙，参见杨军《秽与貊》，《烟台师范学院学报》，1996年第4期。
⑤ 《孟子·告子下》。

吉林通化万发拨子遗址三期的时间相当于春秋战国时期,与孟子所讲的貊人的时代大体相当。需要注意的是,万发拨子的葬俗中既有单人葬,也有多人葬,其中21号墓共埋葬了35人,年龄从6个月到50多岁,男女比例大体相近。① 这与完工鲜卑人的丛葬墓有相似之处。② 证明在春秋战国时期,貊人最基层的社会组织与完工时期的鲜卑人一样,都是父家长制大家族。21号墓居中的是两位30岁左右的女性,随葬品数量多,不仅有陶器、石器、骨器,还有玉器、铜器,其中一位女性的双臂上各有13个大蚌环,李树林认为,其身份可能是"巫"。③ 单人葬的存在,说明这一时期的父家长制家庭已处于瓦解的过程之中,因而,将两位女墓主的身份界定为家族的女首领恐怕是有问题的,因为个体家庭是继父家长制家庭而来的家庭形态。由此看来,孟子说貊人没有"祭祀之礼"恐怕是不正确的。"巫"或者说祭司在貊人的社会生活中起着相当重要的作用,只不过没有与孟子时代的中原地区相类似的祭祀而已。

貊人尚未步入国家,因此,所谓的"二十取一",其性质也绝不是赋税。有的学者认为,其性质是"公共积累制度",并由此推测,貊人"至少应该出现了'准国家'(或'酋邦')"。④ 但是,下至西汉时代,邻近该地区的沃沮人仍处于"无大君王,世世邑落,各有长帅"⑤的状态,我们很难相信,早在春秋战国时代,浑江流域的貊人已经进入"准国家"或"酋邦"状态。既然貊人的基层社会组织是父家长制大家庭,那么,"二十取一"的征发对象自然也就是父家长制大家庭,由此看来,貊人存在一种由父家长制大家庭组成的社会组织,从当时的社会发展条件来看,这种组织不可能是"准国家"或"酋邦",而只能是我们在第二章中所论述过的血亲组织,即部落。"二十取一"是血亲组织向所属各父家长制家庭征收的"公共积累",用于公共事业,特别是祭祀活动。血亲组织的首领已经掌握了大量的财富,这是形成部

---

① 金旭东、安文荣、杨立新《探寻高句丽早期遗存及起源——吉林通化万发拨子遗址发掘获重要收获》,《中国文物报》,2000年3月19日第1版,转引自马大正等《古代中国高句丽历史丛论》,中国社会科学出版社2003年,第286—287页。
② 宿白《东北、内蒙古地区的鲜卑遗迹——鲜卑遗迹辑录之一》,《文物》,1977年第5期。
③ 李树林《千年"神鳖"现古国:通化"王八脖子"遗址探秘》,《吉林日报》,2004年11月16日。
④ 林沄《说"貊"》,《史学集刊》,1999年第4期。
⑤ 《三国志》卷30《沃沮传》。

落贵族的前提和基础，因为从对这种财富的管理和使用中逐渐生成了血亲组织的首领原来所不拥有的权力。与乌桓、鲜卑人那种"大人已下，各自畜牧治产，不相徭役"①的习惯相比，貊人显然在向国家演进的道路上走得更快一些。

相当于西汉时期的万发拨子遗址四期遗存中发现了环山的围沟，"证实了西汉时期，万发拨子遗址已经是一个组织严密的大型村落。这种村落遗址在集安长川遗址，二道崴子西沟遗址，朝鲜江界市公贵里上层文化遗址中均有发现"，②这种村落，也就是中国史书中记载的"各有长帅"的"邑落"。

春秋战国至西汉时期貊人的社会组织性质我们可以列表如下：

时期	社会组织	史籍中称呼	性质	下辖组织
春秋战国	部落	部	血亲组织	父家长制大家庭
西汉	邑落	邑落	村落	父家长制大家庭

在箕氏朝鲜鼎盛时期，浑江流域隶属于箕氏朝鲜。分析箕氏朝鲜的基层社会组织，有利于我们更清楚地认识貊人的社会组织的性质。

各种史书都记载，箕子在朝鲜半岛曾施行过"八条之教"。③对于"八条之教"的性质，有的学者认为"较清楚地反映了当时的奴隶制经济和阶级分化情况"，④这是不符合历史事实的。箕子"八条之教"确实有"相盗者男没入为其家奴，女子为婢，欲自赎者，人五十万"的内容，但我们不能因为这里出现了奴、婢，就断定当时已处于奴隶制社会。社会性质应该从多方面考察，存在奴隶的地方并不一定就构成奴隶制社会。要正确地理解"八条之教"的性质，就必须把"八条之教"作为一个整体加以考察。

关于"八条之教"的内容，《汉书》卷28下《地理志》仅列举出三条："相杀以当时偿杀；相伤以谷偿；相盗者男没入为其家奴，女子为婢，欲自

---

① 《三国志》卷30《乌丸鲜卑传》裴松之注引王沈《魏书》。
② 马大正等《古代中国高句丽历史丛论》，中国社会科学出版社2003年，第288页。
③ 《汉书》卷28下《地理志》："殷道衰，箕子去之朝鲜，教其民以礼义，田蚕织作。乐浪朝鲜民犯禁八条。"《后汉书》卷85《秽传》："昔武王封箕子于朝鲜，箕子教以礼义田蚕，又制八条之教。"《水经注》卷14《浿水》："箕子教民以义，田织信厚，约以八法。"
④ 姜孟山《朝鲜通史》第一卷，延边大学出版社1992年，第59页。

赎者，人五十万"，颜师古注认为："八条不具见。"说明"八条之教"的具体内容，连唐朝人也说不大清楚了。所以历来论"八条之教"者都仅仅从此三条出发加以讨论，这就具有非常大的片面性。张博泉先生钩沉古史，考证出箕子"八条之教"的全部内容如下：

  其一，相杀以当时偿杀。
  其二，相伤以谷偿。
  其三，相盗者男没入为其家奴，女子为婢，欲自赎者，人五十万。
  其四，妇人贞信。
  其五，重山川，山川各有部界，不得妄相干涉。
  其六，邑落有相侵犯者，辄相罚，责生口牛马，名之为"责祸"。
  其七，同姓不婚。
  其八，多所忌讳，疾病死亡，辄捐弃旧宅，更造新居。[①]

  八条之教从内容上可以分成三类：

  第一，"相杀以当时偿杀；相伤以谷偿；相盗者男没入为其家奴，女子为婢，欲自赎者，人五十万"，[②] 此三条是调整人与人之间关系的准则，其核心是"相杀以当时偿杀"，也就是血亲复仇观念，明确规定被杀者的亲属有动手报复的权力，这显然是部落习惯法的遗风。"多忌讳，疾病死亡辄捐弃旧宅，更作新居"，[③] 则是对原始宗教中巫术内容的继承。将此作为统治原则之一明确提出，证明当时社会的发展水平还是比较原始的。

  第二，"重山川，山川各有部分，不得妄相涉入"，[④] "邑落有相侵犯者，辄相罚，责生口牛马，名之为'责祸'"，[⑤] 是调节各部、各邑关系的准则。值得注意的是，在"八条之教"中，已经明确地将"部"与"邑落"分成两个不同的政治组织形式。

[①] 张博泉《箕子与朝鲜论集》，吉林文史出版社1995年，第105—108页。
[②] 《汉书》卷28下《地理志》。
[③] 《三国志》卷30《秽传》。
[④] 《三国志》卷30《秽传》。
[⑤] 《后汉书》卷85《秽传》。

第三，"妇人贞信"，①"同姓不婚"，②这是对东夷旧俗的改造。

传统认为，箕子"八条之教"是箕子治国的基本原则。但是，在八条之教中，保持部落习惯法的内容占了四项，可以看出其受部落旧俗影响之大，禁部相侵犯之约与禁邑落相侵犯之约，更是承认各部落与邑落各自所占据的区域，禁止各部落相互侵犯与兼并，出发点完全是为了维护这一地区旧有的部落结构。可以肯定，这是符合部落制的条约，而不是进入国家之后所应有的治国政策。认为箕氏朝鲜时期朝鲜半岛已步入国家是不正确的。③

在箕子"八条之教"中，与我们所讨论的问题密切相关的是上述所引第五条和第六条。这种规定明确反映出，"部"与"邑落"已是两种性质不同的社会组织。"部"之间的界线是"山川"，也就是明确的自然地理界线，说明每一"部"所占据的地域都是比较辽阔的。万发拨子遗址四期遗存中发现的环以围沟的村落应该就是史书中所记载的"邑落"，是作为最基层单位的居民点，其所控制的地域显然是十分有限的。史籍中没有记载"邑落"之间边界的自然地理标志，也说明，由于"邑落"占据的地域有限，其间的界线并不是山脉与河流等自然地理标志，而应该是某些各具特色的人为标志。从占据的地域范围分析，"部"是"邑落"之上的另一级社会组织。

由此分析，作为血亲组织的"部"的成员，分居在不同的"邑落"也就是村落中，这显然是出于从事农业生产的需要。"邑落有相侵犯者，辄相罚，责生口牛马，名之为'责祸'"，表明"邑落"虽然仍旧是由具有血缘关系的父家长制家庭所组成，但其已经与特定的地域牢固地结合，其对该地域的占有已具有不可侵犯性，"邑落"组织的地缘性已十分明显。"八条之教"中虽然也规定对各"部"所占据的领域"不得妄相干涉"，却没有规定对侵犯者的惩罚，显然，作为血亲组织的"部"与特定地域的结合还不稳固。从中我们可以看出，从事农业生产的人们已经把耕作的土地视为本村落的共同财产，但对其原有的血亲组织所占据的地域却并未形成相同的

---

① 《后汉书》卷85《秽传》。
② 《三国志》卷30《秽传》。
③ 本节与"八条之教"有关的内容主要参考了范树梁《关于箕氏朝鲜的两个问题》，《辽金史论丛——纪念张博泉教授逝世三周年论文集》，吉林人民出版社2003年，第107—118页。

观念。

"八条之教"的另两条,"相伤以谷偿"、"相盗者男没入为其家奴,女子为婢,欲自赎者,人五十万",证明在当时最基本的社会组织父家长制家庭中已包括非自由人在内。这也可以证明,当时已存在三种形式的所有制:生产资料、生活资料等财产归父家长制家庭私有;耕地归"邑落"也就是村落共同体公有;山林等未经人工开垦的广阔地域归血缘组织公有。其社会组织的层级为:部落—邑落—父家长制家庭。

由此推测,在朱蒙所部迁入以前,浑江流域的土著居民的社会组织形式为:部落(血亲组织)—邑落(由具有血缘关系的父家长制家庭组成的自然村)—父家长制家庭。与朱蒙所部以及蒙古草原上的各游牧部族相对照,二者的共性在于,社会组织的最基本结构都由两级血缘组织构成,二者的差异性在于,浑江流域的土著居民的两级血亲组织,都已经与特定的地域相结合,同时表现出强烈的地缘组织的特点。但是,对于浑江流域的居民来说,其社会组织的最高层级也仅仅发展到部落间的联盟这个阶段,而并未步入国家。箕氏朝鲜是这样的联盟。[①] 最早见于史书记载的秽人所谓国家"秽国"或"秽邪头国"也是这样的联盟。[②]

从考古资料来看,该地区像集安长川与万发拨子那样带有"围壕"、"围垣"的中心聚落的遗址发现极少,恐怕其社会发展也才刚刚进入部落间联盟的阶段,[③] 而不可能处于更高发展阶段。这也证明,"八条之教"是联盟用以调节所属各部落、邑落关系的准则,而不是治国原则。因此,认为在高句丽以前,在浑江流域和鸭绿江中游一带存在着一个句丽国的看法是不能成立的。[④] 将高句丽的建国上溯至朱蒙以前的说法,证据也是不充分的。

王绵厚从考古资料出发,也得出与上述基本相同的结论:

[①] 范树梁《关于箕氏朝鲜的两个问题》,《辽金史论丛——纪念张博泉教授逝世三周年论文集》,吉林人民出版社2003年,第107~118页。
[②] 杨军《秽国考》,《黑龙江民族丛刊》,2004年第1期。
[③] 王绵厚认为,该地区目前可以认定的、带有"围壕"或"围垣"的遗址只有万发拨子与集安长川两处,并称此时期为"氏族聚落时代"。参见王绵厚《关于通化万发拨子遗址的考古与民族学考察》,《北方文物》,2001年第3期。
[④] [朝鲜]姜仁淑著,文一介译《关于先行于高句丽的古代国家句丽》认为:句丽国"在高句丽建国以前存在于以浑江流域和鸭绿江中游一带为中心的地区","句丽国建立于公元前5世纪以前,公元前277年灭亡"。见《东北亚历史与考古信息》,1992年第1期。

在这一青铜文化分布区内，迄今尚未发现在其他地区已存在的相当于战国以前的较大型城址（特别是山城）。仅有的考古遗迹，多为分布于山地或丘陵上密集的带有氏族聚落性质的洞穴遗址和大量地上积石为封或埋藏很浅的石棺墓群等。分布于"二江"和"二河"[①]上游为中心的战国以前的这一区域性考古学现象，从客观上反映公元前300年—公元前200年战国燕在辽东和鸭绿江两岸设郡以前，这一地区土著的濊貊等异族，基本处于氏族聚落阶段，尚未进入以城市建筑为主要特征的文明国家时代。考古学反映出来的辽东地区城市文明出现的上限，比迄今为止辽西地区至迟在先商时代已出现"夏家店下层文化"的大型石城建筑，大约晚了近千年。[②]

2. 汉四郡带来的变化

汉武帝灭卫氏朝鲜设四郡以后，浑江流域隶属于玄菟郡。
据《三国志》卷30《沃沮传》记载，东汉以后：

> 皆以其县中渠帅为县侯，不耐、华丽、沃沮诸县皆为侯国。夷狄更相攻伐，唯不耐秽侯至今犹置功曹、主簿诸曹，皆濊民作之。沃沮诸邑落渠帅，皆自称三老，则故县国之制也。

这段史料所提到的不耐秽侯所设的属官中，有功曹、主簿，这完全是汉王朝县级地方政府的官称。汉代县以下的地方基层建置是乡，"乡有三老、有秩啬夫、游徼"，[③]沃沮人的邑落首领们自称"三老"，证明汉武帝所设四郡不仅各有属县，而且与中原郡县相同，也在县下设立了基层行政单位乡。自称"三老"的是沃沮人的"邑落渠帅"，说明汉四郡下属的乡一级行政建置是以沃沮人的"邑落"即自然村为基础的。汉四郡的郡—县—乡建置是建立在沃沮人原来的社会组织的基础之上的，并未打破沃沮人原来的社会组织。由于沃沮人地区的村落规模较小，不可能是一村建立一乡，而必然是由

---

① 作者此处的"二江"指鸭绿江、浑江，"二河"指太子河、浑河。
② 王绵厚《东北古族古国古文化研究（中卷）》，黑龙江教育出版社2000年，第121—122页。
③ 《汉书》卷19上《百官公卿表》。

若干个村组成一乡。因此,所谓"邑落渠帅",应是作为血亲组织的部的核心邑落的首领,即部落的首领。部内的各自然村的地位应该相当于乡的下级建置"里"。

汉四郡下县乡组织机构与沃沮人的社会组织的对应情况如下表:

沃沮人的社会组织	部落联盟	部落	邑落
性质	血亲组织的复合体	血亲组织	自然村
汉四郡下的行政建置	县	乡	里
中原官称	功曹、主簿	三老	里正

《三国志》卷 30《高句丽传》记载,高句丽族最初隶属于汉玄菟郡高句丽县,"高句丽令主其名籍",联系《三国志》明确记载高句丽"户三万"来看,显然,高句丽县对所属高句丽族进行过人口统计,并由县令掌握相关的档案资料。《三国志》卷 30《东夷传》所载东北民族都记载有明确的户数,说明西汉政府不仅对高句丽族作过人口统计工作,对汉四郡所属各族也普遍进行过人口统计工作。人口统计的目的是为征发赋役提供准确的资料。联系《三国志》卷 30《秽传》记载秽人"居处杂在民间,四时诣郡朝谒。二郡有军征赋调,供给役使,遇之如民"来看,汉四郡是能对所统辖的居民正常征发赋役的。王莽曾征高句丽兵出征匈奴,[①] 证明中原王朝也有能力向这一地区的少数民族征发兵役。可见其统治模式与中原郡县相同。

在西汉王朝的地方统治体系中,乡是最重要的基层行政单位,国家的赋税、徭役、兵役以及地方教化、狱讼、治安等事,都是由乡官来直接承担的。[②] 西汉灭卫氏朝鲜以后所设的四郡,不仅与中原各郡具有相同的基层行政设置,而且采取与中原各郡相同的统治模式,由此推测,在其统治体系中,乡一级行政单位当也发挥着重要作用。

汉四郡的行政统治以乡一级行政建置为基础,自然使当地旧有的血亲组织的作用得到加强。汉四郡的设立,虽然并未打破当地部族旧有的血亲组

---

① 《后汉书》卷 85《高句丽传》:"王莽初,发句丽兵以伐匈奴,其人不欲行,强迫遣之,皆亡出塞为寇盗。"从这条史料来看,西汉时期,中央政府显然是有权力向高句丽人征兵的。篡位之初的王莽,不过是继承了这种传统的权力。
② 安作璋、熊铁基《秦汉官制史稿》下册,齐鲁书社 1984 年,第 183—184 页。

织，但却赋予这些血亲组织以地方行政建置的职能。原部族的首领成为汉王朝的地方行政官员，并在执行中央行政命令特别是征发赋税与劳役的过程中，拥有了血亲组织的首领所不可能拥有的凌驾于部族之上的行政权力。也就是说，汉四郡的出现，使当地部族的血亲组织在受到内部生成的力量的破坏以前，就被改造成为汉王朝的地方行政机构了。

浑江流域隶属于汉四郡中的玄菟郡，应该也经历了同样的变化。当地土著居民的血亲组织被改造为乡，万发拨子遗址四期遗存中发现的那种存在环山围沟的大型村落，被改造为乡下的行政单位里。血亲组织的首领被任命为乡官，自然村的首领被任命为里正。孟子所说的"二十取一"的公共积累不再保留在血亲组织首领的手中，而是上交到直接管辖这些血亲组织或者说乡的县里，其性质也演变为该地区提供给地方政府的赋税。由于西汉王朝这种外部势力的支持，血亲组织的首领拥有了在血缘组织中绝不可能拥有的权力，但同时，他们也失去了在血缘组织中那种权力与地位的独立性，不得不受制于西汉地方政府。

东汉以后，中央在中国东北东部至朝鲜半岛北部的统治力量日益削弱，对该地区已不再像西汉时期一样，采取与中原地区相同的郡县制的统治方式，而是"皆以其县中渠帅为县侯，不耐、华丽、沃沮诸县皆为侯国"，将原来的直接统治改为羁縻统治。"以其县中渠帅为县侯"，意味着原有的县—乡—里组织全部撤销，这些地方机构原来所具有的征发赋税、兵役、劳役等功能也完全丧失。来自中央政府的控制力的消失，使这里出现了最高权力的真空状态，使各部族间的关系呈现出一种无序状态，"夷狄更相攻伐"，就是对这种无序状态的反映。

但是，长期以来发挥着地方行政单位作用的血亲组织，已不可能因为汉政府对这些地方行政单位的裁撤而恢复到血亲组织的原有运行模式中去，已经拥有凌驾于血亲组织之上的权力的首领们，已习惯于行使这些权力并从这些权力中获益，他们绝不愿意主动放弃这些权力。"不耐秽侯至今犹置功曹、主簿诸曹，皆濊民作之。沃沮诸邑落渠帅，皆自称三老，则故县国之制也"，保持原有官号，就是血亲组织的首领们这种心态的反映。

在东汉政府撤销该地区的县—乡—里组织之后，当地土著居民却并不认同这种撤销，血亲组织的首领依旧自称功曹、主簿，村落的首领依旧自称三老，他们仍以县以下的乡—里组织的官员的身份自居，而并不认为自己的身份是血亲组织的首领。他们要求继续对所属血亲组织、村落进行有效的行政统治，而不愿退回到血亲组织原来的那种简单的管理模式。

为了使这种行政统治长期存在，他们需要一种来自其社会之外的力量，像从前的汉政府一样，对他们的统治身份加以认定，使其具有合法性，使他们在属民的眼中成为来自其社会之外的无法抗拒的控制力量的代表，而不是窃取了本不属于血亲组织首领的权力的野心家与暴君。朱蒙所部对该地区各部族的征服，恰恰满足了这种要求。

（二）朱蒙所部带来的变化

朱蒙所部迁入浑江流域之初，隶属于卫氏朝鲜，但不久，卫氏朝鲜灭亡，朱蒙所部成为玄菟郡高句丽县下属的部族。

史书记载的"高句丽令主其名籍"，[①] 不仅证明高句丽县县令掌握朱蒙所部的户籍，也证明，与对浑江流域的其他部族一样，当地郡县也有权力向朱蒙所部征发赋税、兵役与劳役。

从主簿成为高句丽五部部长的称号来看，[②] 在玄菟郡高句丽县的统治下，五部的部长们成为高句丽县的属官，那么，五部之内的各部，其性质也就是县之下的行政单位乡，其首领成为乡这一行政单位的官员。通过这种方式，朱蒙所部原有的血亲组织同样被改造为汉玄菟郡高句丽县下的地方行政组织，其部落首领同样也攫取了凌驾于血亲组织之上的权力。——实际上，在朱蒙所部迁徙的过程中，因为军事行动与移民的需要，其血亲组织的首领们已经临时性地拥有了这种权力，现在需要做的，只不过是通过西汉政府的地方行政组织，赋予这种权力以合法性和永久性而已。

在汉政权的统治力削弱、"夷狄更相攻伐"[③] 的无政府状态中，朱蒙所部也积极参与了对当地最高权力的角逐，以期填补因汉王朝控制力削弱而形成的权力真空。高句丽人征服了周围的许多部族，这也对其社会组织形式产生了深远的影响。

---

① 《三国志》卷 30《高句丽传》。
② 杨军《高句丽五部研究》，《吉林大学社科学报》，2001 年第 3 期。
③ 《三国志》卷 30《沃沮传》。

现依据《三国史记·高句丽本纪》的相关记载,将被朱蒙所部吞并的各部族的情况列表如下。需要说明的是,由于《三国史记》所载东明圣王、琉璃明王、大武神王、太祖大王、次大王、新大王、故国川王、山上王、安藏王、安原王、阳原王、平原王等12王的世系与积年存在错误(详见本书第一章),我们不得不对其记事的系年进行修正,修正的原因与原则参见本章附录。

《三国史记》所载并入时间	修正时间	部族	并入方式	统治方式
东明圣王二年(前36年)	前125年	沸流部	主动降附	以其地为多勿都
东明圣王六年(前32年)	前121年	太白山荇人国	武力征服	取其地为城邑
东明圣王十年(前28年)	前117年	北沃沮	武力征服	以其地为城邑
琉璃明王三十三年(14年)	前75年	梁貊	武力征服	不详
大武神王九年(26年)	前63年	盖马国	武力征服	以其地为郡县
大武神王九年(26年)	前63年	句荼国	主动降附	不详
大武神王二十年(37年)	前52年	乐浪	武力征服	不详
太祖大王四年(56年)	56年	东沃沮	武力征服	取其土地为城邑
太祖大王十六年(68年)	68年	曷思王孙都头	主动降附	以都头为于台
太祖大王二十年(72年)	72年	藻那	武力征服	不详
太祖大王二十二年(74年)	74年	朱那	武力征服	以其王子乙音为古雏加

从上表可以看出,朱蒙所部对这些部族的吞并主要靠武力征服来实现。《三国史记·高句丽本纪》对朱蒙所部统治这些部族的方式有三种不同的表述:其一,"以其地为城邑";其二,"以其地为郡县";其三,任命其首领为某某官。我们可以肯定,此时的高句丽并不存在郡县体制,因此,第二种表述"以其地为郡县"显然是以后来的名称来说明先代的史事,是不准确的。我们要讨论的只是第一种与第三种表述方式的含义是什么。

我们首先分析最为常见的"以其地为城邑"的表述方式的内涵。

从上表可见,《三国史记·高句丽本纪》记载,朱蒙所部对东沃沮、北沃沮的统治方式都是"以其地为城邑"。中国史书中存在东沃沮、南沃沮、北沃沮三种称谓,但中国史书中所称的东沃沮实际上是对沃沮人的总称,因其在高句丽之东而将沃沮人总称为东沃沮。沃沮又分为南、北两部,以南沃沮为主，因而作为沃沮人总称的东沃沮有时也用于指南沃沮。而《三国史记》中的东沃沮实际上是指中国史书中的南沃沮，与中国史书中将东沃沮用作沃沮的同义词，内涵是不相同的。① 可列表如下：

	中国史书中的称号②			朝鲜史书中的称号
沃沮 （东沃沮）	南部的沃沮人	南沃沮	东沃沮	东沃沮
	北部的沃沮人	北沃沮		北沃沮

《三国志》卷30《沃沮传》对高句丽人统治沃沮人的方式有较详细的记载：

> 句丽复置其中大人为使者，使相主领，又使大加统责其租税，貊布、鱼、盐、海中食物，千里担负致之，又送其美女为婢妾，遇之如奴仆。

这里提到高句丽人任命沃沮人的首领为"使者"，从《三国志》卷30《高句丽传》可以看出，"使者"明显是高句丽人的官号：

> 其官有相加、对卢、沛者、古雏加、主簿、优台、丞、使者、皂衣先人。尊卑各有等级。
>
> 诸大加亦自置使者、皂衣先人，名皆达于王，如卿大夫之家臣，会同坐起，不得与王家使者、皂衣先人同列。

高句丽早期官称明显可以分为两类：从相加至丞，这是"大加"类；使者与皂衣先人构成另一类，可以称为"使者"类。前者的身份就是高句丽五部的部长们；后者分由国王任命和由大加任命两种，说明其身份为地方的管理者，管理国王直辖地的诸家臣由国王任命，管理大加各自领地的家臣则由

---

① 李强《沃沮、东沃沮考略》，《北方文物》，1986年第1期。
② 对于中国史籍中沃沮的不同称号，学术界也存在争议。如张博泉先生认为，沃沮就是夫余，北沃沮就是北夫余，东沃沮就是东夫余。见张博泉、魏存成《东北古代民族·考古与疆域》，吉林大学出版社1998年，第113—121页。董万仑认为，东沃沮是指靺鞨。见董万仑《后汉书东沃沮传考证》，《世界历史》，1989年第3期。

大加自行任命，只不过需要向国王申报备案。①

上述史料可以证明，高句丽对沃沮人的统治方式是：维持其原有的社会结构，任命其首领为隶属于高句丽的地方管理者，由高句丽五部的某一位部长负责向沃沮人征收贡赋，可能也对任命为"使者"的沃沮人的首领加以监视。

由高句丽对沃沮人的管理模式我们可以看出，《三国史记》中所说的"以其地为城邑"，其含义是：在承认被征服部族首领的权力与地位、不改变其原有的社会组织结构的前提下，将被征服部族划归高句丽某一部长管理，并向其征收沉重的贡赋。

通过这种方式，在汉四郡时期培植起来的凌驾于血亲组织之上的权力得到另一种来自血亲组织之外的政治势力的认同，已经被汉四郡改造为地方行政单位的血亲组织转而以高句丽的地方行政单位的性质而存在。

《三国史记》所记载的高句丽对新征服部族的另一种统治方式是任命其首领为某某官，这种情况共出现两次，一次任命的官职是"于台"，另一次任命的官职是"古雏加"，都是高句丽人对部长的称呼。② 由此推断，在这种情况下，高句丽人是将被征服部族纳入五部体制进行管理的。这种方式应是朱蒙所部迁徙过程中对秽貊系部族管理模式的延续，是将不同民族的血亲组织纳入五部之内，建立虚拟的亲属关系，使之成为征服者部族的组成部分。

综上所述，随着高句丽对外征服的展开，其社会组织模式或者说统治方式呈现出双轨制的特点：

```
                    高句丽王
                   ↙      ↘
           五部的部长们      被征服部族的首领
              ↓                  ↓
         五部内的血亲组织    被征服部族的血亲组织
                   ↘      ↙
                  父家长制家庭
```

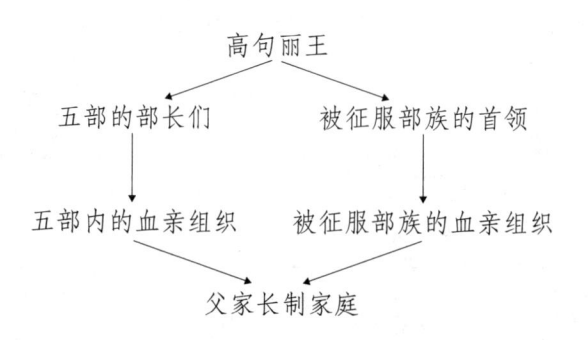

① 杨军《高句丽中央官制研究》，《黑龙江民族丛刊》，2001 年第 4 期。
② 杨军《高句丽五部研究》，《吉林大学社科学报》，2001 年第 3 期。

但是，无论是高句丽人的五部及其下属的血亲组织，还是被征服部族及其内部的血亲组织，都已经在汉四郡统治时期发生了根本性的变化，已具有地方行政单位的性质。虽然从表面上看，血亲组织仍旧存在并继续发挥作用，但实质上，保存下来的只是血亲组织的外壳，其性质已是作为地方行政单位的地缘组织，而不再是前国家形态下的血缘组织了。血亲组织的这一变化推动高句丽由前国家形态向国家演进。

（三）城民谷民：新的整合

在朱蒙所部进行对外征服之初，高句丽社会可以分为三个阶层：一是五部作为征服者民族的血亲组织的成员，被称为"国人"；二是各被征服部族的血亲组织的成员，被称为"下户"；[①] 三是奴隶。

不论是"国人"还是"下户"，其父家长制家庭中已包括非自由人。五部成员很少从事农业生产，主要靠剥削被征服部族为生。"其国中大家不佃作，坐食者万余口，下户远担米、粮、鱼、盐供给之"，[②] 五部成员的最主要任务是当兵作战，从事征服战争，所以才养成"国人有气力，习战斗"[③] 的民风。"国人"与"下户"的关系并不是阶级关系，而是征服民族与被征服民族的关系，其社会地位的差异是统治民族与被统治民族间的差异，而不是统治阶级与被统治阶级的差异，其间并不存在不可逾越的界线。

浑江流域的居民，很早就已经定居从事农业生产。汉四郡的设立，无疑对该地区的农业发展起到了促进作用：

> 通过近年来对通化、柳河、辉南、海龙诸县的文物普查，一般来说

---

① 朴灿奎认为，高句丽"下户"包括两个部分：一是被征服地区的"下户"，即被征服地区的隶属民；二是高句丽五部内的"下户"，即高句丽社会的基本生产者。见朴灿奎《高句丽之"下户"性质考》，《东疆学刊》，2003年第3期。笔者认为，高句丽社会的基本生产者即是史书中所说的高句丽"国人"，所谓"下户"，不存在不同的分类，都是指被征服地区的隶属民。赵展的观点与此相同。见赵展《试论高句丽的社会制度》，《中央民族大学学报》，1999年第4期。对于"下户"的性质，学术界传统观点认为是种族奴隶；也有的认为是农民（姜孟山《论高句丽国家的社会性质》，《朝鲜中世纪研究》，延边大学出版社1987年，第18—20页）；赵展认为是农奴；朴灿奎认为具有双重身份，既是本部族氏族共同体的成员，也是高句丽的隶属民。笔者认为，此时无论是高句丽还是被其征服的"下户"，都未步入成熟的国家形态，"下户"是指被高句丽部落联盟征服的其他部族。
② 《三国志》卷30《高句丽传》。
③ 《三国志》卷30《高句丽传》。

在好多所谓的原始文化遗址里,均散见汉代的铁制生产工具。说明中原的先进农业生产工具,在两汉时代已传入到这个地区。①

因此,当早期的对外征服结束以后,五部的普通成员在新征服的地域定居下来,迅速转化为自食其力的农业生产者。最典型的例子就是乙巴素。作为琉璃明王的大臣乙素的后代,②可谓是出身于高句丽五部的贵族家庭,但至故国川王时期,乙巴素已经"力田自给",③成为一名普通的农民。可见,五部的普通成员的这一转化过程当出现的更早。

据《三国史记》卷14《闵中王本纪》记载,闵中王四年(15年)"夏五月,国东大水,民饥,发仓赈给"。高句丽王救济的对象绝不会是其"遇之如奴仆"④的被征服者"下户",而是五部成员,即"国人"。因为"大水"而导致"民饥",证明此时五部的成员已主要靠从事农业生产为生。

从朱蒙所部迁入浑江流域的公元前126年算起,不过经历了140年左右的时间,五部的普通成员已成为农业生产者。他们与被征服民族在所从事的职业方面已无差异。由上述史料分析,一次大水就导致"民饥",证明五部的普通劳动者生活也比较贫寒,处于"虽力佃作,不足以实口腹"⑤的状态,财物储备是非常有限的。自被征服民族"下户"剥削得来的财富,无疑为五部的贵族所垄断。作为征服者民族,五部内部的贫富分化在加剧。作为五部的普通成员,他们在经济地位上与五部贵族的差异越来越大,却与被征服民族"下户"中的普通生产者越来越接近。

与此同时,被征服各部族的首领,因为担任高句丽大加的"使者",保存并拓展了其在汉四郡时代就已经开始拥有的凌驾于血亲组织之上的权力,所以,其经济地位与政治地位在稳步提升,逐渐成为高句丽政权的地方官员。无论是从经济地位还是从政治地位来看,他们与本部族普通成员间的差异都在加大,而与五部贵族的地位在接近。

---

① 李殿福《东北亚研究——东北考古研究(二)》,中州古籍出版社1994年,第163页。
② 《三国史记》卷16《故国川王本纪》与卷45《乙巴素传》都称其为"琉璃王大臣乙素之孙",但故国川王在位时间为180—197年,琉璃明王在位时间为公元前19—公元18年,二者相距过远,因此,乙素与乙巴素不可能是祖孙关系,此处的"孙"只能理解为是其后代。
③ [高丽]金富轼著,杨军校勘《三国史记》(下),吉林大学出版社2015年,第638页。
④ 《三国志》卷30《沃沮传》。
⑤ 《三国志》卷30《高句丽传》。

基于这种变化，原来那种区分征服民族与被征服民族、统治民族与被统治民族的双轨制统治方式越来越显得没有现实意义，只是人为制造混乱的因素。因此，在社会组织模式上，高句丽政权逐渐抛弃了血亲组织，而依据居民居住的地区，将之划分为"城民"与"谷民"。

《高丽大兄冉牟墓志》已有"城民谷民"的称呼，[①]"城民"显然指高句丽山城中的居民，"谷民"则是指"随山谷以为居"[②]的居民。但从吉林省集安市国内城附近梨树园子遗址出土的高句丽瓦当中，有"十谷民造"[③]的字样来看，这两个词已经具有特定含义。

《三国史记》卷45《乙巴素传》中称乙巴素为"西鸭渌谷左勿村"人，太祖大王时已出现"东海谷守"，[④]《好太王碑》中已将"村"与"城"分列，[⑤]烽上王时还出现"新城宰"[⑥]的官职，都可证明"城"与"谷"已演变为地方行政单位的名称。现已发现的"邑长"、"仟长"、"佰长"印，[⑦]当是城的下一级建置；前引《乙巴素传》能够证明，谷的下一级建置是村。这一时期高句丽的地方统治结构表现为：

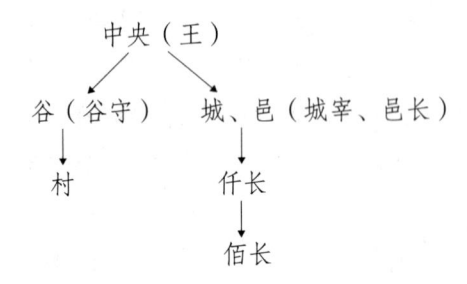

```
          中央（王）
          ↙      ↘
    谷（谷守）  城、邑（城宰、邑长）
        ↓           ↓
        村          仟长
                    ↓
                   佰长
```

这种变化的最重要方面是，根据居民是居住在"城"中还是居住在

---

① 孙进己等《东北古史资料丛编》第二卷，辽沈书社1989年，第478页。
② 《三国志》卷30《高句丽传》。
③ 王绵厚《东北古族古国古文化研究》中卷，黑龙江教育出版社2000年，第92页。
④ [高丽] 金富轼著，杨军校勘《三国史记》（上），吉林大学出版社2015年，第193页。
⑤ 《好太王碑》在谈到好太王的功绩时称："凡所攻破城六十四，村一千四百。"见王健群《好太王碑研究》，吉林人民出版社1984年，第222页。
⑥ [高丽] 金富轼著，杨军校勘《三国史记》（上），吉林大学出版社2015年，第214页。
⑦ 罗福颐《秦汉南北朝官印征存》第354页著录有"晋高句骊率善邑长"印两方、"晋高句骊率善仟长"印两方、"晋高句骊率善佰长"印一方（文物出版社1987年）。

"谷"中，将之划归不同的行政单位，血缘关系在其中不发挥任何作用。朱蒙所部迁入以前，浑江流域原住民中已经存在地缘组织"邑落"，也就是自然村。但是，凌驾于自然村之上的、在当时的社会生活中发挥着最重要作用的社会组织是血亲组织，因此，我们认为，此时在浑江流域起主导地位的社会组织，其性质仍旧是血缘组织。朱蒙所部迁入后所带来的变化，恰恰是在自然村的基础上建立起另一层级的地缘组织，以取代血亲组织，从而在浑江流域确立了上、下两级具有隶属关系的地缘组织。至此，高句丽社会已完成了从以血缘组织人民到以地缘组织人民的转变，从社会组织方面，完成了由前国家形态向国家的演进。

社会组织方面的变化也导致了五部性质的变化。张楚金《翰苑·蕃夷部·高丽》雍公叡注就记载了四种对五部的称呼体系，详见下表：

1	灌奴部	绝奴部	消奴部	顺奴部[①]	桂娄部
2	南部	北部	西部	东部	内部
3	前部	后部	右部	左部	内部
4	赤部	黑部	白部	青部	黄部

其中，第2种称呼体系突出的是五部的地域性，显然是五部演化为一种纯粹的地缘组织以后通行的称呼体系。与此相似的称呼体系是第3种，同样作为突出地缘性的称呼体系，其对地缘性的强调显然不如第2种，其强调的是五部的相对方位，或者更准确地说，是强调其他四部与内部的相对方位，从这个意义上讲，这种称呼体系可能是介于前两种称呼体系之间的一种过渡体系。第4种称呼体系以五行配五方，而且对五方颜色的搭配与中原汉族的五行观完全相同，可见，这种称呼体系的产生，不仅在第2和第3种强调地缘组织的称呼体系定型之后，还应该在高句丽人接受了中原汉文化的五行观念的影响之后，所以，这种称呼体系应是四种称呼体系中起源最晚的一种。从五行与五方相配合的角度看，这种称呼体系强调的也是五部的地缘性

[①] 张楚金《翰苑·蕃夷部·高丽》雍公叡注也称顺奴部为"上部"，但对其他各部却没有与此相对应的称呼，参照下文"其国从事以东为首，故东部居上"，这应该是"上部"之称的含义。"上部"仅仅是对顺奴部的一种特殊称呼，并不是一种五部所共有的称呼体系的组成部分，故此处谈《翰苑·蕃夷部》所载高句丽五部的称呼体系，仍是界定为四种。

质。综上可以看出，五部称呼的演变，总的趋势就是由强调五部是各具名称的部，转而强调五部的地域性。

五部的含义主要是以王族为核心将国土分为五部分，成为地域的、行政区划的概念。但从国相的人选来自不同的部，国王身边有五部兵来看，① 这不是指五部部众全部分居五方，② 而只是反映着原五部已各自控制一方，部长被任命为一方的首领，大城的城主，也就是五部的耨萨。耨萨应是"加"的不同音译，五部耨萨，也就是五部的"大加"们。名义上他们不仅可以控制自己的私人领地，也可以控制所属一方，但实际上，随着各小城城主地位的上升，五部耨萨的权力越来越小，五部耨萨被排斥于中央最高领导层之外。

唐初，北部耨萨高延寿官为位头大兄理大夫后部军主，南部耨萨高惠贞为大兄前部军主。③ 大兄在《新唐书·高丽传》所列高句丽十二级中央官中居第六级，但"以前五官掌机密、谋政事、征发兵、选授官爵"，可见此二人作为五部之长都不属于中央最高领导层。

随着五部耨萨权力的削弱，五部耨萨制的实质已经由五部统领五方演变为将国土分成五个部分加以统治，五部耨萨所在的大城成为五方的首府，这与后代渤海、辽、金实行的五京制已十分相似。

五部既未能演变为地方一级行政组织，其所属的血亲组织的功能又为新兴起的"城"、"谷"等建置所取代，因而，五部在高句丽政治生活中所发挥的作用越来越弱。由于五部内的血亲组织已经瓦解，两唐书中就不再像《三国志》那样，将"五部"也称为"五族"了。

据《三国史记》卷 15《太祖大王本纪》记载，"谷守"作为官称最早出现于太祖大王五十五年（107 年），由此我们可以得出这样的结论：在朱蒙所

---

① 《三国史记》卷 45《温达传》："高句丽常以春三月三日，会猎乐浪之丘，以所获猪鹿祭天及山川神。至其日，王出猎，群臣及五部兵士皆从"，可见王的身边有来自五部的士兵。没有证据表明王身边的五部兵是从全国各地五部的控制区抽调来的。因此，参照国相的人选来自五部，我们认为，五部虽然名义上各自控制一方，实际其主体部分聚居于首都附近，也就是高句丽政权的核心地区。

② 学术界通常认为，五部分居五方。五部具体的分布也存在不同的说法。见刘子敏《高句丽历史研究》，延边大学出版社 1996 年，第 58—59 页。李殿福甚至认为，五部存在不同的文化面貌。见李殿福《东北亚研究——东北考古研究（二）》，中州古籍出版社 1994 年，第 161—163 页。

③ 《全唐文》卷 7《授高延寿高惠贞官爵诏》。

部迁入浑江流域后约 140 年，五部的普通成员已成为自食其力的劳动者，并导致其内部社会阶层的变化。大约 30 年之后，高句丽政权依据社会阶层的变化对地方统治方式进行了改革，其组织人民的方式完全是地缘的，而不再带有任何血缘关系的特点。大约在公元 2 世纪初，高句丽人的社会组织已演变为国家的行政单位，社会组织方式完成了向国家的演进。

第二节　权力与机构

（一）王权的出现

当朱蒙所部从夫余迁出时，"旧夫余俗，水旱不调，五谷不熟，辄归咎于王，或言当易，或言当杀"，① 夫余尚不存在王权。见于中国史书记载的夫余王，实际上不过是夫余人诸血亲组织结成的联盟的首领，不仅权力十分有限，而且地位也并不稳固。朱蒙最初在其属部中的地位当与此类似。控制权力的既不是血亲组织联盟的首领，也不是血亲组织的首领，而是处于二者中间位置上的血亲组织复合体的首领，也就是五部的部长们。

1. 部长的权力与王权的局限性

在朱蒙所部进入浑江流域初期，五部的部长们拥有相当大的权力。《三国史记》卷 13 称沸流部的三位部长"夺人妻妾牛马财货，恣其所欲"，虽然这是部长横行不法的例子，但从中也可以看出，部长对所部是拥有行政管辖权的，这三位部长不过是对这种行政管辖权的滥用而已。

《三国志》卷 30《高句丽传》载拔奇"与涓奴加各将下户三万余口"降，《后汉书》卷 85《高句丽传》载"蚕支落大加戴升等万余口诣乐浪内属"，结合高句丽人只有"户三万"来看，都证明部众对部长具有相当强的人身依附性；公元 72 年贯那部征藻那部、公元 74 年桓那部征朱那部，可见各部有自己的部队，可以独立出兵发动战争；《后汉书》卷 85《高句丽传》称"有罪，诸加评议便杀之"，可见各部长有司法权。在早期的高句丽国家中，五部的部长们即领主，有自己的领地并享有领地内的军、政、司法等一切大权，自行任命使者、皂衣先人管理自己的领地，只不过找不到史料证明其领主地位可以世袭。

---

① 《三国志》卷 30《夫余传》。

五部的部长们以对自己领地的控制为后盾，构成对王权的制约，使得高句丽早期的"王"更多地表现出五部联盟的盟主的性质，在以下三个方面有别于真正的王权。

首先，在故国原王以前，高句丽的王位继承还不存在明确的世袭制度。虽然王位的继承者都是朱蒙的子孙，但五部大人及"国人"在决定王位的继承者上还有着相当大的选择权。因此，所谓的王位继承，实际不过是产生联盟最高首领的世选制而已。

据《三国史记》卷23《始祖温祚王本纪》：

> 百济始祖温祚王，其父邹牟，或云朱蒙，自北扶余逃难至卒本扶余。扶余王无子，只有三女子，见朱蒙，知非常人，以第二女妻之。未几扶余王薨，朱蒙嗣位。生二子，长曰沸流，次曰温祚。（或云朱蒙到卒本娶越郡女，生二子）及朱蒙在北扶余所生子来为太子，沸流、温祚恐为太子所不容，遂与乌干、马黎十臣南行，百姓从之者多。

但《三国史记》卷23《始祖温祚王本纪》自注中还保存着另一种说法：

> 始祖沸流王，其父优台，北扶余王解扶娄庶孙，母召西奴，卒本人延陁勃之女。始归于优台，生子二人，长曰沸流，次曰温祚。优台死，寡居于卒本。后朱蒙不容于扶余，以前汉建昭二年春二月，南奔至卒本，立都，号高句丽，娶召西奴为妃，其于开基创业颇有内助，故朱蒙宠接之特厚，待沸流等如己子。及朱蒙在扶余所生礼氏子孺留来，立之为太子，以至嗣位焉。于是沸流谓弟温祚曰："始大王避扶余之难，逃归至此，我母氏倾家财助成邦业，其勤劳多矣。及大王厌世，国家属于孺留，吾等徒在此，郁郁如疣赘，不如奉母氏南游卜地，别立国都。"遂与弟率党类，渡浿带二水，至弥邹忽以居之。

如按这种说法，沸流、温祚与朱蒙并不存在血缘关系。上述两种说法都反映出，朱蒙与琉璃明王之间虽然成功地实现了父死子继，但联盟内部反对的势力也很强，最终导致了反对势力脱离联盟自行发展。这一父死子继的权力继承方式在当时引发了一次大的动荡。

据《三国史记》卷 13《琉璃明王本纪》记载，琉璃明王三十二年十一月，曾派王子无恤率兵抵御夫余人的进攻，大获全胜。第二年正月，无恤就被立为太子，确立为继承人，这就是后来的大武神王。因此，我们认为，琉璃明王与大武神王之间之所以能实现父死子继，并不能证明父死子继已成为高句丽人的继承制度，而是琉璃明王有意地安排大武神王建功立业，使其得到国人的拥戴。这不是世袭制的体现，而仍旧是世选制的结果。

总之，自朱蒙起，《三国史记》所载高句丽的前三王都是父死子继，但并不能证明高句丽人已经确立了父死子继的继承制度。

大武神王是琉璃明王第三子，其去世后，"太子幼少，不克即政"，"国人推戴"其弟闵中王即位。① 但《三国史记》记载，大武神王生母松氏于琉璃明王二年秋七月被琉璃明王纳为妃，次年冬十月去世，大武神王肯定生于琉璃明王三年，② 按《三国史记》其本传推算，享年为 61 岁。说其死时"太子幼少"，似乎不可能。大武神王十五年，其元妃恐其庶子好童夺嫡，因而进谗导致好童的自杀，此后，始立解忧为太子。好童已是成年人，此时解忧的年龄也不会太小。从此至大武神王去世又经过 12 年，解忧应为成年人了。四年后解忧即位，"立王子翊为王太子"，③ 也证明大武神王去世时，解忧并不"幼少，不克即政"，这只是国人不肯拥戴他的借口而已。

由此看来，当时决定王位更替的，还在于国人的拥戴，即公选，只不过要从朱蒙的子孙特别是前王之子中选择而已，此时高句丽的王位继承还是世选制。④

---

① [高丽]金富轼著，杨军校勘《三国史记》（上），吉林大学出版社 2015 年，第 189 页。
② 《三国史记》卷 14《大武神王本纪》称其于"琉璃王在位三十三年甲戌，立为太子，时年十一岁"，立为太子的时间与同书卷 13《琉璃明王本纪》的记载相同。但依大武神王生于公元前 17 年计算，至琉璃明王三十三年（公元 14 年），大武神王应为 31 岁。正因如此，在立为太子后，才能如《琉璃明王本纪》所说，可以"委以军国之事"。因此，上述《大武神王本纪》所载"时年十一岁"，当为"时年三十一岁"，《三国史记》原文当脱"三"字。
③ [高丽]金富轼著，杨军校勘《三国史记》（上），吉林大学出版社 2015 年，第 190 页。
④ 《三国史记》卷 13《始祖东明圣王本纪》记载，松让以国来降之前，朱蒙曾"与之斗辩，亦相射以校艺，松让不能抗"，这反映了在沸流部与多勿部结盟之初，尚涉及一个由哪一部落中选出联盟最高首领的问题。而解决的办法是，根据两部部长的才能决定由谁当选。所考察的才能主要是两个方面，一是口才，一是武艺。此时应该还不存在由朱蒙家族中选举联盟最高首领的世选制。

解忧死于国人的行刺。其后,《三国史记》所载太祖大王、次大王、新大王三王的世次明显有误,①对于是否存在山上王优延学术界也一直存在争议。②这都反映出这一时期高句丽王位继承仍旧处于无序的状态。

故国川王是"伯固薨,国人以长子拔奇不肖",立其为王。对此《三国史记》与《三国志》的记载是相同的。《三国志》称"拔奇怨为兄而不得立,与涓奴加各将下户三万余口诣康降",按《三国志》高句丽共有"户三万"的记载来看,如果一户五人,则拔奇与涓奴加所率已是高句丽总人口的五分之二。也就是说,五部中的两部支持拔奇,另三部支持伊夷模。从《三国志》称拔奇等"还住沸流水"来看,另一个支持拔奇的部正是王部,而涓奴部是前王部,这个支持力度是不小的。伊夷模"更作新国",正是为了避开旧都中支持拔奇的力量。

第十三世西川王得立为太子是因为"国人爱敬之",③此后的烽上王、美川王的继立,是由于仓助利的废立。我们可以说,直至第十六代故国原王以后,高句丽才出现比较规律的王位世袭。

从上述"国人推戴"、"国人爱敬"、国人迎立在高句丽早期王位继承中所发挥的作用来看,故国原王以前,高句丽王的继承还保留着相当浓厚的联盟制度下的选举制遗风,只不过,实行的是从朱蒙家族中选举联盟领导的世选制。王权的确立,不会早于故国原王在位时期。正是伴随着迁都新国,确立了世袭制的不可动摇的地位。因而,至故国川王时才最终确立了王位的世袭制。

其次,五部的部长们与高句丽王共享决策权。因此,每遇重大问题,高句丽王总是要"会群臣",即召开群臣会议讨论并作出决策。需要说明的是,此时的高句丽政权还不存在系统的官制,所谓的群臣,就是五部的部长们。

从《三国史记》卷13《始祖东明圣王本纪》的记载来看,在朱蒙南下的过程中,就已经存在遇事与部长们商议的习惯。例如,在毛屯谷,朱蒙欲将再思、武骨、默居等三人吸纳入部时,除了对三人赐姓以外,还要"告于

---

① 刘子敏《高句丽新大王伯固考》,《延边大学学报》,1995 年第 3 期;朴灿奎《高句丽太祖王宫考》,《东疆学刊》,2000 年第 4 期;朴灿奎《高句丽之新大王和故国川王考》,《东疆学刊》,2001 年第 1 期。
② 杨通方《高句丽不存在山上王优延其人——论朝鲜〈三国史记〉有关高句丽君主世系问题》,《世界历史》,1981 年第 3 期;朴真奭《关于高句丽存在山上王与否的问题——与杨通方同志商榷》,《世界历史》,1989 年第 2 期。
③ [高丽]金富轼著,杨军校勘《三国史记》(上),吉林大学出版社 2015 年,第 212 页。

众",而后才是"遂揆其能,各任以事"。群臣会议的比较典型的记载还有:琉璃明王十一年,王与群臣商议如何同鲜卑人作战;琉璃明王二十八年,王与群臣商议如何对付夫余人的挑衅;① 大武神王十一年,王与群臣商议如何迎敌汉军。② 在上述三个例子中,决策都是通过群臣讨论作出的,而不是出自高句丽王的个人意志,高句丽王的特殊身份仅仅表现在他是群臣会议也就是五部部长会议的召集者和会议所作结论的认定者与执行者。

第三,高句丽王的决策很多需要由五部的部长们负责执行,但高句丽王却无法检查、监督五部部长对决策的具体执行情况,这也极大地限制了高句丽王的权力。

据《三国史记·高句丽本纪》的记载,朱蒙六年"冬十月,王命乌伊、扶芬奴伐太白山东南荇人国,取其地为城邑";十年"冬十一月,王命扶尉猒伐北沃沮,灭之,以其地为城邑";琉璃明王三十三年"秋八月,王命乌伊、摩离领兵二万,西伐梁貊,灭其国。进兵袭取汉高句丽县";太祖大王二十年"遣贯那部沛者达买伐藻那";二十二年"王遣桓那部沛者薛儒伐朱那"。这些高句丽早期的大规模军事行动,虽然都是以王的名义发动的,但具体战事则都由五部的部长们负责。由于拥有私人领地与私人武装,五部部长的行动具有相当大的自主性,这使王权受到制约。

此时高句丽王的权力主要表现在两个方面:一是军事,一是祭祀。

上述有关高句丽王遣将征伐的史料可以充分证明,高句丽王是五部联盟的最高军事首领,他有权指挥、调动五部的所有武装力量,并有权根据战争中的表现对将领进行奖惩。琉璃明王曾赐给与鲜卑作战有功的扶芬奴"黄金三十斤,良马一十匹",③ 就可以证明这一点。从上述史料来看,高句丽王也有权宣战,当然,这种权力恐怕常常受到来自五部部长的制约。

《三国史记》卷13《琉璃明王本纪》琉璃明王十九年记载:

秋八月,郊豕逸,王使托利、斯卑追之,至长屋泽中得之,以刀断

---

① 以上皆见[高丽]金富轼著,杨军校勘《三国史记》(上),吉林大学出版社2015年,第176—180页。
② [高丽]金富轼著,杨军校勘《三国史记》(上),吉林大学出版社2015年,第186页。
③ 《三国史记》卷13《琉璃明王本纪》。

其脚筋。王闻之，怒曰："祭天之牲岂可伤也？"遂投二人坑中，杀之。

《三国志》卷 30《高句丽传》记载：

以十月祭天，国中大会，名曰东盟。①

《后汉书》卷 85《高句丽传》记载：

以十月祭天大会，名曰"东盟"。其国东有大穴，号襚神，②亦以十月迎而祭之。

《旧唐书》卷 199 上《高丽传》记载：

其俗多淫祀，事灵星神、日神、可汗神、箕子神。国城东有大穴，名隧神，皆以十月，王自祭之。

高句丽王是每年十月举行的隆重的天神祭祀的主祭者，③他还负责看护、饲养祭礼用的猪，这种用于祭祀的动物已具有神圣不可侵犯性。朱蒙在毛屯谷接纳再思、武骨、默居时曾对部众说："我方承景命，欲启元基，而适遇此三贤，岂非天赐乎？"④结合《好太王碑》称朱蒙为"天帝之子"来看，朱蒙已将自己的一切行动归结为"天命"、"天赐"，可能在朱蒙率部迁徙时，就已经拥有了祭祀权，成为所部的最高祭司。

除了军事、祭祀以外，在内政、外交等方面，高句丽王的权力也受到五

---

① 参照前引《三国史记》的记载可见，此"东盟"是高句丽人对天神的称呼。
② 梁志龙认为：高句丽隧神便是秽神，亦即高句丽后来奉祀的夫余神。传说该神名柳花，为河伯之女，其实，柳花本身便是河伯。高句丽史中出现的隧神、夫余神、柳花、河伯，名虽繁杂，不过一神而已，追其根本，乃是高句丽的母系祖先。通过诸多迹象分析，这位高句丽的母系祖先，实际上就是华夏古史传说中的人类共祖女娲。见梁志龙《高句丽隧神考》，《北方文物》，2001 年第 4 期。
③ [日] 井上秀松《高句丽的祭祀礼仪》，《黑龙江民族丛刊》，1990 年第 3 期。
④ [高丽] 金富轼著，杨军校勘《三国史记》（上），吉林大学出版社 2015 年，第 176 页。

部部长会议的制约；在司法方面，"有罪，诸加评议便杀之"，①几乎完全掌握在部长会议的手中。由此看来，早期高句丽五部结成的联盟，具有相当强的军事性，联盟最高首领的职能也主要表现在军事与祭祀方面，而其他方面的权力则有相当大的部分还掌握在五部部长的手中，高句丽王的权力受到五部部长的制约。

朱蒙所部自夫余迁出时，其实质是一个武装移民团体。在迁徙的过程中，既要准备随时与夫余人的追兵作战，同时也不得不提防可能发生的来自其他部族的袭击；在进入浑江流域以后，面临的最主要问题则是对当地土著部族的征服。因此，朱蒙所部作为一种血亲组织间的联盟，其最高领导的职能很自然就主要表现在军事方面。由于必须为共同的利益而全体一致地向天神祈祷，最高祭司的出现也就成为必然，只不过最高祭司未能成为军事首领之外的另一权力中心，而是成为附加在联盟最高首领职位上的另一种功能。也就是说，在高句丽王权最早的两种功能中，军事职能是最主要的，祭祀职能是由此派生出来的。

2. 亲信集团：王权的支柱

在朱蒙所部迁徙之初，联盟最高首领的身边就已经聚集起一批亲信，成为高句丽政治生活中一股新生的力量，也是一种新生成的利益集团，我们可以将之称为高句丽王的"亲信集团"。从《三国史记·高句丽本纪》前三位王的本纪中，我们可以发现以下史料：

A.《始祖东明圣王本纪》：

> 朱蒙行至毛屯谷（《魏书》云至普述水），遇三人：其一人着麻衣；一人着衲衣；一人着水藻衣。朱蒙问曰："子等何许人也，何姓何名乎？"麻衣者曰："名再思"；衲衣者曰："名武骨"；水藻衣者曰："名默居"，而不言姓。朱蒙赐再思姓克氏，武骨仲室氏，默居少室氏。乃告于众曰："我方承景命，欲启元基，而适遇此三贤，岂非天赐乎？"遂揆其能，各任以事。与之俱至卒本川。

---

① 《三国志》卷30《高句丽传》。

B.《琉璃明王本纪》：

十九年秋八月，郊豕逸，王使托利、斯卑追之，至长屋泽中得之，以刀断其脚筋。王闻之，怒曰："祭天之牲岂可伤也？"遂投二人坑中，杀之。九月，王疾病，巫曰："托利、斯卑为祟。"王使谢之，即愈。

C.《琉璃明王本纪》：

二十一年春三月，郊豕逸，王命掌牲薛支逐之，至国内尉那岩得之，拘于国内人家养之。返见王曰："臣逐豕至国内尉那岩，见其山水深险，地宜五谷，又多麋鹿鱼鳖之产。王若移都，则不唯民利之无穷，又可免兵革之患也。"夏四月，王田于尉中林。秋八月，地震。九月，王如国内观地势，还至沙勿泽，见一丈夫，坐泽上石，谓王曰："愿为王臣。"王喜许之，因赐名沙勿，姓位氏。

D.《琉璃明王本纪》：

二十四年秋九月，王田于箕山之野，得异人，两腋有羽，登之朝，赐姓羽氏，俾尚王女。

E.《大武神王本纪》：

四年冬十二月，王出师伐扶余，次沸流水上，望见水涯，若有女人舁鼎游戏。就见之，只有鼎，使之炊，不待火自热。因得作食，饱一军。忽有一壮夫曰："是鼎，吾家物也，我妹失之，王今得之，请负以从。"遂赐姓负鼎氏。……上道有一人，身长九尺许，面白而目有光。拜王曰："臣是北溟人怪由，窃闻大王北伐扶余，臣请从行，取扶余王头。"王悦，许之。又有人曰："臣赤谷人麻卢，请以长矛为导。"王又许之。

五年春二月，王进军于扶余国南，……怪由拔剑号吼击之，万军披靡，不能支。直进，执扶余王，斩头。

F.《大武神王本纪》：

十三年秋七月，买沟谷人尚须与其弟尉须及堂弟于刀等来投。

从上述史料中，我们可以看出，高句丽王的亲信集团的成员具有以下几个方面的特点：

第一，亲信集团成员是其原来所属部族中的平民，原本没有任何权力。在他们投靠联盟最高首领之后，才在联盟最高首领所在的部族中拥有了一定的权力与地位，进而在联盟中拥有了一定的权力与地位。

除史料B与史料C中的薛支情况不能确定之外，史料A中的再思、武骨、默居，史料C中的沙勿，史料D中的羽氏，史料E中的负鼎氏、怪由、麻卢，史料F中的尚须、尉须、于刀，都是主动前来投靠高句丽王的。他们不仅不是五部的部长，甚至有些人原来并不是高句丽五部的成员，但由于投靠了高句丽王而拥有了一定的权力与地位。对再思、武骨、默居的"遂揆其能，各任以事"，对羽氏的"登之朝"、"俾尚王女"，对怪由的提拔，都可以证明这一点。因此，怪由在临终前才说："臣北溟微贱之人，屡蒙厚恩，虽死犹生，不敢忘报。"①

第二，亲信集团的成员没有自己的领地，也没有拥护自己的部民，他们的权力与地位的获得完全依赖于高句丽王，因此，高句丽王可以对他们随意进行任免、处罚乃至处死。

从史料A、D、E中我们可以看出，亲信集团成员权力与地位的获得完全出自高句丽王，五部的部长们对此无权干涉。史料B证明，高句丽王有权任意处罚执行命令不力的亲信集团成员。当然，从后来巫认为王的生病是因为托利、斯卑为祟来看，将亲信集团成员处死的情况并不常见。托利、斯卑仅仅因为挑断了祭祀用牲的脚筋就被处死，但在大武神王时，对"夺人妻妾牛马财货，恣其所欲，有不与者即鞭之，人皆忿死"的沸流部长仇

---

① [高丽] 金富轼著，杨军校勘《三国史记》（上），吉林大学出版社2015年，第186页。

都、逸苟、焚求等三人的处罚仅仅是黜为"庶人",① 也就是免职而已。对比之下可以看出,高句丽王对亲信集团成员的控制远远超过对五部部长的控制。

第三,亲信集团成员的权力来自联盟最高首领,在高句丽王权主要表现在军事方面与祭祀方面时,他们的权力也主要表现在军事与祭祀方面。

史料 A、D、F 中看不出亲信集团成员的职能,但史料 B、C 中的亲信集团成员是负责与祭祀相关的工作,史料 E 中的亲信集团成员的主要任务是在战争中冲锋陷阵。

第四,亲信集团成员在五部联盟中的地位虽然远比不上五部的部长们,但他们对高句丽王最终决策的影响力却是不容低估的。

史料 C 证明,高句丽王最终作出迁都这一重大决定,显然是接受了亲信集团成员薛支的建议。大辅陕父曾说过:"王新移都邑,民不安堵",② 可见,在迁都问题上,作为曾随朱蒙迁徙的部长,陕父存在不同意见。但在此问题上,五部部长的意见显然没有被琉璃明王所采纳。陕父后来因劝谏而被免官,并在一气之下"去之南韩",离开高句丽自行发展,当与此也有一定关系。

亲信集团是王权的附属物,是王权成长的获益者,他们绝不会成为制约王权的力量,因而,在高句丽王与五部部长的权力争夺中,高句丽王很自然地要利用亲信集团去排挤五部的部长们,这也使得亲信集团越来越成为支持王权的最重要力量。

随着高句丽对外征服战争的展开,高句丽王逐渐派遣亲信集团成员管理新征服的地区。由于没有依附于自己的部民,他们很难将新征服的地区演变为自己的私属领地,高句丽王仍旧有能力控制对他们的任免,因此,他们的身份逐渐演变为国家形态中的地方官员,这无疑推动了高句丽王权的进一步发展。大片新征服地区成为高句丽王的直属领地,完全改变了高句丽王与五部贵族的力量对比,五部的部长们所控制的地域与人力在整个王国中所占的比例越来越小,最终不再具有制约高句丽王权的实力。因而,五部部长自身连同其所属的家臣的身份,也逐渐转化为国家形态中的地方官员,而不再是前国家形态下的血亲组织的首领。

---

① [高丽] 金富轼著,杨军校勘《三国史记》(上),吉林大学出版社 2015 年,第 187 页。
② [高丽] 金富轼著,杨军校勘《三国史记》(上),吉林大学出版社 2015 年,第 180 页。

3. 王权的扩展

朱蒙所部迁入浑江流域以后，对新征服地区的管理模式主要有两种。

一种是将被征服部族纳入五部体制进行管理，这种方式是朱蒙所部迁徙过程中对秽貊系部族管理模式的延续，是将不同民族的血亲组织纳入五部之内，建立虚拟的亲属关系，使之成为征服者部族的组成部分。可以说，这是传统的方法。

另一种就是《三国史记》中所说的"以其地为城邑"，即在承认被征服部族首领的权力与地位、不改变其原有的社会组织结构的前提下，将被征服部族划归高句丽某一部长管理，并向其征收沉重的贡赋。

由于高句丽王是五部联盟的最高军事首领，是征服行动的实际运作者，效忠于高句丽王的亲信集团又在战争中发挥着重要的作用，因此，被征服部族更多的是被划归高句丽王直接管辖。

高句丽王直辖领地的迅速膨胀，使高句丽王通过占有被征服部族的贡赋而拥有了巨额财富，琉璃明王十一年，扶芬奴因战功被"赐黄金三十斤，良马一十匹"，琉璃明王三十七年，沸流部人祭须因找到王子的尸体，受赐"金十斤，田十顷"。[①] 以此为基础，高句丽王可以维持一个规模日趋扩大的亲信集团，而这又有利于其直辖领地的进一步扩大。因此，高句丽王成为对外征服战争的最大受益者。

南迁之初，朱蒙家族的权力主要来自于五部中王室所在的沸流部，所能得到的经济利益也局限于在沸流部的公共积累中其所能支配的份额。对五部联盟来说，虽然联盟的最高首领世代由朱蒙家族的成员担任，但联盟的最高首领的权力仅仅局限在组织战争与祭祀，并不能从中得到比较大的经济利益。因此，王族的地位并不突出，沸流部与其他四部的实力与地位相差无几。

但是，随着对外征服战争的展开，情况出现了变化。朱蒙家族利用对联盟最高首领位置的控制，掌握了大部分新征服地区，王族逐渐具有了凌驾于五部之上的势力。在此基础上，王权也开始逐渐膨胀。

从现有史料分析，高句丽王权的膨胀可以分为以下四个阶段。

---

① ［高丽］金富轼著，杨军校勘《三国史记》（上），吉林大学出版社 2015 年，第 179、182 页。

首先，高句丽王拥有了罢免有罪部长的权力。

最早的例子应该是大武神王十五年对仇都、逸苟、焚求等三位沸流部部长的罢免。虽然在此前的琉璃明王二十二年，有将大辅陕父罢职的记载，但"罢陕父职，俾司官园"，说明免去的是陕父的"大辅"身份，改任其他工作，而不是免去其部长的职位。而且，面对此决定，"陕父愤，去之南韩"，率所部出走了。这并不是一次成功的对部长的罢免。而仇都等三人是被黜"为庶人"，在此之后，他们没有力量对大武神王的这一决定作出反抗，而是留在沸流部内，改过自新，"不复为恶"。不过在这一事件中，大武神王不是从沸流部的平民中提拔起新的部长，而是"使南部使者邹壳素代为部长"，① 说明高句丽王虽然已有权力罢免有罪的部长，但还不能把自己中意的人提拔到部长的位置上。

对有罪部长的罢免，是高句丽王权扩张过程中至关重要的一步。此前，五部的部长作为血亲组织的首领，其权力、地位都是高句丽王所无法左右的，他们依据本血亲组织的支持，成为对高句丽王权的制衡力量。而高句丽王一旦拥有了罢免部长的权力，不论理由是什么，就打破了王权与部长权力之间的平衡，部长的权力不再能制衡王权而是受王权左右，这就为王权的进一步发展扫清了道路。

其次，高句丽王拥有了任命新部长的权力。

据《三国史记》卷15《次大王本纪》记载，次大王在位时，"以桓那于台菸支留为左辅，加爵为大主簿。冬十月，沸流那阳神为中畏大夫，加爵为于台，皆王之故旧"。太祖大王在位时，阳神的职位是"沸流那皂衣"，即皂衣先人。此次升职唯一的原因就是他们是"王之故旧"。可见，高句丽王已经能够根据个人的喜恶提高五部部长的职位。至故国川王平定了椽那部部长发动的叛乱以后，晏留推荐"力田自给"的乙巴素，"加爵为于台"，② 就更是自平民任命为部长的例子。至此，高句丽王拥有了自由任免五部部长的绝对权力，因而，五部部长的身份也不再是血亲组织的首领，而是隶属于高句丽王的官员了。

新任的部长们固然不必再拥有某一血亲组织的认可与支持，他们的地位

---

① ［高丽］金富轼著，杨军校勘《三国史记》（上），吉林大学出版社2015年，第187页。
② ［高丽］金富轼著，杨军校勘《三国史记》（上），吉林大学出版社2015年，第202页。

与权力皆来自于王的任命，但与此同时，他们也就失去了管理相应血亲组织的权力，其具体工作完全听命于王，也就成为王权的附属。

乙巴素被任命为部长后，并不负责任何部的管理，而是辅政。在这一点上，五部的部长开始与亲信集团的成员具有了相同的地位，二者都演变为国家形态下受王权任免的官员。发展到这一步，部长的职权就不再是王权的制衡力量，而是走到了自己的反面，成为王权的新的支柱。乙巴素当政的主要方针是"明政教，慎赏罚"，① 就是明显的例子。

高句丽王拥有了对五部部长的任免权，同时，也就能对五部部长进行任意的惩罚。最明显的例子是，故国川王时，椽那部的于畀留、左可虑掌权，"其子弟，并恃势骄侈，掠人子女，夺人田宅，国人怨愤。王闻之，怒，欲诛之"，② 因此导致了左可虑等利用椽那部的力量发动叛乱。而在大武神王时，犯有同样罪行的沸流部三部长仇都、逸苟、焚求的处分却仅仅是免为庶人。从中也可以看出，高句丽王对五部部长的控制力在增强。

如果从陕父罢职事件算起，到乙巴素的任命为止，这一演变过程差不多用了 300 年的时间。③

第三，在拥有对部长的任免权以后，高句丽王自然也就拥有了对原五部部长的家臣的任免权。

《三国志》卷 30《高句丽传》记载：

> 诸大加亦自置使者、皂衣先人，名皆达于王，如卿大夫之家臣，会同坐起，不得与王家使者、皂衣先人同列。

管理诸大加的领地的家臣，原本都是诸大加自行任免，而现在虽然保留着由大加们任免的名义，却"名皆达于王"，即其任免实际上已经在高句丽王的控制之中了。高句丽王任命的使者、皂衣先人也好，诸大加任命的使

---

① ［高丽］金富轼著，杨军校勘《三国史记》（上），吉林大学出版社 2015 年，第 203 页。
② ［高丽］金富轼著，杨军校勘《三国史记》（上），吉林大学出版社 2015 年，第 202 页。
③ 《三国史记》系陕父罢职事于琉璃明王二十二年（3 年），系起用乙巴素于故国川王十三年（191 年）。如本章附录所考，《三国史记》的王系与积年有误，如按朱蒙立国于公元前 126 年向下推算，陕父罢职事应在公元前 86 年。据本章附录表格，191 年应为故国川王元年，故国川王十三年为 203 年，上距公元前 86 年达 289 年。

者、皂衣先人也好，其身份都是特定领地的管理者，从这个意义上说，两者的身份与地位应该是一样的，但上述史料明确指出王的使者、皂衣先人地位高于诸大加的使者、皂衣先人，这显然是诸大加即部长们地位下降的结果。

《三国志》所载上述史料虽然没有明确的时间，但不可能晚于《三国志》成书的公元 294 年，因此，认为高句丽王在公元 3 世纪已拥有对五部部长的家臣们的任免权是没有问题的。这种变化改变了高句丽地方管理模式上的双轨制局面，使各地完全纳入城、谷的统治体系之内。在地方管理体系中，完全是以地缘的方式组织人民，完全剔除了血缘组织的残迹。

第四，在将各部长及其家臣降为自己的属官之后，高句丽王集行政、司法、经济、军事、祭祀等大权于一身，真正成为集权的君主。但这已是公元 4 世纪之后的事情了。

在高句丽王由联盟最高首领向集权君主演进的过程中，其对新征服地区的控制显然是至关重要的一环。但是，并不是所有处于前国家形态中的部族对邻近部族的征服都可以起到同样的作用，这是因为：

其一，高句丽人所征服的地区大多曾隶属于汉王朝，在此之前已经存在过郡县制，当地部族的血缘组织已经被改造成为地方行政单位。无论是当地部族的上层还是普通的部族成员，都已经习惯于郡县制的管理模式，不可能再退回到前国家形态下的血亲组织的管理模式中了。这使高句丽王不必花费过大的代价就能够对新征服地区进行有效的行政管理，而不是仅仅满足于一定数量的贡赋。

其二，高句丽王既是五部联盟的最高军事首领，也是沸流部的首领，由于有沸流部的支持，其很容易突破其他四部对其权力的制约。这种格局的形成是因为在五部联盟形成的过程中沸流部始终发挥着主导作用，其在联盟中处于核心部族的地位，因此，五部联盟的最高军事首领只能自沸流部中产生。

其三，效忠于高句丽王个人的亲信集团的存在，使得新征服地区对王权的支持由可能变成现实。

在具备了上述三个条件的前提下，血亲组织的复合体之间的征服战争才能促使高句丽由前国家形态向国家演进。

在高句丽王权扩展的四个阶段中，第二阶段代表着一种转折。高句丽王可以根据个人意志任命五部的部长,也就是血亲组织复合体的首领,不仅改变了血亲组织的首领由组成该血亲组织的各家族选举产生的传统,而且使得血亲组织的首领与血亲组织的成员之间不必一定具有血缘关系,这是对血亲组织的最大改造。

虽然血亲组织的外壳仍然存在,但由于其首领已不再是依赖血缘关系获得权力并通过血缘关系对血亲组织进行管理,而是依靠来自血亲组织之外的任命获得权力,并依赖这种血亲组织之外的力量进行统治,因此,血亲组织的首领已经演变为国家形态下的地方行政官员,而血亲组织也就演变为国家的地方基层行政单位了。

因此,我们认为,公元2世纪末,高句丽已经脱离前国家形态,进入了早期国家的发展阶段。至公元4世纪,以高句丽王获得集权君主的所有权力为标志,高句丽步入了成熟国家的发展阶段。

(二)统治结构

1. 社会阶层

浑江流域何时出现了耕地的私有制,我们现在还找不到直接的证据,但是,早在箕氏朝鲜统治时期,就已经出现了生产资料与生活资料的私有制,因此,我们估计,至晚在汉四郡统治期间,该地区应该已经出现了耕地的私有制。从此,也就开始了贫富分化。

在高句丽立国之初存在三个社会阶层:作为征服民族的"国人",被征服民族"下户",还有奴隶"生口"或"奴婢"。无论是"国人"还是"下户",都可以拥有奴隶,他们是生活在父家长制大家庭中的非自由人。但这种社会阶层很快便被打破。首先是"国人"除了部族贵族外,大多转化为自食其力的劳动者,其社会地位与"下户"中的生产者已没有太大的区别。其次,"下户"中被任命为"使者"的部族贵族,其社会地位与高句丽负责管理该部族的官员也相差无几。不论是"国人"还是"下户",都在经历着内部的分化,而征服民族与被征服民族之间的界线在迅速消失。这是土地私有制所带来的不可避免的后果。

在此基础上,高句丽社会逐渐分化为四个阶层:

其一,贵族地主。

高句丽贵族通过种种方法聚集土地，如新大王八年，赐明临答夫"坐原及质山为食邑"；① 东川王二十年，"赐密友巨谷、青木谷，赐屋句鸭渌、杜讷河原，以为食邑"。② 所谓"食邑"，一方面是将这一广大区域里原来上交国家的自耕农的税收转给受封者；另一方面，就是明确受封者占有此区域内的无主荒地以及山川河流等自然资源。因此，明临答夫、密友、屋句显然都成为大土地所有者。他们将土地租佃给无地的农民，收取地租，成为大地主。

其二，自耕农。

如乙巴素一样"力田自给"的自耕农，他们拥有一小块土地，主要从事农业生产，并承担赋税、兵役和劳役。虽然负担比较沉重，③ 并时常受到贵族地主的侵扰，但是，其对土地的私有毕竟是得到保证的。④

其三，失去土地的劳动者。

故国川王十六年，王"路见坐而哭者"，称："臣贫穷，常以佣力养母。今岁不登，无所佣作，不能得升斗之食，是以哭耳"，⑤ 就是这样的劳动者。他们往往成为大土地所有者的佃户或佣工，也可能从事其他非农业生产的职业，或是成为小商人。美川王流亡民间时，开始是在"水室村人阴牟家佣作"，后来"与东村人再牟贩盐"，⑥ 其身份也是这样的生产者。

其四，奴隶。

中国史书称之为"奴婢"或"生口"。前三个阶层只要有一定的经济实力都可以拥有奴隶。如平冈王之女下嫁温达之后，"卖金钏，买得田宅、奴婢、牛马、器物"，⑦ 而温达是市井间的乞食者，应属于上述第三个阶层。

随着社会阶层的变化，高句丽王的主要经济来源已不再是被征服部族提供的贡赋，而是向全民征收的赋税。《北史》卷94《高句丽传》记载："税，

---

① ［高丽］金富轼著，杨军校勘《三国史记》（上），吉林大学出版社2015年，第201页。
② ［高丽］金富轼著，杨军校勘《三国史记》（上），吉林大学出版社2015年，第210页。
③ 如《三国史记》卷17《烽上王本纪》记载，烽上王九年（300年），"八月，王发国内男女年十五已上，修理宫室，民乏于食，困于役，因之以流亡"。
④ 《三国史记》卷16《故国川王本纪》记载，故国川王时，椽那部的于畀留、左可虑掌权，"其子弟，并恃势骄侈，掠人子女，夺人田宅，国人怨愤。王闻之，怒，欲诛之"，证明"田宅"的私有己是不可侵犯的。
⑤ ［高丽］金富轼著，杨军校勘《三国史记》（上），吉林大学出版社2015年，第203页。
⑥ ［高丽］金富轼著，杨军校勘《三国史记》（上），吉林大学出版社2015年，第216页。
⑦ ［高丽］金富轼著，杨军校勘《三国史记》（下），吉林大学出版社2015年，第648页。

布五匹、谷五石；游人则三年一税，十人共细布一匹。租，户一石，次七斗，下五斗"，明确记载了三种不同的税率。参考《周书》卷49《高丽传》的记载："赋税则绢布及粟，随其所有，量贫富差等输之"，可见，《北史》中所载的三种税制，是根据贫富的不同，对不同的户等征收不同的税率。

也就是说，高句丽政权将民户分为三等：第一等，按户征收，每户"布五匹、谷五石"。[1] 第二等，也是按户征收，但又存在三种不同的等级，分别纳税一石、七斗和五斗。第三等，按人征收，三年一税，每十人交细布一匹。在三种税率中，这是最轻的。

参之我们对高句丽社会阶层的分析可证，第一种税率是针对地主阶层的，第二种税率是针对自耕农阶层的，第三种税率是针对失去土地的劳动者的。这也就是"量贫富差等输之"。第二种税率中的细微差别，当是依据自耕农阶层所掌握土地数量的细小差距，也就是说，前两种税收，其性质是土地税。第三种税明确指出是针对"游人"，也就是没有土地者，因此，其性质是人丁税。

高句丽王对全体臣民征收土地税与人丁税，显然其政权的性质已经是成熟国家了。只不过从现有史料中我们无法得知这种税收制度最早出现的时间。如果我们考虑到高句丽王权最终成为集权的君权是在公元4世纪以后，那么，这种税收制度的产生当不早于公元4世纪。

2. 中央官制

朱蒙所部隶属于汉高句丽县时期，其官称可以分成两类：一类是"大加"，包括"相加、对卢、沛者、古雏加、主簿、优台丞"；[2] 一类是次于大加的"家臣"，包括"使者、皂衣先人"。[3] 后者分由国王任命和由大加任命两种，说明其身份为地方的管理者。管理国王直辖地的诸家臣由国王任命；管理大加各自领地的家臣则由大加自行任命，只不过需要向王申报备案。"大加"显然是五部的部长，分别控制着当地的中心大邑，而"家臣"不论

---

[1] 《隋书》卷81《高丽传》作"人税布五匹，谷五石"，其余相同。是将"布五匹、谷五石"理解为按人征收。但如果是按人征收，这种税率显然十分沉重，是无法完成的。因此，本书不取《隋书》的说法，作按户征收理解。

[2] 《后汉书》卷85《高句丽传》作"优台"，就是《三国史记》中的"于台"。疑《三国志》此处标点应为"优台、丞"。"丞"的性质当与"主簿"相同，原本都是汉玄菟郡高句丽县的官称，因高句丽人的部长曾担任此职务，故渐成为高句丽人对部长的一种称号。

[3] 《三国志》卷30《高句丽传》。

是直接隶属于国王，还是隶属于"大加"，都是作为五部的下属存在，控制着中心大邑周围的各小邑。由此构成一种高句丽特色的领主制。这种统治关系，我们可以用下图来表示：

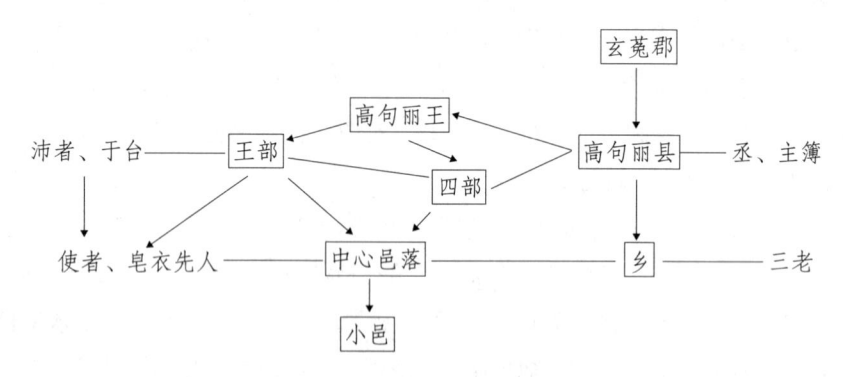

```
                       ┌─→ 高句丽王 ─┐            ┌─ 玄菟郡
                       │              ↓            ↓
沛者、于台 ──── 王部 ←─              ─→ 高句丽县 ──── 丞、主簿
                       │  ┌─→ 四部 ─┐              │
                       ↓  ↓         ↓              ↓
使者、皂衣先人 ────→ 中心邑落 ←──         乡 ──── 三老
                          ↓
                         小邑
```

（箭头代表隶属关系，直线代表行政组织与官称之间的对应关系）

此时的高句丽尚处于五部联盟的状态之下，并未步入国家，因此也不存在中央官与地方官的区别。但是，其内部已经出现了明确的权力划分，"大加"组成最高决策机构，而"家臣"则是地方的管理者，是"大加"决策的执行者。作为地方管理者的家臣与作为最高权力集团的"大加"，内部也已经出现了地位的不平等。

琉璃明王时代，已存在作为群臣之首的"大辅"，担任"大辅"的是随朱蒙南迁的元老陕父，因此，很可能在朱蒙时代组成最高权力集团的"大加"就已经出现了地位的不平等。[①] 在琉璃明王二十二年，陕父"去之南韩"以后，大辅一职未再见于史书记载。22 年后的大武神王八年才出现了右辅，"委以军国之事"，为群臣之首。从此时起至新大王二年"改左右辅为国相"时止，左、右辅一直在高句丽的政治生活中发挥着十分重要的作用，地位高于一般部长，从大武神王十一年有关高句丽王"会群臣"讨论对付汉军的策略的记载中，可以很明显地看出这一点。

现根据《三国史记》的记载将高句丽历任左、右辅与国相列表如下：

---

① 金在善根据《三国遗事》的记载："北扶余王解夫娄之相阿兰弗，梦天帝降而谓曰：将使吾子孙立国于此，汝其避之"，认为阿兰弗是"有降神术的巫师和预言未来的卜师，兼具有相加职责"，进而认为北夫余已存在相加一职。见金在善《高句丽职官考》，《中央民族大学学报》，1998 年第 5 期。

高句丽历任左、右辅表

人名	就任年代《三国史记》系年	修正年	退任年代《三国史记》系年	修正年	官职	退任原因	出身部
乙豆智	大武神王八年（25年）	前64年	大武神王十年（27年）	前62年	右辅	升任	
	大武神王十年（27年）	前62年			左辅		
松屋句	大武神王十年（27年）	前62年			右辅		多勿部
穆度娄	太祖大王七十一年（123年）	123年	次大王二年（147年）	147年	左辅	被诛	
高福章	太祖大王七十一年（123年）	123年	次大王二年（147年）	147年	右辅	称病引退	沸流部
弥儒	次大王二年（147年）	147年			左辅	国相设立	贯那部
菸支留	次大王二年（147年）	147年			左辅	国相设立	桓那部

高句丽历任国相表

人名	就任年代	退任年代	退任原因	出身部	爵称
明临答夫	新大王二年（166年）	新大王十五年（179年）	卒	椽那部	沛者
乙巴素	故国川王十三年（191年）	山上王七年（203年）	卒		于台
高优娄	山上王七年（203年）	东川王四年（230年）	卒	沸流部	
明临於漱	东川王四年（230年）	中川王七年（254年）	卒	椽那部	于台
阴友	中川王七年（254年）	西川王二年（271年）	卒	沸流部	沛者
尚娄	西川王二年（271年）	烽上王三年（294年）	卒	沸流部	
仓助利	烽上王三年（294年）			灌奴部	大使者

五部的部长之间也已经存在地位的不平等。"王之宗族，其大加皆称古雏加"，消奴部"本国主，今虽不为王，适统大人，得称古雏加"，"绝奴部世与王婚，加古雏之号"，① 证明桂娄、消奴、绝奴三部部长的地位较高。② 古

---

① 《三国志》卷30《高句丽传》。
② 张楚金《翰苑·蕃夷部·高丽》雍公叡注称："内部虽为王宗，列在东部之下。其国从事以东为首，故东部居上。"东部即顺奴部。但此资料时代较晚，有可能是高句丽晚期的情况，故此从《三国志》卷30《高句丽传》的说法。

雊加的特权是"得立宗庙，祠灵星、社稷"，①即表现在祭祀方面。但是，祭祀灵星是西汉对郡国县的统一要求，高句丽的部长得以祭祀灵星，当是因为其曾任职于高句丽县的缘故。②由此看来，桂娄、消奴、绝奴三部都曾在汉玄菟郡高句丽县中任职，其地位高于其他二部当与此有关。

同一部的部长之间也存在地位的不平等。《三国志》卷 30《高句丽传》称"其官有相加、对卢、沛者、古雊加、主簿、优台丞、使者、皂衣先人，尊卑各有等级"。弥儒以贯那沛者任左辅，明临答夫以椽那沛者任国相，阴友以沸流沛者任国相，都可以证明沛者在诸部长中地位最高。桓那于台菸支留任左辅后加爵大主簿，阳神从沸流那皂衣加爵为于台，说明部长中地位次于沛者的是主簿，次于主簿的是于台。这与前引《三国志》卷 30《高句丽传》记载的次序是一致的，正是"尊卑各有等级"。

此时期的对卢一官不见于《三国史记》，但从《三国志》与《后汉书》都是将对卢列在相加之下、沛者之上来看，当也是对部长的称号，其地位仅次于担任左右辅、国相的部长。从"其置官，有对卢则不置沛者，有沛者则不置对卢"③的记载来看，其地位与沛者大体相当。与高句丽后期独揽大权的大对卢性质不同。

随着高句丽王身边亲信集团势力的上升，高句丽王开始对亲信集团的重要成员委以一定的称号。最早的例子是琉璃明王时，薛支已被称为"掌牲"。当这些称号逐渐演变为固定的官称时，在当时地位举足轻重的五部的部长们自然要求在部长的称号之外，也拥有类似的官称。比较典型的例子是次大王时的阳神，他原来的称号是"沸流那皂衣"，其身份显然是沸流部某一部长的家臣，次大王将之提升为"于台"，也就是升任部长，但其官职却是"中畏大夫"。按《三国史记》的记载来看，就是出现了官与爵的不同，爵就是旧有的五部部长的称号，而官是新兴起的一套官称，这是高句丽最早的中央官体系。

虽然这些新出现的官称多为五部的部长们兼任，但是，从此就出现了非五部部长担任中央官职的可能。故国川王平定了椽那部部长发动的叛乱以

---

① 《三国志》卷 30《高句丽传》。
② 姜维公《高句丽的灵星祭祀》，《北方民族》，2001 年第 2 期。
③ 《三国志》卷 30《高句丽传》。

后，将"力田自给"的乙巴素"加爵为于台","除为国相，令知政事",^①就是非五部部长任中央官的例子，只不过他虽然不是五部的部长，但在担任中央官以后还要依惯例受封为部长。

非部长的重要官员由于没有自己的领地，也就失去了限制王权的基础，其存在完全依附于王权。所以，他们不仅完全听命于国王，也积极加强王权，推动高句丽向君主集权国家演进，也促使高句丽的中央官系统逐渐完善起来。

高句丽晚期的中央官体制与前期相比变化很大。最早记载高句丽官制变化的是《魏书·高句丽传》，记载在长寿王二十三年（公元435年）李"敖至其所居平壤城，访其方事，……其官名有谒奢、太奢、大兄、小兄之号"，仅提到四种前此不见的官名。作成于公元408年的《德兴里壁画古坟墨书铭》提到"位建威将军、小大兄、左将军、龙骧将军、辽东太守、使持节、东夷校尉、幽州刺史镇"，其"小大兄"的称号可与《魏书》相印证，说明高句丽的官制变化始于公元5世纪以前，结合小兽林王二年（372年）"立太学"、三年（373年）"颁律令"，以及发展佛教等措施来看，^②这一转变当发生在小兽林王在位时期。

最早全面记载高句丽变革后的中央官制的是《周书·高丽传》，所载高句丽的中央官制为："大官有大对卢，次有太大兄、大兄、小兄、意侯奢、乌拙、太大使者、大使者、小使者、褥奢、翳属、仙人并褥萨凡十三等"，《北史·高句丽传》、《隋书·高句丽传》的记载与此基本相同，^③但都认为其官制"凡十二等"，"复有内评、五部褥萨"，^④或说"复有内评、外评、五部褥萨"，^⑤《旧唐书·高丽传》："对卢已下官，总十二级"，《新唐书·高丽传》："官凡十二级"，可证褥萨为地方官，高句丽此时的中央官为十二级。

此时高句丽的中央官可以分成三类：对卢自成一类，第二类包括太大

---

① ［高丽］金富轼著，杨军校勘《三国史记》（上），吉林大学出版社2015年，第202页。
② ［高丽］金富轼著，杨军校勘《三国史记》（上），吉林大学出版社2015年，第221—222页。
③ 意侯奢，《北史》卷94《高句丽传》作"竟侯奢"，《隋书》卷81《高丽传》对卢位在小兄之下，其他皆相同。但参之《旧唐书》卷199上《高丽传》与《新唐书》卷220《高丽传》都列首大对卢，证《隋书》误。
④ 《北史》卷94《高句丽传》。
⑤ 《隋书》卷81《高丽传》。

兄、大兄、小兄、翳属、仙人，第三类包括意侯奢、乌拙、太大使者、大使者、小使者、褥奢。第二类中的仙人当是先人的同音异译，《翰苑·蕃夷部》引《高丽记》称诸兄"一名翳属"，皂衣头大兄，"东夷相传所谓皂衣先人者也"，则这一类官可以总称为"兄"类。其起源与"皂衣先人"有关。参之大夫使者也称谒奢、大使者也称大奢、拔位使者也称儒奢、上位使者也称契远奢来看，[1] "奢"即"使者"的异译，乌拙与使者音近，这一类可以总称为"使者"类。

《魏书·高句丽传》只记载了谒奢、太奢、大兄、小兄，即只提到两个使者类官称与两个兄类官称，实际是对此体系的高度概括。此时期高句丽中央官的最大变化就在于，原来在中央官僚系统中占主导地位的五部官，除对卢保留下来并成为最高政务官员以外，沛者、主簿、优台都没有出现，代之而起的是原来的地方官或者说"家臣"系统的使者、皂衣先人。

《三国史记》卷17《烽上王本纪》记载，烽上王时，新城宰北部小兄高奴子因功加爵为北部大兄，而后又被任命为新城太守。新城宰与新城太守作为地方官存在着什么区别我们姑且不论，其爵位自小兄升为大兄，与《周书》、《北史》、《隋书》记载的顺序是一致的。证明中国史书中所记载的十二级官等最初是地方官的爵称，而不是中央官的官称或爵称。《中原高句丽碑》提到"古牟娄城守事下部大兄"，《高慈墓志铭》提到栅城都督位头大兄，显然，此两人的官职分别是古牟娄城守事和栅城都督，都是地方官，而其爵位才是大兄。

在高句丽加强王权的过程中，高句丽王一方面加强对新占领国土的控制，自行任命官员管理，尽可能少地将新征服地区转化为五部部长们的领地，这也就是为什么在《三国史记》此时期的记载中再也找不到命某一部出兵征伐的原因；另一方面，借用"诸大加亦自置使者、皂衣先人，名皆达于王"的古俗，干预五部部长对管理领地的家臣的任免，以达到架空五部部长的目的。在这两种方式中，不论是领主属下的地方官还是高句丽王直属的地方官，都具有越来越重要的地位，从地方官中选拔中央官员就成为产生中央官的一个新渠道。

---

[1] 张楚金《翰苑·蕃夷部·高丽》雍公叡注，《辽海丛书》第4册，辽沈书社1985年，第2518页。

原高句丽的地方官最大特点就是地位处于五部部长之下，虽然高句丽王可以任命他们担任中央官职，但却无法加封他们为五部部长，沛者、主簿、优台等五部部长的官称自然不能用到他们的身上。在前一时期中已经出现的官与爵分离的倾向因而得到加强，这些地方官带着原来在地方上的官称作为其爵称入仕中央，五部部长虽然保住了他们原来的沛者、主簿、优台等称号的专有性，却渐渐失去了原来在中央的权力与地位，成为有爵无职的散员。这种变化持续发展到公元4世纪以后，即最终形成了以使者类、兄类的原地方官称构成中央官职名称的新的中央官体系。

由于越来越多地由原地方官而不是五部部长中选拔中央官员，地方官的爵称被带入中央，并渐渐取代原五部部长的爵称，成为中央官的爵称，也由于原有的为剥夺五部部长们的权力而加强爵与官职的分离已不再是必要的，所以此时期高句丽中央官制中的爵称渐与官职相结合，使爵称渐渐也具有了官称的性质。《中原高句丽碑》提到"前部大使者多于桓奴"、《泰川笼吾里山城摩崖石刻》提到"前部小大使者於九娄"，都未载其官称，即可以证明这一点。

在原地方官的爵位演变为中央官的爵位并渐发展为中央官称的过程中，高句丽的中央官制系统也出现了一定程度的调整。《翰苑·蕃夷部》注引《高丽记》所载的高句丽官制即已分为十四等：大对卢、太大兄、郁折、大夫使者、皂衣头大兄、大使者、大兄加、拔位使者、上位使者、小兄、诸兄、过节、不过节、先人。各官次序也与《周书》、《北史》、《隋书》不同。

公元6世纪的《平壤城刻石》第一石"西向十一里小兄相夫若牟利造作"，第三石"自此下向□下二里，内中百头上位使□丈作节矣"，后一处所缺当是"者"字，其提到的官名为上位使者，此官称不见于《周书》、《北史》、《隋书》的记载。考虑到在修筑城墙时，各段之间的负责人的官职应大致相当，证明上位使者与小兄官阶相近，与《翰苑》所引《高丽记》的记载相吻合。说明《高丽记》所载的中央官制体系自公元6世纪就已出现。

虽然各官品级高低与以前存在差异，但中央官爵主要来自原地方官的官爵的特点并没有改变。参之《翰苑·蕃夷部》引《高丽记》下文还提到："又有拔古邹，掌宾客，比鸿胪卿，以大夫使为之。又有国子博士、大学士、舍人、通事、典客，皆以小兄以上为之"，这里的大夫使（者）与小兄还保留着作为爵称的最初用法。可见《高丽记》所提到的十四等中央官称，最初是作为爵称出现的，《高丽记》对此不再记载相应的官称，说明这些原爵称已经具有了官称的含义。

此时期高句丽的官制改革中大量引进中原王朝的官称。长寿王时期"始置长史、司马、参军官"，①而后又有了国子博士、大学士、舍人、通事、典客等官。这些职位与高句丽原有的中央官系统不相吻合，在将之纳入高句丽官制系统中时，要为其规定出相应的官阶，所以才有"以大夫使为之"、"以小兄以上为之"的说法。这种情况使原有的爵位有必要作相应的保留，而不能完全转化为官职，对此时期高句丽中央官制中爵位向职务的转化起到滞后作用。但是，高句丽的中央官制至此已发展完善，彻底摆脱了五部官的影响，其性质已是成熟的国家机构的官阶，而不再是血亲组织的首领。

3. 地方统治结构

朱蒙所部进入浑江流域初期，地方统治结构的特点是"大加"任命"家臣"管理各自的领地。直接控制城邑及周边村落的"使者"、"皂衣先人"等家臣听命于委任自己的"大加"，也就是五部的部长们，而不是听命于高句丽王。大加通过管理其领地的家臣，可以任意指挥、调动其领地上的属民，因此，建武二十三年（47年），蚕支落大加戴升才能率万余人脱离高句丽王内属。②所有新征服地区都隶属于五部之下的某一部长，这一地方统治结构显然是对夫余人"其邑落皆主属诸加"③模式的延续。高句丽王所能控制的仅是属于沸流部的那部分领地，这些地区由高句丽王直接任命"使者"、"皂衣先人"加以管理。

高句丽五部都存在不止一个部长，同一部落的部长虽然地位存在差异，却都拥有自己的家臣与领地，唯有沸流部例外。琉璃明王二十二年，陕父因劝谏激怒了琉璃明王，"罢陕父职，俾司官园。陕父愤，去之南韩"。④所谓"官园"，当是高句丽王的直属领地。由此看来，陕父并不拥有自己的领地与

---

① 《梁书》卷54《高句骊传》。
② 《后汉书》卷85《高句丽传》。
③ 《三国志》卷30《夫余传》。
④ ［高丽］金富轼著，杨军校勘《三国史记》（上），吉林大学出版社2015年，第180页。

家臣。陕父是追随朱蒙南迁的元老,当时任"大辅"一职,在五部的所有部长中地位最高,陕父没有属于自己的领地与家臣,证明沸流部的其他部长也不可能拥有自己的领地与家臣。大武神王十五年,沸流部的三位部长仇都、逸苟、焚求,因为"夺人妻妾牛马财货"[①]而得罪,从这一事件来看,三人显然也不拥有自己的领地与家臣。沸流部各部长没有自己的领地与家臣,证明属于沸流部的领地都是由高句丽王直接支配的。因为高句丽王出自沸流部,所以,王权的存在遏制了沸流部各部长的权力。

高句丽王集中管理沸流部的所有领地与人民,使其在与其他四部部长们的竞争中在实力上居于优势。随着对外征服的展开,高句丽王直接控制的领地迅速膨胀,高句丽王的权力也就随之迅速膨胀。以实力为后盾,高句丽王逐渐干涉各部长家臣的任免,打破了这些地方管理者与各部部长间的隶属关系,使之逐渐听命于高句丽王。通过这种方式,将原来的家臣,不论是王家任命的使者、皂衣先人,还是各部长任命的使者、皂衣先人,统一改造为由高句丽王操纵其任免的地方行政单位的官员。五部部长们虽然仍旧对其领地内的家臣的任免有发言权,也仍旧具有领导其家臣的权力,但相对于高句丽王的权力,其权力明显在逐步弱化。

五部部长与其领地内的家臣间的关系也发生了质的变化,二者不再是领主与家臣的关系,而是国家地方行政单位的上下级隶属关系了。经过这一番改造,高句丽的地方统治结构变为五部部长—家臣两级管理体制。由于五部的部长要参与中央的事务,不可能直接投入地方的管理,因此,地方一级行政单位的负责人基本就是原来的各部所属的家臣,即使者、皂衣先人等。

太祖大王四十六年东巡栅城,"及至栅城,与群臣宴饮,赐栅城守、吏物段有差"。这是《三国史记》中第一次出现地方官吏,而不再是家臣。此后9年,在太祖大王五十五年的记载中,又出现了"东海谷守",这也是"谷守"首次见于记载。由此推测,大约在公元2世纪初,高句丽的地方统治结构完成了由领主—家臣体制向谷—村、城—邑双轨制的转化。旧有的家臣体制被改造成为"谷守"、城邑的"宰",并在其下设置了下级行政单位,使地方统治结构趋于严密。

---

① [高丽]金富轼著,杨军校勘《三国史记》(上),吉林大学出版社2015年,第187页。

高句丽晚期，由于受中国中原地区行政建置的影响，这种谷—村、城—邑体制逐渐向中原州县制演变。《翰苑·蕃夷部·高丽》"官崇九等"注："诸大城置傉萨，比都督。诸城置处闾，①比刺史，亦谓之道使。道使治所名之曰备。诸小城置可逻达，比长史。又城置娄肖，比县令。"②就是将高句丽的地方建置与唐代的地方建置进行比附，这至少说明二者已经具有了可比性。

傉萨一词实为"加"的促读，是对同一词的不同音译，这当是由"大加"演变而来。《北史》卷94《高句丽传》已提到"五部傉萨"，《旧唐书》卷199上《高丽传》出现"南部傉萨"、"北部傉萨"，都证明对原五部领主的称呼已演变为地方一级行政建置的官名。地方二级行政官员为处闾近支，三级行政官员为娄肖。参之《旧唐书》卷199上《高丽传》所说："外置州县六十余城，大城置傉萨一，比都督。诸城置道使，比刺史。其下各有僚佐，分掌曹事"，可证可逻达是道使的僚佐，所谓"分掌曹事"的"僚佐"，就是"比长史"的可逻达。从"各有僚佐"的记载来看，当是指傉萨与道使各自都有称为可逻达的下属官员，只不过可逻达常常与傉萨、道使分处不同的城而已。可逻达不是一级独立的行政机构的负责人。《翰苑》将之与长史相提并论，也可以证明这一点。

唐灭高句丽共得176城，可见此处60余城的城，指的是一种类似州县的地方建置。证明这时高句丽的地方统治结构是一种大城辖小城的统治模式，大城的地位相当于中原行政建置的州，小城的地位相当于中原行政建置的县。

按唐代的地方统治结构来看，刺史是州的长官，都督也是州的长官，其与刺史的区别在于，除负责本州的行政外，还兼管若干州的军事。不论是都督还是刺史，其属官中都有长史。正与我们上面对可逻达的分析相符。唐太宗征高句丽时，"北部傉萨高廷寿、南部傉萨高惠贞，率高丽、靺鞨之众十五万来援安市城"，③可证傉萨除了有本城的行政权之外，还负责一方的军事，正与唐代的都督相似。因此，高句丽的傉萨不是单独的一级行政建置，

---

① 《新唐书》卷220《高丽传》、《通典》卷186《边防典》作"处闾近支"。
② 张楚金《翰苑·蕃夷部·高丽》雍公叡注，《辽海丛书》第4册，辽沈书社1985年，第2518页。
③ 《旧唐书》卷199上《高丽传》。

而与道使是相同的行政建置。按上述史料记载，我们可以将高句丽的地方官称与唐代的地方官称对比如下：

	高句丽官称	相当于唐制的官称
一级行政建置	五大城耨萨（即五部耨萨）、可逻达	都督、长史
	处闾（道使）、可逻达	刺史、长史
二级行政建置	娄肖	县令

从上表可以看出，高句丽后期已确立同中原郡县制十分类似的地方统治体制，这意味着其完成了由早期国家向成熟国家的过渡，已处于成熟的国家形态。按《三国史记》的记载来看，最早出现"谷守"的称号是在太祖大王五十五年，即公元107年，证明高句丽自公元2世纪初就已经开始了由早期国家向成熟国家的演变过程。

小兽林王三年（373年），"始颁律令"，高句丽政权第一次公布成文的法典，确立了自己的司法体系。在此前一年的"立太学教育子弟"，[①] 显然是为了培养具有从政能力的官员后备队伍，以适应日益扩大的对地方行政官员的需要。由此不难看出，小兽林王时代，高句丽政权在各方面呈现出全新的特点，这标志着高句丽由早期国家向成熟国家演变过程的结束。

4. 新机构的设置

太祖大王四十六年（98年）东巡栅城，"及至栅城，与群臣宴饮，赐栅城守、吏物段有差"，栅城既有"守"，又有"吏"，证明已存在比较完善的地方行政机构。20年之后，太祖大王六十六年（118年），"秋七月，蝗雹害谷。八月，命所司举贤良孝顺，问鳏寡孤独及老不能自存者，给衣食"。[②] 虽然我们现在还无从考知这条史料中所说的"所司"指什么机构，但可以肯定的是，这绝不是传统的五部部长所组成的群臣会议，而是在中央新设置的直接听命于王的机构。

对于高句丽王权的发展演变来说，公元2世纪初是发生巨变的时期。高句丽王不仅成功地将原来五部部长的家臣改造成为由高句丽王任免的地方行

---

① ［高丽］金富轼著，杨军校勘《三国史记》（上），吉林大学出版社2015年，第221页。
② ［高丽］金富轼著，杨军校勘《三国史记》（上），吉林大学出版社2015年，第193—194页。

政官员，从而确立了谷—村、城—邑的地方管理体制，在地方上设立了行政机构，而且还在中央也设立了相应的机构。从此，高句丽开始从前国家形态进入了早期国家。

在此之前，在《三国史记·高句丽本纪》中至少还可以查到三次高句丽王开仓赈灾的记载：闵中王二年，"国东大水，民饥，发仓赈给"；慕本王二年，"发使赈恤国内饥民"；太祖大王五十六年，"春，大旱，至夏赤地，民饥，王发使赈恤"。证明高句丽王早已掌握大量的财物。《三国志》卷30《高句丽传》记载："无大仓库，家家自有小仓，名之为桴京"，似乎与此矛盾。但是，《三国志》的上述记载前面有"国中邑落，暮夜男女群聚，相就歌戏"，此下所述应该都是"国"中的情况，表明"无大仓库"是"国中邑落"的情况，也就是沸流部控制下的各"邑落"的情况。上述《三国史记》中三次对高句丽王开仓赈灾的记载，除最后一次地域范围不明外，前两次都很清楚是"国东"、"国内"，也是指沸流部的所在地。由此看来，沸流部控制下的各"邑落"没有公共仓库，从各"邑落"收集起来的财物不是就地贮存，而是运到国都中统一收藏，由高句丽王统一管理和支配。这无疑是相当繁难的一项工作。

朱蒙所部在进入浑江流域以后，经常兴修大规模的工程。朱蒙四年就已经开始"营作城郭宫室"，琉璃明王二十二年，又"筑尉那岩城"，① 在此期间，还为高句丽王修建了离宫。② 大武神王三年，"立东明王庙"。③ 王绵厚认为："从考古发现的鸭绿江两岸的百余座高句丽山城和平地城来看，其考古遗存的上限，即古城始筑的年代均在西汉以后。有些山城，如桓仁五女山城和沈阳石台子山城等，发掘中虽然在下部发现早于西汉的文化层和少量遗物，但均叠压在高句丽古城基石之下。而城址内现存的建筑遗迹，从未发现汉以前的文物。这进而证明了即使是高句丽的早期城市，其始建年代也必在高句丽'立国'以后。"④ 这些大规模的工程不仅需要动员大量的劳力，也需要持久有效的管理，这都是在旧有的五部组织的框架内所不能实现的。

---

① [高丽] 金富轼著，杨军校勘《三国史记》（上），吉林大学出版社 2015 年，第 177、179 页。
② 《三国史记》卷 13《琉璃明王本纪》记载，琉璃明王是在豆谷离宫去世的。琉璃明王还曾在凉谷为其二妃"造东西二宫"。
③ [高丽] 金富轼著，杨军校勘《三国史记》（上），吉林大学出版社 2015 年，第 184 页。
④ 王绵厚《东北古族古国古文化研究（中卷）》，黑龙江教育出版社 2000 年，第 123 页。

综上可见，朱蒙所部进入浑江流域后，随着对外征服的展开，高句丽王的职能也日趋复杂，仅仅依赖亲信集团已无法维持王权的运转，因此，才在血亲组织的框架之外，新设了从中央到地方的相应机构。相对于高句丽王对五部旧有的领主—家臣的地方管理体制的改造而言，新设机构尤其具有划时代意义，这不是对已经存在的社会组织的改造，而是发明一种新的行政组织，这无疑是更困难的，因而也是更有意义的。——正是新机构的创设，才使高句丽完全从血缘组织的母体中脱胎出来，步入国家，因此，我们甚至可以说，这正是高句丽步入国家形态的标志。

自公元2世纪初至长寿王即位以前，是高句丽各种机构和官职独立发展的时间，遗憾的是，我们找不到资料来考察此时期高句丽机构与职官的发展演变情况。至长寿王即位以前，高句丽已经"置长史、司马、参军官"，[①]开始大量引入中原的官称与机构设置，从此开始了高句丽国家体制的汉化过程。

小　结

在朱蒙所部进入浑江流域以前，居住在该地区的各部族的血亲组织，就已经被西汉政府改造为汉政权郡县体制下的地方基层行政组织了。在高句丽人形成自己的国家以前，其五部组织也受到了同样的改造。因此，高句丽国家的形成，是最先出现了地方基层行政组织，而后才在这个基础上出现了中央机构。因为同样的原因，在高句丽立国之初，在其统治下的民众就已经非常明确地分为贵族地主、自耕农、失去土地的劳动者、奴隶四个阶层。作

[①] 《梁书》卷54《高句骊传》记载："（慕容）垂死，子宝立，以句骊王安为平州牧，封辽东、带方二国王。安始置长史、司马、参军官，后略有辽东郡。至孙高琏，晋安帝义熙中始奉表通贡职。"这里所说的高句丽王安是高琏（即长寿王）的祖父，考之《三国史记》，长寿王的祖父是故国壤王，似乎《梁书》中的高句丽王安应指故国壤王。但故国壤王于385—392年在位，在慕容宝即位（396年）前已经去世。慕容宝加封的高句丽王不可能是故国壤王，从时间上看，只能是故国壤王之子广开土王。从《梁书》这段记载中，我们无法判定始设长史、司马、参军官的高句丽王安究竟是故国壤王还是广开土王，但可以断定，上述官职之设，在长寿王即位以前。《三国史记》卷18《长寿王本纪》记载，长寿王元年（413年），"遣长史高翼入晋奉表"，也证明高句丽在长寿王即位以前已存在长史等官职。

为次生形态的国家，高句丽国家的形成不是阶级冲突达到一定程度的产物，而是已经适应了国家统治的各社会阶层都要求出现新的权力机构，来取代退出该地区的汉政权统治的结果。这是中原政治组织形式对该地区的最重要的影响。

在被西汉政府改造为地方行政组织之前，朱蒙所部与浑江地区土著部族的社会组织具有相似性。最基本的社会单位都是父家长制家庭，若干个实行父系继嗣的父家长制家庭结合为一个血亲组织，若干个具有父系血缘关系的血亲组织结合成一个血亲组织复合体。血亲组织复合体之间的联盟，是该地区在国家形成以前的最发达的社会组织。父家长制家庭是最基本的生产单位、消费单位，财产归父家长制家庭所有，但不包括土地。父家长制家庭中虽然包括非自由人，但他们并不是生产劳动的主力。父家长不仅有支配家庭私有财产、统筹生产与消费的全权，而且拥有对家庭成员——无论是非自由人还是自由人——生杀予夺的大权。但耕地归血亲组织组成的村邑所有，因此，我们推测，血亲组织的首领可能拥有重新分配土地的权力。

此外，血亲组织首领的权力至少还包括组织公共工程、征收用于公共积累的财物、代表血亲组织与其他血亲组织交涉等。① 虽然现有资料尚无法证明血亲组织的首领是否具有军事职能，但血亲组织复合体的征兵显然应该是以血亲组织为单位的，因此，血亲组织的首领也应该拥有军事方面的权力。血亲组织复合体首领的权力主要是军事、祭祀，这一点与血亲组织复合体结成的联盟的最高首领类似。

大体上说，在这种父家长制家庭—血亲组织—血亲组织复合体—血亲组织复合体联盟的社会组织结构中，社会组织所处层级越低，其首领的权力就越大。

需要指出的是，构成血亲组织的各家庭都具有父系血亲关系，但构成血亲组织复合体的各血亲组织却不一定具有血亲关系，甚至不一定出自同一民

---

① 箕子的"八条之教"，据《汉书》卷28下《地理志》记载，"相杀以当时偿杀；相伤以谷偿；相盗者男没入为其家奴，女子为婢，欲自赎者，人五十万"；据《后汉书》卷85《秽传》记载，"邑落有相侵犯者，辄相罚，责生口牛马，名之为'责祸'"。前者所载的人身伤害与盗窃事件，经常会发生在不同血亲组织之间，后者所载事件则完全是血亲组织内部的事，这都需要有人代表血亲组织出面解决这些问题，并协调与其他血亲组织的关系，而这显然应该是血亲组织首领的职责。

族，朱蒙所部在南迁过程中将所属秽貊人纳入五部结构之内，就是最明显的证据。不具有血亲关系的各血亲组织，往往互相通婚，具有姻亲关系。血亲组织复合体既可以是内婚的——其前提是内部存在不具有血缘关系的不同血亲组织，也可以是外婚的。与此相关，这种社会结构呈现出另一特点，社会组织所处层级越低，其自身的凝聚力越高。血亲组织复合体的联盟与血亲组织复合体都可以打乱重组，但血亲组织却不存在这种可能。由于浑江流域很早就已经以农耕为主要经济类型，因此，在朱蒙所部迁入之前，该地区的血亲组织就已经与村落结为一体了。

西汉对该地区的统治，无疑加强了血亲组织复合体首领的权力，因此，他们在汉撤郡县之后仍称县侯、三老。朱蒙所部对其他部族的征服，使这种权力得以延续。如果我们抛开这种外来影响来考察高句丽向国家演进的过程，那么，可以肯定，这一演进是从朱蒙所部发动对外征服开始的。被征服部族得以保存本族原有的社会结构，但需要向朱蒙所部提供大量的贡赋。

这种贡赋不仅在朱蒙所部内培养出一个权贵阶层，而且在被征服部族内部，在征集贡赋的过程中，也逐渐形成一个权贵阶层，只不过这个权贵阶层对朱蒙所部的权贵阶层具有依附性。被征服部族的贡赋不能使朱蒙所部的普通成员受益，在征服战争结束以后，他们迅速转化为普通的劳动者，与被征服部族中的普通劳动者的差别在日益缩小。

这种社会分化从内部摧毁了血亲组织复合体，原来的首领成为统治者。当血亲组织复合体的首领或血亲组织复合体联盟的首领，委派一个原来与本血亲组织复合体没有任何关系的亲信负责管理该血亲组织复合体时，血亲组织复合体的性质也就发生了根本性的变化，它不再是血缘组织，而是一种行政组织了。

血亲组织复合体的首领和血亲组织复合体结成的联盟的最高首领的权力主要是军事、祭祀，在征服战争停止以后，其军事职能受到削弱，但随之而来的贡赋的征收与管理、分配，无疑加重了其行政职能。为实现这种职能，各级首领都要将在战争期间就已经形成的自己的亲信集团转化为执行自己命令的行政官员，这就是各种"使者"与"皂衣先人"。在此过程中，构成联盟的血亲组织复合体一直具有相当大的独立性，其首领的权力与联盟最高首领的权力相差无几。只是在征服过程中，联盟最高首领所在的血亲组织复合体实力的膨胀远超过其他血亲组织复合体，联盟最高首领最后才拥有了超过其他血亲组织复合体首领的权力，成为真正的王，高句丽的早期国家也就形成了。

这一过程主要是靠高句丽王直接控制所有的血亲组织或村落，架空原血亲组织复合体的首领来实现的。很显然，是部族间的征服同时使征服者与被征服者的社会结构发生变化，开始向国家演进。

综上所述，高句丽国家的演进模式可以分为三个阶段：其一，征服并迫使被征服部落交纳贡赋。其二，征服者部族与被征服者部族内部都生成权贵阶层，他们之间、征服者部族与被征服者部族内部的普通劳动者之间的社会身份与地位的相似程度，超过作为同一部族成员的权贵阶层与普通劳动者之间的相似程度，征服者与被征服者之间的界线在逐渐消失。其三，在权贵阶层中出现一个超出其他权贵家庭之上的家族，即王室。他不仅将所有的普通劳动者置于自己的控制之下，也将原来分属于各位首领的亲信集团以及各血亲组织复合体的首领全部置于自己的控制之下。为实现这种控制，需要不断地完善统治方法，并根据需要增设新机构，国家也就因此出现了。

在这一演变过程中，有三个环节是非常重要的。

首先，征服与贡赋的持续存在。如果不能实现这一点，征服者部族与被征服者部族会重新退回到血亲组织复合体或血亲组织复合体联盟的社会组织中去，而且这将是其社会组织的最高层级，而不会有进一步的发展。

其次，社会分层取代征服者与被征服者之间的界线。如果不能实现这一点，征服者部族与被征服者部族始终处于隔绝状态，其原有的血亲组织—血亲组织复合体的社会结构也就不会遭到破坏，其性质将一直是血缘组织，而不会向行政组织转化。

第三，出现凌驾于权贵阶层之上的家族。如果不能实现这一点，征服者的血亲组织复合体组成的联盟最终会分裂，征服者血亲组织复合体与被征服者的血亲组织复合体发生重组，构成新的血亲组织复合体或血亲组织复合体联盟。首领虽然保持了权贵阶层的地位，但他们却不得不通过亲属关系维持自己的统治，这种社会组织的性质当然是血缘组织，而不是行政组织。最初从东夫余中分离出来的朱蒙所部是如此，后来从朱蒙所部分离出去南下的陕父所部、温祚所部亦如此。它们能否进一步演进，关键在于它们是否能够征服其他部族或为其他部族所征服，如果两种情况都不存在，它们将长久地保持这种状态。在相当长的时期里，朝鲜半岛上的三韩各部就一直处于这种状态之中。有关这些内容，我们在第五章的比较研究中还会提到。

附录：高句丽王世系积年考 —— 兼论朱蒙建国时间

《三国史记》所载高句丽王的世系与积年存在诸多问题，但是，由于除此之外没有对高句丽王世系与积年的详细、完整的记载，所以，在目前的高句丽史研究中，学者们仍旧不得不使用这种世系与积年。在绝大多数学者的研究中，高句丽王的世系与积年都发挥着一种研究高句丽史的时间坐标的作用，高句丽王的世系与积年存在问题，就是高句丽史研究的时间坐标存在问题，对许多历史事实的说明与解释自然会随之出现错误。因此，很有必要对高句丽王的世系与积年问题进行研究。本文试为引玉之砖，以期引起学术界对该问题的重视。①

（一）高句丽王世系考

研究高句丽王的世系与积年问题，可与《三国史记》相参证的最重要史料是中国历代正史的"高句丽传"和"高丽传"。但是，这些"高句丽传"和"高丽传"对高句丽王世系的记载不仅是不完整的，彼此之间还存在矛盾。因此，我们不得不首先对中国历代正史中的"高句丽传"和"高丽传"相互矛盾的记载作一番考辨。

《三国志》卷30《高句丽传》记载："宫死，子伯固立"，认为伯固为宫之子。《梁书》卷54《高句丽传》、《北史》卷94《高丽传》的记载与此相同。《魏书》卷100《高句丽传》称"宫曾孙位宫"，按《三国史记》所载世系，宫以下为伯固—伊夷模—位宫，可见，《魏书》也认为伯固是宫之子。

---

① 清人杨同桂《沈故》卷1《高丽墓碑》曾重排过高句丽王安以前的世系：朱蒙—如栗—莫来—王某—王某—王某—王某—王驹—解忧—宫—遂成—伯固—伊夷模—位宫—然弗—药卢—相夫—乙弗利—王钊—王安。这是最早的对高句丽王世系的研究，但未引起学界关注。朝鲜学者孙英钟也曾重排高句丽王的世系与积年，但也未受到应有的关注。参见孙英钟著，刘宇摘译《关于高句丽初期部分史实的问题》，《东北亚历史与考古信息》，1987年第1期，第38—45页。

但《后汉书》卷85《高句丽传》却称伯固为遂成之子、宫之孙。学者们对此问题的认识也存在分歧。刘子敏认为《后汉书》的记载是正确的,[①] 朴灿奎认为伯固与遂成都是宫之子,伯固为遂成之弟。[②] 但参照《后汉书》卷51《桥玄传》的记载:"桓帝末,鲜卑、南匈奴及高句丽嗣子伯固并畔",称伯固为"高句丽嗣子",可证伯固为前王之子,而非前王之弟。问题是,伯固究竟是宫之子,还是遂成之子。

《后汉书》卷85《高句丽传》记载:"句丽王宫生而开目能视,国人怀之,及长勇壮,数犯边境。和帝元兴元年(105年)春,复入辽东,寇略六县",证明宫的即位不晚于105年春。而据刘子敏的考证,伯固至少活到汉献帝即位初年,即190年左右。[③] 如果认为伯固是宫之子,那么,父子二人共在位不少于85年,这是个颇值得怀疑的数字。因此我们认为,应该以《后汉书》的记载为准,即伯固为宫之孙、遂成之子。

《梁书》卷54《高句丽传》在记载毌丘俭讨伐位宫之役后,含混地说到"其后复通中夏",接着记载慕容廆时"句丽王乙弗利频寇辽东,廆不能制",可见《梁书》的作者不清楚位宫至乙弗利之间的世次。《魏书》卷100《高句丽传》、《北史》卷94《高丽传》都称乙弗利是位宫的玄孙。《隋书》卷81《高丽传》记载:"位宫玄孙之子曰昭列帝,为慕容氏所破,遂入丸都,焚其宫室,大掠而还",昭列帝无疑是指乙弗利之子钊,可见《隋书》也认为乙弗利是位宫的玄孙。

《魏书》卷100《高句丽传》、《北史》卷94《高丽传》、《隋书》卷81《高丽传》都记载琏是钊的曾孙。《北史》在钊与琏中间加入"安",却未说明与二者的关系。但《梁书》卷54《高句丽传》记载:"(慕容)垂死,子宝立,以句丽王安为平州牧,封辽东、带方二国王。安始置长史、司马、参军官,后略有辽东郡。至孙高琏",以琏为安之孙,则安当为钊之子。

《梁书》卷54《高句丽传》、《南史》卷79《高句丽传》称琏之后是"子云"即位,但《魏书》卷100《高句丽传》、《北史》卷94《高丽传》却称云是琏之孙。按中国各正史所载,琏以下的世系为琏—云—安—延—成—

---

① 刘子敏《高句丽新大王伯固考》,《延边大学学报》,1995年第3期,第84—87页。
② 朴灿奎《高句丽太祖王宫考》,《东疆学刊》,2000年第4期,第25—29页;《高句丽之新大王和故国川王考》,《东疆学刊》,2001年第1期,第41—45页。
③ 刘子敏《高句丽新大王伯固考》,《延边大学学报》,1995年第3期,第84—87页。

汤—元—建武—臧，其中建武为元的异母弟，臧为建武弟大阳之子，各史的记载没有分歧，因此，《周书》、《隋书》的记载与《魏书》、《北史》是一致的。各书都称琏享年百余岁，按常理而言，继承琏的应该是其孙，其子没能继位。《梁书》、《南史》的记载有误。参之《三国史记》，安、延应为兄弟，《周书》卷49《高丽传》称成是琏的五世孙，《隋书》卷81《高丽传》称汤是琏的六世孙，与之相吻合。

《魏书》卷100《高句丽传》记载，始祖朱蒙以下的世系为朱蒙—始闾谐（闾达）—如栗—莫来，朱蒙去世后，继任者为其子始闾谐（闾达）。《北史》卷94《高丽传》却称："朱蒙死，子如栗立。如栗死，子莫来立"，认为继承朱蒙的是其子如栗，完全不见始闾谐（闾达）一世。《周书》卷49《高丽传》："朱蒙长而有材略，夫余人恶而逐之，土于纥升骨城，自号曰高句丽，仍以高为氏。其孙莫来渐盛"，说明《周书》赞同《北史》所载世次。有的学者据此认为，《隋书》卷81《高丽传》："朱蒙建国，自号高句丽，以高为氏。朱蒙死，子闾达嗣。至其孙莫来兴兵，遂并夫余"，"其孙莫来"指朱蒙之孙，由此认定《隋书》也是支持《北史》所载世次的。但细品文意，"其孙莫来"应指闾达之孙，而不是朱蒙之孙，《隋书》应是支持《魏书》的记载的。考之《北史》卷94《高丽传》，其中虽然有"朱蒙死，子如栗立"的记载，但也提到"朱蒙逃后，生子始闾谐。及长，知朱蒙为国王，即与母亡归之。名曰闾达，委之国事"。这些记载与《魏书》对始闾谐（闾达）的记载是一致的。《北史》并未解释在朱蒙去世后，朱蒙已"委之国事"的始闾谐（闾达）为何未能即位，却是"子如栗立"，显然，《北史》的世系记载存在问题。中华书局点校本《北史》的校勘记认为，此处《北史》的记载应为："朱蒙死，[闾达代立。闾达死，]子如栗立。如栗死，子莫来立"，是现存《北史》脱七字，① 这是有道理的。朱蒙以下四世的世系应以《魏书》所载为准。

从莫来至宫，中间经历几世，中国史书中找不到任何线索。立于414年的高句丽《好太王碑》记载：朱蒙去世后，"顾命世子儒留王，以道兴治。大朱留王绍承基业。遝至十七世孙国冈上广开土境平安好太王"，② 这里的"十七世孙"，朝鲜学者多认为，应该理解为十七代人。《三国史记》所载

---

① 《北史》卷100《高句丽传》，中华书局点校本1974年，第3139页。
② 耿铁华释文。参见耿铁华《好太王碑一千五百八十年祭》，中国社会科学出版社2003年，第411页。

王系，自朱蒙至好太王只有十二世，少五世，[①] 因此，高句丽国存在的时间应该再向上追溯五代。[②] 杨通方认为不是指十七代人，而是指自朱蒙至好太王，高句丽共传十七位王，《三国史记》记载朱蒙至好太王为十九王，是有两代王误载。[③] 朴真奭、王健群也认为应指十七位王，但认为应从第三位王大朱留王算起，碑文所载大朱留王即《三国史记》所载大武神王，而在《三国史记》的记载中，自大武神王至好太王，正好十七位王。[④] 但碑文中既然说的是"十七世孙"，恐怕不应该理解为十七位王。

《三国史记》卷18《高句丽本纪》记载，好太王是长寿王琏之父。而在中国史书的相关记载中，不是将琏称为钊之曾孙，就是称为安之孙，却没有提到其父亲的名字。也就是说，中国史书中没有任何关于好太王的记载。在上述我们依据中国史书的记载所列出的高句丽王的世系中，好太王应位于琏的上一代，从这里算起，至宫共计十二世，再加上朱蒙至莫来的四世，已十六世。

《汉书》卷99《王莽传》记载，王莽时，严尤曾诱斩"高句丽侯驺"。而《三国史记》卷13《高句丽本纪》琉璃明王三十一年条则称："（严）尤诱我将延丕斩之，传首京师"。对是否存在高句丽侯驺，侯驺是否是高句丽王，严尤所杀是高句丽侯驺还是高句丽将延丕等问题，学术界存在较大分歧。[⑤]《汉书》卷99《王莽传》记载："始建国元年，五威将奉符命，赍印绶，王侯以下及吏官名更者，外及匈奴、西域、徼外蛮夷，皆即授新室印绶，因收故汉印绶"，"其东出者，至玄菟、乐浪、高句丽、夫余"，说明此时新莽政

---

① 朝鲜学者认为，计算几世孙不应将始祖计算在内。如计入始祖朱蒙，自朱蒙至好太王应为十八代，而《三国史记》只记载了十三代，即好太王为朱蒙的十二世孙，少五代人。但中国史书计算几世孙时是以始祖为第一世的。如，《周书》卷49《高丽传》称成为琏的五世孙、《隋书》卷81《高丽传》称汤是琏的六世孙，都可以证明这一点。因此，朝鲜学者这种计算方法是错误的。按《三国史记》所载，好太王应为朱蒙十三世孙，比之《好太王碑》的记载少四世。
② [朝鲜]孙永钟著，文一介译《高句丽建国年代的再探讨》，《东北亚历史与考古信息》，1991年第1期，第64—72页；[朝鲜]蔡熙国著，颜雨泽译《高句丽封建国家的建国年代问题》，《东北亚历史与考古信息》，1999年第1期，第5—11页。
③ 杨通方《高句丽不存在山上王延优其人——论朝鲜〈三国史记〉有关高句丽君主世系问题》，《世界历史》，1981年第3期，第48—52页。
④ 朴真奭《关于高句丽存在山上王与否的问题——与杨通方同志商榷》，《世界历史》，1989年第2期，第138—147页，另参见朴真奭《高句丽好太王碑研究》，延边大学出版社1999年，第56—73页；王健群《好太王碑研究》，吉林人民出版社1984年，第206页。
⑤ 李大龙《关于高句丽侯驺的几个问题》，《学习与探索》，2003年第5期，第115—120页。

权与东方各地保持着密切联系，应对当地情况较为熟悉，认为严尤斩延丕谎报为高句丽侯骓，或骓不是高句丽侯而严尤谎报其为高句丽侯等解释是说不通的，与其对前引《汉书》作穿凿附会的解释，不如相信这条记载的真实性。如果在莫来与宫之间加入骓，那么，自朱蒙至好太王已达十七世。

但是，按《汉书》卷99《王莽传》的记载，骓被杀于始建国四年（12年），《后汉书》卷85《高句丽传》记载，宫死于建光元年（121年），如果宫是继骓之后的高句丽国王，则其在位长达109年，这当然是不可能的。因此，《好太王碑》所说十七世孙，当是指大朱留王的十七世孙，自朱蒙至好太王为十九世，骓与宫之间有两代高句丽王中国史书失载。

综上，根据中国史书，我们可以将高句丽王的世系列表如下：

朱蒙—始间谐（间达）—如栗—莫来—骓—？—？—宫—遂成—伯固—伊夷模—位宫—？—？—？—乙弗利—钊—安—？—琏—？—云┬安
└延—成—汤┬元
└建武—臧

由于中国历代正史中没有骓至宫、位宫至乙弗利之间各经历几王的记载，所以，根据中国史书已无法考知上述27世共历多少王。

《好太王碑》记载了高句丽前三代王，即朱蒙、儒留、大朱留王，并明确朱蒙与儒留是父子关系。那么，儒留就是中国史书中的始间谐（间达）、《三国史记》中的琉璃明王类利。《好太王碑》虽然没有记载儒留与大朱留王的关系，但《三国史记》记载，琉璃明王之子大武神王也称"大解朱留王"，则大朱留王是儒留王之子，也就是中国史书中的如栗。如上表所示，如栗至宫应该有四世。中国史书在如栗以下记载二王：莫来、骓，《三国史记》在大武神王以下也记载二王：闵中王解色朱、慕本王解忧（解爱娄），二者之间又无法找到关联。因此，很可能这就是如栗以下的四王，是中国史书与《三国史记》各记载了一半。

《三国史记》认为，宫、遂成、伯固都是兄弟关系，这显然是错误的。按中国史书所载世系，位宫与乙弗利之间还有三代，而在《三国史记》的记载中则为东川王、中川王、西川王、烽上王四代。中国各正史都记载,毌丘俭征高句丽时,高句丽在位的王是位宫,而在《三国史记》中,该记事却出现在东川王的本纪中。[1] 可见,杨通方的分析是正确的,高句丽可能并不存在山上王延优其人,[2] 位宫应该是东川王之名。

与中国史书所载钊之子安相对应的是《三国史记》中的故国原王和小兽林王,多出一位王。《三国史记》记载,小兽林王是故国原王之子,因此,很可能是中国史书漏载了一王。自长寿王琏以下,中国史书与《三国史记》的记载都是一致的。

综合中国史书与《三国史记》,我们可以排出27世29王的高句丽王世系:

朱蒙—始闾谐(类利)—如栗(无恤)—莫来—驺—解色朱—解忧—宫—遂成—伯固—伊夷模—位宫—然弗—药卢—┬相夫
　　　　　　　　　　　　　　　　　　　　　　　　　　　　　　　└咄固(未即位)—乙弗利—钊—┬丘夫
　　　└安—

谈德—琏—助多(未即位)—云—┬安
　　　　　　　　　　　　　└延—成—汤—┬元
　　　　　　　　　　　　　　　　　　　└建武—臧

需要说明的是,《隋书》卷1《高祖纪上》开皇元年十二月,"高丽王高阳遣使朝贡,授阳大将军、辽东郡公",卷2《高祖纪下》开皇十年七月,"高丽辽东郡公高阳卒",《北史》卷11《隋高祖本纪》的记载与此相同。因此,是否存在一个上述世系所不包括的"高阳"?

《册府元龟》卷963《外臣部·封册》:"(开皇)十年七月,高丽辽东郡公高汤卒",与前引《隋书》记载的是同一件事,显然,"高阳"就是"高汤"。长寿王以下五王,《三国史记》所载名字依次为:罗云、兴安、宝延、

---

[1] 杨保隆认为,毌丘俭征讨的高句丽王不是山上王位宫,而是东川王忧位居。见杨保隆《各史〈高句丽传〉的几个问题辨析》,《民族研究》1987年第1期,第91—98页。杨保隆主要是从《三国史记》所载高句丽王世系积年出发,但如前所述,《三国史记》所载高句丽王的世系积年是有问题的。对此刘子敏已有辨驳。见刘子敏《高句丽历史研究》,延边大学出版社1996年,第153—156页。

[2] 杨通方《高句丽不存在山上王延优其人——论朝鲜〈三国史记〉有关高句丽君主世系问题》,《世界历史》,1981年第3期,第48—52页。

平成、阳成，而中国史书则作：云、安、延、成、汤，前四位显然都是取其本名的最后一字。如果依这种惯例，阳成应称成，却与平成相重，因而中国史书多称其为"汤"。所谓"高阳"，也是对阳成的省称，为避免与平成相重，不称其后一字，而改称其前一字，就成了"阳"，加上姓氏则为"高阳"。所以，"高阳"就是"高汤"，并不是另一位高句丽王。

（二）高句丽王积年考

《周书》卷49《高丽传》记载，琏死于太和十五年（491年），《梁书》卷54《高句丽传》记载，云死于天监十七年（519年），安死于普通七年（526年），延死于太清二年（548年）。各史虽然未载成之死，但《北齐书》卷5《废帝纪》、《北史》卷7《齐废帝纪》都记载，乾明元年（560年），[1] "以高丽王世子汤，为使持节领东夷校尉、辽东郡公、高丽王"，则成很可能死于559年。

前引《隋书》卷2《高祖纪下》与《册府元龟》卷963《外臣部·封册》称汤死于开皇十年（590年），但《隋书》卷81《高丽传》载有开皇十七年给汤的玺书，其中指责汤"驱逼靺鞨"，而粟末靺鞨降隋内附约在598年，[2] 高句丽"驱逼靺鞨"当在此前不久。因此，《隋书》卷2《高祖纪下》与《册府元龟》卷963《外臣部·封册》的记载有误，汤去世的时间应在开皇十七年接到玺书之后。《隋书》卷81《高丽传》记载，开皇十八年（598年），高句丽王"元率靺鞨之众万余骑寇辽西"，此时高句丽王已是元，证明汤死于597—598年。《新唐书》卷220《高丽传》称元死于"隋末"，《隋书》卷81《高丽传》记载，大业十年（614年）隋征高句丽时，高句丽王是元，"仍征元入朝，元竟不至。帝敕诸军严装，更图后举，会天下大乱，遂不克复行"。隋末大乱始于大业十二年（616年），此时高元尚在，依此记载，元应死于616—617年。《三国史记》载其死于618年，则属于唐初而不是隋末，与中国史书的记载有异。《通典》卷186《高句丽》记载："其王元在位十八年"，若元死于618年，则不论其即位是597年还是598年，都肯定超过18年了，

---

[1] 《北齐书》卷5《废帝纪》作乾明元年二月戊申，《北史》卷7《齐废帝纪》作乾明元年正月，二者小有差异。
[2] 杨军《粟末靺鞨与渤海国》，《中国边疆史地研究》，2005年第3期，第57—61页。

由此估算，元应死于 616 年，即位于 598 年，才合在位 18 年之数。因此，汤应死于 598 年。

此外，两唐书的《高丽传》都记载，建武死于贞观十六年（642 年）。

综上，中国史书所载长寿王以下的积年是基本清楚的。《三国史记》记载，兴安死于 531 年、宝延死于 545 年、阳成死于 590 年，都是不正确的。在《三国史记》上述三王的本纪之末，金富轼都加自注对其卒年进行考辨。卷 19《高句丽本纪》"安臧王本纪"末的自注："是梁中大通三年，魏普泰元年也。《梁书》云：安臧王在位第八年，普通七年卒。误也。"同卷"安原王本纪"末的自注："是梁大同十一年，东魏武定三年也。《梁书》云：安原以大清二年卒，以其子为宁东将军、高句丽王、乐浪公。误也。"同卷"平原王本纪"末的自注："是开皇十年。《隋书》及《通鉴》书高祖赐玺书于开皇十七年，误也。"金富轼指出中国史书与朝鲜半岛流传的古籍记载不同，然后就下断言，中国史书的记载"误也"，而未阐述任何理由。所以，对上述诸王积年的记载，我们不应该轻信成书很晚的《三国史记》，还是应以成书在前的中国正史为准。

关于好太王的在位时间，《好太王碑》与《三国史记》的记载有一年的差异。按《好太王碑》推算应为 391—412 年，《三国史记》的记载却是 392—413 年，这自然应以《好太王碑》为准。

《三国史记》认为遂成于 146 年即位、伯固于 165 年即位，都是不正确的。《后汉书》卷 85《高句丽传》明确记载宫死于建光元年（121 年），遂成即位当在该年。《后汉书》卷 85《高句丽传》："遂成死，子伯固立。其后秽貊率服，东垂少事，顺帝阳嘉元年（132 年），置玄菟郡屯田六部。质、桓之间（146—167 年），复犯辽东西安平"，则伯固的即位应不晚于 132 年。《三国志》卷 30《高句丽传》："熹平中（172—178 年），伯固乞属玄菟。公孙度之雄海东也，伯固遣大加优居、主簿然人等助寇击富山贼"，因此，刘子敏认为伯固至少活到汉献帝即位初年，即 190 年左右，[①] 是有道理的。对伯固的去世时间我们取刘子敏说，定为 191 年。[②] 据此，我们暂把伯固的在位时间定为 132—191 年。

[①] 刘子敏《高句丽新大王伯固考》，《延边大学学报》，1995 年第 3 期，第 84—87 页。
[②] 刘子敏《高句丽历史研究》，延边大学出版社 1996 年，第 151 页。

自驺被杀的公元12年至高句丽灭亡的668年，共656年历23世，平均一世28.5年。如果依照这个平均数推算朱蒙至驺五世，则应为142年。按纪年比较准确的好太王以下十世的平均值推算，五世为138年，则朱蒙建国应在公元前126年前后。即使我们不计特别长寿的长寿王，以文咨明王以下七世推算，结果也差不多。由此我们推测，朱蒙建国应在公元前126年左右，而不是《三国史记》记载的公元前37年。

《三国史记》卷6《新罗本纪》文武王十年条记述670年新罗文武王封高句丽王裔安胜为王时写道："公太祖中牟王……子孙相继，本支不绝，开地千里，年将八百。至于建、产……家国破亡，宗社湮灭。"证明从朱蒙建国至为唐朝所灭，高句丽共存在了近800年。如果我们将朱蒙建国定在公元前126年前后，至668年，高句丽大约存在794年，与上述记载正相吻合。如果依《三国史记》的记载，将朱蒙建国定于公元前37年，高句丽仅存在705年，与"年将八百"的记载显然是不吻合的。[①]

如此说来，《三国史记》所载朱蒙、琉璃明王、大武神王的积年都是有问题的，再加上从中、朝史书都无法考证出莫来与驺的即位时间，因此，自朱蒙至驺，共五代王积年无考。除上述根据中国各正史所作的订正外，其他诸王的积年依据《三国史记》的记载，我们可以整理出新的高句丽王世系年表如下（其中前四位王的在位时间是根据《三国史记》所载前三位

[①] 关于高句丽政权存在的时间，史书中存在不同的记载。《唐会要》卷95《高句丽》记载，贾言忠对唐高宗说："臣闻《高丽秘记》云：'不及千年，当有八十老将来灭之。'自前汉之高丽氏即有国土，及今九百年矣，李勣年登八十，亦与其记符同。"唐灭高句丽时统兵的李勣年74岁，远不及80岁；如认为高句丽汉代立国，即使从西汉建元之年算起，至其灭亡也仅有870年。由此可见，贾言忠所说不足为据。且其所引《高丽秘记》不过是图谶一类的东西，也不足为据。参见姜维恭《所谓高丽秘记究竟是什么？》，载姜维恭《高句丽历史研究初编》，吉林大学出版社2005年。《新唐书》卷220《高丽传》将上引《高丽秘记》所言的"千年"改为"九百年"，以与下文的"及今九百年矣"对应。《三国史记》卷22《高句丽本纪》"宝藏王本纪（下）"的记载本于《新唐书》。实为妄改。《元丰类稿》卷31《请访问高骊世次劄子》："盖自朱蒙至藏，可考者一姓九百年，传二十一君而失国"，是继承了《新唐书》之误。日本史书《日本书纪》卷27天智天皇七年十月条记载："大唐大将军英公，打灭高丽。高丽仲牟王初建国时，欲治千岁也。母夫人云：'若善治国，可得也。若或有本，有不可得也。但当有七百年之治也。'今国亡者，当在七百年之末也。"认为高句丽立国时间为700年，恰与《三国史记》的记载相符。但据《三国史记》的记载可知，朱蒙之母死于夫余，未随朱蒙南迁，则《日本书纪》的上述记载或是后人造作，或是日本方面的传闻之误，也不足为据。不过其中反映的高句丽人"欲治千岁"的想法，与《高丽秘记》中表现出来的心态是一致的。可见"欲治千年"、"不及千年"都是时人的想象，没有历史依据。

王的在位年数和我们对朱蒙建国时间的估算所作的推测；带问号的是尚不能确定的内容）：

世次	王序	王号	王名	在位时间	与前王关系
1	1	东明圣王	朱蒙（邹牟、象解）	约前 126—前 107	
2	2	琉璃明王（儒留王）	类利（始闾谐、闾达）	约前 107—前 71	子
3	3	大武神王（大朱留王）	无恤（如栗）	约前 71—前 45	子
4	4		莫来	约前 45—？	子
5	5		骀	？—12	子？
6	6	闵中王	解色朱	12—49	子？
7	7	慕本王	解忧（解爱娄）	49—53	子
8	8	太祖大王	宫（于漱）	53—121	子？
9	9	次大王	遂成	121—132	子
10	10	新大王	伯固	132—191	子
11	11	故国川王	男武（伊夷模）	191—227	子
12	12	东川王	优位居（郊彘、位宫）	227—248	子？
13	13	中川王	然弗	248—270	子
14	14	西川王	药卢	270—292	子
15	15	烽上王（雉葛）	相夫（歃矢娄）	292—300	子
16	16	美川王（好壤王）	乙弗（乙弗利、忧弗）	300—331	侄
17	17	故国原王（国冈上王）	斯由（刘、钊）	331—371	子
18	18	小兽林王（小解朱留王）	丘夫	371—384	子
18	19	故国壤王	伊连（于只支、安）	384—391	弟
19	20	广开土王	谈德	391—412	子
20	21	长寿王	连（琏）	412—491	子
22	22	文咨明王（明治好王）	罗云（云）	491—519	孙
23	23	安臧王	兴安（安）	519—526	子
23	24	安原王	宝延（延）	526—548	弟
24	25	阳原王（阳冈上好王）	平成（成）	548—559	子
25	26	平原王（平冈上好王）	阳成（汤）	559—598	子
26	27	婴阳王（平阳）	元（大元）	598—616	子
26	28	荣留王	建武	616—642	弟
27	29	宝臧王	臧	642—668	侄

公元前 108 年汉武帝灭卫氏朝鲜设四郡，其中的玄菟郡下辖有高句丽

县，其县名应取自当地族群的名称，对此中外学术界都没有异议。但问题在于，如按《三国史记》的记载，认为朱蒙所部南迁是在公元前37年，那么，汉武帝设四郡时，朱蒙所部尚未自夫余族中分离出来，尚不存在后世的高句丽族，玄菟郡高句丽县不会是得名于朱蒙所部。因此，有的学者认为，朱蒙所部进入浑江流域以前，当地已经存在一个名为句丽的部族，汉武帝设四郡时，在这个句丽族的居住地设立了高句丽县，约70年以后，朱蒙所部迁入高句丽县，并与这个句丽族相融合形成新的民族共同体，新出现的民族沿用了原来的族名，也称高句丽。甚至有的学者认为，在汉武帝设高句丽县以前，这个句丽族已经建立了自己的国家，并对相关问题进行考证。[①] 目前这种观点在韩国学者中影响较大。但是，通过对高句丽王的世系和积年进行重新研究可以发现，《三国史记》关于朱蒙南迁时间的记载不可信，朱蒙所部进入浑江流域大约是在公元前126年前后。这个年代虽然出自推算，可能存在一定的出入，但有一点是可以肯定的，即朱蒙所部进入浑江流域是在汉武帝灭卫氏朝鲜设四郡以前。因此，汉王朝设立的玄菟郡高句丽县，最初就是得名于朱蒙所部的族称，在朱蒙所部之前，并不存在一个同名句丽的部族。

朱蒙所部进入浑江流域大约是公元前126年前后的事情，《三国史记》称朱蒙在位19年，如果这种说法可信，则朱蒙应去世于公元前107年前后。《汉书》卷28《地理志》称玄菟郡"武帝元封四年开"，如果我们将汉朝的军事行动与设郡视为同步进行的话，那么，汉军征服包括浑江流域在内的玄菟郡后来所辖各地是在元封四年（前107年），朱蒙恰恰于此时去世，可能二者之间存在某种联系。有中国学者提出，《汉书》所载在王莽时被杀的高句丽侯驺就是朱蒙。[②] 虽然这种观点受到部分学者的质疑，[③] 但其提出的朱蒙死于被杀说是值得我们进一步思考的。从本文对高句丽王系积年的分析来看，朱蒙很可能是在汉军征服浑江流域时被杀的。

琉璃明王在位的第22年迁都国内地区，显然是为了摆脱高句丽县的控

---

① ［朝鲜］姜仁淑著，文一介译《关于先行于高句丽的古代国家句丽》，《东北亚历史与考古信息》，1992年第1期，第45—51页。
② 刘子敏《朱蒙之死新探——兼说高句丽迁都"国内"》，《北方文物》，2002年第4期，第48—52页；刘矩、季天水《"高句丽侯驺"考辨》，《社会科学战线》，2007年第4期，第177—181页。
③ 耿铁华《王莽征高句丽兵伐胡史料与高句丽王系问题——兼评〈朱蒙之死新探〉》，《北方文物》，2005年第2期，第55—61页。

制,按上表推算,此事应发生在公元前 86 年左右。那么,汉昭帝始元五年(前 82 年)并省四郡,将玄菟郡治所从沃沮人的居住区迁到"句丽西北",[①]则是汉王朝针对高句丽迁都所作出的加强对高句丽控制的措施。琉璃明王三十三年,《三国史记》有"命乌伊、摩离领兵二万,西伐梁貊,灭其国,进兵袭取汉高句丽县"的记载,[②]按上表纪年推算,这应是公元前 75 年左右的事情。汉昭帝元凤五年(前 76 年),汉王朝曾经"发三辅及郡国恶少年、吏有告劾亡者,屯辽东",加强辽东地区的军事力量,这应与琉璃明王时期高句丽对梁貊和高句丽县的军事行动有关。元凤六年(前 75 年),汉王朝"募郡国徒筑辽东、玄菟城",[③]在四郡并省后,高句丽县是玄菟郡首县,二者治所应同在一城,因此,筑玄菟城也可以理解为筑高句丽县城。此事恰与我们估算的"袭取汉高句丽县"的时间相吻合,应是汉王朝重新夺回玄菟城之后的举措。

综上,通过对《三国史记·高句丽本纪》早期记事系年的重新估算,我们可以发现这些记事与中国史籍记载的对应关系,这可以从另一个角度为我们重新排定的高句丽王系与积年提供佐证。

[①] 《三国志》卷 30《沃沮传》,中华书局点校本 1959 年。
[②] 《三国史记》卷 13《高句丽本纪·琉璃明王本纪》,吉林文史出版社 2003 年。
[③] 《汉书》卷 7《昭帝纪》,中华书局点校本 1962 年。

第四章　向国家过渡：拓跋鲜卑模式

　　学术界通常认为，拓跋鲜卑是在拓跋珪的时代开始形成国家的，甚至有的学者具体指出，拓跋鲜卑形成国家是在天兴年间（398—403年）。[①] 但是，也有的学者认为，自力微在位时起，拓跋鲜卑就已经开始向早期国家演变，[②] 或者认为，在献帝邻率部南迁匈奴故地前夕，拓跋鲜卑已经步入国家，[③] 或者认为拓跋鲜卑在猗卢统治时期开始形成国家，[④] 将猗卢称代王作为拓跋鲜卑向国家演进的开端，[⑤] 而张博泉先生认为，"拓跋鲜卑国家的开创奠基者是什翼犍"。[⑥] 史料中还可以见到将平文帝在位时期看作北魏建国之始的说法。[⑦] 可见，学术界对此问题的认识仍存在比较大的分歧。

　　综观上述观点，将拓跋鲜卑国家的起源上溯至南迁匈奴故地前后的说法，是目前将拓跋鲜卑国家形成时间提得最早的一种观点。因此，我们对拓跋鲜卑向国家过渡历程的考察，就从其南迁匈奴故地开始。

---

① 陈启汉《论拓跋鲜卑南迁及其氏族制度解体》，《广东社会科学》，1985年第1期。
② 黄烈《拓跋鲜卑早期国家的形成》，《魏晋隋唐史论集》第二辑，第60—94页；韩国磐《南北朝经济史略》，厦门大学出版社1990年，第174页。
③ 曹永年《早期拓跋鲜卑的社会状况和国家的建立》，《历史研究》，1987年第5期。
④ 唐长孺《拓跋国家的建立及其封建化》，《魏晋南北朝史论丛（外一种）》，河北教育出版社2000年，第233页。
⑤ 何德章《鲜卑代国的成长与拓跋鲜卑初期汉化》，《武汉大学学报》，2001年第1期。
⑥ 张博泉《鲜卑新论》，吉林文史出版社1993年，第109页。
⑦ 《隋书》卷58《魏澹传》："魏氏平文以前，部落之君长耳"，言外之意，北魏自平文帝时起开始形成国家。

第一节　社会组织形式

（一）南迁匈奴故地前后的变化

曹永年指出，在南迁匈奴故地前夕，拓跋鲜卑发生了一系列意义深远的重大历史事件。最主要的就是"七分国人"、[①]设立"四部大人"决辞讼和确立世袭制。曹永年认为，"七分国人""表现了氏族制度下所不能容许的统治和奴役，超越了原始社会的界线"，"四部大人"的设置是"阶级社会里国家机器的一部分"，而"献帝邻生前传子诘汾，应当是拓跋族'王权'确立的一个标志"。[②] 正是从上述认识出发，曹永年认为拓跋鲜卑在南迁匈奴故地前已形成了自己的国家。

我们在此首先讨论有关"七分国人"的性质问题。"四部大人"的设立以及拓跋鲜卑世袭制的确立等问题将在本章第二节中加以论述。

1. "七分国人"导致的变化

《魏书》卷113《官氏志》记载：

> 初，安帝统国，诸部有九十九姓。至献帝时，七分国人，使诸兄弟各摄领之，乃分其氏。自后兼并他国，各有本部，部中别族，为内姓焉。年世稍久，互以改易，兴衰存灭，间有之矣，今举其可知者。献帝以兄为纥骨氏，后改为胡氏。次兄为普氏，后改为周氏。次兄为拓拔氏，后改为长孙氏。弟为达奚氏，后改为奚氏。次弟为伊娄氏，后改为伊氏。次弟为丘敦氏，后改为丘氏。次弟为侯氏，后改为亥氏。
>
> 七族之兴，自此始也。又命叔父之胤曰乙旃氏，后改为叔孙氏。又命疏属曰车焜氏，后改为车氏。凡与帝室为十姓，百世不通婚。太和以前，国之丧葬祠礼，非十族不得与也。高祖革之，各以职司从事。

正如本书第二章所论述的，献帝"七分国人"是对传统血亲组织的一次

[①] 杜士铎《北魏史》（山西高校联合出版社1992年，第55—56页）认为，拓跋鲜卑"七分国人"是在从呼伦湖向匈奴故地迁徙途中及达到阴山之初。但显然与《魏书》卷113《官氏志》将"七分国人"系于献帝时不符。

[②] 曹永年《早期拓跋鲜卑的社会状况和国家的建立》，《历史研究》，1987年第5期。

大规模调整。其内容主要包括两个方面。首先,"七分国人"就是取消了其他血亲组织复合体控制其所属的血亲组织的权力,而将所有的血亲组织统一划归拓跋鲜卑的帝室领导。所有的血亲组织统一划分为7个组,取代了原有的血亲组织复合体。其次,这7个组的领导都出自拓跋鲜卑的帝室家族,即"使诸兄弟各摄领之",而不是像从前一样,出自在血亲组织复合体中占主导地位的血亲组织。但是,这两个方面的变化都没有改变血亲组织的性质,新组建的"八国"、"十姓",其本质仍旧是血缘组织而不是地缘组织。

无论是"七分国人"所重新划定的7个组,还是在此前隶属于拓跋鲜卑帝室的36"国",其性质都是血亲组织的复合体,下辖若干个血亲组织,也就是"姓"。"七分国人"打破的仅仅是血亲组织复合体这一血亲组织之上的社会组织,即摧毁了原来的所谓36"国",并未对构成社会最基层组织的血亲组织"姓"形成任何冲击。原有的被称为99"姓"的血亲组织仍旧存在,只是分别隶属于新的复合体而已。而且,由于新组成的7个血亲组织的复合体的首领都出自同一家族,是"使诸兄弟各摄领之",按照组建血缘组织的思路,各部由首领的相同血缘关系,假想出全体部众也具有相同的血缘关系,因此才有了"与帝室为十姓,百世不通婚"的规定。不允许通婚,也就是认为彼此具有相同的血缘关系。——事实上,按马长寿的考证,十姓中尚存在两个高车姓,① 即这10个血亲组织的复合体并不是出自同一民族,也就更不可能存在血缘关系。但是,新组建的"八国"互不通婚,证明当时的部落民都是认同这种假想的血缘关系的。因此,"八国"的性质仍旧是血亲组织的复合体,而不是地缘组织。②

尽管"七分国人"是以血亲组织旧有的方式对拓跋鲜卑所统各部人民所作的重新组合,但是,其所带来的变化也是非常巨大的。

首先,组建的"八国"首领都出自拓跋鲜卑的帝室家族,这使得帝室成为拓跋鲜卑部中的显贵家族,从此,拓跋鲜卑部的领导权牢固地掌握在帝室

---

① 马长寿认为,帝室十姓中的纥骨氏、乙旃氏都是高车姓,也就是说,以此二姓命名的部落最初应该是高车人,而不是鲜卑人。见马长寿《乌桓与鲜卑》,上海人民出版社1962年,第247—248页。
② 马长寿的《乌桓与鲜卑》一书认为,献帝邻时期所发生的这一重新组合,表明鲜卑部落联盟的地域关系正在超越血缘关系。罗新引述康乐《从西郊到南郊——国家祭典与北魏政治》的观点,认为这显然是对拓跋集团的部族发育估计过高。参见罗新《北魏直勤考》,《历史研究》,2004年第5期。

家族的手中。

对于献帝以前诸帝，《魏书》卷1《序纪》没有记载其亲属关系，当然，这可能是出于史料的疏略，但更有可能是献帝以前的诸帝彼此间根本就不存在亲属关系，部落联盟的首领还是由选举产生，并不一定出自同一家族。而自献帝、圣武帝至神元帝，都是父子相传，神元帝以下诸帝都是神元帝力微之子孙，①这说明联盟的最高领导权已经牢固地掌握在献帝后裔的手中，只有此家族才有资格出任拓跋鲜卑部落联盟的最高首领。

在献帝"七分国人"之后，只有献帝的后裔才可以姓拓跋，也只有献帝的后裔才有资格称"直勤"②——这是出任联盟最高首领的资格的象征。此后，确立了联盟最高首领只能从献帝家族中产生的世选制。

其次，从"八国"首领的真实血缘关系导出的所有部众的假想血缘关系，使原本没有血缘关系甚至不属于同一民族的各血亲组织紧密地结合在一起。

新组成的拓跋鲜卑"八国"至少包括鲜卑、匈奴、高车等三个民族，自鲜卑人从大兴安岭迁至呼伦湖附近的扎赉诺尔以后，鲜卑人就一直与匈奴、高车通婚。鲜卑人在呼伦湖附近大约居住了8世，200年左右，不断与匈奴、高车通婚的结果是，"扎赉诺尔A组的鲜卑族居民在体质特征上与外贝加尔地区的匈奴人最为相似，并且相互之间的接近程度甚至超过了扎赉诺尔A组与同一片墓地中埋葬的扎赉诺尔B组鲜卑族成员之间的关系，"③形成了一个新的混血部族。因此，南朝的史书往往把拓跋鲜卑称为"匈奴种"。④

---

① 《魏书》卷1《序纪》。
② 罗新《北魏直勤考》认为"直勤"相当于宗室身份，是非常正确的。但是他认为只有神元帝的子孙才是宗室，出自秃发氏的源贺是因得到太武帝的特别允许，才得以享受宗室待遇，这就无法解释献帝与圣武帝的子孙为何被排除在宗室之外。罗新的文章中也提道："不知道献帝邻除诘汾外是否还有儿子，也不知道除力微外诘汾是否还有儿子。如果他们另有儿子，那么这些儿子的后代是不是也得姓拓跋呢？这个问题尚有待今后的研究。"但如果认为献帝与兄弟分姓之后，就开始出现了一个特殊的帝室家族，也就是献帝的后裔都是宗室，那么，源贺作为诘汾之子匹孤的后代，正应该属于宗室成员。只不过"到孝文帝分别元、源二姓，源贺及其子孙才被逐出宗室的范畴"。因此，本书此处虽本于罗新的观点，但作了一点改动。参见罗新《北魏直勤考》，《历史研究》，2004年第5期。
③ 朱泓《人种学上的匈奴、鲜卑与契丹》，《北方文物》，1994年第2期。另参见潘其风、韩康信《东汉北方草原游牧民族人骨的研究》，《考古学报》，1982年第1期。
④ 《南齐书》卷57《魏虏传》："魏虏，匈奴种也。"《宋书》卷95《索虏传》："匈奴有数百千种，各立名号，索头亦其一也。"

马长寿最先提出，在鲜卑与匈奴、高车的通婚和融合过程中，出现了"鲜卑父胡母"的拓跋鲜卑、"胡父鲜卑母"的铁弗匈奴和"以高车为养父、鲜卑为养母"的乞伏鲜卑的假说。[1] 前两种说法已得到学术界的广泛认同，但是，将"胡父鲜卑母"的混血部族称为"铁弗匈奴"有史料依据，[2] 将"鲜卑父胡母"的混血部族称为"拓跋鲜卑"在文献上却找不到证据，因而我们将马长寿的这种说法看成是有待进一步证实的假说。

从人骨的研究结果来看，事实更可能是，鲜卑、匈奴、高车等民族在呼伦湖一带进行广泛的通婚，形成一个新的混血部族，这就是拓跋鲜卑。至于其父系血统究竟是出自鲜卑还是出自匈奴或高车，已经是一个无法说清楚的问题了，也许当时互相通婚的各血亲组织之间，就未曾有过这种规律性的划分。

处于呼伦湖时期的互相通婚的鲜卑、匈奴、高车的血亲组织，彼此是姻亲关系，而在前国家形态下，从部族间联盟的紧密程度来看，姻亲关系显然比血亲关系要差得多。献帝"七分国人"，实质是将其领导下的各血亲组织由姻亲关系改造为血亲关系，因此才有"百世不通婚"的规定。从此，以姻亲关系松散地结合在一起的各血亲组织，变成有共同血缘关系的牢固联盟。正是这种牢固的联盟铸造出一个新的有凝聚力的部族——拓跋鲜卑。

马长寿认为，"从拓跋鲜卑的起源和发展历史来看，此族由大兴安岭北段迁到呼伦贝尔大泽之时，我们只能称之为鲜卑，不能称之为拓跋。只有从大泽西迁以后，鲜卑部落已经与匈奴部落相混合，我们才可以称之为拓跋部或者拓跋鲜卑"，[3] 这是正确的，只不过本书为着行文的方便和避免与其他鲜卑部落相混造成行文的混乱，才没有作这样的区分。

在从呼伦湖迁向蒙古草原之后，拓跋鲜卑新征服了不同民族成分的部落并与之杂处，这无疑加强了迁徙前新造就的拓跋鲜卑部内部的认同。在以后的发展历程中也经历了不少波折，然而，尽管拓跋鲜卑迁入草原后所征服的部落常常发生"逃散"，但拓跋鲜卑本部却始终未曾解体。新造就的拓跋鲜卑内部的坚固性，是推动拓跋鲜卑建立自己的国家的基础。"七分国人"的

---

[1] 马长寿《乌桓与鲜卑》，上海人民出版社 1962 年，第 3 页。
[2] 《魏书》卷 95《铁弗刘虎传》："铁弗刘虎，南单于之苗裔，左贤王去卑之孙，北部帅刘猛之从子，居于新兴虑虒之北。北人谓胡父鲜卑母为'铁弗'，因以为号。"
[3] 马长寿《乌桓与鲜卑》，上海人民出版社 1962 年，第 245 页。

意义就在于从"使诸兄弟各摄领之"和"百世不通婚"两个方面造就了拓跋鲜卑部族组织的紧密结合。

从时间上看,"七分国人"恰恰在拓跋鲜卑从呼伦湖南迁之前,说明"七分国人"最初的动机是为南迁作组织方面的准备。正是考虑到即将开始的迁徙可能遇到各种困难,才要求加强对参加迁徙的各血亲组织的统一领导,也才要求各血亲组织间增强凝聚力以共同克服困难。

在现有史料的记载中,我们没有发现在"七分国人"的过程中拓跋鲜卑部运用武力的任何迹象,可能这一过程是和平进行的,对于是否参加到新组成的"八国"中来,各血亲组织与部落是有自主权的,前提当然就是其是否将与拓跋鲜卑部一起离开呼伦湖南迁。事实上,也确有一部分血亲组织留在了呼伦湖附近,未参与这次南迁。《魏书》卷1《序纪》称力微的生母为仙女,这当然是一种传说,但"诘汾皇帝无妇家,力微皇帝无舅家"[1]的民谣应反映出真实的社会问题。由此推测,力微的母亲所属的血亲组织就没有参加南迁,因此,南迁后的诘汾自然没有"妇家",力微也没有"舅家"。

2. 匈奴故地的社会组织

有的学者认为,匈奴早期的活动地域应该在阴山以北与"大漠"之间的草原地带,[2]但学术界更通行的说法是,"匈奴故地"在阴山河套,[3]因此,我们认为,拓跋鲜卑南迁"匈奴故地",就是进入阴山河套一带。

匈奴族已经形成自己的国家,这一点学术界没有异议,但是,其最基层的社会组织却仍旧是血亲组织。林干认为,在匈奴国内,虽然"真正的纯血统的氏族已很难存在了",但是匈奴人的氏族组织的外壳"一直保存到公元三世纪以后的魏晋时期",这是正确的。可是他认为匈奴人的血缘关系,"随着氏族内部的经济性质的转变,也逐渐转变。这种转变后的氏族公社,实质上已不再是建筑于血缘的基础上的亲族单位,而是建筑于地域的基础上的军事行政单位了"。[4]参之本书第二章对北方各族两级社会组织的论述,我们认为,与其说匈奴人的血缘组织仅仅保有氏族组织的外壳而实质上已转化为地

---

[1] 《魏书》卷1《序纪》。
[2] 宋新潮《匈奴早期活动地域考》,《民族研究》,1993年第6期。
[3] 舒顺林《"匈奴故地"初探》,《内蒙古社会科学》,1983年第1期。
[4] 林干《匈奴史》,内蒙古人民出版社1977年,第16—17页。

域性的军事行政单位，不如说匈奴人的基层社会组织是以血缘组织兼具军事行政单位的性质。"凡十九种，皆有部落"，①证明其血缘组织仍旧在发挥作用，而不仅仅是一种外壳而已。拓跋鲜卑进入的阴山河套一带，虽然在匈奴人统治的时期就已经是匈奴帝国的组成部分了，但应该说，当地居民熟悉的最基层社会组织方式仍然是血亲组织。

在鲜卑族的南下浪潮中，拓跋鲜卑属于南迁较晚的一支。最早南下的鲜卑人在公元1世纪就已经居住在匈奴故地了。②《三国志》卷30《乌丸鲜卑传》裴松之注引王沈《魏书》说鲜卑人"其地东接辽水，西当西城"，即指其南迁之后的居住地。至永平中（58—75年），"鲜卑自燉煌、酒泉以东邑落大人，皆诣辽东受赏赐"，③鲜卑人居住区的西界已远远超过"西城"了。④鲜卑人的南下，主要是向西南迁入蒙古草原，从此才"星布燕代"，⑤因而能在北匈奴西迁后，"转徙据其地"。⑥至2世纪中叶，檀石槐已在原匈奴帝国统治的范围内建立起鲜卑人的部落大联盟。

对比下面两条史料可以发现，檀石槐大联盟与匈奴帝国统治的范围及对国土的分区管理方式都是十分相似的。

《史记》卷110《匈奴列传》：

> 诸左方王将居东方，直上谷以往者，东接秽貉、朝鲜；右方王将居西方，直上郡以西，接月氏、氐、羌；而单于之庭直代、云中。各有分地，逐水草移徙。

《三国志》卷30《乌丸鲜卑传》裴松之注引王沈《魏书》：

---

① 《晋书》卷97《匈奴传》。
② 《后汉书》卷120《乌桓鲜卑传》记载，建武二十二年（46年），"匈奴国乱，乌桓乘弱击破之，匈奴转北徙数千里，漠南地空"，鲜卑南迁当始于此时。
③ 《三国志》卷30《乌丸鲜卑传》裴松之注引王沈《魏书》。
④ 岑仲勉《中国民族史》（东方出版社1996年，第82页）认为西城在"今陕西安康县北"，未详何据。《三国志》卷18《阎温传》称其为"天水西城人"，则天水郡有西城。但天水郡并非边郡，王沈《魏书》所说的西城是否指天水西城，待考。但不论西城在天水郡，还是在"今陕西安康县北"，都在敦煌、酒泉以东，并不影响此处的结论。
⑤ 《晋书》卷102《刘聪载记》。
⑥ 《三国志》卷30《乌丸鲜卑传》裴松之注引王沈《魏书》。

乃分其地为中东西三部。从右北平以东至辽，接夫余、貊为东部，二十余邑，其大人曰弥加、阙机、素利、槐头。从右北平以西至上谷为中部，十余邑，其大人曰柯最、阙居、慕容等，为大帅。从上谷以西至敦煌，西接乌孙为西部，二十余邑，其大人曰置鞬、落罗、日律、推演、宴荔游等，[①] 皆为大帅，而制属檀石槐。

大体说，檀石槐三部的东部与中部相当于匈奴三部的东部，而檀石槐三部的西部相当于匈奴三部的中部与西部。檀石槐三部的统治模式当与匈奴人的统治模式存在继承关系，因此，其基层组织也应当是血亲组织。

从前引王沈《魏书》的记载来看，三部总计 60 邑左右，共 12 位大帅，平均每位大帅控制 5 邑左右。在轲比能时代，轲比能控制了中部与西部，素利、弥加、厥机控制东部，轲比能拥有部众"十余万骑"，[②] 由此上溯，檀石槐三部中的一邑大约可以拥有三四千骑，总人口大约在三四千帐。参之王沈对与鲜卑风俗习惯相同的乌桓人的记载，"数百千落自为一部"，[③] 则檀石槐三部中的"邑"就是部落组织。按乌桓人的习惯，其首领称"大人"，而前引《魏书》也确实将东部的几位大帅称为"大人"。按乌桓人的社会组织情况来看，"邑"也就是部落的下一级社会组织"邑落"，其首领称"小帅"，而这个邑落是由具有血缘关系的父家长制家庭组成的，其性质也就是我们所说的血亲组织。

当拓跋鲜卑迁入匈奴故地的时候，当地的社会组织结构是：父家长制家庭—血亲组织（邑落）—血亲组织的复合体（邑或部落）—联盟。当然，最后这一层次的组织，也就是联盟，并不是经常存在的。

《魏书·序纪》在神元皇帝力微元年条下记载："先是，西部内侵，国民离散，依于没鹿回部大人窦宾。"力微元年为 220 年，"西部内侵，国民离散"的事件当发生在 220 年以前。可能是诘汾率部进入匈奴故地之后，就与此前

[①] 此处中华书局标点本《三国志》作"置鞬落罗、日律推演、宴荔游"，为三人；翦伯赞《历代各族传记汇编》作"置鞬落、罗日律、推演、宴荔游"，为四人；马长寿《乌桓与鲜卑》作"置鞬、落罗、日律、推演、宴荔游"，为五人。张博泉先生对此有考辨，认为当从马长寿说。见张博泉《鲜卑新论》，吉林文史出版社 1993 年，第 36 页。
[②] 《三国志》卷 30《乌丸鲜卑传》。
[③] 《三国志》卷 30《乌丸鲜卑传》裴松之注引王沈《魏书》。

已占据此地的鲜卑部族发生了冲突,并被打败,因此投靠没鹿回部,成为没鹿回部的"附落"。后来,力微"请率所部北居长川,宾乃敬从",这条记载虽然存在史家的曲笔,但仍可以看出此时拓跋鲜卑的行动受制于没鹿回部,后者显然是拓跋鲜卑的宗主部落。

马长寿认为"西部"即《三国志·乌丸鲜卑传》中的西部鲜卑蒲头,[①] 此说得到部分学者的认同。[②] 但蒲头于238年始见于史书记载,"西部内侵"事件发生在此20多年以前,二者从时间上看并不存在必然的联系。檀石槐"为庭于高柳北三百余里弹汗山啜仇水上",[③] 从地理范畴上说,在上谷郡以西,当属于其所划分的三部中的西部。据《三国志》卷30《乌丸鲜卑传》及王沈《魏书》,其后裔步度根"将其众万余落保太原、雁门郡",步度根之侄泄归泥"居并州",都在上谷郡以西,可见,檀石槐所部一直属于三部中的西部。檀石槐之子和连死于灵帝末年,即公元2世纪80年代,拓跋鲜卑南迁在此后。见于史书记载的西部大人还有骞曼、魁头、步度根、泄归泥、扶罗韩等,从时间上看,西部更可能是指上述诸人中的某一位所辖的鲜卑部。

据《三国志》卷30《乌丸鲜卑传》,轲比能强大起来是黄初五年(224年)以后的事,轲比能死于青龙三年(235年)。《魏书》卷1《序纪》所载神元皇帝力微在位的时间是220—277年,在拓跋鲜卑迁入匈奴故地之后不久,轲比能就已经"尽收匈奴故地,自云中、五原以东抵辽水,皆为鲜卑庭"。[④] 拓跋鲜卑此时也应当隶属于轲比能的联盟,是轲比能联盟所属没鹿回部的一个"附落"。

总之,不论是拓跋鲜卑自身,还是其所迁入的匈奴故地,当时最基层的社会组织仍旧是血亲组织。当血亲组织之上生成匈奴人的国家与檀石槐、轲比能的大联盟的时候,血亲组织也就兼具军事行政单位的性质;可是,当凌驾于血亲组织之上的帝国或联盟瓦解之后,血亲组织也就恢复了其血缘组织的本色。在轲比能联盟瓦解之后,该地区最高层次的社会组织就是部,即血亲组织的复合体。因此,在拓跋鲜卑进一步发展之前,其社会组织的性质始

---

① 马长寿《乌桓与鲜卑》,上海人民出版社1962年,第244页。
② 陈启汉《论拓跋鲜卑南迁及其氏族制度解体》,《广东社会科学》,1985年第1期。
③ 《三国志》卷30《乌丸鲜卑传》裴松之注引王沈《魏书》。
④ 《三国志》卷30《乌丸鲜卑传》。

终未能超越用血缘关系组织人民的阶段,也就是说,并未形成国家。

3. 南迁后的初步发展

力微率拓跋鲜卑定居长川,拓跋鲜卑部开始逐渐走向强盛。《魏书》卷1《序纪》:

> 始祖请率所部北居长川,宾乃敬从。积十数岁,德化大洽,诸旧部民,咸来归附。
>
> 二十九年,宾临终,戒其二子,使谨奉始祖。其子不从,乃阴谋为逆。始祖召杀之,尽并其众,诸部大人,悉皆款服,控弦上马二十余万。
>
> 三十九年,迁于定襄之盛乐。夏四月,祭天,诸部君长皆来助祭,唯白部大人观望不至,于是征而戮之,远近肃然,莫不震慑。
>
> 四十二年,遣子文帝如魏,且观风土。魏景元二年也。

从上述记载来看,仅用了30年左右,拓跋鲜卑就已经成为鲜卑各部势力较强的一部。《资治通鉴》卷80《晋纪二》称:"初幽并二州皆与鲜卑接,东有务桓,西有力微,多为边患",也可以证明这一点。

但《魏书·序纪》的说法显然也存在夸大。第一,轲比能全盛时仅有"十余万骑",力微"控弦上马二十余万"是不可能的。第二,力微三十九年为258年,这里白部所指学术界尚存在争议,[①]但力微所部的祭天居然要求各部都参加,即暗示拓跋鲜卑已是诸部鲜卑的领导,然而《资治通鉴》卷81《晋纪三》胡三省注:"自泰始(265—274年)以来,鲜卑慕容拓跋二部日以强盛",证明此时在拓跋鲜卑之外至少慕容部还是可以与之分庭抗礼的力量,拓跋鲜卑此时并未能统一鲜卑各部。因此,这条记载也是不符合历史事实的。

排除上引史料的夸大成分,我们可以认定一个最基本的事实:拓跋鲜卑入居长川以后,发展壮大,反客为主,作为没鹿回部的"附落",在其强大起来之后,反而吞并了宗主部落没鹿回部。

拓跋鲜卑的发展势头随着力微的去世而中止。在力微去世后,"诸部离

[①] 传统观点认为白部为鲜卑。王希恩认为白部是鲜卑化的乌桓人。见王希恩《白部考述》,《中央民族学院学报》,1992年第3期。孙子溪认为是羯人。见孙子溪《白部新释》,《山西地方志论丛》第一辑,山西人民出版社1985年。

叛，国内纷扰"、①"其国遂衰"。② 拓跋鲜卑部衰落的原因是"诸部离叛"，这指的不是拓跋鲜卑内部的部落"八国"，而是在吞并没鹿回部之后逐渐征服的鲜卑人与其他民族的部落。

关于"诸部离叛"的原因，《魏书》卷1《序纪》也有详细记载：

> 乌丸王库贤，亲近任势，先受卫瓘之货，故欲沮动诸部，因在庭中砺钺斧。诸大人问欲何为，答曰："上恨汝曹谗杀太子，今欲尽收诸大人长子杀之。"大人皆信，各各散走。

这些部落的"大人"因库贤的一番话就"各各散走"，证明其与拓跋鲜卑部的结合还是比较松散的。因此，在此时期，拓跋鲜卑及其征服的部落，仍保持着草原民族的古老传统，是宗主部落与依附部落的关系。既然称"诸大人"，而不是"小帅"，证明其身份是血亲组织复合体的首领。此时拓跋鲜卑对各部的统治模式可以图示如下：

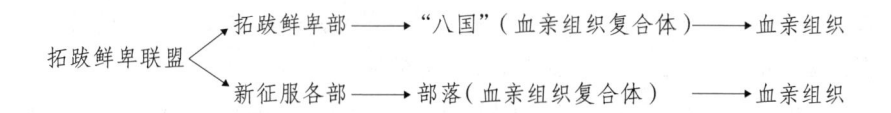

拓跋鲜卑联盟 ⟨ 拓跋鲜卑部 ⟶ "八国"（血亲组织复合体）⟶ 血亲组织
新征服各部 ⟶ 部落（血亲组织复合体）⟶ 血亲组织

最基层的社会组织仍旧是血缘组织而不是地域组织。对于新征服的部落，拓跋鲜卑在不改变其原有的部落结构的前提下，使之臣属于自己，并不干涉其内部事务，也未改变其内部原有的隶属关系。其对拓跋鲜卑部隶属关系的强弱，主要取决于部落首领个人，因此才会有诸部大人听信库贤的谎言"各各散走"，导致拓跋鲜卑"其国遂衰"的现象的出现。各部大人的"散走"，就是率所属部落脱离拓跋鲜卑联盟。

在此时期，需要我们注意的还有见于《魏书·序纪》的"沙漠汗事件"：

> 始祖闻帝归，大悦，使诸部大人诣阴馆迎之。酒酣，帝仰视飞鸟，

---

① 《魏书》卷1《序纪》。
② 《资治通鉴》卷80《晋纪》2。

谓诸大人曰："我为汝曹取之。"援弹飞丸，应弦而落。时国俗无弹，众咸大惊，乃相谓曰："太子风彩被服，同于南夏，兼奇术绝世，若继国统，变易旧俗，吾等必不得志，不若在国诸子，习本淳朴。"咸以为然。且离间素行，乃谋危害，并先驰还。始祖问曰："我子既历他国，进德何如？"皆对曰："太子才艺非常，引空弓而落飞鸟，是似得晋人异法怪术，乱国害民之兆，惟愿察之。"自帝在晋之后，诸子爱宠日进，始祖年逾期颐，颇有所惑，闻诸大人之语，意乃有疑。因曰："不可容者，便当除之。"于是诸大人乃驰诣塞南，矫害帝。

力微派诸部大人迎接沙漠汗，显然是希望诸部大人承认沙漠汗的继承人身份，希望在自己死后能由沙漠汗继任联盟的最高首领。这一事件表明，在联盟最高首领的继承问题上，诸部大人并不是没有一点发言权的，换言之，此时拓跋鲜卑部的权力更替还称不上是世袭制，而是由诸部大人选举联盟最高首领的世选制。诸部大人之所以不愿意拥立沙漠汗，当然不会是因为"弹鸟"这样的小事，最根本的原因在于担心沙漠汗"变易旧俗，吾等必不得志"，就是按中原王朝的统治方式对拓跋鲜卑联盟的统治方式进行改造，加强拓跋鲜卑部的集权统治，剥夺诸部大人的权力。

"沙漠汗事件"使力微了解中原文化的动机成为泡影，[1] 也使拓跋鲜卑失去了一次向国家演进的机会。在经历 20 年左右的内部动荡之后，昭帝时，拓跋鲜卑的势力才得以重新恢复，而昭帝对所属各部的统治方式是：

> 昭皇帝讳禄官立，始祖之子也。分国为三部：帝自以一部居东，在上谷北，濡源之西，东接宇文部；以文帝之长子桓皇帝讳猗㐌统一部，居代郡之参合陂北；以桓帝之弟穆皇帝讳猗卢统一部，居定襄之盛乐故城。[2]

除了控制区域已大大缩小之外，昭帝分所属各部为三部的做法，与匈奴帝国的三部、檀石槐的三部类似。由于此时拓跋鲜卑部的首领尚未获得凌驾于部族组织之上的权力，因此拓跋鲜卑三部的性质应与檀石槐三部的性质相

---

[1] 阿其图《拓跋鲜卑南迁至复国的实质性变化探究》，《内蒙古师大学报》，2000 年第 3 期。
[2] 《魏书》卷 1《序纪》。

同，仍旧是建立在血缘组织基础之上的一个大联盟，而不是与匈奴帝国性质相同的国家。

（二）离散部落：新的整合

拓跋鲜卑迁入匈奴故地之后，由于其自身的社会发展，也由于受到迁入地旧有的社会组织形式的影响，自力微时代起，联盟内部的社会组织形式就开始发生了一些细微的变化。

力微时期，拓跋部由原来隶属于轲比能的没鹿回部的"附落"发展壮大，取代原宗主部落没鹿回部的地位，并开始拥有自己的"附落"。从此拓跋鲜卑联盟不断发展，将周边的许多部族的血亲组织都纳入自己的统治之内。《魏书》卷113《官氏志》中所列举的"内入诸姓"与"四方诸部"，虽然并不都是在力微时期并入拓跋鲜卑联盟的，但力微时期毕竟是这一漫长的发展历程的开端，因此《官氏志》称拓跋氏八国十姓—内入诸姓—四方诸部的统治结构产生于力微时期也是有道理的。此后，至穆帝统治时期拓跋鲜卑联盟的统治结构发生巨大的变化，在从部落联盟向国家的演变过程中，这一时期所发生的转变是力微时期所无法相比的。

1. 穆帝后期的统治结构

《魏书》卷1《序纪》记载："穆皇帝天姿英特，勇略过人，昭帝崩后，遂总摄三部，以为一统。"从昭帝即位开始算起，拓跋鲜卑的三部分治统治模式仅实行了13年。

在匈奴故地，先有匈奴人将国土分为三部，后有檀石槐三部，这种将所有部民分为三部统治的模式成为该地区的传统。拓跋鲜卑实行三部分治，是进入匈奴故地以后受当地旧有统治模式的影响所采取的政策，表现出迁入地的传统对拓跋鲜卑所发生的影响。但是，这种统治模式最大的特点是分权制，它与迁徙前拓跋鲜卑内部已经确立起来的集权体制是不吻合的。因此，在试行一段时间之后，很快就被废弃了。

随着对外征服的展开，穆帝时，已经确立了对新征服部族的统治模式。《魏书》卷113《官氏志》在记载拓跋鲜卑的族姓时，先是"八国十姓"，其次是"神元皇帝时，余部诸姓内入者"，然后是按东方、南方、次南、西方、北方的次序记载了"四方诸部"。虽然在此名目下记载的各姓并不都是在神元以后不久就成为拓跋鲜卑属部的，而是拓跋鲜卑经历了上百年的时间逐渐征服的，但这种基本格局当是在神元以后不久就已经形成了。

参之《序纪》所载，昭帝三年至七年，桓帝"度漠北巡，因西略诸国"，"诸降附者二十余国"，在此时期新征服许多部落，因此，我们认为，至晚在穆帝统一三部以前，这种"八国十姓"、"内入诸姓"、"四方诸部"的统治模式就已经确立了。其中"八国十姓"，也就是自呼伦湖一带迁来的拓跋鲜卑部原有的部众，构成新的拓跋鲜卑联盟的统治核心，这是帝室主要依赖的力量。其次是"内入诸姓"，虽然拓跋鲜卑并未打乱这些部族原有的统治结构，仍旧任命其首领为大人以统领部众，但因各部势力较弱，对拓跋鲜卑依附性较强，逐渐成为拓跋鲜卑联盟的基本力量。而"四方诸部"却多具有比较强的离心力，被拓跋鲜卑征服的时间相对较晚，是拓跋鲜卑部统治的边缘部族。"凡此四方诸部，岁时朝贡"，① 这些部落对拓跋鲜卑部的臣服关系仅仅表现为朝贡，可见拓跋鲜卑部对其的控制力还是比较弱的。

"八国十姓"、"内入诸姓"、"四方诸部"，其统治结构都是父家长制大家庭—血亲组织—血亲组织的复合体。在归属于拓跋鲜卑之前，"内入诸姓"也好，"四方诸部"也好，都存在自己的社会组织，他们是以集团而不是以个人的方式加入拓跋鲜卑新组建的大联盟的，拓跋鲜卑的帝室也就采用其原有的社会组织对其进行统治。但是，相对于拓跋鲜卑在呼伦湖附近地区对其他部族的统治来说，进入匈奴故地之后的统治模式也出现了新的变化。

匈奴故地毕竟在匈奴帝国时期就已经成为匈奴帝国的组成部分，而且该地区与中原汉族聚居区相邻，受汉文化影响较大，因此，生活在其地的少数民族的血亲组织已处于瓦解的过程中。最明显的标志就是，新被拓跋鲜卑部征服的民众中，有相当一部分并不具备自己的社会组织，他们是以个人而不是以集团的形式加入拓跋鲜卑的大联盟。对于这部分人，拓跋鲜卑的统治者仿照传统的血亲组织，建立了南、北二部，对之实行统治。

《魏书》卷113《官氏志》：

其诸方杂人来附者，总谓之"乌丸"，各以多少称酋、庶长，分为

---

① 《魏书》卷113《官氏志》。

南北部，复置二部大人以统摄之。时帝弟孤监北部，子寔君监南部，分民而治，若古之二伯焉。

南、北二部的统治者称"大人"，证明在拓跋鲜卑统治者的心目中，他们的地位相当于血亲组织复合体的首领，南、北二部是按血亲组织的原则组建起来的。在部之下，是由酋长、庶长统领的部落，其地位相当于血亲组织。但是，这些组织内部的民众根本不具备血缘关系，而且也不再试图建立假想的血缘关系，其性质更明显地表现为一种游牧民族的行政组织。

唐长孺引周一良《领民酋长与六州都督》的说法，认为"这种乌丸大都是保持部落形式并保持其相对独立性"。[1] 为说明问题，现将史料所见领民酋长列表如下（出自同一家系者只列最早见于史书记载的一人）：

人名	官职	世袭或授职	史料出处
尔朱羽健	领民酋长	世袭	《魏书》卷74《尔朱荣传》
叱列鍮石	领民酋长[2]	世袭	《魏书》卷80《叱列延庆传》
斛律那瑰	第一领民酋长	授职[3]	《北齐书》卷17《斛律金传》
斛律金	第二领民酋长	授职	《北齐书》卷17《斛律金传》
王怀	第一领民酋长	授职	《北齐书》卷19《王怀传》
高市贵	第一领民酋长	授职	《北齐书》卷19《高市贵传》
薛孤延	第一领民酋长	授职	《北齐书》卷19《薛孤延传》
侯莫陈伏颓	第一领民酋长	授职[4]	《北齐书》卷19《侯莫陈相传》
叱列平	第一领民酋长	世袭	《北齐书》卷20《叱列平传》
步大汗萨	第三领民酋长	授职	《北齐书》卷20《步大汗萨传》

---

[1] 唐长孺《拓跋国家的建立及其封建化》，《魏晋南北朝史论丛》，生活·读书·新知三联书店1955年，第198页注释2："关于归附诸部保留部落形式的史实备见前中央研究院《历史语言研究所集刊》第20本周一良先生《领民酋长与六州都督》一文。"河北教育出版社2000年版《魏晋南北朝史论丛（外一种）》第190页同一注释中，不知为何将上述内容删去。

[2]《魏书》卷80《叱列延庆传》称"世为酋帅"，从叱列延庆后来升任"西部第一领民酋长"来看，其先世当任"领民酋长"。

[3]《北齐书》卷17《斛律金传》："高祖倍侯利，以壮勇有名塞表，道武时率户内附，赐爵孟都公。祖幡地斤，殿中尚书。父大那瑰，光禄大夫、第一领民酋长。"称其高祖为"率户内附"而不是率部内附，说明其所统民户并不存在血缘组织。其祖父的官职中不载第一领民酋长，可见这是后授予其父的官职。

[4]《北齐书》卷19《侯莫陈相传》载："祖伏颓，魏第一领民酋长"，不言世袭，而其父与其本人都未担任该职，说明应是授职。

续表

人名	官职	世袭或授职	史料出处
万俟普	第二领民酋长[①]	授职	《北齐书》卷27《万俟普传》
破六韩孔雀	第一领民酋长	世袭[②]	《北齐书》卷27《破六韩常传》
念贤	第一领民酋长	授职	《周书》卷14《念贤传》
独孤库者	领民酋长	授职[③]	《周书》卷16《独孤信传》
梁御	第一领民酋长	授职	《周书》卷17《梁御传》
刘持真	领民酋长	授职	《周书》卷17《刘亮传》
叱列伏龟	第一领民酋长	世袭	《周书》卷20《叱列伏龟传》
高宗	第二领民酋长	授职	《周书》卷29《高琳传》
乞伏周	第一领民酋长	授职[④]	《隋书》卷55《乞伏慧传》
高欢	第三镇人酋长	授职[⑤]	《北齐书》卷1《神武帝本纪》
库狄干	第一镇民酋长	授职	周一良《领民酋长与六州都督》[⑥]
刘懿	第一酋长	授职	同上
张景略	第一领民酋长	授职	同上

周一良认为："逮魏之末年，领民酋长见于史者渐多。然此辈固非自太祖以来世袭此职，十九系六镇乱后之北边雄豪。新立战功，朝廷欲以此传统之美称羁縻之，冀得其用。"[⑦] 从上表来看，这种认识无疑是正确的。见于史料记载的领民酋长多出自魏末以后，并且是被授与此职，而非世袭，证明此职为"美称"，可以世袭，大体说也是魏末以后的惯例。魏末以后任此职者，有的尚如周一良所说，"徒有酋长虚号，而无部民"，[⑧] 即使领民者，所领民众也与魏初称为乌丸的"诸方杂人"无关了。并不能证明魏初的乌丸大多保持部落形式，也就是血亲组织。

上表中可以认定属于世袭性质的领民酋长仅三姓五家。叱列平为叱列延

[①] 《北史》卷53《万俟普传》作"累迁第二镇人酋长"。
[②] 《北齐书》卷27《破六韩常传》称"世领部落"，其父孔雀"世袭酋长"，其家始任领民酋长的时间不详。
[③] 《周书》卷16《独孤信传》载，其祖和平中"以良家子自云中镇武川，因家焉，父库者为领民酋长"，由此看来，应是授职而非世袭。
[④] 《隋书》卷55《乞伏慧传》称其父祖"并为第一领民酋长"，则是授职而非世袭。
[⑤] 《北齐书》卷1《神武帝本纪》称其"累迁第三镇人酋长"，后"加授""第一镇人酋长"，显然也是授职。《北史》卷6《齐本纪》的记载与此相同。
[⑥] 以下三人都是周一良依碑刻资料列入的。见《魏晋南北朝史论集》，中华书局1963年，第184—185页。
[⑦] 周一良《领民酋长与六州都督》，《魏晋南北朝史论集》，中华书局1963年，第182页。
[⑧] 周一良《领民酋长与六州都督》，《魏晋南北朝史论集》，中华书局1963年，第183页。

庆兄子，与表中所列叱镂石出自一家。但《魏书》卷80《叱列延庆传》仅载："叱列延庆，代西部人也，世为酋帅"，不详其何时开始世袭此职。①《北史》卷61《叱列伏龟传》："代郡西部人也。其先为部落大人，魏初入附，遂世为第一领人酋长，至龟五世。"②既然至叱列伏龟世袭第一领民酋长才五世，那么，虽然其家自"魏初入附"，但其世袭第一领民酋长绝不会是在魏初。

《北齐书》卷27《破六韩常传》：

> 破六韩常，字保年，附化人，匈奴单于之裔也。右谷蠡王潘六奚没于魏，其子孙以潘六奚为氏，后人讹误，以为破六韩。世领部落，其父孔雀，世袭酋长。孔雀少骁勇。时宗人拔陵为乱，以孔雀为大都督、司徒、平南王。孔雀率部下一万人降于尔朱荣，诏加平北将军、第一领民酋长，卒。

此条史料的记载存在两种可能，第一种可能是，破六韩氏"世领"的部落成员都是右谷蠡王潘六奚的后裔，这个部落属于我们所说的血亲组织，但其世袭领民酋长就绝不能上溯至魏初，因为那时还不存在这个部落。第二种可能是，破六韩氏世袭的第一领民酋长可以上溯到魏初，但其所领部落就绝不会全部出自潘六奚的后裔，即不属于我们所说的血亲组织。

因此，上表所列世袭领民酋长的五家，除尔朱氏无法确证之外，其他四家要么不是自魏初开始世袭，要么可以证明不是血亲组织。也都不能用作魏

---

① 《魏书》卷80《叱列延庆传》："叱列延庆，代西部人也，世为酋帅。曾祖镂石，世祖末从驾至瓜步，赐爵临江伯。父亿弥，袭祖爵，高祖时越骑校尉。"《北齐书》卷20《叱列平传》："叱列平，字杀鬼，代郡西部人也，世为酋帅。平有容貌，美须髯，善骑射。袭第一领民酋长，临江伯。"两传对比可见，叱列平所袭的"临江伯"，是镂石受封的爵位，叱列延庆父亿弥曾袭此爵，但叱列延庆受封为"永宁县开国伯"，未袭此爵，此爵当由其兄袭任。据《魏书》卷80《叱列延庆传》："葛荣既擒，除使持节、抚军将军、光禄大夫、假镇东将军、都督、西部第一领民酋长"，叱列平本传所载"袭第一领民酋长，临江伯"，临江伯可证明袭自其父，则第一领民酋长很可能是袭自其叔叱列延庆，因此延庆本传最后才交代了一句："延庆兄子平，武定末，仪同三司、右卫将军、廖陶县开国侯"，而未提到其子。若果真如此，则叱列氏的第一领民酋长始是叱列延庆被授予的职位，而非出自世袭。

② 《周书》卷20《叱列伏龟传》："叱列伏龟字摩头陀，代郡西部人也。世为部落大人。魏初入附，遂世为第一领民酋长。至龟，容貌瑰伟，腰带十围，进止详雅，兼有武艺。嗣父业，复为领民酋长。"显然脱"五世"二字。

初乌丸仍旧保持部落组织的证据。

《周书》卷29《高琳传》："高琳字季珉，其先高句丽人也。六世祖钦，为质于慕容廆，遂仕于燕。五世祖宗，率众归魏，拜第一领民酋长，赐姓羽真氏。"高钦是居于慕容部的高句丽人质，后来出仕于前燕，他绝不会自高句丽带部众来前燕，因此，其子高宗"率众归魏"的"众"，其性质绝不会是部落或血亲组织。高宗受封为第一领民酋长，恰恰证明了魏初酋、庶长统领下的"诸方杂人"内部并不具有血缘关系，酋、庶长所统部落不是血亲组织。但从高琳被赐姓羽真氏来看，这是"外来的人，虽然不是血缘关系，但仍然按氏族部落的方式组织起来"。① 也就是说，还保存着血亲组织的外壳。

《魏书·官氏志》中有关南北部的史料排列在昭成帝时代的一些史事之后，接下来又说昭成帝的弟弟孤监北部，其子实君监南部，给人的印象似乎是南、北二部始设于昭成帝时期。但从《序纪》的记载来看，穆帝六年已提到穆帝使长子六修"统领南部"，因此，南、北二部之设不会晚于穆帝时期。

《官氏志》提到，在昭成帝时期，南、北二部的大人分别是其弟孤与其子实君，联系穆帝命长子六修统领南部的记载来看，在昭成帝以前，南、北二部都由拓跋鲜卑最高统治者的弟弟或儿子出任大人。将没有血亲组织羁绊的各族民众按血亲组织的形式编组成行政单位，并由帝室直接控制，这无疑加强了拓跋家族的统治地位，也促进了王权的生成。

南、北二部下属的行政建置现已不可考，但是，有一点是可以肯定的，由不具有血缘关系的诸家族组成行政单位，不论其是否仿照血亲组织的形式，也绝不会产生血亲组织的内聚力，即不存在干扰行政统治的有组织的离心力量与对抗力量，其统治力度比通过改造血亲组织建立起来的行政单位要大得多。因此，南、北二部的大人具有其他部族大人所无法拥有的权力，成为拓跋鲜卑联盟内部举足轻重的力量。由于六修、实君、孤都出自帝室，拥有继承联盟最高权力的身份，所以，利用南、北二部的力量争夺联盟最高领导权就成为其必然的选择。穆帝晚年出现的"六修之乱"，昭成帝晚年的"实君之乱"，都是如此。

---

① 白寿彝主编《中国通史》第5卷《中古时代·三国两晋南北朝时期》上册，上海人民出版社1995年，第269页。

此后，见于史书的北部大人先后有刘眷、① 叔孙普洛、② 库狄干，③ 南部大人有长孙仁（沙莫雄），④ 刘库仁、⑤ 长孙嵩、⑥ 刘罗辰。⑦ 除库狄干外，上述诸人可以说来自两个家族：一是与拓跋鲜卑世婚的匈奴独孤氏，即刘氏；一是从拓跋鲜卑帝室分出的家族，包括献帝次兄后裔的长孙氏与献帝叔父后裔的叔孙氏。其共同点在于，虽然都是与拓跋鲜卑帝室关系极近的家族，但却都没有继承拓跋鲜卑联盟最高权力的资格。这应是昭成帝、道武帝鉴于南、北二部尾大不掉的趋势所做出的改革，其目的是将南、北二部牢牢地掌握在帝室的手中，成为巩固皇权的力量，同时，又要使之不被皇权的觊觎者利用，成为威胁皇权的力量。

南、北二部所辖人数史书中没有记载。据《魏书·序纪》，穆帝三年（310年）：

乃从琨求句注陉北之地。琨自以托附，闻之大喜，乃徙马邑、阴馆、楼烦、繁畤、崞五县之民于陉南，更立城邑，尽献其地，东接代郡，西连西河、朔方，方数百里。帝乃徙十万家以充之。

---

① 《魏书》卷83上《刘罗辰传》称其"父眷，为北部大人"。同书卷23《刘库仁传》载刘库仁死后，"库仁弟眷，继摄国事"，是指刘眷以南部大人身份摄国事，并不是指其继刘库仁之后任北部大人，因此同书卷2《太祖纪》载此事作"库仁弟眷摄国部"。此时的北部大人为长孙嵩。
② 《魏书》卷2《太祖本纪》。
③ 《魏书》卷28《库狄干传》。《资治通鉴》卷106《晋纪》28记载，拓跋珪于晋太元十一年正月任命叔孙普洛为北部大人，同年十月任命库狄干为北部大人，则叔孙普洛为北部大人仅十个月。
④ 《魏书》卷25《长孙嵩传》："父仁，昭成时为南部大人。"《新唐书》卷72上《宰相世系表》长孙氏条："长孙氏出自拓拔。郁律生二子，长曰沙莫雄，次曰什翼犍。……沙莫雄为南部大人，后改名仁，号为拓拔氏，生嵩。"田余庆认为，长孙仁或沙莫雄，就是《魏书》卷1《序纪》所载烈帝翳槐。见田余庆《拓跋史探》，生活·读书·新知三联书店2003年，第21页注释1。但是，《长孙嵩传》明确指出，长孙仁是"昭成时为南部大人"，此时烈帝已经去世，可证沙莫雄与长孙仁不是同一个人。《魏书》卷113《官氏志》记载，长孙氏是献帝三哥后裔的姓氏，长孙仁绝不会是神元帝的后裔，这也证明其与沙莫雄不是同一个人。因此，前引《新唐书》的记载是不可靠的。
⑤ 《魏书》卷23《刘库仁传》。
⑥ 《魏书》卷25《长孙嵩传》："年十四，代父统军。昭成末年，诸部乖乱，苻坚使刘库仁摄国事，嵩与元他等率部众归之"，"太祖承大统，复以为南部大人"。说明登国元年以前，长孙嵩曾为南部大人，因此，《北史》卷1《魏本纪》才说："坚以刘库仁、刘卫辰分摄国事，南部大人长孙嵩及元他等尽将故人众南依库仁。"如此，则刘库仁与长孙嵩担任南部大人的时间似有重合之处，待考。
⑦ 《魏书》卷83上《刘罗辰传》。

《宋书》卷 95《索虏传》对此事的记载是：

> 晋初，索头种有部落数万家在云中。惠帝末，并州刺史东嬴公司马腾于晋阳为匈奴所围，索头单于猗䢛遣军助腾。怀帝永嘉三年（309 年），䢛弟卢率部落自云中入雁门，就并州刺史刘琨求楼烦等五县。

两条史料所载为同一时代，一为"十万家"，一为"数万家"，《宋书》特意指出是"索头种有部落数万家"，可证《宋书》的"数万家"，是拓跋鲜卑本部及部分属部的户数，而《魏书》的"十万家"，则是前者加上归附的"诸方杂人"的户数。① 因此，南、北二部所辖人口总计至少也有数万家。

还有两条史料可以参照。其一，《魏书·序纪》："国有匈奴杂胡万余家，多勒种类"，所谓杂胡，应该就是"诸方杂人"，此称匈奴杂胡，是特别指出杂人中与匈奴有关的即达"万余家"，可见，"诸方杂人"的总数有数万家是可能的。

其二，《资治通鉴》卷 89 载：卫雄、姬澹"帅晋人及乌桓三万家，马牛羊十万头归琨"，② 此"乌桓"显然就是"诸方杂人"。从此条史料看不出晋人与乌桓的比例多少，但二者总计达三万家，说其中有近万家的乌桓，即"诸方杂人"，应不为过。仅此次南奔的乌桓就达近万家的话，"诸方杂人"总数有数万家自然是可能的。

另外，被称为"乌丸"的诸方杂人既然与晋人一起行动，其社会地位当相同，认为南、北二部下的酋、庶长属于奴隶制性质的管理机构③ 是说不通的。

此外，《魏书·序纪》记载，穆帝六年（313 年），"城盛乐以为北都，修故平城以为南都。帝登平城西山，观望地势，乃更南百里，于㶟水之阳黄瓜堆筑新平城，晋人谓之小平城，使长子六修镇之，统领南部"。穆帝九年（316 年），"帝召六修，六修不至。帝怒，讨之，失利"，控制南部的六修竟

---

① 田余庆也认为："所徙自然有乌桓、匈奴在内的各种杂类。"见田余庆《拓跋史探》，生活·读书·新知三联书店 2003 年，第 147 页。
② 《魏书》卷 1《序纪》作"卫雄、姬澹率晋人及乌丸三百余家，随刘琨南奔并州"，卷 23《卫操传》作"雄、澹与刘琨任子遵率乌丸、晋人数万众而叛"。周一良认为《序纪》"三百余人之百字当是万字之误"。见周一良《魏晋南北朝史札记》，中华书局 1985 年，第 305 页。
③ 李书吉《北魏前期的经济形态和社会性质——兼论北魏模式》，《中国经济史研究》，2002 年第 2 期。

然可以打败控制拓跋鲜卑本部的穆帝,可见南、北二部的实力之强。由此也可以证明,南、北二部所控制的"诸方杂人"数量是相当庞大的。

穆帝在位时期的另一个重要变化是汉人在拓跋鲜卑联盟中所占的比例迅速上升。穆帝三年获得陉北五县,刘琨虽然"徙马邑、阴馆、楼烦、繁畤、崞五县之民于陉南",① 但是,留恋故地而未南迁的汉人应该也是不少的,莫含的家族就是一个明显的例子。② 穆帝向陉北五县迁入的十万家中,可能也包括相当多的汉人。③ 此时拓跋鲜卑的统治者也在有意识地招徕汉人。《魏书》卷23《卫操传》:"始祖崩后,与从子雄及其宗室乡亲姬澹等十数人,同来归国,说桓穆二帝招纳晋人,于是晋人附者稍众。"另外,还有汉族商人进入拓跋鲜卑统治区。④ 因此,拓跋鲜卑统治下的汉人数量迅速上升。"六修之乱"时,卫雄、姬澹"帅晋人及乌桓三万家"出逃,证明拓跋鲜卑治下的汉人至少也有上万户。

穆帝时,汉人组成的部队已经成为拓跋鲜卑一支重要的军事力量。卫雄、姬澹曾说:"诸旧人忌新人悍战,欲尽杀之",结果是"晋人及乌丸惊惧",⑤ 证明所谓"新人"是指后归附拓跋鲜卑的汉人与被称为乌丸的"诸方杂人",他们以"悍战"著称,这其中自然也包括汉人在内。穆帝五年出兵助刘琨,"遣长子六修、桓帝子普根,及卫雄、范班、姬澹等为前锋",卫雄、范班、姬澹所领,当为汉人组成的部队,在此担任先锋,可见汉人"悍战"之名不虚。

拓跋鲜卑对归附汉人的统治方式史无明文,但汉人显然是无法用旧有的血亲组织或部族制来加以管理的。《魏书》卷23《卫操传》记载,随卫操"入国者"后来的官职多为将军:

> 始操所与宗室乡亲入国者:卫勤,安乐亭侯;卫崇、卫清,并都亭侯;卫泥、段繁,并信义将军、都亭侯;王发,建武将军、都亭侯;范

---

① 《魏书》卷1《序纪》。
② 《魏书》卷23《莫含传》。
③ 唐长孺《魏晋南北朝史论丛(外一种)》,河北教育出版社2000年,第192页注释1。
④ 唐长孺《拓跋国家的建立及其封建化》,《魏晋南北朝史论丛(外一种)》,河北教育出版社2000年,第187页。
⑤ 《魏书》卷23《卫操传》。

班,折冲将军、广武亭侯;贾庆,建武将军、上洛亭侯;贾循,都亭侯;李壹,关中侯;郭乳,关内侯。皆为桓帝所表授也。

(卫)雄字世远,(姬)澹字世雅,并勇健多计画,晋世州从事。既与卫操俱入国,桓帝壮其膂力,并以为将,常随征伐,大著威名。桓帝之赴难也,表晋列其勋效,皆拜将军。雄连有战功,稍迁至左将军、云中侯。澹亦以勇绩著名,桓帝末,至信义将军、楼烦侯。穆帝初,并见委任。

参考汉人"悍战"的记载推测,当时可能是以一种军政合一的组织管理投附的汉人,而上述诸人就是此军政合一组织的官员,所以后来卫雄、姬澹才能一举率数万人出逃。

据《魏书》卷23《卫操传》,卫操在桓帝时"以为辅相,任以国事",卫雄、姬澹在"卫操卒后,俱为左右辅相",说明管理投附汉人的最高官职为"辅相",下辖各将军。归附汉人并未包括在"诸方杂人"之内,划归南、北二部管辖。认为南、北二部的南部多为晋人的看法,① 是不能成立的。

综上所述,穆帝时拓跋鲜卑联盟的统治结构可以图示如下:

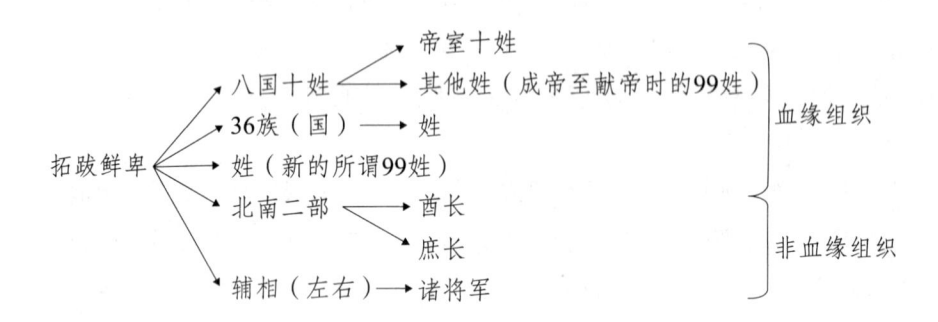

```
                    ┌→ 帝室十姓
         八国十姓 ──┤                                    ┐
                    └→ 其他姓(成帝至献帝时的99姓)      │
                                                          ├ 血缘组织
         36族(国)──→ 姓                                │
拓跋鲜卑 ─                                                ┘
         姓(新的所谓99姓)
                       ┌→ 酋长                            ┐
         北南二部 ────┤                                   ├ 非血缘组织
                       └→ 庶长                            │
         辅相(左右)──→ 诸将军                          ┘
```

穆帝时期拓跋鲜卑控制下的民众,既有按血缘组织加以管理的,也有以非血缘组织加以管理的,而且二者在总人口中所占的比例大体相当,也许以非血缘组织加以管理的民众在数量上还略具优势。这显示出拓跋鲜卑联盟内部血亲组织正处于瓦解的过程之中,其社会组织的性质正在由血缘组织向地缘组织转化。

---

① 白寿彝主编《中国通史》第5卷《中古时代·三国两晋南北朝时期》上册,上海人民出版社1995年,第268页。

但是，这种局面维持的时间不长。先是"国有匈奴杂胡万余家，多勒种类，闻勒破幽州，乃谋为乱，欲以应勒，发觉，伏诛"，①这些匈奴杂胡显然属于"诸方杂人"，在此次事变中，被杀的"诸方杂人"数量比较大。接下来是"六修之逆，国内大乱，新旧猜嫌，迭相诛戮"，②死于六修之乱的乌丸、晋人数量也不少，此后卫雄、姬澹"帅晋人及乌桓三万家"③出奔。经过这一系列变化，南、北二部与汉人组织受到巨大冲击，无论是其所控制的人数，还是在拓跋鲜卑联盟中的地位，都迅速下降。此后，拓跋鲜卑内部又为争夺最高领导权而不断发生动乱。④自神元帝以来的向国家演进的进程因此而延缓。此后，一直到昭成帝时才又出现了新的进展，但不久却又为苻坚的进攻所打断，新兴的代政权为前秦所灭亡。对此学术界多有论述，此不赘。

需要说明的是，对穆帝末期与昭成帝时期拓跋鲜卑的社会发展水平及其社会组织的演进水平也不能作过高的估计。

《南齐书》卷57《魏虏传》：

什翼圭始都平城，犹逐水草，无城郭，木末始土著居处。佛狸破梁州、黄龙，徙其居民，大筑郭邑。截平城西为宫城，四角起楼，女墙，门不施屋，城又无堑。南门外立二土门，内立庙，开四门，各随方色，凡五庙，一世一间，瓦屋。其西立太社。佛狸所居云母等三殿，又立重屋，居其上。饮食厨名"阿真厨"，在西，皇后可孙恒出此厨求食。

殿西铠仗库屋四十余间，殿北丝绵布绢库土屋一十余间。伪太子宫在城东，亦开四门，瓦屋，四角起楼。妃妾住皆土屋。婢使千余人，织绫锦贩卖，酤酒，养猪羊，牧牛马，种菜逐利。太官八十余窖，窖四千斛，半谷半米。又有悬食瓦屋数十间，置尚方作铁及木。其袍衣，使宫内婢为之。伪太子别有仓库。

如果我们参考下述《魏书》卷13《平文皇后王氏传》所载昭成帝时期拓

---

① 《魏书》卷1《序记》。
② 《魏书》卷23《卫操传》。
③ 《资治通鉴》卷89《晋纪》11。
④ 张小虎《拓跋鲜卑早期的权力继承》，《西北师大学报》，2000年第4期。

跋鲜卑内部对定都问题的争论，应该说，上述《南齐书》的记载是可信的。

> 昭成初欲定都于漯源川，筑城郭，起官室，议不决。后闻之，曰："国自上世，迁徙为业。今事难之后，基业未固。若城郭而居，一旦寇来，难卒迁动。"乃止。

因此，我们认为，说昭成帝时期或此前，拓跋鲜卑已经形成自己的国家，证据是不充分的。认为拓跋鲜卑始建国于道武帝拓跋珪时期的传统观点是比较正确的。而从组织人民的方式上使拓跋鲜卑最终完全摆脱血缘组织的最后一个重大历史事件，就是拓跋珪时期的"离散部落"。

2. 离散部落

昭成帝在位近40年，在此期间拓跋鲜卑的社会组织恢复了穆帝时的模式，并有所发展，最明显的标志就是，昭成帝即位的第二年即"始置百官，分掌众职"。[①] 但是昭成帝末年，外有前秦的进攻，内有实君之乱，导致拓跋鲜卑内部大乱。《魏书》卷83上《贺讷传》所说的"诸部乖乱"，当指的是归附拓跋鲜卑联盟的"内入诸姓"、"四方诸部"等部落组织不再听从拓跋鲜卑部的领导。

在前秦灭代以后，"苻坚使刘库仁摄国事"，[②] 这是因为前秦不愿意直接控制漠北各部，但又不希望由拓跋代管各部以免拓跋氏死灰复燃，因而起用当时担任南部大人的刘库仁，使之借南部的力量控制以前隶属于拓跋鲜卑联盟的各部。为了牵制刘库仁，又委任刘卫辰与之分管拓跋鲜卑联盟下的各部。[③]

《资治通鉴》卷104《晋纪》太元元年十二月条记载：

> （苻坚）分代民为二部，自河以东属库仁，河以西属卫辰。各拜官爵，使统其众。……久之，坚以卫辰为西单于，督摄河西杂类。

由此看来，刘卫辰所依靠的力量为"河西杂类"，也就是《魏书·官氏

---

① 《魏书》卷1《序纪》。
② 《魏书》卷25《长孙嵩传》。
③ 《魏书》卷24《燕凤传》。

志》所说的"诸方杂人"。控制以前隶属于拓跋鲜卑联盟各血亲组织的刘库仁与刘卫辰，所依靠的力量都是按行政单位组织起来的不具有血缘关系的民众，这对拓跋鲜卑联盟原有的血缘组织构成巨大的冲击。

《晋书》卷113《苻坚载记》：

> 散其部落于汉鄣边故地，立尉、监行事，官僚领押。课之治业营生，三五取丁，优复三年无租税。其渠帅岁终令朝献，出入行来为之制限。

《南齐书》卷57《魏虏传》：

> 分其部党居云中等四郡，诸部主帅岁终入朝，并得见姨，差税诸部以给之。

李凭认为，这是前秦灭代后处置拓跋部的措施，[①] 从"分其部党居云中等四郡"的记载来看，仅拓跋部的民众似乎没有必要散居如此广阔的地域，《晋书》的上述记载应该也是前秦对"内入诸姓"的统治方法。这是将拓跋鲜卑联盟的核心部分"八国十姓"及对拓跋鲜卑隶属关系较强的"内入诸姓"的血亲组织改造为地方行政单位，由前秦政府任命官员按编户齐民的方式加以管理，要求其提供赋税和劳役，原来的血亲组织的首领受到软禁。但是，拓跋鲜卑的血亲组织的影响力仍旧是存在的。因此，前秦也仅仅对诸部首领"出入行来为之制限"，即限制其行动自由，而不敢将之全部擒往长安或处死；年终诸部首领到长安"朝献"，也还可以见到昭成帝，甚至前秦把从拓跋鲜卑诸部征收来的赋税拨出一部分归昭成帝享用。这些措施都是借昭成帝及诸部首领在血亲组织中的影响来加强前秦对拓跋鲜卑部民的统治。

总之，在前秦的统治下，无论是拓跋鲜卑本部还是其原来控制下的"内入诸姓"、"四方诸部"，其血亲组织都受到巨大的冲击，开始向国家政府控制下的地方行政单位转化。只不过前秦统治的时间比较短暂，没能最后完成这一演进过程，直到拓跋珪"离散部落"才最终完成了拓跋鲜卑部的社会组

[①] 李凭《北魏平城时代》，社会科学文献出版社2000年，第40页。

织由血缘组织向地缘组织的演进。

拓跋珪"离散部落"是拓跋鲜卑由前国家形态向国家演进过程中的重要一环，而对此重大历史事件，《魏书》的记载却只有下列三条：

> 其后离散诸部，分土定居，不听迁徙，其君长大人皆同编户。讷以元舅，甚见尊重，然无统领。以寿终于家。（卷 83 上《贺讷传》）

> 太祖时，分散诸部，唯高车以类粗犷，不任使役，故得别为部落。（卷 103《高车传》）

> 凡此四方诸部，岁时朝贡，登国初，太祖散诸部落，始同为编民。（卷 113《官氏志》）

上述史料虽然简单，但从中至少可以明确以下几个问题：

第一，"离散部落"的对象是"四方诸部"，而不包括"八国十姓"与"内入诸姓"。《魏书·官氏志》是按着八国十姓—内入诸姓—四方诸部的顺序记载拓跋鲜卑所属各部的族姓的，而在最后提到"凡此四方诸部，岁时朝贡，登国初，太祖散诸部落，始同为编民"，显然，"离散部落"只是针对"四方诸部"的一种政策。参之前引《贺讷传》可知，贺兰部属于被离散的部落，在《官氏志》中，贺兰部正是属于"四方诸部"。田余庆作北魏"离散部落"的个案考察，将独孤氏列入，[1] 恐怕是有问题的，因独孤氏在《官氏志》中属于"内入诸姓"，而不是"四方诸部"。

第二，"离散部落"的内容是三个方面："分土定居，不听迁徙"，要提供赋税和劳役也就是所谓的"使役"，再有就是剥夺了原部落首领对部落的管辖权，因此贺讷才"无统领"。而在此之前，"凡此诸部，其渠长皆自统众"。[2]

第三，"四方诸部"的部落组织并未全部被离散，如高车就是一个例外。需要说明的是，高车是族称，参之《魏书》卷 103《高车传》："及平统万，薛干种类皆得为编户矣"，证明高车族的部落组织也同样有被离散的，保存

---

[1] 田余庆《独孤部落离散问题——北魏"离散部落"个案考察之二》，《拓跋史探》，生活·读书·新知三联书店 2003 年，第 77—91 页。
[2] 《魏书》卷 113《官氏志》。

下来的只是那些粗犷不任使役的部落，并不是高车一族的所有部落组织都得以保全。

这次"离散部落"针对的主要是"四方诸部"，据《魏书·官氏志》，在此之前，拓跋鲜卑对这些部的统治仅仅体现在这些部的"朝贡"，可见，拓跋鲜卑部对"四方诸部"的控制力是比较弱的。《魏书·官氏志》将拓跋鲜卑联盟所辖的各族姓分成"八国十姓"、"内入诸姓"、"四方诸部"三类，显然前者是拓跋鲜卑联盟的核心，"内入诸姓"是对拓跋鲜卑隶属关系较强的各血亲组织，而"四方诸部"是对拓跋鲜卑隶属关系最弱的联盟的加盟部落。从《魏书·序纪》的记载来看，力微早期依附于没鹿回部，因此，有的学者认为，此时联盟的最高首领出自没鹿回部，直到力微以后，联盟的最高首领才为拓跋氏所独占。[①]从这个角度说，针对"四方诸部"的部落离散过程，也就是拓跋部对这些部落的统治加强的过程。

列于北方诸部之首的贺兰部，"其先世为君长，四方附国者数十部"，在拓跋珪即位以前，贺讷还曾"总摄东部为大人，[②]证明贺兰部不是一个简单的血亲组织，而是血亲组织的复合体。正如本书第二章所论述的，归附拓跋氏的各族在《官氏志》的记载中之所以被分为"内入诸姓"与"四方诸部"，是因为二者的内部结构不同，"姓"是简单的血亲组织，而"部"则是血亲组织的复合体。从这个角度说，针对"四方诸部"的部落离散过程，就是拓跋氏取代其他血亲组织复合体的过程，就是取消了其他血亲组织复合体控制其所属的血亲组织的权力，而将所有的血亲组织统一划归拓跋鲜卑的帝室领导。这实际上是按献帝"七分国人"的思路，对传统血亲组织的一次改造。

刘师培《左庵集》6《北齐道能造象记拓本跋》提到，武平元年的《比丘道能造象记》称库狄干官为"使持节都督定州诸军事、骠骑大将军、定州刺史、本州大都督、第一镇民酋长、广平郡开国仪同三司、太宰"。[③]《北齐书》卷15与《北史》卷54库狄干本传都没有提到他曾任"第一镇民酋长"，但提到其"曾祖越豆眷，魏道武时以功割善无之西腊汙山地方百里以处之，

---

① 韩国磐《南北朝经济史略》，厦门大学出版社1990年，第165页。
② 《魏书》卷83上《贺讷传》。
③ 转引自周一良《领民酋长与六州都督》，《魏晋南北朝史论集》，中华书局1963年，第185页。

后率部北迁，因家朔方"，①说明在道武帝时，库狄氏还领有自己的部落，库狄干的第一领民酋长身份可能出自世袭，在部落离散以后，库狄氏仍旧保有自己的部落，但其首领改称领民酋长。在《魏书·官氏志》的记载中，库狄氏属于"四方诸部"，正是在拓跋珪"离散部落"的范围内。由此分析，"离散部落"取消了原血亲组织复合体中居于主导地位的部控制其他血亲组织的权力，使这些血亲组织全部直接隶属于拓跋部，但并未解散血亲组织，而是对之进行了一定程度的改造。从库狄干带"第一镇民酋长"衔来看，在"离散部落"的同时对血亲组织所作的改造，可能并未对血亲组织进行打破重组，而是采取了与南、北二部的下级组织相同的管理方式，所以，血亲组织的首领才不再称"大人"或"小帅"，而是改称"领民酋长"。南、北二部所属的酋、庶长所控制的部，内部不具备血缘关系，其性质已经是地缘组织，对各血亲组织采取与之相同的管理模式，也就是使原有的血亲组织兼具地方行政单位的性质，再加上"分土定居，不听迁徙"，就已经使之完全演变为地缘组织了。

虽然没有直接史料证明，但可以推测，既然对原来隶属关系相对较弱的"四方诸部"下的血亲组织都已经进行了这种改造，对原来隶属关系较强的"内入诸姓"自然也应该进行了类似的改造。血亲组织的复合体已经被取消，那么，仿照血亲组织复合体的形式建立起来的南、北二部自然也就失去了存在的必要。在道武帝以后，史书的记载中不再出现南部大人与北部大人，证明南、北二部也已经被取消，原来隶属于南、北二部的各酋长、庶长，现在与改称领民酋长的原血亲组织的首领一样，都直接隶属于最高首领。也正是这个缘故，领民酋长才成为一种"美称"。

因此我们说，"离散部落"使拓跋鲜卑联盟下的社会组织完成了由血缘组织向地缘组织的演进。血亲组织已经名存实亡，被改造为地方行政组织，"皇始元年，始建曹省，备置百官，封拜五等，外职则刺史、太守、令长已下有未备者，随而置之"。②此后，多数酋、庶长改任刺史、太守，成为真正的地方官，据前引《比丘道能造象记》，库狄干的官职是"定州刺史"，除个别现象外，连酋、庶长的名义也没有保存下来。这就不仅实现了从血缘组织

---

① 《北齐书》卷15《库狄干传》；《北史》卷54《库狄干传》。
② 《魏书》卷113《官氏志》。

向地缘组织的转变,也完成了社会组织的汉化过程。

《隋书》卷27《百官志》在谈到北齐官制时有如下记载:

> 流内比视官十三等。第一领人酋长,视从第三品。第一不领人酋长,视第四品。第二领人酋长,第一领人庶长,视从第四品。诸州大中正,第二不领人酋长,第一不领人庶长,视第五品。诸州中正,畿郡邑中正,第三领人酋长,第二领人庶长,视从第五品。第三不领人酋长,第二不领人庶长,视第六品。第三领人庶长,视从第六品。第三不领人庶长,视第七品。

姚薇元根据"后齐制官,多循后魏"①的说法,认为上述官制也是北魏时的情况,②当是正确的认识。这说明,在北魏建国以后,即使延续下来的领民酋长、庶长的头衔,也都按汉官制规定了相应的品级,使之成为拓跋鲜卑国家官制体系的组成部分,而与血缘没有任何关系了。

"离散部落"之后的拓跋鲜卑的统治结构可以图示如下:

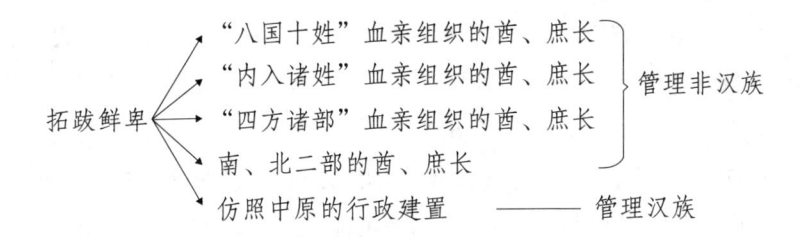

```
                ┌─ "八国十姓"血亲组织的酋、庶长 ┐
                ├─ "内入诸姓"血亲组织的酋、庶长 │
  拓跋鲜卑 ─────┤─ "四方诸部"血亲组织的酋、庶长 ├─ 管理非汉族
                ├─ 南、北二部的酋、庶长          ┘
                └─ 仿照中原的行政建置 ──────── 管理汉族
```

在"离散部落"以后,酋、庶长的任职都出自任命,而不是由血亲组织内部自然生成,这使得相当一部分原来的部落首领失去了权力,也使一些原本不是部落首领甚至不是出自部落显贵家族的人被提拔为酋、庶长。

太和十九年(495年),定代姓族诏曰:

> 其穆、陆、贺、刘、楼、于、嵇、尉八姓,皆太祖已降,勋著当世,

---

① 《隋书》卷27《百官志》。
② 姚薇元《北朝胡姓考》,科学出版社1958年。

位尽王公，灼然可知者，且下司州、吏部勿充猥官，一同四姓。自此以外，应班士流者，寻续别敕。原出朔土，旧为部落大人，而自皇始已来，有三世官在给事已上，及州刺史、镇大将，及品登王公者为姓。若本非大人，而皇始已来，职官三世尚书已上，及品登王公而中间不降官绪，亦为姓。诸部落大人之后，而皇始已来官不及前列，而有三世为中散、监已上，外为太守、子都，品登子男者为族。若本非大人，而皇始已来，三世有令已上，外为副将、子都、太守，品登侯已上者，亦为族。①

从中我们可以看出，部落大人的后裔失去官职的现象是非常普遍的。这也从另一个角度证明，在"离散部落"以后，拓跋鲜卑的社会组织已经完成了由血缘组织向地缘组织的转变。

第二节 权力与机构

（一）王权的出现

《魏书》卷1《序纪》称：自始祖始均以下"积六十七世，至成皇帝讳毛立，聪明武略，远近所推，统国三十六，大姓九十九，威振北方，莫不率服"。吕思勉早已指出，所谓积67世至成帝毛的说法出于后人的编造，之所以称67世，是为与以后各代相合，凑足81世。"自受封至成帝六十七世，又五世至宣帝，又七世至献帝，又二世至神元，其数凡八十一。八十一者，九九之积也。"② 至北魏修国史时，拓跋鲜卑人自己还能记得的本族史，最多也只能追溯到成帝毛的时期。因此说，拓跋鲜卑人的信史只能始自成帝毛。

所谓的"统国三十六，大姓九十九"，正如我们在第二章中所论述的，只能证明已经存在一个以拓跋鲜卑为主的部落联盟。在南迁大泽以后，联盟的首领可能已经从拓跋鲜卑部中以世选的方式产生，因此，在南迁匈奴故地以前，献帝邻才得以传位给他的儿子圣武帝诘汾。但是，从有些与拓跋鲜卑通婚的部落没有一同迁往匈奴故地来看，联盟仍是以各部落自愿加入的方式

---

① 《魏书》卷113《官氏志》。
② 吕思勉《吕思勉读史札记》，上海古籍出版社1982年，第809页。

组成的，联盟最高首领对于各部落还不具有支配权，所谓王权，是根本不存在的。

在迁入匈奴故地与鲜卑族其他各部相处之后，拓跋鲜卑的政治组织形式显然会受到该地各鲜卑部落政治组织形式的影响。因此，在考察拓跋鲜卑王权的形成之前，我们应首先考察拓跋鲜卑迁入前漠南鲜卑联盟最高权力的演进程度。

1. 鲜卑联盟：从檀石槐到轲比能

鲜卑人旧俗是"常推募勇健能理决斗讼相侵犯者为大人，邑落各有小帅，不世继也"，①其血亲组织与血亲组织复合体的首领都是"推募"，也就是选举产生的，而且不存在世袭制度。当选为血亲组织与血亲组织复合体首领的条件主要有两个：一是"勇健"，这不仅仅是勇敢、善战，也包括相应的军事才能；二是"能理决斗讼相侵犯"，即处理各部落纠纷，这既要求首领具有组织能力，还要求其为人一定公正无私。"大人已下，各自畜牧治产，不相徭役"，②其内部还不存在剥削关系。因此，血亲组织的复合体是由血亲组织自愿结合成的联盟，联盟的首领还不具有任何特权，也根本不存在所谓王权。

檀石槐之所以当选为"大人"，王沈《魏书》记载得很清楚：

> 长大勇健，智略绝众。年十四五，异部大人卜贲邑钞取其外家牛羊，檀石槐策骑追击，所向无前，悉还得所亡。由是部落畏服，施法禁，平曲直，莫敢犯者，遂推以为大人。

檀石槐正是靠着个人的勇敢、公正与军事才能树立起威信，"莫敢犯者"，而后被选为部落"大人"。另一个例子是轲比能，"以勇健，断法平端，不贪财物，众推以为大人"，"每钞略得财物，均平分付，一决目前，终无所私，故得众死力"。③如果部落首领不符合上述条件，很可能导致

---

① 《三国志》卷 30《乌丸鲜卑传》裴松之注引王沈《魏书》。此条资料出自《魏书》对乌桓人风俗的记载，但《魏书》在对鲜卑的记载中提到"其言语习俗与乌丸同"，而且没有对其风俗习惯的相关记载，可见，鲜卑人也存在相同的习惯。
② 《三国志》卷 30《乌丸鲜卑传》裴松之注引王沈《魏书》。
③ 《三国志》卷 30《乌丸鲜卑传》。

"部落离叛",依附于本部落的较强大部落纷纷脱离联盟自行发展,这一联盟也就很难维持下去了。檀石槐去世以后,其子和连"贪淫,断法不平,众叛者半",[1] 这是促使檀石槐建立起来的鲜卑人大联盟迅速瓦解的最重要原因。

在鲜卑人南下以前,称雄草原的匈奴人已经进入国家形态,并确立了最高权力的世袭制原则。鲜卑人进入蒙古草原以后,不可避免地要受到匈奴人的影响。"自檀石槐死后,诸大人遂世相袭也",[2] 就是最明显的表现。

建武二十二年(46年),"匈奴国乱,乌桓乘弱击破之,匈奴转北徙数千里,漠南地空",[3] 鲜卑南迁当始于此时。《三国志》卷30《乌丸鲜卑传》裴松之注引王沈《魏书》记载,至永平中(58—75年),"鲜卑自燉煌、酒泉以东邑落大人,皆诣辽东受赏赐",其分布地域已相当辽阔,占据了大部分的匈奴故地。其邑落大人从汉王朝所得的赏赐物不大可能会均分给本部的全体成员,更可能是成为其个人的私有财产。——获得属于个人的财产,这才是驱使他们从遥远的地方赶到辽东郡的动力。那么,此时的邑落大人就已经具有了一定的特权,并可以利用这种特权为自己谋取财富。这已不同于传统的血亲组织首领,而应该是受匈奴人影响所发生的变化的一种表现。

上述史料证明,在公元1世纪的下半叶,最早南迁的鲜卑人就已经占据了匈奴故地。但在大约一个世纪以后,才出现了檀石槐部落大联盟,由此看来,鲜卑人接受匈奴人影响的过程是十分缓慢的。

王沈《魏书》记载着檀石槐之子和连死后的权力更替情况:"和连即死,其子骞曼小,兄子魁头代立。魁头既立后,骞曼长大,与魁头争国,众遂离散。魁头死,弟步度根代立。"[4]《三国志》卷30《乌丸鲜卑传》记载:"步度根立,众稍衰弱,中兄扶罗韩亦别拥众数万为大人。"这两条史料都可以说明,联盟的首领应具备相应才能的传统仍在一定程度上发挥着作用,所以,当合法的继承人年纪幼小时,往往也不能继承权力,而是由年长的堂兄或叔父"代立";在权力交替过程中,民众的意愿仍显得十分重要,面对

---

[1] 《三国志》卷30《乌丸鲜卑传》裴松之注引王沈《魏书》。
[2] 《三国志》卷30《乌丸鲜卑传》裴松之注引王沈《魏书》。
[3] 《后汉书》卷120《乌桓鲜卑传》。
[4] 《三国志》卷30《乌丸鲜卑传》裴松之注引王沈《魏书》。

他们不满意的继承者,他们可以"离散",也可以另外拥立一个他们认为合适的人。

因此,史书记载"自檀石槐死后,诸大人遂世相袭也",其所谓的"世相袭",不是一种十分明确的父死子继或兄终弟及的制度,而是世代从同一显贵家族中产生最高首领的世选制。这种制度与世袭制的最大区别是,继承人的权力源自所属各血亲组织首领的承认,而不是源自按继承制度所规定的身份。因此,当继承人得不到普遍的认可时,联盟就会分裂。檀石槐部落大联盟的解体是这个原因,轲比能部落联盟的解体也是这个原因。轲比能与檀石槐的不同之处也正在于,他未能得到所有鲜卑人的支持。

自永平中(58—75年)鲜卑遍布敦煌以东的蒙古草原,至拓跋鲜卑从呼伦湖南迁匈奴故地(约190年左右),在120年左右的时间里,鲜卑各部结合在一个大联盟之内的时间只有30年。① 大部分时间里,鲜卑人还处于散乱的各自为政的状况。这一方面与鲜卑人的社会发展水平比较落后有关,另一方面,也因为匈奴余种"自号鲜卑",使鲜卑的族属成分变得十分复杂,② 自然很难确立起统一的认同感。无论如何,此时期的鲜卑人凝聚力还是比较差。轲比能不仅未能得到所有鲜卑人部落的支持——东部的几位大人就一直不承认他是联盟的最高首领,而且他的联盟持续的时间也更短,大约从224—235年,仅存在了10年左右。相对于漫长的散乱阶段而言,存在时间如此短暂的联盟内部自然不可能生成王权。

王沈《魏书》载有乌桓人的习惯法:

> 其约法,违大人言死,盗不止死。其相残杀,令部落自相报,相报不止,诣大人平之,有罪者出其牛羊以赎死命,乃止。自杀其父兄无

---

① 《三国志》卷30《乌丸鲜卑传》裴松之注引王沈《魏书》记载,檀石槐为其外祖家夺回被掠去的牛羊时,年仅"十四五",后来才被"推以为大人",则其成为联盟最高首领的年龄不会早于十四五岁。其去世时年仅四十五岁。因此,檀石槐大联盟存在的时间最长不会超过30年。
② 匈奴主体部分西迁后,余种十余万落皆"自号鲜卑",对此记载,目前史学界通常认为,有十余万落匈奴人加入到鲜卑族群中来。但是,"匈奴"一词在史书中既指匈奴族,也可以用以指匈奴统治下的所有民族,而匈奴国内的民族成分是十分复杂的。从现有史料中看不出此处"匈奴"一词是指匈奴族还是指匈奴国人。马长寿《乌桓与鲜卑》一书中已指出,拓跋鲜卑75个"内入诸姓"中,匈奴姓6个、丁零姓6个、柔然姓3个、乌桓与东部鲜卑姓9个、其他各族姓7个。由此看来,自号鲜卑的匈奴余种应该不仅包括匈奴人,而且还有其他民族。

罪。其亡叛为大人所捕者，诸邑落不肯受，皆逐使至雍狂地。①

鲜卑人与乌桓人风俗习惯相同，当具有相同的习惯法。从其部落习惯法的内容来看，血亲组织之间的残杀事件部落大人一般情况下并不过问，由受害者的亲属按血亲复仇原则进行报复。只有在因血亲复仇造成血亲组织间发生冲突的情况下，才由部落大人出面调解。而其调解的原则也出于传统的血亲复仇的原则，即要求向受害者的家属赔偿一定数量的财物。不服从大人判决的"逃亡者"即不再被视为本部落的成员，所以"诸邑落"都不肯接纳他。但对各血亲组织其他方面的事务，大人显然并不过问。除了对血亲组织间矛盾的仲裁权以外，王沈《魏书》中对大人的权力只是笼统地提到"违大人言死"，却未提到大人在哪些方面拥有发号施令的权力。《魏书》中另有一段记载可以与此参照：

> 大人有所召呼，刻木为信，邑落传行，无文字，而部众莫敢违犯，氏姓无常，以大人健者名字为姓。大人已下，各自畜牧治产，不相徭役。

既然大人以下"不相徭役"，则大人的命令不会是行政方面的，而只能是军事方面的。大人有权力发动战争，统一调动各血亲组织参战，从轲比能"每钞略得财物，均平分付，一决目前，终无所私"来看，大人也负责分配战利品。这应该是大人职能的主要方面，因此才要求担任大人的人必须"勇健，断法平端，不贪财物"。②

轲比能联盟瓦解以后的鲜卑人的政治组织情况史书中没有记载，但正是在此期间，拓跋鲜卑开始登上蒙古草原的历史舞台。

2. 拓跋鲜卑联盟

自宣帝推寅南迁大泽以后，拓跋鲜卑大约在呼伦湖附近居住了8世200年左右。拓跋鲜卑的发展明显落后于早在公元1世纪就已经开始南迁匈奴故地的鲜卑各部，《魏书》卷1《序纪》没有记载这8世首领之间的亲属关系，

---

① 《三国志》卷30《乌丸鲜卑传》裴松之注引王沈《魏书》。
② 《三国志》卷30《乌丸鲜卑传》。

可能此时拓跋鲜卑首领的产生方式与檀石槐之前的鲜卑各部是一样的，还处于选举阶段。在此期间，鲜卑诸血亲组织开始与匈奴、高车等其他民族的血亲组织通婚，政治组织形式自然也受其影响。在南迁前的献帝邻时期"七分国人"，开始加强对所属血亲组织的控制，也是从这个时期开始，《魏书》卷1《序纪》才有了对拓跋鲜卑首领间亲属关系的详细记载。

献帝、圣武帝、神元帝三世是父子相承，但参照神元帝以下的情况来看，这是在迁徙这一特殊的历史时期里出现的特殊现象，并不能证明拓跋鲜卑已经确立父死子继的继承制度。北魏建国以后，追称神元帝为始祖，《魏书》以神元以后拓跋子孙入宗室，应当也不是魏收个人的史学观点，而是出自北魏官方区分和界定宗室范围的传统制度，① 可见拓跋鲜卑人自己也并不认为帝室的开创者是献帝邻。

《魏书·序纪》称沙漠汗为"太子"，说明力微已确定沙漠汗为自己的继承人，试图仿照中原汉族王朝建立嫡长子世袭制。当沙漠汗自中原返回时，力微命诸部大人至阴馆迎接，也是希望诸部大人承认沙漠汗的继承人身份，以便在自己去世后沙漠汗可以顺利即位。但是，由于诸部大人不愿拥立沙漠汗而害死他，致使力微的努力终归失败，并由此导致力微去世后"诸部离叛，国内纷扰"。沙漠汗事件反映出，诸部大人在联盟最高首领的继承问题上是具有发言权的。换言之，拓跋鲜卑的传统应该是，联盟最高首领由诸部大人选举产生，但只有拓跋氏才具有被选举的资格。

在进入匈奴故地初期，拓跋鲜卑最高首领的产生仍旧维持着旧有的世选制。力微以后，章帝、平帝共在位16年，《序纪》的记载极为简略，但参之"诸部离叛"的现实可见，其作为联盟最高首领的地位是否得到诸部大人的承认是很成问题的。从这个意义上讲，有的学者认为拓跋鲜卑联盟在力微去世后瓦解，② 也是正确的。此后继位的思帝，"为诸父兄所重"，至此，至少在帝室家族内部，对继承人的问题达成了共识。但思帝仅在位一年就去世了，似乎其联盟最高首领的地位也未得到诸部大人的认同。

昭帝即位后，最重大的举措就是"分国为三部"：

---

① 罗新《北魏直勤考》，《历史研究》，2004年第5期。
② 曹永年《拓跋力微卒后"诸部离叛国内纷扰"考》，《内蒙古师范大学学报》，1988年第2期。

帝自以一部居东，在上谷北，濡源之西，东接宇文部；以文帝之长子桓皇帝讳猗㐌统一部，居代郡之参合陂北；以桓帝之弟穆皇帝讳猗卢统一部，居定襄之盛乐故城。①

"分国为三部"的做法显然是受匈奴人与檀石槐的影响，但其中也反映出拓跋鲜卑权力继承方面的变动。

按《序纪》世次，是以昭帝继思帝、以穆帝继昭帝，但实际上，昭、穆、桓三帝是同时在位的。《序纪》在"昭帝纪"下主要叙述桓帝的事迹，而对昭帝的所作所为只字不提，而且特别指出，桓帝死后"子普根代立"。对穆帝的记载有："穆帝始出并州，迁杂胡北徙云中、五原、朔方。又西渡河击匈奴、乌桓诸部。自杏城以北八十里，迄长城原，夹道立碣，与晋分界。"从《序纪》的这些记载来看，桓、穆二帝并不听命于昭帝，而是自行其是的。《宋书》卷95《索虏传》："惠帝末，并州刺史东嬴公司马腾于晋阳为匈奴所围，索头单于猗驰遣军助腾。"晋惠帝于290—306年在位，魏昭帝307年去世，在昭帝去世之前，桓帝对外也被称为"索头单于"，证明三帝都是称单于的。《序纪》所谓"分国为三部"，不是联盟最高首领为便于统治而作出的决定，而是联盟自身发生了分裂，各部拥立不同的首领，因而出现了三个联盟最高首领并存的局面。

从《序纪》的记载来看，昭帝"自以一部居东"，在三部中属于东部，桓帝居中，穆帝所部属于西部。力微三十九年，"迁于定襄之盛乐"，参之"晋初，索头种有部落数万家在云中"②的记载，证明拓跋部的主体居住在西部，应在穆帝的管辖之下。换言之，拓跋部的大人们拥立穆帝为联盟的最高首领。《序纪》记载桓帝西略五年，"诸降附者二十余国"，则支持桓帝的主要是新归附拓跋鲜卑联盟的诸部大人。居于东部的昭帝的支持者可能多是早期归附拓跋鲜卑的诸部大人。可以肯定的是，联盟最高首领地位的确定有赖于各部大人的支持，因此，王权并未最终确立。

从拓跋鲜卑迁往匈奴故地时开始，其联盟最高首领的权力就已经开始加强。下述《魏书》卷1《序纪》中的资料可以证明这一点：

① 《魏书》卷1《序纪》。
② 《宋书》卷95《索虏传》。

其迁徙策略，多出宣、献二帝。

（神元帝）三十九年，迁于定襄之盛乐。夏四月，祭天，诸部君长皆来助祭，唯白部大人观望不至，于是征而戮之，远近肃然，莫不震慑。始祖乃告诸大人曰："我历观前世匈奴、蹋顿之徒，苟贪财利，抄掠边民，虽有所得，而其死伤不足相补，更招寇雠，百姓涂炭，非长计也。"于是与魏和亲。

始祖与邻国交接，笃信推诚，不为倚伏以要一时之利，宽恕任真，而遐迩归仰。

（平帝）七年，匈奴宇文部大人莫槐为其下所杀，更立莫槐弟普拨为大人。帝以女妻拨子丘不勤。帝飨国七年而崩。

从上述史料分析，联盟最高首领的权力主要表现在四个方面：第一，决定迁徙与居住地域的权力。第二，既是最高军事首长，同时也是最高祭祀。第三，由最高军事首长所拥有的对外发动战争与讲和的权力中，逐渐衍申出全权处理外交事务的权力。第四，有权任命下属部落的大人。当然，拓跋鲜卑部首领攫取这些权力的过程并不是和平的，而是经常使用暴力对付那些不肯承认联盟首领这些权力的部落，对白部的讨伐就是一例。

从拓跋鲜卑联盟最高首领的上述权力中我们可以看出，其地位在发生着微妙的变化。虽然按恩格斯的看法，前三项权力是军事民主制大联盟的首长所普遍拥有的，但是，第四项权力显然已经超出了军事民主制大联盟首长的权力范畴。

不过，这里我们所依据的资料是有一点问题的。宇文鲜卑是否属于拓跋鲜卑的联盟，拓跋鲜卑部是否具有"立"宇文鲜卑首领的权力还是值得怀疑的。《魏书》卷103与《北史》卷98的《匈奴宇文莫槐传》都记载，在莫槐去世后，更立其弟普拨为"大人"，但这里所说的"立"，究竟是出自拓跋鲜卑部的"立"，还是宇文部民自己的"拥立"，史书中并没有明确记载。在《魏书·官氏志》中，宇文部属于"四方诸部"，属于对拓跋鲜卑隶属关系较弱的一种，在拓跋珪"离散部落"之后，才加强了对"四方诸部"的统治，因此说平帝时已可以任命宇文鲜卑的首领，究竟是令人怀疑的。

除去这一条并不十分有力的史料外，上述第四项权力我们找不到其他证据，因而也是需要进一步探讨的推论。但这条史料至少可以说明，不论在实践中是否如此，拓跋鲜卑是认为自己拥有这种权力的。这种观念与其使用武力以迫使其他部落服从的实践相结合，即使平帝时尚不具备任命各部落首领的权力，不久他们也必然会为自己攫取到这种权力的。穆帝以前，诸部大人在联盟最高首领的继承问题上仍具有较大的发言权，由此推测，所谓拓跋鲜卑对其他部落首领的任命，可能是对本部人选举出的首领的认可而已，但这种认可毕竟也是一种最终否决权。此外，联盟的最高首领已经具有了司法权，这一点我们放在后面再加以论述。

综上，拓跋鲜卑联盟的最高首领，在穆帝以前，其权力仍局限于军事民主制大联盟首长的权力范围之内，其性质仍旧是联盟的首领，而不是王。穆帝以前最基层的社会组织是血亲组织，最高首领的性质是联盟的首领，因此，在穆帝以前，拓跋鲜卑人仍旧是与国家形态无缘的。

需要指出的是，拓跋鲜卑早期联盟最高首领权力的扩充，所遇到的阻力主要不是来自拓跋鲜卑部内部，而是来自参加联盟的几个强大部落的制约。其中最典型的是白部。力微三十九年的祭天，实际上是力微要求各部承认自己为联盟的最高祭祀。在此之前不久，拓跋部还是没鹿回部的属部，可能当时联盟的最高首领与最高祭祀都出自没鹿回部。[①] 对力微这一举动，白部"观望不至"，也就是不肯承认拓跋部的力微成为取代没鹿回部的联盟最高首领。在穆帝统一三部以后，"白部大人叛入西河"，[②] 拒绝承认穆帝为联盟最高首领。可能在此之前，白部是支持桓帝的。与白部类似的强大部落我们至少还可以举出贺兰部、独孤部、[③] 宇文部、慕容部、[④] 以及拓跋部的原宗主部落没鹿回部。[⑤] 这些强大部落的存在，对拓跋部首领的权力构成一种制约，拓跋部

---

① 韩国磐认为，此时联盟的首长为没鹿回部大人窦宾。窦宾临终前嘱咐二子谨奉力微，"与古代尧舜禹举贤禅让的故事，颇相类似"。见韩国磐《南北朝经济史略》，厦门大学出版社 1990 年，第 165 页。
② 《魏书》卷 1《序纪》。
③ 田余庆对贺兰部、独孤部的强大有较详细的论述。见田余庆《贺兰部落离散问题——北魏"离散部落"个案考察之一》、《独孤部落离散问题——北魏"离散部落"个案考察之二》，载田余庆《拓跋史探》，生活·读书·新知三联书店 2003 年，第 62—91 页。
④ 《魏书》卷 113《官氏志》："东方宇文、慕容氏，即宣帝时东部，此二部最为强盛，别自有传。"
⑤ 韩国磐认为，联盟旧分八部，即拓跋部、宇文部、慕容部、贺兰部、独孤部、白部、没鹿回部与库狄部。"至道武帝初年，犹沿旧习置八部大人"，但库狄部似乎不具有与其他几部相抗衡的实力。见韩国磐《南北朝经济史略》，厦门大学出版社 1990 年，第 165 页。

首领权力的拓展过程，也就是拓跋部与这些部落既团结又斗争的过程。

自力微时代起，拓跋鲜卑治下的诸部大人就已经开始利用手中的权力为自己谋取私利了。《魏书》卷1《序纪》讲到卫瓘为除掉沙漠汗而向拓跋鲜卑属下的诸部大人行赂，"于是国之执事及外部大人，皆受瓘货"。这些部落大人既拥有对本部的统辖权，又利用这种权力为自己积累起巨大的财富，因而成为部落中的显贵，他们绝不希望大权旁落。这些既得利益者既是鲜卑人由选举制走向世选制的动力，更是鲜卑人由世选制走向世袭制的动力。为保证自身的利益，他们也需要一个更加强有力的联盟首领，既作为部落之外的支持力量以保证他们已经取得的一切，又能为他们谋取到更多的权力与财富。

3. 由联盟长到王

穆帝总摄三部之后，作为拓跋鲜卑联盟的最高首领，其权力开始逐渐膨胀，拓跋部对所属各部落与血亲组织的控制力也在明显加强。

首先，自力微以来使用武力征服其他部落的传统，到穆帝时期发展到了极点。

《魏书》卷1《序纪》记载，穆帝在位的第三年：

> 白部大人叛入西河，铁弗刘虎举众于雁门以应之，攻琨新兴、雁门二郡。琨来乞师，帝使弟子平文皇帝将骑二万，助琨击之，大破白部；次攻刘虎，屠其营落。

白部是力微时以武力并入的部落，显然属于《魏书·官氏志》所说的"神元皇帝时，余部诸姓内入者"，这一次迁往西河，也是要脱离拓跋鲜卑联盟，但受到拓跋部的武力讨伐。到昭成帝三十九年，苻坚派兵进入拓跋鲜卑时，"白部、独孤部御之，败绩"，[①] 证明穆帝通过武力讨伐，再一次强行将白部纳入拓跋鲜卑的统治之下。

铁弗刘虎的记载见于《魏书》卷95《铁弗刘虎传》：

> 铁弗刘虎，南单于之苗裔，左贤王去卑之孙，北部帅刘猛之从子，

---

① 《魏书》卷1《序纪》。

居于新兴虑虒之北。北人谓胡父鲜卑母为"铁弗",因以为号。猛死,子副仑来奔。虎父诰升爰代领部落。诰升爰一名训兜。诰升爰死,虎代焉。虎一名乌路孤。始臣附于国,自以众落稍多,举兵外叛。

铁弗部在刘虎以前,一直是独立于拓跋鲜卑联盟之外的与拓跋部通婚的匈奴部落。北部帅刘猛本是铁弗部的首领。据《晋书》卷101《刘元海载记》,曹操分南匈奴为五部,"北部居新兴",铁弗部属于匈奴五部中的北部。刘宣曾说:"晋为无道,奴隶御我。是以右贤王猛不胜其忿,属晋纲未驰,大事不遂,右贤涂地",[①]说明刘猛曾经是南匈奴的右贤王,率所部举行过反晋的军事行动,但被镇压。前引《魏书》所载"猛死,子副仑来奔"的含义是,在刘猛起兵被晋军镇压以后,其子副仑逃奔姻亲部落拓跋部。

铁弗部由刘虎之父诰升爰和刘虎相继担任首领。刘虎时率部依附拓跋部,很可能是受到来自晋朝方面的压力,才投靠姻亲拓跋部避难。对于这样一个原本不隶属自己而是临时来避难的姻亲部落,拓跋部也不能容忍其脱离拓跋鲜卑联盟独立发展,竟"屠其营落"以示惩罚,对其他各部的态度就可想而知了。

《官氏志》所载神元以来"内入诸姓",恐怕都是以这种方式强行并入的。对于反抗者,拓跋部甚至全部屠杀。"国有匈奴杂胡万余家,多勒种类,闻勒破幽州,乃谋为乱,欲以应勒,发觉,伏诛。"[②]这样的事情恐怕不会仅此一次。

其次,拓跋部对所属各部落与血亲组织的统治也达到了极点。

《魏书》卷111《刑罚志》记载,魏初,"无囹圄考讯之法,诸犯罪者,皆临时决遣。神元因循,亡所革易"。至少到神元帝时,还是以部落习惯法加以统治,联盟首长无论是对本部落还是对归附的血亲组织,统治力度都是十分有限的。而到了穆帝时,"乃峻刑法,每以军令从事。民乘宽政,多以违命得罪,死者以万计。于是国落骚骇"。[③]所谓"以军令从事",就是穆帝作为军事大联盟的首长,将本来在战时才可以行使的非常权力推广到平时,

---

① 《晋书》卷101《刘元海载记》。
② 《魏书》卷1《序纪》。
③ 《魏书》卷110《刑罚志》。

变成他的职权。这种对权力的滥用使其远远超出了军事联盟首长所能拥有的权力。

《魏书》卷1《序纪》也有相似的记载：

> 先是，国俗宽简，民未知禁。至是，明刑峻法，诸部民多以违命得罪。凡后期者皆举部戮之。或有室家相携而赴死所，人问："何之"，答曰："当往就诛"。

由此看来，受到"举部戮之"处罚的不仅仅是叛离拓跋鲜卑联盟的部落与对拓跋部的统治进行反抗的部落，还包括那些执行命令不力的部落。既然这里提到"诸部民多以违命得罪"，证明这是穆帝统治"内入诸姓"的方法。因"违命"而得罪的人数达到以万计，说明穆帝的命令并不是容易执行的，应该不仅仅是执行军事任务"后期"的问题。

《序纪》记载，穆帝六年，"城盛乐以为北都，修故平城以为南都"，又在"黄瓜堆筑新平城"，一年之内三次筑城，所需劳力，可能就出自对"内入诸姓"的征发。向各部落强行征发劳役、兵役甚至是赋税，各部民无法完成时就要以严刑峻法加以惩罚，这才是"诸部民多以违命得罪"的原因。

穆帝既然可以越过各部落大人而直接对"诸部民"进行惩罚，甚至"举部戮之"，那么，部落大人已经蜕变为穆帝命令的执行者，而不能再像从前一样对联盟首领权力的扩充起到某种制衡作用。

第三，对归附拓跋鲜卑联盟的非血亲组织成员的统治也得到加强。

如前所述，穆帝时，设南、北二部统治以个人而不是以血亲组织归附拓跋鲜卑的"诸方杂人"，授与降附的汉人首领以各种将军头衔，并利用他们统领归附的汉人，使联盟的最高首领可以在传统的血亲组织的框架之外，对这些无法纳入血亲组织框架中的新归附人群进行最有效的统治，而这对加强拓跋鲜卑联盟最高首领的权力起到了极大的推动作用。正是在这两种力量的支持下，穆帝才具备了压服各血亲组织的武力后盾，从而加强了对诸血亲组织的统治并施行严刑峻法。

综上所述，穆帝已经具有对所属各部民的人身强制力，其身份已不再是军事大联盟的首长，而是一个王。

但需要说明的是，穆帝对"四方诸部"的统治似乎并未加强。证据是，桓帝死后，子普根继立，在"六修之乱"中，"普根先守外境，闻难来赴，攻六修，灭之"，①这里所说的"外境"是何处不得而知，但结合普根拥有平叛的军事实力来看，这个"外境"应该是指"四方诸部"。②普根作为桓帝的继承人能够在其他部落中安然无恙这一事实足以证明，穆帝对"四方诸部"的统治力度是比较有限的，各部与拓跋部的关系可能还维持在"朝贡"的层面上。

在拓跋鲜卑联盟最高首领向王转化的过程中，无疑受到了来自中原的影响。穆帝三年，"晋怀帝进帝大单于，封代公"，最终导致穆帝夺取陉北五县，并"徙十万家以充之"，从此，拓跋鲜卑联盟中"诸方杂人"与汉人的成分都在明显增加。穆帝将统治中心迁至陉北五县，意味着更加倚重汉人与"诸方杂人"进行统治。

"八年，晋愍帝进帝为代王，置官属"，③受封为代公以后穆帝是否已经设置官属不得而知，但在进封为代王以后，显然已经在传统的部落首领大人、小帅和新近仿照血亲组织的样式创建的南北二部，以及酋长、庶长等官职之外，又设立了新的机构。据《魏书》卷23《莫含传》："穆帝爱其才器，善待之。及为代王，备置官属，求含于琨。"这次"置官属"是依照汉官制设立了王爵应有的属官，其中部分官员本身就是汉人。这一机构显然是旧有的联盟内部所不存在的新东西，一种与部落联盟的机构不相容的新东西。从莫含"甚为穆帝所重，常参军国大谋"④来看，这种新机构正在取代联盟原有的机构，发挥着越来越重要的作用。

莫含"卒于左将军、关中侯"，⑤随卫操投靠拓跋鲜卑的"宗室乡亲"，后来所受封的将军头衔及侯爵，"皆为桓帝所表授也"，⑥不仅其担任的官职完全

---

① 《魏书》卷1《序纪》。
② 桓帝曾经西略，"降附者二十余国"，在桓帝去世普根继立后，这些新降附的部族无疑都隶属于普根。在拓跋部最高权力的继承者问题上，这些新降附的部落先是支持桓帝，在桓帝死后支持其子普根。只不过穆帝势力强大，普根无法与之抗衡，不得不做表面上的臣附，使穆帝在形式上统一了三部。《魏书》卷95《徒何慕容廆传》称普根为左贤王，也证明其所统之部落具有相当大的独立性。正是因此，在"六修之乱"后，普根才有实力平叛并乘机夺取了拓跋部的最高权力。
③ 《魏书》卷1《序纪》。
④ 《魏书》卷23《莫含传》。
⑤ 《魏书》卷23《莫含传》。
⑥ 《魏书》卷23《卫操传》。

出自汉官制，而且还是出自晋帝的任命，这对于拓跋鲜卑来说，完全是一种自外植入的新体制。莫含的"左将军、关中侯"当也具有同样的性质。

穆帝时期，不仅已经存在纯粹的地缘组织，就是对传统的血缘组织下的民众也拥有了生杀予夺的大权，也出现了部落联盟的体制内所无法容纳的新机构，穆帝自身已经演变为一个集各种权力于一身的王。因此，拓跋鲜卑在穆帝时已经冲破了部落联盟的藩篱，开始向早期国家演进了。

但是，穆帝时取得的进步未能保持下来。在因权力继承导致的内乱中，对加强王权起到重要作用的"诸方杂人"与汉人受到较大冲击，再加上三万余户"乌丸"与汉人外逃，使新兴的地缘组织基本瓦解。对旧有血缘组织构成威胁的力量不复存在了，再加上拓跋部内部的权力争夺使每一个觊觎王权的人都必须尽量获得诸部大人的支持，因此，在穆帝以后，诸部大人的势力又有所上升。这是拓跋鲜卑历史进程中的一段迂回曲折。

穆帝以后对继承权的争夺，主要在沙漠汗的两个儿子桓帝与思帝的后裔之间展开。平文帝被桓帝祁后害死后，"大人死者数十人"。[①] 支持平文帝的诸部大人同时遇害，这一方面说明"内入诸姓"的大人已深深地卷入拓跋部内部的权力之争，另一方面说明，他们已无法与拓跋部的王权相抗衡，在拓跋部内掌权的一方可以任意处死支持自己对手的诸部大人。"内入诸姓"已完全失去了独立性，成为王权的附属品，其血亲组织虽然仍旧存在，但其性质已经是王权统治下的地方行政组织了。

正是因为"内入诸姓"已经与王权紧密地结合在一起，所以，在对继承权的争夺过程中，竞争者要想获得来自外部的支持的话，就不得不求助于"四方诸部"。继承穆帝的平文帝的妻子来自贺兰部，[②] 因此，贺兰部在对最高权力的争夺中成为思帝一系的坚定支持者。[③] 而从《魏书·序纪》的记载来看，桓帝一系的支持者主要是宇文部。在《官氏志》所列"四方诸部"中，

---

① 《魏书》卷1《序纪》。
② 田余庆《贺兰部落离散问题——北魏"离散部落"个案考察之一》，载田余庆《拓跋史探》，生活·读书·新知三联书店2003年，第64页。
③ 关于在早期拓跋部最高权力的继承中王后与后族的作用，参见田余庆《北魏后宫子贵母死之制的形成和演变》、《贺兰部落离散问题——北魏"离散部落"个案考察之一》，载田余庆《拓跋史探》，生活·读书·新知三联书店2003年，第9—76页。

贺兰部属于北方，宇文部属于东方，可以说，平文帝以下对最高权力的争夺，也可以理解为是拓跋鲜卑联盟内部东方各部与北方各部间的一场激烈竞争。拓跋珪即位以后，这场斗争以北方各部的胜利而告终，从此，东方诸部在新形成的国家中地位一落千丈。

在此时期，东方诸部、北方诸部的势力都在迅速膨胀。新即位的王如果没有这些部落的支持，很快就会失去王位，因而，削弱诸部大人的权力以加强王权成为不可能的事情。这种情况在烈帝时期表现得最为明显。

炀帝在位时，"烈帝居于舅贺兰部，帝遣使求之，贺兰部帅蔼头，拥护不遣。帝怒，召宇文部并势击蔼头。宇文众败，帝还大宁"。烈帝因为贺兰部的保护才免遭炀帝的杀害，后来其得以即位，也是"贺兰及诸部大人，共立烈帝"的结果。烈帝之所以能取代炀帝，归根结底，是因为支持他的贺兰部打败了支持炀帝的宇文部。

在烈帝即位以后，贺兰部的首领蔼头居功不法，"不修臣职"，构成对王权的侵犯，因此，烈帝"召而戮之"。但结果是"国人复贰"，贺兰部因此不再支持烈帝，"炀帝自宇文部还入，诸部大人复奉之"，[①] 导致炀帝乘机复辟。

思帝一系最终能够战胜桓帝一系，很重要的原因在于，思帝的后裔注意在诸部大人之外寻求新的支持力量。《魏书》卷25《长孙嵩传》："父仁，昭成时为南部大人"；卷113《官氏志》："复置二部大人以统摄之。时帝弟孤监北部，子实君监南部"。都证明在昭成帝时重新组建了南、北二部，吸纳、管理归附的"诸方杂人"，与穆帝时期一样，这构成了支持王权的最重要力量。因此，在昭成帝继承王位以后，思帝一系与桓帝一系长达20余年的斗争才宣告结束，在昭成帝在位的39年中，未再遇到来自桓帝一系的竞争对手。

4. 王权的加强

《魏书》卷1《序纪》记载，昭成帝即位后，定年号为建国，这是拓跋鲜卑首次使用年号，其背后的意义是不言而喻的，王权的观念在拓跋鲜卑中已经深入人心。虽然在此前20余年的内部混乱中，诸部大人的影响力和权力都有所上升，但是，现在他们争执的焦点是由谁来继承王权的问题，而不是是否应该存在王权的问题。

---

① 本段史料皆引自《魏书》卷1《序纪》。

《魏书》卷1《序纪》记载，建国二年，"始置百官，分掌众职"，这在卷113《官氏志》中记载为：

> 建国二年，初置左右近侍之职，无常员，或至百数，侍直禁中，传宣诏命。皆取诸部大人及豪族良家子弟仪貌端严，机辩才干者应选。又置内侍长四人，主顾问，拾遗应对，若今之侍中、散骑常侍也。①

昭成帝的"置百官"，与穆帝时的"置官属"性质不同，并不是按照汉官制确立代王作为王爵应有的属官体系，而是为支持自己的亲信集团成员确定了一种名分，也就是所谓"近侍"，因此其数量才能达到"百数"。并明确他们具有传达王的命令的权力，也就是可以作为王的代表指挥各部落与血亲组织，即"传宣诏命"。亲信集团作为王权的支持者，从此拥有了合法的地位与权力，这些人依附于王权，成为加强王权的最得力的支持者。

从前引《魏书》的记载来看，昭成帝的亲信集团成员的来源主要是两个，一是"诸部大人"，一是"豪族良家子弟仪貌端严，机辩才干者"。后者作为精干的非血亲组织首领，是亲信集团的核心力量，也是王权的真正支持者。但是，昭成帝也选择部分"诸部大人"，也就是部落或血亲组织的首领加入亲信集团，这无疑可以缓解部落与血亲组织的首领们对此新事物的抵触情结，有利于新官制的推行。

此外，昭成帝也仿照穆帝设置了代王的属官。如燕凤"拜代王左长史，参决国事"，② 许谦"建国时，将家归附，昭成嘉之，擢为代王郎中令，兼掌文记"。③

由于帝室内部的权力之争，"四方诸部"的势力有较大发展。面对这种情况，昭成帝对"四方诸部"采取了团结、联合的安抚方法，尽可能以和平的方式解决彼此的争议，而不诉诸武力。

> 五年夏五月，幸参合陂。秋七月七日，诸部毕集，设坛墠，讲武驰

---

① 《魏书》卷113《官氏志》。
② 《魏书》卷24《燕凤传》。
③ 《魏书》卷24《许谦传》。

射，因以为常。①

这显然是增加诸部凝聚力的方式。从"设坛墠"的记载来看，每年一度的诸部大会，除了"讲武驰射"以外，还有相关的祭祀活动。昭成帝并不急于确立对"四方诸部"的统治权，而是满足于各部承认其作为拓跋鲜卑联盟的最高首领身份，并按传统承认他是联盟的最高军事首长和最高祭司。在一些重大问题上，昭成帝召集诸部大人商议，而不是自己发布命令，要求各部大人执行。在定都灅源川的问题上，昭成帝就曾与诸部大人讨论，"连日不决"。即使是作为联盟最高首领有权决定的军事问题上，昭成帝也十分注意听取诸部大人的意见：

> 十四年，帝曰："石胡衰灭，冉闵肆祸，中州纷梗，莫有匡救，吾将亲率六军，廓定四海。"乃敕诸部，各率所统，以俟大期。诸大人谏曰："今中州大乱，诚宜进取，如闻豪强并起，不可一举而定，若或留连，经历岁稔，恐无永逸之利，或有亏损之忧。"帝乃止。②

通过对"四方诸部"的怀柔、安抚，昭成帝成功地重建了拓跋鲜卑联盟，联盟中的诸部也都对联盟产生了较强的向心力。从力微至穆帝时期，一直试图脱离联盟的白部，在昭成帝三十九年却积极地参与了抵抗苻坚部队的战斗，可见昭成帝的上述政策是非常有成效的。

以拓跋部为核心，以南、北二部为依托，利用亲信集团控制"内入诸姓"，利用联盟的传统控制"四方诸部"，昭成帝逐渐树立起权威，在其39年的统治中，王权得以缓慢但却稳固地发展。

首先，据《魏书·序纪》的记载，建国三年春，"移都于云中之盛乐宫"，四年秋九月，"筑盛乐城于故城南八里"，即在建国二年受到诸部大人反对以致讨论"连日不决"的定都、筑城两件事，在一年多的时间内先后都实现了。这一事件充分说明，昭成帝控制着实际的权力，他的意志是诸部大人所无法左右的。定都建城，是昭成帝重建了一个统治中心，这是加强对诸

---

① 《魏书》卷1《序纪》。
② 《魏书》卷1《序纪》。

部控制的基础。

其次，昭成帝即位之后不久，就颁布了一系列法令：

> 昭成建国二年：当死者，听其家献金马以赎；犯大逆者，亲族男女无少长皆斩；男女不以礼交皆死；民相杀者，听与死家马牛四十九头，及送葬器物以平之；无系讯连逮之坐；盗官物，一备五，私则备十。法令明白，百姓晏然。[1]

昭成帝改变了穆帝靠暴力推行苛刻统治的做法，使权力的运作规范化。但从"犯大逆者，亲族男女无少长皆斩"的规定来看，王权的地位也是不容怀疑的。尤其需要注意的是，"男女不以礼交皆死"，昭成帝已经动用王权来规范、改造鲜卑人的风俗，这不仅是王权加强的表现，也为后代孝文帝改革时利用王权强制改变鲜卑风俗开创了先例。

另外，对于不肯接受安抚的部落，昭成帝也会使用武力加以镇压。穆帝时因叛离联盟受到镇压的铁弗部，建国十九年在首领阏头的率领下，"潜谋反叛"，但昭成帝并未立即诉诸武力，而是"使人招喻，阏头从命"，和平解决了这一问题。建国二十一年，"阏头部民多叛"，昭成帝也未采取军事行动，"悉勿祈兄弟十二人在帝左右，尽遣归，欲其自相猜离"，采取分化、瓦解铁弗部的方法，最终，"悉勿祈夺其众。阏头穷而归命，帝待之如初"。继悉勿祈而立的刘卫辰，[2] 分别于建国二十二年、二十三年、二十四年"朝聘"并求婚，铁弗部留在拓跋鲜卑联盟之内。至建国二十八年，刘卫辰最终还是叛离拓跋鲜卑联盟时，昭成帝才不得不动用武力。建国三十年，大败刘卫辰，"俘获生口及马牛羊数十万头"，[3] "收其部落十六七焉"。[4]

昭成帝强化王权的过程为苻坚的入侵所打断，昭成帝被擒，后来客死长

---

[1] 《魏书》卷 111《刑罚志》。
[2] 据《魏书》卷 13《昭成皇后传》："初，昭成遣卫辰兄悉勿祈还部落也，后戒之曰：'汝还，必深防卫辰，辰奸猾，终当灭汝。'悉勿祈死，其子果为卫辰所杀，卒如后言。"证明悉勿祈去世后，铁弗部因权力的继承又导致了一场内乱。而这正是昭成帝"遣归"悉勿祈兄弟的用意之所在。
[3] 以上记载皆见《魏书》卷 1《序纪》。
[4] 《魏书》卷 95《铁弗刘虎传》。

安，[1] 拓跋鲜卑联盟被纳入前秦政权的统治之下。苻坚任命刘卫辰、刘库仁分统拓跋鲜卑部众。正如我们在本章第一节中所论述的，刘卫辰、刘库仁依靠的力量主要是不具有血亲组织的"诸方杂人"，这对拓跋鲜卑的血亲组织无疑造成一种冲击，有利于王权的加强。

为加强对拓跋鲜卑的统治，前秦对拓跋鲜卑实行了"离散部落"，将其原有的血亲组织改造为地方行政组织，以加强对部众的统治。在此过程中，是来自拓跋鲜卑外部的前秦的王权对拓跋鲜卑的社会组织进行了改造，而这些措施为前秦的统治瓦解以后，拓跋鲜卑王权迅速复兴并加强创造了条件。从这个意义上说，前秦统治的10年中，拓跋鲜卑王权强化的过程仍在继续，并为拓跋珪的复国打下了良好的基础。

（二）官员与机构

随着王权的出现与加强，拓跋鲜卑联盟内部也在生成作为王权附属的官员体系。早期拓跋鲜卑官员形成的途径主要有两个：一是原来的部落大人，也就是血亲组织或血亲组织复合体的首领；一是联盟最高首领的亲信集团成员。在发展过程中，二者并不存在矛盾冲突与对立，而是逐渐结合为一个整体，这构成了北魏前期官制系统中的鲜卑官制系统。与此同时，拓跋鲜卑也在引进中原的汉官制度，但这在早期主要是安置汉族降附者的一种临时措施，在拓跋鲜卑早期官制中并不起主导作用。

1. 早期官员

早在神元帝力微时代，卫瓘为除掉沙漠汗而向诸部大人行贿，"于是国之执事及外部大人，皆受瓘货"。[2] 所谓的"外部大人"，自然是指拓跋本部之外的"内入诸姓"的首领，即血亲组织或血亲组织复合体的首领，而"国之执事"，应指活动于拓跋部内部的负责执行拓跋部最高首领命令的亲信集团。

---

[1] 《魏书》卷1《序纪》、卷13《献明贺皇后传》、卷15《实君传》都记载昭成帝死于"实君之乱"。田余庆据此认为，昭成帝在苻洛来攻时"北走不成，还至云中暴死"。见田余庆《拓跋史探》，生活·读书·新知三联书店2003年，第64页。但周一良已证明《魏书》上述记载不可信，昭成帝实际是被擒客死长安的，《魏书》出于避讳而改史。见周一良《关于崔浩国史之狱》，《中华文史论丛》1980年第4辑，上海古籍出版社1980年，第113—120页。另参见李凭《北魏平城时代》，社会科学文献出版社2000年，第17—24、141—148页。

[2] 《魏书》卷1《序纪》。

自檀石槐死后，诸部大人已经实行世选制，这使得各血亲组织内部都生成特权家庭或家族。发展到力微时期，诸部大人绝对不会再是部民可以随时选举和罢免的部落首领了，而是地位相当稳定的部族的首长，因此，他们才能因为财物而谋害沙漠汗。而亲信集团成员代表联盟最高首领行使权力，这个集团更是新生的、与传统部族组织不相容的。因此，力微时期的"国之执事"与"外部大人"，其身份已经开始由血缘组织的首领向官员转化。

《魏书》卷1《序纪》：

> 乌丸王库贤，亲近任势，先受卫瓘之货，故欲沮动诸部，因在庭中砺钺斧，诸大人问欲何为，答曰："上恨汝曹谗杀太子，今欲尽收诸大人长子杀之。"大人皆信，各各散走。

库贤"亲近任势"，当是亲信集团的重要成员。因为亲信集团的成员最重要的职责就是代表联盟最高首领来行使权力，所以，诸部大人才对他的谣言信以为真。从上述史料来看，"外部大人"虽然平日居住在其所统辖的血亲组织之中，但要定期或不定期地到拓跋部来朝见联盟的最高首领。此外，他们也要应召参加联盟最高首领举行的一些活动，如祭祀；也要奉命去执行一些特殊的任务，如力微曾命令诸部大人到阴馆迎接自晋归来的沙漠汗。当然，他们最主要的义务还是应召统兵出征。诸部大人居住的分散性，决定了联盟首领需要一批传达其命令的人，在需要时可以迅速将诸部大人召集起来，或使之按指令行事，因此，亲信集团也就应运而生了。也许我们可以说，外部大人是最早的地方官的雏形，而亲信集团则是最早的中央官的雏形。

顺便说一句，拓跋氏控制归附诸部的很重要的措施就是"任子"制度。从上述史料来看，诸部大人长子可能都被送到拓跋部中作人质，所以，库贤称力微"欲尽收诸大人长子杀之"才在诸部大人中引起极大的恐慌。有些部落留在拓跋部的质子可能还不止一个。昭成帝时期，"阙头之叛，悉勿祈兄弟十二人在帝左右，尽遣归，欲其自相猜离"，[①] 留在昭成帝身边的悉勿祈兄弟共12人，应该都是铁弗部送到拓跋部的质子。

---

① 《魏书》卷1《序纪》。

库贤是乌桓人,证明拓跋鲜卑联盟最高首领的亲信集团成员不都是鲜卑人,更不仅仅出自拓跋部。这与拓跋鲜卑联盟本身的多民族性是相适应的。

据马长寿的考证,《魏书》卷113《官氏志》所载拓跋鲜卑"内入诸姓"的75姓中,"属于匈奴族的姓氏有六,属于丁零族的姓氏有六,属于柔然族的姓氏有三,属于乌桓及东部鲜卑的姓氏有九,属于其他东西方各族的姓氏有七,共计三十一姓"。① 加盟诸部出自多个民族,诸部大人自然也来自多个民族,连联盟首领的亲信集团成员也来自多个民族,反映拓跋鲜卑联盟内部民族界线的模糊。也正是因此,匈奴余种十余万落才可以自号鲜卑,轻易地完成了民族心理认同的转化。这种情况非常有利于不同民族的血亲组织之间的通婚,使他们迅速融合,形成一个新的民族集团。但从后来拓跋珪的"元从二十一人"中鲜卑人占据绝对多数且一半出自拓跋氏的情况来看,② 自力微以下,拓跋鲜卑联盟首领的亲信集团成员中,鲜卑人或拓跋鲜卑人占多数应该是没有问题的。

《魏书》卷111《刑罚志》:

> 魏初,礼俗纯朴,刑禁疏简。宣帝南迁,复置四部大人,坐王庭决辞讼,以言语约束,刻契记事,无囹圄考讯之法,诸犯罪者,皆临时决遣。神元因循,亡所革易。

曹永年指出,上述史料中的"宣帝"当为"献帝",③ 证明在南迁匈奴故地前后,拓跋鲜卑虽然仍旧以习惯法来约束民众,但却已经出现了专职的法官。四部大人断案的地点是"王庭",意味着他们的司法活动是在联盟最高首领的监督下进行的,也就是说,联盟首长已经掌握了司法权,四部大人不过是联盟首长司法权的具体执行者而已。由此推测,四部大人最早可能都是由亲信集团的成员来担任的。

自出现专门负责司法工作的官员之后,亲信集团的成员逐渐出现了职责的分化,这一点我们从后来鲜卑语流传下来的一些称呼中可以窥见端倪:

---

① 马长寿《乌桓与鲜卑》,上海人民出版社1962年,第254页。
② 张金龙《拓跋珪"元从二十一人"考》,《北朝研究》,1995年第1期。
③ 曹永年《早期拓跋鲜卑的社会状况和国家的建立》,《历史研究》,1987年第5期。

> 国中呼内左右为"直真"，外左右为"乌矮真"，曹局文书吏为"比德真"，檐衣人为"朴大真"，带仗人为"胡洛真"，通事人为"乞万真"，守门人为"可薄真"，伪台乘驿贱人为"拂竹真"，诸州乘驿人为"咸真"，杀人者为"契害真"，为主出受辞人为"折溃真"，贵人作食人为"附真"。三公贵人，通谓之"羊真"。①

亲信集团成员职责的分化既是王权加强的结果，反过来又对王权的进一步加强起到推动作用。此外，也对在联盟血亲组织之外创建新机构起到催化剂的作用，在此基础上，拓跋鲜卑逐渐形成了自己的职官系统：

> 魏氏世君玄朔，远统□臣，掌事立司，各有号秩。及交好南夏，颇亦改创。昭成之即王位，已命燕凤为右长史，许谦为郎中令矣。余官杂号，多同于晋朝。②

"掌事立司，各有号秩"一句话，是对从力微至穆帝时代，拓跋鲜卑联盟首领亲信集团的发展与职责分化中衍生出拓跋鲜卑自身的职官系统这一演变过程的高度概括。从前引史料中我们也可以发现，拓跋鲜卑直到建国以后，还保存着本民族的官称，这是早期"各有号秩"的遗存。

张庆捷、郭春梅通过对北魏文成帝《南巡碑》中所载官名的研究，认为："在北魏前期官制中确实存在着汉族和鲜卑拓跋两个渊源和两个系统，两系统的职官在特殊的历史条件下曾互相掺杂，长期共存，一起构成北魏前期官制的总体框架和主要特征。"③其中的"鲜卑拓跋"渊源，按前引《魏书》卷1《序纪》的记载，至少可以上溯到神元帝力微的时代，联盟首长的亲信集团正是从这一时期开始发生职责的分化并逐渐演变为作为王权附属物的官员队伍的。由于史料的缺乏，此后的发展情况我们还无从得知，但从昭成帝初期的情况来看，建国二年，才"初置左右近侍之职，无常员，或至百

---

① 《南齐书》卷57《魏虏传》。
② 《魏书》卷113《官氏志》。
③ 张庆捷、郭春梅《北魏文成帝〈南巡碑〉所见拓跋职官初探》，《中国史研究》，1999年第2期。

数，侍直禁中，传宣诏命"。① 昭成帝初期的亲信集团成员全部被笼统地授与"近侍"的官称，"初置"一词表明，在昭成帝建国二年以前，这些亲信集团的成员是没有合法的官职和地位的。其职掌是"侍直禁中，传宣诏命"，并不存在职能的分化。这证明在力微以后的发展过程中出现过波折和倒退，所以，昭成帝初期才又回到了比力微时期更为原始的发展阶段。

昭成帝时期的内侍来源是："皆取诸部大人及豪族良家子弟仪貌端严，机辩才干者应选"，不仅仅包括力微时的"国之执事"，也包括部分力微时的"外部大人"。这不仅缓和了亲信集团与部落大人之间的矛盾冲突，也使亲信集团无法假传王命，类似于库贤事件的事情再也不会发生了。从力微至昭成帝时期，拓跋鲜卑联盟首领主要依赖于亲信集团与诸部大人进行统治的模式不但没有改变，而且使二者更好地结合起来，构成拓跋鲜卑自身的职官系统的雏形和基础。

《魏书》卷113《官氏志》将拓跋鲜卑官制中的汉族渊源上溯到昭成帝时期，认为最早的汉官是担任右长史的燕凤与担任郎中令的许谦，这显然是错误的。至少在穆帝时期，拓跋鲜卑的早期官制中就已经存在汉官系统。穆帝八年"晋愍帝进帝为代王，置官属"的记载，②就可以证明这一点。《魏书》卷23《莫含传》："穆帝爱其才器，善待之。及为代王，备置官属，求含于琨。"莫含就是穆帝时代王府的属官。《魏书》卷25《卫操传》记载，随卫操投靠拓跋鲜卑的"宗室乡亲"后来多封侯、任将军，这也是典型的汉官制。上述都是"及交好南夏，颇亦改创"的一个方面，即"余官杂号，多同于晋朝"，是对晋朝官制的一种移植。

"及交好南夏，颇亦改创"的另一个方面是，参照晋朝官制的职能创制具有本族特点的新官制：

> 初，帝（拓跋珪）欲法古纯质，每于制定官号，多不依周汉旧名，或取诸身，或取诸物，或以民事，皆拟远古云鸟之义。诸曹走使谓之凫鸭，取飞之迅疾；以伺察者为候官，谓之白鹭，取其延颈远望。自余之

---

① 《魏书》卷113《官氏志》。
② 《魏书》卷1《序纪》。

官，义皆类此，咸有比况。①

这虽然说的是道武帝拓跋珪时的情况，但此前也应该存在类似的事情，因此《官氏志》才称"及交好南夏，颇亦改创"。

穆帝时拥有汉官制官称头衔的都是投靠拓跋鲜卑的汉人，大体上此时的汉官制还是一种赠与降附汉人头面人物的称号，在拓跋鲜卑内部不存在系统的汉官制度，影响还是有限的。

拓跋珪初年沿用昭成帝时期的内侍制度，甚至拓跋珪的一些亲信本人就是昭成帝时期的内侍。如：长孙肥，"昭成时，年十三，以选内侍"，"太祖之在独孤及贺兰部，肥常侍从，御侮左右，太祖深信仗之"。②长孙道生，拓跋珪"使掌几密，与贺毗等四人内侍左右，出入诏命"，③其与贺毗等四人的身份显然就是昭成帝时期的"内侍长四人"，④拓跋珪时期曾任内侍长的还有庾和辰。⑤证明拓跋珪的内侍制度是对昭成时期内侍制度的全面继承。

在此时期，官员的主要来源还是亲信集团与部落大人。据《魏书》卷113《官氏志》：

> 太祖登国元年，因而不改，南北犹置大人，对治二部。是年置都统长，又置幢将及外朝大人官。其都统长，领殿内之兵，直王宫；幢将员六人，主三郎卫士直宿禁中者。自侍中已下，中散已上，皆统之外朝大人，无常员。主受诏命，外使，出入禁中，国有大丧大礼皆与参知，随所典焉。

拓跋珪初期的一个新变化是亲信集团成员职能的分化。最早先是分化为文武两途，武职主要官职是统都长、幢将，其职责是统领侍卫亲军；⑥文职的官职是外朝大人，主要职责是传达拓跋珪的命令。但是，外朝大人并不是全

---

① 《魏书》卷113《官氏志》。
② 《魏书》卷26《长孙肥传》。
③ 《魏书》卷25《长孙道生传》。
④ 《魏书》卷113《官氏志》。
⑤ 《魏书》卷28《庾业延传》。
⑥ 参见张金龙《文成帝〈南巡碑〉所见北魏前期禁卫武官制度》，《民族研究》，2003年第4期。

部出自亲信集团,也包括部分部落大人。如和跋,"世领部落,为国附臣",显然是世袭的部落大人,但也被拓跋珪任命为外朝大人。这证明,昭成帝时开创的将部落大人纳入内侍系统的做法,在拓跋珪时期被沿用下来。从上述史料的记载来看,从亲信集团成员中衍生出来的外朝大人的权力很大。

随着私有制的发展,拓跋鲜卑首领已经积聚起大量的财富,至少自昭成帝的时代起,亲信集团的一个新的职能就是管理拓跋氏首领的畜群。如:

> 庾业延,代人也,后赐名岳。其父及兄和辰,世典畜牧。稍转中部大人。昭成崩,氏寇内侮。事难之间,收敛畜产,富拟国君。刘显谋逆,太祖外幸,和辰奉献明太后归太祖,又得其资用。以和辰为内侍长。和辰分别公私旧畜,颇不会旨,太祖由是恨之。岳独恭慎修谨,善处危难之间,太祖喜之。与王建等俱为外朝大人,参与军国。①

庾岳后任外朝大人,其兄曾任内侍长,显然都出身于亲信集团的成员。和辰"分别公私旧畜"中的所谓"公",指的就是拓跋氏首领的畜产,庾岳的父兄"世典畜牧",就是负责管理属于拓跋氏首领私有的畜产。除庾氏以外,《魏书》中记载的负责管理拓跋氏畜群的还有奚氏:

> 奚斤,代人也,世典马牧。父箪,有宠于昭成皇帝。时国有良马曰"騧騮",一夜忽失,求之不得。后知南部大人刘库仁所盗,养于窟室。箪闻而驰往取马,库仁以国甥恃宠,惭而逆击箪。箪捽其发落,伤其一乳。②

从奚箪对刘库仁的态度来看,这些负责管理拓跋氏畜产的亲信集团成员在当时是非常有权势的。

2. 新机构的设置

在力微时期虽然已经存在"国之执事",但是没有史料说明这些亲信集团的成员已构成独立于传统部落结构之外的权力机构。《魏书》卷113《官氏志》虽然在昭成帝以前,就出现了"掌事立司,各有号秩"的说法,但一方

---

① 《魏书》卷28《庾业延传》。
② 《魏书》卷29《奚斤传》。

面史书中找不到相关的证据，另一方面，这也可能是指穆帝以后的史实。因此，我们认为，拓跋鲜卑在部落组织之外创设新的统治机构，不可能上溯到力微时期，而是最早见于穆帝时期。《魏书》卷1《序纪》记载，穆帝八年，"晋愍帝进帝为代王，置官属"，是仿照晋朝官制，设立了代王府。

据《晋书》卷24《职官志》，晋朝王府官属的设置为：

> 王置师、友、文学各一人，景帝讳，故改师为傅。友者因文王、仲尼四友之名号。改太守为内史，省相及仆。有郎中令、中尉、大农为三卿。大国置左右常侍各一人，省郎中，置侍郎二人，典书、典祠、典卫、学官令、典书丞各一人，治书四人，中尉司马、世子庶子、陵庙牧长各一人，谒者四人，中大夫六人，舍人十人，典府各一人。

穆帝时期的"置官属"是否依上述规格设置了全套的机构，史书中没有记载。就现有史料可以肯定，莫含属于代王府的属官，但《魏书》卷23《莫含传》对其入国以后任职情况的记载是"参国官"，含义非常模糊，不知道具体官称是什么。莫含"卒于左将军、关中侯"，[①] 与随卫操投靠拓跋鲜卑的"宗室乡亲"后来的官称类似，参之本传中"含甚为穆帝所重，常参军国大谋"的记载，估计其身份只是穆帝亲信集团中的汉族成员，具体官职、执掌都不会很清楚。可能穆帝时虽然仿晋制设立了王府这一新的机构，但并未仿晋制建立全套的王府属官，而只是用王府属官的名义将部分亲信集团的成员纳入这一机构而已，没有明确的官职与分工。

至晚在昭成帝时期，代王府的属官体系已比较健全，见于史书记载的属官有：燕凤，为"代王左长史"；[②] 许谦，为"代王郎中令，兼掌文记"。[③]《序纪》："始置百官，分掌众职"，说明此时的王府属官不仅已存在仿晋制的明确官称，也出现了具体分工，职能在分化。参之下述拓跋珪时期的情况来看，昭成帝时期王府属官这种分工与职能的分化还是相当初级的。

拓跋珪即位之初仍旧主要依靠部落大人与亲信集团施行统治，这也就是

---

① 《魏书》卷23《莫含传》。
② 《魏书》卷24《燕凤传》。
③ 《魏书》卷24《许谦传》。

《魏书》卷 28《李栗传》所说的"时王业草创,爪牙心腹,多任亲近"。但此时,部落大人及其子弟在内侍集团中所占的比例有所上升。据张金龙考证,在拓跋珪的"元从二十一人"中,"一半以上为拓跋氏成员,其他绝大多数也为鲜卑拓跋部落联盟之酋长或其子孙,他们领有部落,具有强大的政治经济优势"。①

拓跋珪也继承了代王府的设置。张衮,"太祖为代王,选为左长史",属于代王府的属官:

> 从太祖征蠕蠕。蠕蠕遁走,追之五六百里。诸部帅因衮言于太祖曰:"今贼远粮尽,不宜深入,请速还军。"太祖令衮问诸部帅,若杀副马,足三日食否。皆言足也。太祖乃倍道追之,及于广漠赤地南床山下,大破之。既而太祖问衮:"卿曹外人知我前问三日粮意乎?"对曰:"皆莫知也。"太祖曰:"此易知耳。蠕蠕奔走数日,畜产之余,至水必留。计其道程,三日足及。轻骑卒至,出其不意,彼必惊散,其势然矣。"衮以太祖言出告部帅,咸曰:"圣策长远,非愚近所及也。"②

从上述事件中张衮所发挥的作用来看,其职能仍旧是"侍直禁中,传宣诏命",这一方面证明,代王府的属官仍由亲信集团成员出任,另一方面也反映出,无论是代王府的属官还是亲信集团成员,其官职与职能的分化仍旧是十分有限的。但《魏书》卷 24《崔玄伯传》称其"为黄门侍郎,与张衮对总机要,草创制度",说明代王府的属官已逐渐居于权力的中心,并以这种机构为依托,开始创设新的机构。

这一时期的"草创制度"在机构设置方面究竟出现了哪些新的变化,史书中语焉不详。《魏书》卷 2《太祖纪》称登国元年"班爵叙勋,各有差",登国三年已出现"九原公元仪",六年有"陈留公元虔",卷 12《昭成子孙传》也称元仪"登国初,赐爵九原公",元虔"登国初,赐爵陈留公"。既然已经出现了爵级制度,显然不可能不存在相应的机构设置。

《魏书》卷 29《叔孙建传》称其"登国初,以建为外朝大人,与安同等

---

① 张金龙《拓跋珪"元从二十一人"考》,《北朝研究》,1995 年第 1 期。
② 《魏书》卷 24《张衮传》。

十三人迭典庶事，参军国之谋"。见于《魏书》的外朝大人共 6 人：王建、贺悦、和跋、庚业延、叔孙建、安同。"参军国之谋"，卷 30《王建传》作"参与计谋"。《魏书》所记载的北魏前期"参与计谋"者还有奚牧，"拜为治民长，敷奏政事，参与计谋"，[①] 则奚牧也应是 13 位外朝大人之一。

明元帝时曾有所谓"八公"，据《魏书》卷 25《长孙嵩传》："太宗即位，与山阳侯奚斤、北新侯安同、白马侯崔宏等八人，坐止车门右，听理万几，故世号八公。"此"八公"的执掌与外朝大人相同。明元帝不大可能完全抛开前朝执掌机要的诸位外朝大人，委任另外一批人为"八公"，更可能的情况是，明元帝时的"八公"大多曾担任过外朝大人。安同既是"八公"之一，也是外朝大人之一，就可以证明这一点。

另外，在下引史料中所提到的诸人，与担任"八公"的安同、奚斤、长孙嵩地位相当，很可能以前也属于外朝大人：

> 于是使浩奉策告宗庙，命世祖为国副主，居正殿临朝。司徒长孙嵩、山阳公奚斤、北新公安同为左辅，坐东厢西面；浩与太尉穆观、散骑常侍丘堆为右弼，坐西厢东面。百僚总己以听焉。[②]

综上，13 位外朝大人可能是：王建、贺悦、和跋、庚业延、叔孙建、安同、奚牧、穆观、丘堆、崔浩、张衮、奚斤、长孙嵩。这些外朝大人"迭典庶事"，当存在与之相应的机构。

新机构的设置不仅出现于中央，也出现于地方。

《魏书》卷 2《太祖纪》："初建台省，置百官，封拜公侯、将军、刺史、太守，尚书郎已下悉用文人。"卷 113《官氏志》："皇始元年，始建曹省，备置百官，封拜五等，外职则刺史、太守、令长已下有未备者，随而置之。"证明拓跋珪沿用了中原地区的郡县制作为地方统治机构，并沿用了刺史、太守、县令、县长等官称。这种对中原地区旧有机构的沿用，对于拓跋鲜卑来说，也属于新的机构设置。不过，这些机构恐怕更多的是用来统治汉族，而不是用于统治草原民族的。

[①] 《魏书》卷 28《奚牧传》。
[②] 《魏书》卷 35《崔浩传》。

《南齐书》卷 57《魏虏传》：

> 殿中尚书知殿内兵马仓库，乐部尚书知伎乐及角史伍柏，驾部尚书知牛马驴骡，南部尚书知南边州郡，北部尚书知北边州郡。又有俟勤地何，比尚书；莫堤，比刺史；郁若，比二千石；受别官比诸侯。诸曹府有仓库，悉置比官，皆使通虏汉语，以为传驿。兰台置中丞御史，知城内事。又置九豆和官，宫城三里内民户籍不属诸军戍者，悉属之。

从上述史料中可以看出，北魏初期新机构的设置，虽然多仿自中原官制，但其中也不乏对本族旧有官制的沿用。

大体上说，北魏初期的统治结构已具有双轨制的特点。一方面，如上所述，套用中原郡县体制以统治汉族；另一方面，保存草原民族的血亲组织以统治非汉族。"魏孝文帝迁洛有八氏十姓，三十六族，九十二姓。八氏十姓，出于帝宗属，或诸国从魏者。三十六族九十二姓，世为部落大人者，并为河南洛阳人。"[①] 这些血亲组织的最终瓦解当在孝文帝改革时期。但是，中央新机构的增设与模仿中原郡县制的地方统治结构的确立，将血亲组织纳入国家机构的行政体制之中，使其性质发生了根本性变化，已不再是血缘组织，而是行政机构了。

3. 向国家演进的三阶段

拓跋鲜卑由前国家形态向国家的演进经历了十分曲折的过程，也许我们可以说，这种演进共进行了三次，但前两次都为外力所打断，第三次才获得了成功。

拓跋鲜卑在迁入匈奴故地之后，就开始了向国家的演进，至穆帝时，拓跋鲜卑已处于国家的边缘。穆帝统治的后期，其所控制的民众，既有按血缘组织加以管理的，也有以非血缘组织加以管理的，而且二者在总人口中所占的比例大体相当，显示出拓跋鲜卑联盟内部血亲组织正处于瓦解的过程之中，其社会组织的性质正由血缘组织向地缘组织转化。这不仅是拓跋鲜卑自身社会发展的结果，在很大程度上，也是受中原汉族影响的结果。正是在此

---

① 《新唐书》卷 199《柳冲传》。

时期，汉族大量进入拓跋鲜卑之中，汉族组成的部队成为拓跋鲜卑重要的军事力量，以卫操为代表的一批汉族知识分子成为穆帝的重要谋士和亲信。拓跋鲜卑面临社会变革，而这些汉族的出现，自然会将他们十分熟悉的中原国家的统治模式引入拓跋鲜卑。

但是，这种局面维持的时间不长。先是"国有匈奴杂胡万余家，多勒种类，闻勒破幽州，乃谋为乱，欲以应勒，发觉，伏诛"。[①] 这些匈奴杂胡显然属于"诸方杂人"，在此次事变中，被杀的"诸方杂人"数量比较大，使拓跋鲜卑中不是按血亲关系组织起来的非汉族部众受到沉重打击。接下来的"六修之乱"打乱了穆帝时确立的统治结构。此后，拓跋鲜卑统治下的汉人在卫雄、姬澹的率领下出奔，各游牧民族维持原有的二级部落结构，又退回到穆帝以前的统治结构，使这一次向国家演进的过程中断。

至昭成帝什翼犍时，重新建立对部分游牧民族的非血缘统治结构，汉人的数量再次上升，并在昭成帝的政权中发挥着越来越重要的作用，拓跋鲜卑重新开始了向国家的演进。这次演进，在诸多方面都与穆帝时的演进具有相似性，表现为对穆帝时的发展过程的重复。实质上，这是穆帝后期为战乱所中止的发展的延续。但是，这次演进又为苻坚的入侵所打断。

在前秦统治下，包括对拓跋鲜卑本族实行的"离散部落"在内的一系列政策，促进了拓跋鲜卑及其所属部族的血亲组织向地方基层行政组织转化，对拓跋鲜卑向国家的演进起到了促进作用。因此，当拓跋珪复国以后，拓跋鲜卑即迅速向国家转变。究其原因，是前秦的统治在拓跋鲜卑自身发展的基础上，已在拓跋鲜卑中建立起地方行政组织，当前秦的统治瓦解之后，拓跋鲜卑不会轻易退回到血缘组织的故态之中，而是需要一种新的中央权力对前秦的统治取而代之，拓跋珪的代国正适应了这种需要。这是拓跋鲜卑作为次生形态的国家所受到的最重要的外来影响。虽然我们不能将拓跋鲜卑向国家的演进归因于前秦的统治以及对其基层社会组织的改造，但前秦的统治无疑为拓跋珪时代拓跋鲜卑迅速向国家演进铺平了道路，而其基础正是在此之前拓跋鲜卑两次不成功的向国家的演进。

拓跋珪时代，拓跋鲜卑已与汉人杂居。因为无法将汉人纳入草原民族传

---

① 《魏书》卷1《序记》。

统的血亲组织加以统治，最方便的办法自然是沿用中原的郡县制统治汉人。当然，引入郡县制也与包括拓跋珪在内的拓跋鲜卑的统治者已对汉文化有相当了解有关，如果在力微时代，这是不可想象的，沙漠汗的悲剧就是最好的证据。

"离散部落"则是对草原民族的血亲组织的改造，在并不完全破坏血亲组织的前提下使之适应新的统治需要。通过这种方法，拓跋珪不仅确立了行之有效的双轨制统治结构，也完成了将血缘组织改造为地缘组织的演进。再加上亲信集团演变为中央官、新机构的增设等一系列变化，使拓跋鲜卑真正地从前国家形态中走向国家。因此，我们认为，拓跋鲜卑国家的最终确立应该是在拓跋珪在位期间。

小　结

在拓跋鲜卑迁入匈奴故地以前，"强则分种为酋豪，弱则为人附落"[①]的社会组织方式已经在草原上流行很久了。毫无疑问，草原上最基本的社会单位是父家长制家庭。具有相同父系男性祖先的若干个家庭构成一个"种"，也就是文化人类学上所说的父系世系群。其规模大小不一，小到几十户、十几户，大到几百户、几千户。由于不存在行之有效的统治方法，而仅仅是靠血亲组织加以管理，因此当"种"的规模达到一定程度之后，往往因种种原因造成分裂，这也就是"强则分种为酋豪"。在草原弱肉强食的生存竞争中，规模太小的"种"在不具备维持其自身独立地位的实力时，往往投靠某一强大的"种"，成为其附属部落，即"附落"，这也就是"弱则为人附落"。同"种"内是不可以通婚的。而"种"与"种"之间的姻亲关系往往构成他们联盟的基础。从理论上讲，弱小的"种"所依附的强大部落一般与之具有血缘关系，或者说，他们在若干世代以前，本是从同一"种"中分离出来各自发展的。"强则分种为酋豪，弱则为人附落"都是在同一祖先的后裔中进行的分分合合，因而，"种"内不能通婚的原则也得以保持。但在实践中，由

---

① 《后汉书》卷117《西羌传》。

于草原游牧民族的流动性，弱小部落有时不得不依附于与自身不具有血缘关系的部落，二者有时甚至不是同一民族。在这种情况下，本种与附落间就不存在通婚的天然障碍，"种"内通婚即变为可能的。

这种社会组织方式在经过相当长时间的运行之后，就会形成十分复杂的局面。一个新兴起的强大的"种"，虽然拥有成百上千户，却都是同一祖先的后裔，而且世系十分明确，因而组织有序。一个有悠久历史的弱小的"种"，可能仅有几十户，其内部却还可以分为本种与从前其强大时投靠来的"附落"。当某一"种"特别强大时，不仅能将弱小的种变成自己的附落，也有实力强迫比较强大而且拥有自己附落的种成为自己的附落。这时，就出现了附落的附落。实际情况也许比这还要复杂。

这种结构杂乱的统一体的存在前提，是其内部存在一个强大的核心部落。这一强大部落时时受到"强则分种为酋豪"的草原定律的威胁，除了杰出的领袖之外，尚不存在任何机制可以遏制分裂的趋势。于是，当某部出现杰出的领袖之后，可以在相当短的时间里纠集起一大批结构各异、民族各异的附落，成为强大的政治势力，并开始在社会组织方面出现某些非血缘关系的因素。但是，随着这位杰出人物的去世，往往出现部落的分裂，这个曾经十分强大的部落及其附落分裂为若干个普通的"种"，一切又都回到了从前。强大的部落如何长期维持统一局面，是草原民族向国家演进的"瓶颈"。

在拓跋鲜卑居住在呼伦湖附近的时候，就已经接触到这种草原的社会组织方式。与匈奴、高车的血亲组织杂居并通婚，使拓跋鲜卑成为一个拥有不同民族附落的、内婚的"种"。"七分国人"是对这种局面的改造，取消了附落的不同结构，使之单一化，与拓跋鲜卑本种一起构成八个集团，——如果从种可以包括不同血缘乃至不同民族的血亲组织这一点来看，也可称之为八个"种"——并禁止了内部通婚。这一改革从根本上说就是将结构复杂的种改造为结构简单的种，当然，其内部的血缘关系变得十分混乱，不得不规定内部不得通婚，也就是确立彼此间的假想的亲属关系，以此为基础，人为建立起一个简单的世系群。"八国"的首领的亲属关系被当作全部族的亲属关系，"八国"被看成是同一祖先的八支后裔组成的世系群。

在进入匈奴故地以后，拓跋鲜卑面临更为复杂的社会组织与数量更为庞大的归附人口，上述将所有归附部落改造为一个世系群的做法显然已行不通了，拓跋鲜卑不得不接受传统的附落制度以控制降附各部。通过联姻和武力征服，拓跋部与独孤、贺兰等比较强大的部落建立起联盟关系，并成为联盟的盟主。从此，拓跋部也就面对草原民族向国家演进的传统"瓶颈"了。力微时代，拓跋鲜卑的联盟与此前草原上出现过的强大的"种"并不存在本质的区别，所以，随着力微这一杰出首领的去世，就出现了"诸部离叛，国内纷扰"①的局面。

但穆帝以后，拓跋部开始在归附的血亲组织之外组建不具有血缘关系的部——南、北二部。虽然南、北二部的组建最初仍旧是仿效血亲组织的部，但其内部始终未能确立起哪怕是假想的亲属关系，这使其具有与作为血缘组织的部不同的特点。南北二部与归附的汉人，成为拓跋部新的军事力量，不仅打破了传统军事力量的均衡，而且对其他属部构成威胁。其他部族的军事力量在拓跋部强大时固然可以为其所用，加强拓跋部的军事实力，但是，当拓跋部力量削弱时，它们便成为破坏联盟的分裂势力；而南、北二部与汉人武装却始终都是拓跋部统治者可以依靠的军事力量，是维持联盟统一的力量。拓跋联盟的分裂与否，不再与杰出首领的存殁密切相关，而是与这种非血亲组织的军事力量的存在与否密切相关。拓跋鲜卑第一次向国家演进的失败，其根本原因不是穆帝的去世，而是南、北二部的瓦解与汉人武装力量的南下。

非血亲组织军事力量的出现，使拓跋部可以长久保持联盟的统一，并以此为后盾加强对各依附部落的控制。拓跋部对依附部落的改造主要表现在两个方面：其一，"离散部落"，就是对附落的杂乱结构进行划一的改造；其二，任免附落的首领，并将其中一部分首领纳入亲信集团。附落虽然仍旧以血亲组织为基础，但是，血亲组织之上的单位不再是依据"强则分种为酋豪，弱则为人附落"的原则自由生成，而是已具有行政组织的性质；其首领虽然仍旧有依据传统习惯由血亲组织选举产生或是由血亲组织内的显要家庭世选、世袭，但也有部分首领是拓跋部首领任命的，使之具有行政官员的性质。因此我们说，这两种改革使各附落的传统血缘组织转变为地方行政组织。

对各部控制的加强，使行政事务明显增多，在拓跋部内增设新机构以处

---

① 《魏书》卷1《序纪》。

理这些行政事务是必然的结果,那么,这些新机构演变为新形成的国家的中央机构,就只是一个时间问题了。在拓跋鲜卑的发展过程中,由于中原政权的影响,使这一演变过程非常迅速。

如果我们抛开外来的影响审视拓跋鲜卑向国家的演进过程,就会发现,其中三个环节是十分重要的。

首先,要出现传统部落结构之外的组织和军事力量,这是打破"强则分种为酋豪,弱则为人附落"循环模式的前提和基础。不经历这一变革,血亲组织复合体之间的分分合合,就会一直在前国家状态中作循环运动,而不能向国家演进。如果未能完成这一环节,无论如何强大的部落联盟,终究只是昙花一现,随着杰出首领的去世,一切又都回到了从前,开始新一轮的循环。檀石槐的联盟是如此,轲比能的联盟也是如此。

其次,以新的军事力量为后盾,对传统部落结构进行改造,使之由血缘组织转变为行政组织。如果未能完成这一环节,虽然可以一时凭借这种军事力量东征西讨,但当这种军事力量瓦解之后,社会组织也就会退回到"强则分种为酋豪,弱则为人附落"的循环中。穆帝后期就是如此。

最后,增设新的机构,以完成向国家的演进。如果未能完成这一环节,则联盟仍存在分裂的可能。

第五章　国家形成的模式

早在20世纪80年代初期，我国学术界就已经开始对摩尔根的学说进行反思，并指出其不足之处。[①]但讨论主要集中在其学说中有关婚姻与家庭的部分，对于国家起源部分则基本没有涉及。由于摩尔根的理论得到恩格斯《家庭、私有制和国家的起源》一书的肯定，因此，中国学者在对相关理论的争辩中多有所顾忌，总是很小心地对摩尔根与恩格斯的理论加以区分。批判的是摩尔根，而不敢有一言涉及恩格斯。正如童恩正所言："长期以来，摩尔根的模式之所以被奉为经典，是因为在某些学术工作者的头脑中存在一种误解，以为这种模式就是马克思主义理论的概括和具体化，对这种模式提出的任何怀疑，都是对马克思主义理论的怀疑。"[②]

诚然，恩格斯自己也说过："如果只是'客观地'叙述摩尔根的著作，对它不用批判的探讨，不利用新得出的成果，不同我们的观点和已经得出的结论联系起来阐述，那就没有意义了。"[③]但是，将恩格斯的理论体系与摩尔根的理论体系完全区别开来毕竟是不可能的。事实上，正如孔令平所说，童恩正"正确指出的摩尔根那些不当的观点和论断，我国学术界多数并不是直接地取自摩尔根的《古代社会》一书，而是得自恩格斯的《家庭、私有制和

[①] 蔡俊生《人类从前存在过血缘家庭吗？——介绍一个论点，谈一点感想》，《民族学研究》第二辑，民族出版社1981年，第200—204页；《摩尔根群婚概念的再认识》，《民族学研究》第五辑，民族出版社1983年，第322—332页。谭乐山《对杂交血缘群婚和马来亚亲属制的质疑》，《民族学研究》第二辑，民族出版社1981年，第205—219页。童恩正《摩尔根的模式与中国的原始社会史研究》，《中国社会科学》，1988年第3期。
[②] 童恩正《摩尔根的模式与中国的原始社会史研究》，《中国社会科学》，1988年第3期。区别摩尔根与恩格斯的理论的做法甚至可以上溯到20世纪60年代。参见杨堃《关于摩尔根的原始社会史分期法的重新估价问题》，《学术研究》，1964年第3期。
[③] 恩格斯《致卡·考茨基》，《马克思恩格斯全集》第36卷，人民出版社1974年，第144页。

国家的起源》一书"。①

我们姑且不论摩尔根与恩格斯关于婚姻与家庭的理论是否真的存在差异，可以肯定的是，在人类的政治组织形式是从部落联盟演进为国家这一点上，他们的认识是完全一致的。面对酋邦理论，中国学术界区分摩尔根的理论与恩格斯的理论、批摩尔根保恩格斯的传统做法是行不通的。因此，在中国学者引进酋邦理论的同时，也就开始尝试将酋邦理论与部落联盟理论加以调和。

最常见的观点是，认为部落联盟模式与酋邦模式都是正确的，是人类政治组织形式演进的两种不同情况，其中谢维扬的观点影响较大：

> 从早期国家发生和发展的进程的角度来看，可以认为有两种模式是客观地存在着的。第一种模式是指早期国家直接从氏族社会中演化出来的那些个案；这可以称为"氏族模式"。第二种则是指早期国家是从氏族社会解体后出现的酋邦社会中演化出来的那些个案；这可以称为"酋邦模式"。这两种不同的模式所涉及的早期国家在其结构特征上也有一些重要的不同。
>
> 由于早期国家进程的面貌不同，分别由氏族模式和酋邦模式产生的国家在政治传统上也形成较大的不同。总的来说，由氏族模式形成的国家，至少在其最初的发展上，倾向于形成一种民主型的政治运行机制。比如雅典和罗马国家的最初形态都是民主共和国。而对于酋邦模式来说，它所产生的国家在最初的发展上则相反，比较倾向于形成专制型的政治运行机制。这一点只要比较一下恩格斯指出的在雅典国家早期"没有总揽执行权力的最高官员"的情况与祖鲁国家形成后恰卡本身成为一个"暴君"的情况就很清楚了。这个问题对解释世界不同古代国家的不同形态是特别重要的。②

也有的学者尝试将两种模式融合为统一的新模式，比较有代表性的可能当数王希恩的说法，认为人类政治组织形式演进的模式可以图示如下：

---

① 孔令平《实事求是地对待摩尔根模式》，《中国社会科学》，1989年第5期。
② 谢维扬《中国早期国家》，浙江人民出版社1995年，第69、76页。

$$群队 —— 氏族 —— 部落 —— \begin{cases} 部落联盟 \\ 酋邦 \end{cases}①$$

除了认为群队是人类政治组织的最初也是最基层的单位之外，在认为人类由前国家形态向国家的演进中经历了部落联盟与酋邦两种模式这一点上，与前述的观点基本没有差异。

但是，在研读恩格斯《家庭、私有制和国家的起源》和塞维斯的《原始社会结构》(*Primitive Socil Organization: An Evolutionary Perspective*) 与《国家和文明的起源》(*Origins of the State and Civilization: The Process of Cultural Evolution*) 之后，我们认为，这两种理论恐怕是无法调和的。因此，我们从事比较研究的第一步，就是对此两种理论模式进行解读。

第一节 两种理论体系的解读

（一）重读《家庭、私有制和国家的起源》

恩格斯的《家庭、私有制和国家的起源》一书，作为氏族—部落—部落联盟—国家的演进模式的最经典表述，在中国的相关研究中受到最广泛的征引，但学者们对这部马克思主义经典著作的理解却并不是没有分歧的。因此，在将我们前面所作的个案研究与部落联盟的演进模式作比较研究之前，有必要先谈谈我们对恩格斯在《家庭、私有制和国家的起源》一书中所阐述的理论模式的理解。

1. 该书的体例与结构

恩格斯《家庭、私有制和国家的起源》一书，除序言外共计九章：一、史前各文化阶段；二、家庭；三、易洛魁人的氏族；四、希腊人的氏族；五、雅典国家的产生；六、罗马的氏族和国家；七、克尔特人和德意志人的氏族；八、德意志人国家的形成；九、野蛮时代和文明时代。

---

① 王希恩《民族过程与国家》，甘肃人民出版社1998年，第44页。原图将英文"band"汉译为"队群"，与本书采用的译名不同。

全书十分清晰地分为五个部分：第一、二、三、九章都是独立的部分，第四至第八章为一部分。第一章，简单介绍摩尔根对史前文化发展阶段的划分及各阶段生产力发展状况；第二章，研究人类婚姻与家庭的演进；第三章，以易洛魁人为例说明原始社会最典型的氏族组织的情况；第四至第八章，举希腊人、罗马人、德意志人为例，具体说明由前国家形态向国家演进的三种情况，每个个案都是先谈其与易洛魁人相似的典型氏族社会的特点，而后说明由此向国家的演进过程——其中希腊人与德意志人的个案都是依此分为两章加以叙述，罗马人的个案由于资料缺乏而将此两个方面放在一章中论述；第九章，是对本书论述内容的总结与归纳。

在书名中，恩格斯已经明确指出，本书要从事三个方面的研究：家庭的起源问题、私有制的起源问题以及国家的起源问题。上述五个部分中，第一章是全书的铺垫，第三章是第四至第八章的铺垫，第九章是全书的总结。第二章主要论述家庭的起源问题，第四章至第八章主要论述国家的起源问题，虽然没有专门的章节论述私有制的起源问题，但这却是贯穿全书的一条主线。三个问题之间的内在联系我们可以图示如下：

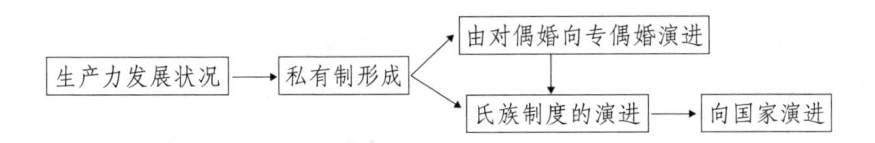

生产力发展状况 → 私有制形成 → 由对偶婚向专偶婚演进
　　　　　　　　　　　　　　→ 氏族制度的演进 → 向国家演进

这种研究思路恩格斯在该书的 1884 年第一版序言中已经作了明确说明：

> 根据唯物主义观点，历史上的决定因素归根结蒂是：直接生活的生产和再生产。但这本身又是双方面的。一方面，产生生活资料，即食、衣、住的东西，以及为此所需的工具；另一方面，产生人类自己，即种的蕃衍。一定历史时代和一定地区内人们生活于其下的社会机构，受着生产这两方面的制约：劳动的发展阶段，是一方面，家庭的，是又一方面。劳动发展愈差，其所产生的量，从而社会的财富，愈是有限，社会制度所受血族关系的统治就显得愈占优势。然而，在这以血族关系为基础的社会部分，劳动的生产率日益发展起来；随之而来的是私有财产和交换，财富的差别，使用族外人劳动力的可能性和与之俱来的阶级对

立的基础：这是新的社会成分，它们在若干世代的过程中，竭力使旧的社会制度适应新的形势，直到两者的不相容性最后导致一个完全底变革为止。旧的以血族团体为基础的社会，在新发展的社会阶级冲突中被炸毁，组成为国家的新社会取而代之，其基层单位已经不复是血族团体，而是地区团体，是一种社会，其中家庭制度完全受财产制度的支配，阶级对立和阶级斗争从此自由开展，构成了直至今日的全部成文历史的内容。①

从章节的题目来看，该书主要分两大部分，研究婚姻与家庭的部分在前，研究国家起源问题的部分在后。这种编排顺序明显来自马克思《摩尔根〈古代社会〉一书摘要》，②而与摩尔根《古代社会》不同。③但两部分的比重却是不均衡的。有关婚姻与家庭的内容仅占一章，如果连同介绍典型氏族组织的第三章在内，有关国家起源的内容占 6 章。从文字量来看，现在的汉译本，④前者，即第二章，占 58 页；后者，即第三至第八章，总计占 76 页；后者约是前者的 1.3 倍。但这是 1891 年第四版恩格斯作了较大修订之后的结果。由于自第一版问世以后，"对于原始家庭形式的认识，已经获得了很大的进展。因此，在这里必须用心地加以修订和补充"（第 4 页）。因此，在 1891 年的修订中，恩格斯不仅在序言中增加了十几页的文字来叙述家庭史研究的状况，而且对研究婚姻与家庭的第二章也增补了十余页的内容。⑤有的学者统计，1891 年的修订，恩格斯共修改了 144 处，第二章

---

① 此据日知译文。见日知《〈家庭、私有制和国家的起源〉1884 年第一版序言和恩格斯 1884 年的一条遗稿》，《云南民族学院学报》，1985 年第 1 期。
② 见《马克思恩格斯全集》第 45 卷，人民出版社 1985 年。
③ 摩尔根《古代社会》共四编，依次是：各种发明和发现所体现的智力发展、政治观念的发展、家族观念的发展、财产观念的发展。见杨东莼、马雍、马巨译《古代社会》，商务印书馆 1977 年。马克思《摩尔根〈古代社会〉一书摘要》的次序是第一编、第三编、第四编、第二编，除第一编之外，正是以婚姻家庭、私有制、国家的起源排序，恩格斯的书名还反映着马克思的这一排序原则，只不过在写作时未列专章单谈私有制问题而已。
④ 恩格斯《家庭、私有制和国家的起源》，《马克思恩格斯选集》第 4 卷，人民出版社 1995 年。本章下文所引该书凡未特别注明者，皆出自此版本。以下引用该书仅在行文中加括号标出页码，不再一一注明版本。
⑤ 参见恩格斯《家庭、私有制和国家的起源》，第 27 页注释 1、33 页注释 1、39 页注释 1、47 页注释 1、54 页注释 1、55 页注释 1。

一章占 75 处，超过半数。无论是文字的修改、对论点的进一步发挥，还是原则性的修改和补充，第二章所占比例都是最大的。① 由此推算，恩格斯最初写作《家庭、私有制和国家的起源》一书时，第二章仅占 40 多页，是研究国家起源问题各章字数的一半多一点，仅占全书的四分之一。由此可以看出，在该书中，恩格斯更重视研究的是国家的起源，而不是婚姻与家庭的起源。

虽然如此，在该书中，除了以易洛魁人为例说明原始社会最典型的氏族组织的第三章之外，在有关国家起源问题的各章中，关于典型氏族社会状况的文字也占了相当大的篇幅。此外，再加上有关私有制起源问题的论述与对国家起源的原因及国家性质的相关论述，有关人类政治组织由前国家形态向国家演进的过程的分析所占文字量是相当有限的。也就是说，恩格斯虽然沿袭摩尔根氏族—部落—部落联盟—国家的演进模式，但在该书中，对此模式的论述并不十分详细。究其原因，这不仅与当时学术界对氏族社会向国家演进的过程的研究还十分薄弱有关，也与恩格斯的写作目的有关。

在致考茨基的信中，恩格斯写道："如果只是'客观地'叙述摩尔根的著作，对它不作批判的探讨，利用新得出的成果，不同我们的观点和已经得出的结论联系起来阐述，那就没有意义了。这对我们的工人不会有什么帮助。"② 从最后一句话来看，恩格斯创作该书虽然是在研究一个学术问题，但其出发点还是为了有利于当时工人阶级的斗争需要。因此，其研究的重点自然不会是由氏族社会向国家的演进过程，而是推动这一演进的动力，也就是

---

① ［苏联］伊·恩·文尼科夫《恩格斯"家庭、私有制和国家的起源"一书的第一版和第四版》，《民族问题译丛》，1956 年第 5 期。该文对 1891 年版的修改之处列有统计表，现移录如下：

修改的性质	一	二	三	四	五	六	七	八	九	总计
文字上的修改，不改变本文基本的意义	6	20	8	3	6	—	5	—	3	51
明确或发挥本文意义的修改和些微的补充	3	23	1	2	1	2	5	3	4	44
采用新的事实资料进一步发挥第一版所发表的论点	1	12	—	1	—	1	6	—	—	20
原则性的修改和补充	1	17	—	1	—	1	—	—	3	22
修改第一版所存在的不确切的地方	1	3	—	1	1	—	—	—	1	7
总计	12	75	9	7	8	4	16	3	10	144

② 恩格斯《致卡·考茨基》，《马克思恩格斯全集》第 36 卷，人民出版社 1974 年，第 144 页。

国家形成的原因。

毫无疑问，恩格斯的《家庭、私有制和国家的起源》在很多方面是对摩尔根学说的继承，它的副标题"就路易斯·亨·摩尔根的研究成果而作"，就已经点明了这一点。但是，摩尔根的学说并不是该书的唯一来源。在写作过程中，恩格斯还参考了80余位作家的100多部相关著作，对摩尔根学说作了发展和补充。恩格斯在1884年第一版序言中对此作了说明：

> 在关于希腊和罗马历史的章节中，我没有局限于摩尔根的例证，而是补充了我所掌握的材料。关于克尔特人和德意志人的章节，基本上是属于我的；在这里，摩尔根所掌握的差不多只是第二手的材料，而关于德意志人的章节——除了塔西佗以外——还只是弗里曼先生的不高明的自由主义的赝品。经济方面的论证，对摩尔根的目的来说已经很充分了，对我的目的来说就完全不够，所以我把它全部重新改写过了。（第3页）

就该书的章节而言，恩格斯的补充主要在第四至第九章，特别是第七、第八、第九这三章，都是与国家起源相关的部分。但是，恩格斯在理论方面的补充主要体现在"经济方面的论证"，也就是对国家起源的动力方面的说明；对于由氏族社会向国家演进的过程方面，恩格斯的补充主要是"例证"和"材料"，因为在恩格斯看来，"摩尔根所掌握的差不多只是第二手的材料"，而理论体系基本上全部采用了摩尔根的说法。也就是说，在认为人类由前国家形态向国家的演进中经历了氏族—部落—部落联盟—国家的演进模式这一理论模式上，恩格斯与摩尔根的看法是相同的。由于恩格斯的著作受到更广泛的征引，因此，我们主要从恩格斯的著作出发来理解这种演进模式。

2. 需要明确的几个问题

在对恩格斯著作的理解中，有几个问题需要明确。首先，如何理解恩格斯所说的向国家演进的三种模式。

恩格斯在《家庭、私有制和国家的起源》第九章中指出：

> 雅典是最纯粹、最典型的形式：在这里，国家是直接地和主要地

从氏族社会本身内部发展起来的阶级对立中产生的。在罗马，氏族社会变成了封闭的贵族制，它的四周则是人数众多的、站在这一贵族制之外的、没有权利只有义务的平民；平民的胜利炸毁了旧的血族制度，并在它的废墟上面建立了国家，而氏族贵族和平民不久便完全融化在国家中了。最后，在战胜了罗马帝国的德意志人中间，国家是直接从征服广大外国领土中产生的，氏族制度不能提供任何手段来统治这样广阔的领土。但是，由于同这种征服相联系的，既不是跟旧有居民的严重斗争，也不是更加进步的分工；由于被征服者和征服者差不多处于同一经济发展阶段，从而社会的经济基础依然如故，所以，氏族制度能够以改变了的、地区的形式，即以马尔克制度的形式，继续存在几个世纪，甚至在以后的贵族血族和城市望族的血族中，甚至在农民的血族中，例如在迪特马申，还以削弱了的形式复兴了一个时期。（第169—170页）

上述三种形式被恩格斯称为"国家在氏族制度的废墟上兴起的三种主要形式"，证明恩格斯承认，在自己与摩尔根主要研究的这三个个案之外，由氏族社会向国家的演进还存在其他模式。这也是为什么恩格斯在《家庭、私有制和国家的起源》中按个案分章讨论国家起源问题，而没有像研究婚姻家庭问题那样总结出一个普遍规律。而本书所作的两个个案研究，显然与恩格斯所研究的三个个案存在一定的差异。

需要注意的是，恩格斯认为："雅典是最纯粹、最典型的形式：在这里，国家是直接地和主要地从氏族社会本身内部发展起来的阶级对立中产生的。"恩格斯在第五章中还提道："雅典人国家的产生乃是一般国家形成的一种非常典型的例子，一方面，因为它的形成过程非常纯粹，没有受到任何外来的或内部的暴力干涉，——庇西特拉图的篡位为时很短，并未留下任何痕迹，——另一方面，因为它使一个具有很高发展形态的国家，民主共和国，直接从氏族社会中产生；最后，因为我们是充分知道这个国家形成的一切重要详情的。"（第118页）由此我们可以清楚地认识到，恩格斯把雅典称为"最纯粹、最典型的形式"、"一种非常典型的例子"，并不是像通常所理解的那样，是将雅典视为向国家演进的普遍模式，而是认为雅典的国家未受到其他因素影响，是直接从原始社会经自身的发展演进生成的，用文化人类学的通行概念，即原生形态的国家。恩格斯所说"再好莫过于从古雅典来加以研究"（第 107 页），是强调原生形态的国家的个案研究在研究国家起源问题上的特殊意义，而不是其他。在恩格斯所研究的三个个案中，雅典是他认定的唯一原生形态的国家——这是恩格斯从摩尔根那里继承下来的观念，也是恩格斯特别重视雅典模式的原因。当然，在今天看来，将雅典国家看成是原生形态的国家，恐怕不是没有问题的。

德意志模式，在上面的引文中恩格斯已经说得很清楚了，"国家是直接从征服广大外国领土中产生"，因为"氏族制度不能提供任何手段来统治这样广阔的领土"。这是一种通过对异族的征服战争刺激国家生成的模式。德意志人的国家建立在罗马帝国的废墟上，显然是一种次生形态的国家。

对于罗马模式中的平民，恩格斯在第六章中有详细说明：

> 罗马城以及靠征服而扩大了的罗马地区上的人口日益增加；增加的人口中一部分是外来移民，一部分是被征服地区，主要是拉丁地区的居民。所有这些新的国民（关于被保护民的问题，这里暂且不谈），都处在旧的氏族、库里亚和部落之外，因而，不是 populus romanus 即本来的罗马人民的组成部分。他们是人身自由的人，可以占有地产，必须纳税和服兵役。可是他们不能担任任何官职；既不能参加库里亚大会，也不能参与征服得来的国有土地的分配。他们构成被剥夺了一切公权的平民。由于他们的人数不断增加，由于他们受过军事训练并有武装，于是就成了一种同这时根本禁止增加外人的旧的 populus 相对抗的可怕力量了。（第 127 页）

从增加的人口有相当一部分是新被征服的拉丁地区的居民来看，罗马模式与上述征服战争刺激国家形成的德意志模式有相似之处，恩格斯之所以将之列为另一种模式，应该是从"增加的人口中一部分是外来移民"这一点考虑的。恩格斯是将之视为移民导致的血缘组织的杂居刺激国家生成的模式。

罗马人是希腊文化的继承者，这是学术界早已公认的事实，恩格斯不可能不知道这一点。在三种模式中，恩格斯没有给予罗马模式与希腊模式相同的地位，甚至在篇幅上也少于另外两种模式，可见恩格斯是将罗马模式视为次生形态的国家的。

综上，恩格斯所研究的三种模式，在他看来，是一个原生形态的国家和两个次生形态的国家；在两个次生形态的国家的形成中，一个主要与征服并统治异族有关，另一个主要与移民有关。

其次，在典型的氏族社会中，家庭形式是对偶制家庭。在氏族社会走向瓦解的时候，家庭形式是父家长制家庭。在典型的氏族社会中，最小的经济单位不是氏族，而是由一组家庭组成的"家户经济"。

所谓"家户经济"，译自德语"Haushaltung"。该词（包括复数 Haushaltungen）有两种意义：一种是"家务"、"家政"、"家计"，从这个意义上可以译为"家庭经济"；另一种则指住在一个家屋（Haus）中的、构成一个家庭（Familie）的全部成员，这样的家往往是一个独立的经济实体，从这个意义上可以译作"家户经济"。①

恩格斯在第四章中写道：

> 不仅格罗特，而且尼布尔、蒙森以及迄今为止的其他一切古典古代历史编纂学家，都没有解决氏族问题。不论他们多么正确地叙述了氏族的许多特征，但是他们总是把氏族看作家庭集团，因此便不能理解氏族的本性和起源。在氏族制度之下，家庭从来不是，也不可能是一个组织单位，因为夫与妻必然属于两个不同的氏族。氏族整个包括在胞族内，胞族整个包括在部落内；而家庭却是一半包括在丈夫的氏族内，一半包括在妻子的氏族内。（第99页）

对恩格斯这一段话，结合他在该书其他部分的论述，可以肯定，他所否认的是将氏族看成家庭集团的说法，并不是否认典型氏族中家庭的存在。说家庭不是"一个组织单位"，是指家庭不具有婚姻——或准确地说性与生育——职能之外的职能。

---

① 朱本源指出，《家庭、私有制和国家的起源》的旧译本将德语"Haushaltung"（包括复数 Haushaltungen）一概译为"家庭经济"是不准确的，应根据具体情况分别译为"家庭经济"和"大家户"。见朱本源《关于〈家庭、私有制和国家的起源〉汉语译文的若干问题》，《陕西师大学报》，1978年第4期。本书所依据的人民出版社1995年版《马克思恩格斯选集》本《家庭、私有制和国家的起源》，将旧译本的"家庭经济"一概改译为"家户经济"，仍旧是不准确的。

在典型氏族社会中，最小的经济单位不是家庭，也不是氏族，而是氏族内的一组家庭。对此，该书虽未展开论述，但有多处明确的表达：

> 家户经济是由一组家庭按照共产制共同经营的，土地是全部落的财产，仅有小小的园圃归家户经济暂时使用。（第 95 页）
>
> 家户经济是共产制的，包括几个、往往是许多个家庭。凡是共同制作和使用的东西，都是共同财产：如房屋、园圃、小船。（第 159 页）

同页恩格斯还加了如下的注释：

> 特别是在美洲的西北沿岸，见班克罗夫特的著作。在夏洛特皇后群岛上的海达人部落中，还有 700 人聚居在一所房屋中的家户经济。在努特卡人那里，整个部落都聚居在一所房屋中生活。

由此可见，所谓家户经济，指的是同财共产、共同居住的一组家庭，这是社会最基本的经济单位。

恩格斯在谈到普那路亚家族时说：

> 每个原始家庭，至迟经过几代以后是一定要分裂的。原始共产制的共同的家户经济（它毫无例外地一直盛行到野蛮时代中级阶段的后期），决定着家庭公社的最大限度的规模，这种规模虽然依条件而变化，但是在每个地方都是相当确定的。（第 35 页）

在谈到对偶制家庭时说：

> 这种对偶制家庭，本身还很脆弱，还很不稳定，不能使人需要有或者只是希望有自己的家庭经济①，因此它根本没有使早期传下来的共产制家户经济解体。（第 45 页）

---

① 汉译本此处译作"家户经济"。但这句话的意思是，对偶制家庭并不要求成为独立的经济单位，因而，自普那路亚家庭中延续下来的共产制的家户经济才得以继续存在。所以，后一个"家户经济"的译法是正确的。此处应采用"Haushaltung"的另一个意义，译为"家庭经济"。

第五章 国家形成的模式 | 215

显然，恩格斯认为，家户经济起源于普那路亚时期，一直延续到为父家长制家庭所取代为止。恩格斯也认为，"氏族制度，在绝大多数情况下，都是从普那路亚家庭中直接发生的"①（第38页）。那么，家户经济盛行的起止时间大体上与氏族制度盛行的时间相一致。因此，我们可以说，这就是氏族制度下典型的经济组织形式。其最典型的时期当然是母系氏族时期，对此，恩格斯引用传教士阿瑟·莱特的记载进行了较详细的说明：

> 讲到他们的家庭，当他们还住在老式长屋〈包含几个家庭的共产制家户经济〉中的时候……那里总是由某一个克兰〈氏族〉占统治地位，因此妇女是从别的克兰〈氏族〉中招来丈夫……通常是女方在家中支配一切；贮藏品是公有的；但是，倒霉的是那种过于怠惰或过于笨拙因而不能给公共贮藏品增加一分的不幸的丈夫或情人。不管他在家里有多少子女或占有多少财产，仍然要随时听候命令，收拾行李，准备滚蛋。对于这个命令，他不可有反抗的企图；他无法在这栋房子里住下去，他非回到自己的克兰〈氏族〉去不可；或者像他们通常所做的那样，到别的克兰内重新结婚。（第45—46页）

伴随着从母系向父系的转变，社会最基本的经济单位也就由一组共产制家庭所构成的"家户"，下移到家庭上。用恩格斯的话来说，"各个家庭首长之间的财产差别，炸毁了各地迄今一直保存着的旧的共产制家庭公社"、"个体家庭开始成为社会的经济单位了"（第164页），"但是这样一来，在古代的氏族制度中就出现了一个裂口：个体家庭已经成为一种力量，并且以威胁的姿态起来与氏族对抗了"（第162—163页）。正是在此基础上，人类社会出现了阶级分化并开始向国家演进。

---

① 朱本源认为，此句应依张仲实的译本，译为："氏族制度，在绝大多数场合，似乎是从普那路亚家庭中直接发生的"，以表示不确定语气。这是恩格斯在见到澳大利亚发现的有关群婚的新材料之后，在1891年第四版中所作的修改。见朱本源《关于〈家庭、私有制和国家的起源〉汉语译文的若干问题》，《陕西师大学报》，1978年第4期。但是，有关"家户经济"起止时间的表述，是建立在第一版肯定氏族制度在绝大多数情况下是从普那路亚家庭中直接发生的观点之上的，对此恩格斯在第四版中未作修改，应该理解为，恩格斯仍旧认为，"家户经济"源于普那路亚家庭，可能是与氏族的出现相伴发现的。从这个意义上说，这处引文的语气是肯定还是不确定，并不影响我们的论述，因此，我们这里仍引通行的1995年本的译法。

第三，关于氏族、部落、部落联盟的性质。

为方便讨论，我们将恩格斯在第三章中论述的氏族、部落、部落联盟的风俗或者说特点列表如下：

氏族的特点	部落的特点	部落联盟的特点
1. 氏族选举一个酋长（平时的首脑）和一个酋帅（军事领袖）。	1. 有自己的地区和自己的名称。	1. 五个血缘亲属部落以完全平等和在部落的一切内部事务上的独立为基础，结成永世联盟。
2. 氏族可以任意罢免酋长和酋帅。	2. 有独特的、仅为这个部落所用的方言。	2. 联盟的机关是联盟议事会，由50个地位和威信平等的酋长组成；这个议事会对联盟的一切事务作最后的决定。
3. 氏族的任何成员都不得在氏族内部通婚。	3. 有隆重委任氏族所选出的酋长和军事领袖的权力。	3. 这50个酋长，在联盟成立时，被分配在各部落和氏族中，担任专为联盟目的而设立的新的公职。当出缺时，有关的氏族便重新进行选举，同时有关的氏族也可以随时罢免他们；不过委任权则属于联盟议事会。
4. 死者的财产转归其余的同氏族人所有，它必须留在氏族中。	4. 有罢免他们的权力，甚至可以违反他们氏族的愿望而罢免他们。	4. 联盟的这些酋长们，在他们各自的部落中也是酋长，享有参加部落议事会和表决的权力。
5. 同氏族人必须互相援助、保护，特别是在受到外族人伤害时，要帮助报仇。	5. 有共同的宗教观念（神话）和崇拜仪式。	5. 联盟议事会的一切决议，须经全体一致通过。表决是按部落举行的，必须一致赞成，决议才算有效。
6. 氏族有固定的人名或几套人名，在全部落内只有该氏族才能使用这些人名。	6. 有管理公共事务的部落议事会。	6. 五个部落议事会中每一个都可以召集联盟议事会，但联盟议事会本身不得自行召集。
7. 氏族可以接纳外人入族，并用这个办法吸收他们为整个部落的成员。	7. 在有些部落中间，有一个最高的首领，但他的权力很小。	7. 会议在聚集起来的民众面前公开举行，每个易洛魁人都可以发言；但只有议事会才能作决定。
8. 印第安人的氏族有无专有的宗教祭祀，很难确定；不过印第安人的宗教仪式多少都是和氏族联系在一起的。		8. 联盟没有一长制首长，即没有主掌执行权的首脑。
9. 氏族有着共同的墓地。		9. 但联盟有两个具有平等职能和平等权力的最高军事首长（类似斯巴达人的两"王"，罗马的两执政官）。
10. 氏族有议事会，它是氏族的一切成年男女享有平等表决权的民主集会。		

从上表可以看出，恩格斯所述氏族的习惯中，除了首领的产生与罢免和议事会等属于管理方面的内容之外，涉及婚姻、财产继承、血亲复仇、命名习俗、接纳入族习俗、宗教信仰、墓地等，都是风俗文化方面的内容。虽然死者的财产必须留在氏族中，但如前所述，氏族社会最基本的经济单位是"家户经济"，而不是氏族；而氏族有无专有的宗教祭祀，恩格斯自己也承认很难确定。如果除去这两点，我们可以肯定，恩格斯有关氏族风俗特点的描

述全部都与血缘有关。因此，氏族归根结底只是一种血缘组织。

在第四章谈到希腊人的氏族制度时提及："共同的宗教祭祀和祭司为祀奉一定的神所拥有的特权。这种神被假想为氏族的男始祖，并用独特的名称作这种地位的标志。"（第 98 页）"氏族名称本身就是共同世系的证据，而且除了接纳外人入族的情形以外，也是不可更改的证据。"（第 101 页）由此看来，恩格斯所说的氏族，与现代文化人类学中"继嗣群"（descend group）概念的内涵是基本一致的，"指同一祖宗繁衍下来的血族亲属组成的群体"。[①]

上表中恩格斯所列出的部落的特点，除了首领的产生与罢免和议事会等属于管理方面的内容之外，只有共同的地域、方言和宗教观念和崇拜仪式等三项内容。引人注目的是，作为氏族之上的组织，其血缘组织的性质在淡化，而其作为宗教团体的性质在加强。而在部落联盟一栏中，所有内容都是关于首领的产生与罢免和管理方面的。

但在第四章中，恩格斯在叙述英雄时代的希腊时说：

> 巴赛勒斯除军事的权限以外，还有祭祀的和审判的权限；审判的权限没有详细规定，但祭祀的权限是他作为部落或部落联盟的最高代表而被赋予的。关于民政、行政的权限从来没有提到过；……亚里士多德也说，英雄时代的 basileia 是对自由人的统率，巴赛勒斯是军事首长、法官和最高祭司。（第 105—106 页）

由此看来，部落联盟的职能恐怕更多地也是军事上的、宗教上的。也就是说，由血缘组织氏族结合而成的部落及其上的部落联盟，与氏族一样也是血缘组织，但是为了军事目的而结合为更大的共同体。

另外需要说明的是，上表所包括的特点是从易洛魁人的氏族组织总结出来的，也就是说，这是氏族制度鼎盛时期氏族、部落、部落联盟所具有的特点，而不是向国家过渡前氏族制度所具有的特点。恩格斯在论述希腊、罗马、德意志三种向国家演进的模式时，都是先参照易洛魁人的情况研究其典型的氏族社会的状况，然后才论述其向国家演进时的状况，对于二者是区分得相当清楚的，对希腊、德意志模式的叙述，是分别属于不同的章的。

[①] ［美］S. 南达著，刘燕鸣、韩养民编译《文化人类学》，陕西人民出版社 1987 年，第 231 页。

3. 该书受到的抨击

恩格斯《家庭、私有制和国家的起源》一书出版以后，在相当长的时间里，并未引起学术界足够的重视，但却引发了人类学界长达百年的对相关问题的争论。恩格斯的许多观点，实际上也是摩尔根与马克思的观点，受到西方学者的质疑与抨击。徐国栋分家庭与相关问题、国家、方法论三部分，分19个方面介绍了西方学者对该书的抨击。[①] 现据徐国栋的文章，将这19个方面的问题列表如下：

家庭及相关问题[②]		1. 关于群婚制是否存在的问题。 2. 血缘婚姻和血缘家庭是否存在的问题。 3. 关于母系社会是否存在的问题。 4. 普那路亚家庭的真伪问题。 5. 婚姻与家庭的关系问题。 6. 摩尔根的蒙昧期、野蛮期和文明期的对人类历史的三分法是否正确的问题。 7. 原始社会中的人们是否完全平等、博爱的问题。 8. 家庭是否存在由大到小的历史变迁问题。 9. 古代公有制是否存在的问题。 10. 私有制发展导致阶级冲突从而导致国家产生的命题是否为真的问题。
国家[③]	关于希腊国家起源的诸问题	1. 希腊氏族是一种血缘组织的观点。 2. 雅典的奴隶数目问题。 3. 奴隶制是否普遍存在的问题。
	关于罗马国家起源的诸问题	1. 罗马国家产生的时间问题。 2. 恩格斯意义上的罗马国家到底是哪种阶级斗争的产物的问题。 3. 王权时期罗马的宪法机关的年代错误问题。
方法论		1. 进化论人类学的危机。 2. 尼布尔主义的危机。 3. 人类学材料的修辞学利用的局限。

---

① 徐国栋《家庭、国家和方法论——现代学者对摩尔根〈古代社会〉和恩格斯〈家庭、私有制和国家的起源〉之批论百年综述》，《中外法学》，2002年第2期。
② 与此相关的争论参见 [美] 埃尔曼·R.瑟维斯著，贺志雄等译《人类学百年争论：1860—1960》，云南大学出版社1997年。
③ 关于这方面的争论，Henri J. M. Claessen 和 Peter Skalník 主编的 *The Early State* 一书的第一部分也有评述。Henri J. M. Claessen and Peter Skalník, ed., *The Early State.*（Mouton Publishers, The Hague, The Netherlands, 1978）

首先，从上表中可以看出，争论的焦点集中在恩格斯对婚姻与家庭的起源的论述上。如前所述，在该书出版7年之后，恩格斯就在1891年出第四版时，对这一部分作了比较大的修改，说明恩格斯在这方面的研究确实并不十分成熟。据恩格斯1891年出第四版序言中介绍，在18世纪"60年代开始以前，根本谈不到家庭史。历史科学在这一方面还是完全处在摩西五经的影响之下"，"家庭史的研究是从1861年，即从巴霍芬的《母权论》的出版开始的"。恩格斯也提道："自从摩尔根的主要著作出版以来已经14年了，这14年间，关于人类原始社会史的材料，已经大大丰富起来；除了人类学家、旅行家及职业的史前史学家以外，比较法律学家也参加进来了，他们有的提供了新的材料，有的提出了新的观点。结果，摩尔根有一些假说便被动摇，甚至站不住脚了。"因此，我们认为，对上表中所列出的有关婚姻与家庭起源的诸问题，确实有重新加以研究的必要。由于这些问题与本书的关系不大，此处不拟讨论。这里仅就其中的第8条"家庭是否存在由大到小的历史变迁问题"，作一简单的说明。

徐国栋的文章中提道："按照摩尔根、恩格斯的理论，家庭发展的轨迹是氏族—大家庭—小家庭或核心家庭"，在此，徐文作了一个注释，引用马克思的话："家庭的原初形式本身是氏族，私人家庭只是从氏族在历史的解体中才发展起来的"，证明摩尔根与恩格斯是持上述观点的，然后说："人们把这一轨迹描述为家庭从大到小的变迁。目前，这一变迁是否确实发生过，受到了强烈的质疑。"[①] 徐文所引的马克思的话见于《政治经济学批判》第一章《商品》，出自马克思对"实际上，商品交换过程最初不是在原始公社内部出现的"这句话所加的注释中，原文是：

> 亚里士多德在谈到当作原始公社的私人家庭时也指出了这一点。但是家庭的原初形式本身是氏族，私人家庭只是从氏族在历史的解体中才发展起来的。"因为在最初公社（而这是家庭）中，这（即交换）显然毫无必要。"[②]

[①] 徐国栋《家庭、国家和方法论——现代学者对摩尔根〈古代社会〉和恩格斯〈家庭、私有制和国家的起源〉之批评百年综述》，《中外法学》，2002年第2期。
[②] 《马克思恩格斯全集》第13卷，人民出版社1972年，第39页。

马克思这里所引的亚里士多德的话出自《政治学》，现在的汉译本作"对于第一共同体（即家庭）这种技术（指交换——引者注）显然无用"。① 在这里，马克思是在讨论商品交换的，而不是家庭。由于注释文本的简略，原文的含义也不是很清楚。抛开恩格斯的《家庭、私有制和国家的起源》，而用这样的一处马克思的话来证明摩尔根与恩格斯的观点，显然是不合适的。

如前所述，恩格斯的《家庭、私有制和国家的起源》一书，显然认为，在氏族制度下也存在对偶制家庭。因此，按恩格斯的理论，对家庭发展的轨迹的描述应该是对偶制家庭—父家长制家庭—个体家庭，而不是徐文所说的氏族—大家庭—小家庭或核心家庭。说恩格斯认为存在"家庭从大到小的变迁"显然是对恩格斯学说的误解，这种建立在误解基础上的批判自然是不能成立的。

其次，上表列出的对于恩格斯关于国家起源三个个案研究的6条质疑，一半属于史料方面的，其余三个问题，即希腊氏族是一种血缘组织的观点、奴隶制是否普遍存在的问题、恩格斯意义上的罗马国家到底是哪种阶级斗争的产物的问题，也与我们要研究的由前国家形态向国家演进的过程关系不大，因此，不拟单独讨论这些问题。需要说明的是，摩尔根与恩格斯的理论虽然受到种种责难，但是，由摩尔根开创、恩格斯加以完善的氏族—部落—部落联盟—国家的演进模式却在80多年的时间里未受到其他演进模式的挑战。

（二）关于酋邦理论

1958年，塞维斯出版《原始文化概览》一书，分群队、部落、原始国家、现代民间社会四部分，讨论了一些个案，从其标题与分类来看，塞维斯此时尚未形成有关酋邦的认识。到1962年，塞维斯出版《原始社会结构》，在书的最后一部分提到，社会演进的五个阶段分别是：群队（bands）、部落（tribes）、酋邦（chiefdoms）、国家（state）和工业社会（industrial society）。② 但由于本书讨论的是"原始社会结构"，因此，仅分章研究了前三个阶段。这是塞维斯酋邦理论的最早的较全面的表述。次年，《原始文化

---

① 苗力田主编《亚里士多德全集》第九卷，中国人民大学出版社1994年，第19页。
② Elman R. Service, *Primitive Socil Organization: An Evolutionary Perspective*, p. 173.（New York: Random House, 1971）

概览》修订再版，塞维斯在部落与原始国家之间加入了"酋邦"这一新的分类，将原来列入部落之下的不列颠哥伦比亚的努特卡人、波利尼西亚的塔希提人列入酋邦之下，又新增了美拉尼西亚的特罗布里恩德人和菲律宾群岛上的卡林伽人，共四个个案，使该书成为塞维斯自己对酋邦理论所作的个案研究。在1975年出版的《国家和文明的起源》一书中，塞维斯对酋邦向国家的演进作了研究，进一步完善自己的理论体系。

需要说明的是，塞维斯本人对人类社会演进模式问题的认识并不是一成不变的，而是在不同时期有不同的思想。特别是在弗里德于1967年出版《政治社会的演进》一书后，塞维斯深受其理论体系的影响，曾一度将社会演进分为平等社会、等级制社会、早期文明或古典帝国三个阶段。[①] 但是，塞维斯在国际学术界有广泛影响的仍是他的酋邦理论，因此，我们不考虑塞维斯本人思想的变化，而仅仅介绍其酋邦理论。

1. 塞维斯的酋邦理论[②]

塞维斯将国家形成前人类的政治组织演进分为三个阶段：群队、部落和酋邦。这既是一个建立在生产力持续发展、人口数量与密度持续增长基础上的社会组织不断复杂化的连续过程，也是各有特点的三个发展阶段。

群队是旧石器时期的主要社会组织方式。最高级的社会组织就是群队，每个群队的规模在25—100人之间，个别也有超过100人的。各地的人口密度最高的也仅在每英里1人左右，大多数地区远低于每英里1人。群队的经济类型是渔猎采集，正是这种经济类型决定了这一时期的人口密度与社会组织的规模，也决定了这一时期的主要社会组织方式只能是群队，尽管在一些自然条件特别优越的地区可能存在比较大的人口密度，其社会组织方式可能

[①] 易建平《部落联盟与酋邦——民主·专制·国家：起源问题比较研究》，社会科学文献出版社2004年，第155—158页。

[②] 本小节的内容主要来自塞维斯《原始社会结构》（*Primitive Social Organization: An Evolutionary Perspective*, New York: Random House, 1971）。另外，此部分也参考了：Elman R. Service, *A Profile of Primitive Culture*（New York: Harper & Brothers, Publishers, 1958）；Ronald Cohen and Elman R. Service eds., *Origins of The State: The Anthropology of Political Evolution*（Philadelphia: Institute for the Study of Human Issues, Inc., 1978）；Henri J. M. Claessen and Peter Skalník, ed., *The Early State*（Mouton Publishers, The Hague, The Netherlands, 1978）；谢维扬《中国早期国家》，浙江人民出版社1995年；易建平《部落联盟与酋邦——民主·专制·国家：起源问题比较研究》，社会科学文献出版社2004年。

已演进为部落甚至是酋邦。

群队的最基本原则有两个：婚姻方面的群队交互外婚制（reciprocal band exogamy）与婚后居住模式方面的从夫家居（virilocal marital residence）。[1] 这也是群队得以形成的前提和基础。群队的最基本单位是核心家庭。

> 核心家庭，正如我们在前一章中所提到的，是婚制与按性别分工的产物，而按性别分工，又是夫妻关系中的丈夫一方成为妻子的保护者与供给者、并最终也成为她的子女的保护者与供给者的结果。因此，丈夫—父亲、妻子—母亲，子女，可能还有受赡养的老人，构成群队社会中最具凝聚力的单位。[2]

因受渔猎经济的限制，构成同一群队的各家庭，只有在食物非常丰富的特定时期，才有可能聚集居住在一起，共同举行一些重要的宗教仪式或其他活动。在大部分时间里，虽然也可能有几个兄弟的核心家庭生活在一起，构成文化人类学家所说的"父系扩展家庭"（patrilaterally extended family），但更多的情况是，人们以核心家庭为单位在本群队所处的领土内四处游荡。群队社会的结构是：群队—家庭（核心家庭、父系扩展家庭），不存在超越群队之上的社会组织。

塞维斯将群队分为三种：从父家居群队（Patrilocal Bands）、混合型群队（Composite Bands）与异常的群队（Anomalous Bands）。塞维斯认为，从父家居群队才是群队的原型，而混合型群队与异常的群队都是群队社会与欧洲人接触导致人员锐减以后才出现的从父家居群队的变型。

群队社会的整合方式仅仅是外婚制与从夫家居。群队与外界的联系局限在很少的几个保持通婚关系的群队之间。

> 家庭和群队同时是经济的，政治的和宗教的组织这样一个事实，深

---

[1] "从夫家居"，在文化人类学著作中多译作"从居"、"从夫居"，不十分准确。此从易建平译法。见易建平《部落联盟与酋邦——民主·专制·国家：起源问题比较研究》，社会科学文献出版社2004年，第159页。

[2] Elman R. Service, *Primitive Socil Organization: An Evolutionary Perspective*, p. 57. (New York: Random House, 1971)

刻的影响着这些活动的特征。群队文化的经济，政治和思想体系是非专业化的，非正式的。简而言之，只是家庭化的。[1]

虽然在旧石器时代可能局部地区已经出现部落社会，但总体上讲，部落社会是伴随着新石器时代的到来才成为普遍的社会组织形式的。部落社会的经济类型主要是种植业与家畜饲养（the domestication of plants and animals）。新的经济类型造成社会组织单位内人口数量与密度的提高，也带来社会组织单位数量的增加，导致仅仅依靠传统的外婚制与婚后从夫家居已经无法实现整合，于是出现了新的整合方式——泛部落社团。

塞维斯在《原始社会结构》一书中指出：

> 泛部落社团使得部落成其为部落。如果没有这种组织，那么，除了一系列游团之外别无其他，虽然人们生活得比狩猎采集者更为富足，但是仍然是游团，联系某些团体之间的手段只有相互婚姻。换句话说，泛部落社团的发展是新出现的特征，它使得游团成为过去，使得社会文化的整合进入一个新的阶段，由此使得一个新的文化类型出现。[2]

泛部落社团可以分为两类：源于亲属关系的社团（kinship sodality）与非源于亲属关系的社团（non-kinship sodality）。前者最常见的有三种：氏族（clan）、宗族（kindred）以及比较少见的分支世系（segmentary lineage）。后者主要包括年龄组、战士团体、仪式团体等。这是部落社会最主要的整合方式。

部落社会的内部结构是：部落—亲属分支（kinship segment）—家庭。不仅整合的方式不同于群队社会，各家庭间的联系也比群队社会更加紧密。具有亲属关系的家庭往往居住在一起，构成部落内的居住单位。

部落分两类：世系型部落（the lineal tribe）、共系型和混合型部落（cognatic

---

[1] Elman R. Service, *Primitive Socil Organization: An Evolutionary Perspective*, p. 98. (New York: Random House, 1971)

[2] Elman R. Service, *Primitive Socil Organization: An Evolutionary Perspective*, p. 105. (New York: Random House, 1971) 此处除将"泛部落组织"改为"泛部落社团"外，皆引用易建平译文。见《部落联盟与酋邦——民主·专制·国家：起源问题比较研究》，社会科学文献出版社2004年，第163页。

and composite）。塞维斯认为，前者才是部落的最初的和主要的形式，而后者是与欧洲人接触之后人口锐减之后的变型。

部落社会虽然远比群队社会结构复杂，整合方式也不相同，但二者间的共性也是显而易见的，它们都是家庭主义的，都是平等的社会，不存在社会分层与阶级，也不存在专门的政治、经济甚至是宗教的团体。这使群队社会与部落社会明显有别于酋邦社会。

较之部落社会，酋邦社会是人口密度更大、组织结构更为复杂的社会，其成立的前提与基础是劳动分工——既包括个人的劳动分工，也包括地区间的劳动专门化——促成的生产力的提高与剩余产品的增加。酋邦社会与群队社会、部落社会的最明显区别在于，存在协调经济、社会与宗教活动的中心。这与劳动分工以及由此而来的经济方面的再分配相结合，使酋长的权威逐渐提高，地位逐渐稳固，逐渐成为超出社会之上的特殊人物。"酋邦是拥有永久性协作中心机构的再分配社会（redistributional society）。"[①]

从酋长地位的上升中，最后生成了以酋长为核心的显贵阶层，也就完成了由群队、部落这样的平等社会向酋邦这一不平等社会的过渡。经济、政治组织与社会等级，构成酋邦社会最大的特点。

社团仍旧存在，但由于酋邦社会居住单位的规模远大于部落社会与群队社会，其整合功能在下降。酋邦社会主要依赖于社会的分层以实现整合，而不像部落社会是依赖于社团。虽然酋邦社会在相当大程度上还保存着团体的外婚制，但社会的上层为保持其显贵身份，已越来越倾向于本阶层内部通婚。

酋邦作为明显的不平等社会，已出现个人性质的权力，并在多数酋邦社会中形成长子继承制。酋邦社会的基层单位并不是对部落社会的简单继承，而是以等级制对部落社会中的地方居住团体进行改造，形成自上而下的金字塔式等级结构。各居住单位日趋专业化，变成彼此间越来越不相似的团体。但需要强调的是，塞维斯认为，酋邦社会中的等级结构，更多的是出自概念上的划分，并不具有相应的经济上的严格区分，与恩格斯《家庭、私有制和

---

① Elman R. Service, *Primitive Socil Organization: An Evolutionary Perspective*, p. 134.（New York: Random House, 1971）

国家的起源》中所讨论的"阶级"概念的内涵是不一致的。

与群队、部落不同，酋邦不存在不同的类型，塞维斯认为，最主要原因是，酋邦社会自身的特点决定了它的无法重组性。在受到欧洲人到来的冲击以后，酋邦社会只能是瓦解，重新退回到部落社会甚至是群队社会，而不会形成另一类型的酋邦。

酋邦作为从平等的群队、部落社会向国家演进的中间环节，其特点明显具有过渡性质：

> 酋邦在很大程度上是家庭主义的，但不是平等的；它不存在政府，但确实存在某种权威和集中的管理；这里不存在资源方面的私有财产或企业化的市场经济，但存在对物品与生产的不平等控制；这里存在等级的不同，但不存在明显的社会经济或政治的阶级。[1]

酋邦与国家的最明显区别在于，国家是由官僚队伍使用合法的暴力对社会进行整合，而且垄断了对暴力的使用，而酋邦社会并未实现这一点。但是：

> 酋邦拥有集中的管理，具有贵族特质的世袭的等级地位安排，但是没有正式的、合法的暴力镇压工具。组织似乎普遍是神权性质的，对权威的服从，似乎是一种宗教会众对祭司——首领的服从。如果承认这样一种非暴力的组织占据进化的一个阶段，那么国家的起源问题……就大大简化了：国家制度化的约束手段就是使用暴力。[2]

可以说，酋邦的存在已经成为国家出现的先声。

群队、部落与酋邦的特点可以归纳为下表：

---

[1] Elman R. Service, *Primitive Socil Organization: An Evolutionary Perspective*, p. 164.（New York: Random House, 1971）

[2] Elman R. Service, *Origins of the State and Civilization: The Process of Cultural Evolution*, p. 16.（New York: W. W. Norton & Company, 1975）此据易建平译文。见《部落联盟与酋邦——民主·专制·国家：起源问题比较研究》，社会科学文献出版社 2004 年，第 197 页。

	经济类型	社会整合方式	下级单位	婚制	领导类型	交换模式	社会等级	分工
群队	渔猎采集	婚姻亲属关系	家庭	群队外婚	个人魅力型	互惠交换	不存在社会等级与分层	只存在性别分工
部落	园艺业、畜牧业	社团	居住团体	居住单位外婚	无固定领导			
酋邦	大型农牧业	等级制	定居团体	阶层内婚	固定职位	再分配	存在等级	存在个人分工与地区专业化

在各种因素中，塞维斯最重视的是社会整合方式，这是他划分社会演进阶段的主要依据之一。

2. 与《家庭、私有制和国家的起源》的异同

马克思与恩格斯关于国家起源的理论在 19 世纪至 20 世纪初，并未引起学术界的广泛重视，这一方面是因为那个时代的资产阶级东方学家不喜欢马克思与恩格斯著作的论战风格，另一方面是因为学术界对进化论的兴趣在 19 世纪末迅速消失。① 在美国，摩尔根的地位也迅速为新兴起的历史具体主义学派的创始人博厄斯所取代，直到 20 世纪下半叶，以怀特为代表的一批美国学者才重新举起进化论的大旗，摩尔根的著作也才重新受到广泛的重视。在提到文化人类学的理论学派时，人们往往把摩尔根、恩格斯为代表的 19 世纪的持进化论观点的学者称为古典进化论学派，而将怀特为代表的 20 世纪下半叶的持进化论观点的学者称为新进化论学派。但新进化论学派的学者并不认为自己是与古典进化论学派不同的另一个学派，而是认为，他们是对进化论的复兴。可是，我们发现，同属于进化论学派的恩格斯与塞维斯，在人类由前国家形态向国家演进的问题上的看法差异是多么巨大。

当然，因为都是从进化论的观点出发来研究国家的起源问题，所以，恩格斯与塞维斯理论的相似之处是非常明显的。他们都是将史前社会分成了几个阶段，认为人类历史的发展就是从较低级阶段向较高级阶段演进的过程；人类的政治组织形式受到经济类型的制约；等等。但是，就本书关心的向国家演进过程的理论来看，他们几乎没有任何共同之处。他们的主要差异表现在以下几个方面。

---

① Henri J. M. Claessen and Peter Skalník, ed., *The Early State*, p. 9. (Mouton Publishers, The Hague, The Netherlands, 1978)

第一，对原始社会史的分期不同。

为方便讨论，我们首先将恩格斯与塞维斯对原始社会的分期列表如下：

恩格斯的分期①						塞维斯的分期			
蒙昧时代	低级阶段	旧石器时代	采集野果根茎	原始群	杂交、血缘婚	群队	一夫一妻制家庭	渔猎	旧石器时代	平等社会
	中级阶段	旧石器时代	采集并开始渔猎	晚期出现母系氏族（部落）	普那路亚婚					
	高级阶段	中、新石器	狩猎成为经常的劳动部门	母系氏族	普那路亚婚，对偶婚产生					
野蛮时代	低级阶段	新石器时代	植物的种植	母系氏族	对偶家庭	部落	出现氏族并发挥重要的整合功能	园艺农业与畜牧业	新石器时代	
	中级阶段	金石并用	畜牧业发展、园艺农业出现	母系氏族后期并向父系氏族过渡	对偶家庭为主					
	高级阶段	铁器	农业发展	父系氏族	家长制家庭②	酋邦	氏族的整合功能衰退	大型农业为主		等级社会
文明时代				阶级社会、国家形成	一夫一妻制	国家	官僚机构使用暴力整合			阶级社会

恩格斯接受了摩尔根的观点，将史前社会分为蒙昧时代与野蛮时代，每个时代又分别划分为低级阶段、中级阶段与高级阶段；③ 中国学术界从恩格斯

---

① 本表此部分内容节选自吕光天《论摩尔根的原始社会史分期——兼与杨堃先生商榷》，《学术研究》，1964年第6期。
② 吕光天表此处作"与野蛮中级阶段交界的时候一夫一妻制出现、有了男子对女奴隶的支配和一夫多妻制"（吕光天《论摩尔根的原始社会史分期——兼与杨堃先生商榷》，《学术研究》，1964年第6期），本书参考恩格斯《家庭、私有制和国家的起源》如下表述而改："这样确立的男子独裁的第一个结果，表现在这时发生的家长制家庭这一中间形式上。这一形式的主要特点不是多妻制（关于这一点后边讲到），而是'若干数目的自由人和非自由人在家长的父权之下组成一个家庭。在闪米特类型的家庭中，这个家长过着多妻的生活，非自由人也有妻子和子女，而整个组织的目的在于在一定的地域范围以内照管畜群。'这种家庭的根本之处在于，一是把非自由人包括在内，一是父权。"（第54页）
③ 此据恩格斯《家庭、私有制和国家的起源》第一章《史前各文化阶段》中的论述。

的理论出发,对原始社会的分期问题又有不同的理解,各种说法详见下表。但这些分期法与上述恩格斯的论述相比显得过于笼统,不符合本书进行比较研究的需要,因此,本书仍采用《家庭、私有制和国家的起源》第一章的说法。当然,这并不说明作者认为中国学者的各种分期法是错误的。在下表所列分期法中,作者倾向于杨堃的说法,也就是二段三期说。参照《家庭、私有制和国家的起源》可以发现,这种观点更接近于恩格斯的论述。相关分析参见下文的论述。

二段分期法	二段三期说	原始群	母系氏族公社	父系氏族公社		杨堃	《试论原始社会史的分期问题》	《思想战线》,1980年第5期
	二段四期说	前期(杂交群团)	后期(血缘群团)	母系氏族公社	父系氏族公社	林耀西 黎家芳	参见范志文《试论原始社会史分期的几个问题》的介绍	《史前研究》,1984年第4期
	二段六期说	前氏族社会		氏族社会		张树栋	《关于原始社会史的分期问题》	《南京大学学报》,1977年第4期
		猿群	原始群	发生期	发展期	繁荣期	解体期			
三段分期法		原始群	血缘家庭公社	氏族公社		林耀华	《试论原始社会史的分期问题》	《文史哲》,1978年第4期
四段分期法		血亲社会	血缘社会	血族社会	氏族社会	时佑平	《应该重新探讨摩尔根的原始社会分期法》	《历史研究》,1981年第1期
		群团	血缘家族	氏族公社	农村公社	丁季华	《论马克思对原始社会史的分期》	《学术月刊》,1983年第3期
五段分期法		原始群	血缘家庭公社	母系氏族公社	父系氏族公社	农村公社	秋浦 李清和	《关于原始社会的分期问题》	《思想战线》,1984年第4—5期

塞维斯则采用了考古学分期方法,按旧石器时代、新石器时代的顺序来展开自己的理论。在恩格斯的著作中,也采用了这种考古学的分期方法,并与蒙昧、野蛮时代的各阶段相对应,但从中我们却发现,他对每一时期起止时间的认识与塞维斯并不一致。例如,塞维斯认为,部落是新石器时代普遍的社会组织方式,其经济基础是园艺农业与畜牧业,这与旧石器时代的渔猎

采集经济有着本质的不同。恩格斯将植物的种植作为野蛮时代低级阶段的标志，从这一点出发，应该认为，塞维斯所说的部落社会与新石器时代始于恩格斯分期的野蛮时代低级阶段；但是，恩格斯却认为，新石器时代始于前此的蒙昧时代高级阶段。塞维斯认为，酋邦的出现不是必须与技术的进步相联系，虽然在一些例证中，这种技术的进步确实存在，[1]也就是说，酋邦出现于新石器时代末期；但在恩格斯的分期中，植物的种植阶段之后就已经进入金石并用阶段与铁器时代了，如果不将酋邦列入金石并用阶段与铁器阶段，就根本没有其存在的阶段。（详见上表）

第二，对原始社会发展诸阶段的理解不同。

恩格斯认为："氏族，直到野蛮人进入文明时代为止，甚至再往后一点，是一切野蛮人所共有的制度（就现有资料而言）。"（第82页）"看来，氏族制度，在绝大多数情况下，都是从普那路亚家庭中直接发生的。"（第38页）在谈到希腊人的氏族时，恩格斯再一次指出："在史前时代，就已经按照美洲人的那种有机的序列——氏族、胞族、部落、部落联盟组织起来了。胞族可能是没有的，在多立斯人中间就是这样；部落联盟也不是到处都有成立的必要，但无论如何氏族是基本的单位。"（第97页）

很明确，恩格斯认为，国家形成以前，人类社会经历了两个大的演进阶段：以群婚和血缘家庭为基础的原始群阶段与产生于普那路亚婚制基础上的氏族社会阶段。后者根据确认世系的原则的不同，分为母系氏族社会与父系氏族社会两个时期。母系氏族社会最基础的单位是对偶婚家庭，父系氏族社会最基础的单位是父家长制家庭。（第54页）如前所述，在母系氏族社会，最基本的经济单位是由一组家庭组成的"家户"。而部落联盟是氏族社会末期，也就是父系氏族社会末期，开始向国家过渡时的产物。因此，母系氏族社会的典型结构是部落—氏族—家户—对偶婚家庭；父系氏族社会典型的结构是部落—氏族—父家长制家庭。

塞维斯则是将国家形成前的人类社会分为三个演进阶段：群队、部落和酋邦。群队社会的结构最为简单，就是群队—家庭（核心家庭或父系扩展家庭），部落和酋邦社会的结构相似，前者是部落—居住团体—家庭，后者是

---

[1] Elman R. Service, *Primitive Socil Organization: An Evolutionary Perspective*, p. 133. (New York: Random House, 1971)

酋邦—定居团体—家庭。

在婚姻与家庭问题上,塞维斯否认恩格斯的进化观点,而与恩格斯批判过的韦斯特马克等人一样,认为人类一直是实行一夫一妻制的。[1] 一夫一妻制的家庭与从夫家居的婚后居住模式,是塞维斯所说的群队社会的最基本原则。在恩格斯的理论中,在氏族、部落形成以前,人类处于实行血缘家庭的原始群状态。将群队放在氏族之前,认为人类社会的演进模式是群队—氏族—部落,[2] 显然是没有真正理解恩格斯与塞维斯的理论。

恩格斯理论中属于母系氏族社会的"家户",虽然其性质与塞维斯的理论中的居住团体相似,但是,塞维斯从否认婚姻与家庭的进化的观点出发,根本就不承认母系氏族社会是人类历史发展的阶段。

关于氏族,塞维斯认为:

> 氏族,无论如何,不是一个居住团体;在绝大多数情况下,它根本就不是任何类型的团体,因为它对团体进行分割。[3]

恩格斯则认为:

> 在氏族制度之下,家庭从来不是,也不可能是一个组织单位,因为夫与妻必然属于两个不同的氏族。氏族整个包括在胞族内,胞族整个包括在部落内;而家庭却是一半包括在丈夫的氏族内,一半包括在妻子的氏族内。(第99页)

在这个问题上,恩格斯与塞维斯的观点是截然对立的。塞维斯承认家庭是最基本的社会单位,因此将氏族看成是一种源于亲属关系的社团;恩格斯则将氏族看成是社会单位,因而认为家庭不是社会的单位。

总之,恩格斯的理论与塞维斯的理论是截然不同的理论体系,根本是无

---

[1] [芬兰] E. A. 韦斯特马克著,李彬、李毅夫等译《人类婚姻史》,商务印书馆2002年。
[2] 王希恩《民族过程与国家》,甘肃人民出版社1998年,第44页。
[3] Elman R. Service, *Primitive Socil Organization: An Evolutionary Perspective*, p. 106. (New York: Random House, 1971)

法调和的。顺便说一句，无论是在恩格斯的理论还是在塞维斯的理论中，氏族都不构成人类社会演进的一个阶段，将恩格斯的理论理解为从氏族到部落再到部落联盟的演进过程是错误的。

第三，对原始社会所作分期的原则不同。

恩格斯在《家庭、私有制和国家的起源》一书的第一章《史前文化各阶段》，根据摩尔根的观点，将史前史分为蒙昧、野蛮与文明三个时期，明确指出，划分时期的标准是"生活资料生产的进步"（第18页），并对前两个时期的各阶段作了简明扼要的介绍。同时，恩格斯也指出："家庭的发展与此并行，不过，这一发展对于时期的划分没有提供这样显著的标志罢了。"（第18页）而在以下各章的论述中，恩格斯却抛开了上述分期，重点谈人类社会由原始群、氏族社会（分为母系氏族社会与父系氏族社会）向国家的演进。不论我们如何理解恩格斯对史前史的分期，不容置疑，其分期的标准是婚姻与继嗣原则的变化。从中可以看出，恩格斯认为，家庭发展的各阶段，也就是以婚姻和继嗣原则为标准对史前史所作的分期，与根据"生活资料生产的进步"对史前史所作的分期，其结论是相同的，因此也是可以互换的。因为两者都受到私有制发展状况的影响，归根到底，也就是受到生产力发展水平的制约。在恩格斯这里，分期的最根本原则应该是生产力发展水平。

塞维斯与此不同，他对原始社会进行分期的标准是社会结构，特别是社会的整合方式，这一点在《原始社会结构》一书中说得很清楚：

> 在本书中划分阶段的标准是社会结构，社会结构的一个方面，即整合的方式，作为这种标准的首要标志被给予特殊的突出地位。[1]

因此，《原始社会结构》一书的第三章《群队的社会结构》、第四章《部落的社会结构》与第五章《酋邦的社会结构》，在开头部分都首先谈到社会整合的方式问题。正是因为塞维斯与恩格斯对史前社会进行分期所采用的标

---

[1] Elman R. Service, *Primitive Socil Organization: An Evolutionary Perspective*, p. 172. (New York: Random House, 1971)

准不同，因而他们的分期也就不可能一致。

虽然恩格斯的理论与塞维斯的理论存在上述巨大差异，但是，二者也存在共同点。

首先，我们可以说，他们对社会演进的动力的认识基本是相同的。在恩格斯看来，婚姻与社会组织的演进与私有制的产生和发展存在密切关系，这也是恩格斯书名的由来。而决定私有制的产生与发展的因素，是生产力，所以，第九章《野蛮时代与文明时代》作为全书的总结，谈到许多有关生产力发展所带来的变化。因此，在恩格斯的理论中，社会演进的动力归根结底就是生产力的进步。塞维斯认为社会演进的动力源于经济类型的更替带来的人口增长，因而，他才要明确指出群队、部落与酋邦的经济类型。经济类型的更替无疑与生产力的发展密切相关，从这个意义上理解，说塞维斯认为社会演进的动力与生产力的发展密切相关，也是正确的。

其次，虽然恩格斯与塞维斯对人类家庭的发展观点并不一致，——恩格斯认为，人类经历了血缘家庭、对偶家庭、父家长制家庭等不同的发展阶段，而塞维斯认为，人类从群队、部落到酋邦，家庭形态始终是父系核心家庭或父系扩展家庭——但是，在人类开始向国家演进的时期，家庭形式是实行父系继嗣原则和从夫家居的家庭，在这一点上，恩格斯与塞维斯的观点是完全相同的。

另外，恩格斯认为："各个家庭首长之间的财产差别，炸毁了各地迄今一直保存着的旧的共产制家庭公社；……个体家庭开始成为社会的经济单位了。"（第164页）就是说，在开始向国家过渡以前，个体家庭一直不是社会的经济单位，最基本的经济单位是我们在上一节中讨论过的"家户"，也就是同财共产、共同居住的一组家庭。塞维斯认为："无论如何，即使在分散时期，常见的现象是，兄弟们的家庭彼此之间比他们同其他家庭间住得更近一些，因此，在队群内存在相对可以辨识的居住团体。"[①] 在一组家庭构成一种"居住团体"，并成为社会最基本的经济单位这一点上，恩格斯与塞维斯的观点大体是相同的。

但是，从总体上说，恩格斯与塞维斯的观点是异大于同的。

---

① Elman R. Service, *Primitive Socil Organization: An Evolutionary Perspective*, p. 58. (New York: Random House, 1971)

第二节 拓跋鲜卑与高句丽的比较研究

（一）关于高句丽的比较研究

在将高句丽向国家演进的模式与拓跋鲜卑向国家演进的模式进行比较之前，我们首先要对本书第三章中所总结的高句丽向国家演进的模式进行检验，以考察其是否具有代表性，或其中是否有需要修正的地方。最适宜与高句丽进行比较研究的是夫余和百济，这不仅是因为他们立国的时间都与高句丽非常接近，他们向国家的演进都是从迁徙以及移民对土著居民的征服开始的，还因为他们与高句丽有着相同的属源、族源与祖源，① 在族属上最为接近。

1. 高句丽与夫余的比较研究

夫余人源于匈奴左地，约于公元前2世纪中叶东迁进入秽貊人的居住区，并征服土著民族，成为统治者。从《三国志》卷30《夫余传》的记载来看，夫余统治下的农耕"邑落"，居住的主要是被征服民族秽貊人，但其中也有所谓"豪民，名下户皆为奴仆"，应该属于征服者民族夫余人。这不是夫余人的血亲组织的成员，而是其首领或首领的代表，也就是所谓"诸加别主四出"的"别主"。他们的主要任务应是向秽貊人征收贡赋，因此才把秽貊人都视为奴仆。现有史料无法证明作为征服者的夫余人，是居住在与秽貊人不同的邑落中，还是逐水草迁移，但可以肯定，他们与被其征服的秽貊土著不是居住在同一邑落中的。

夫余人作为征服民族被称为"国人"，以区别于被征服民族"下户"。②

---

① 张博泉先生最早提出，民族来源的研究可概括为三个方面，即属源、族源和祖源。属源是指在统一的民族共同体形成以前先世的族属来源。族源主要是指形成统一民族的主体部分所自出的原始民族（即氏族部落集团）。祖源是指统一民族的主体部分，即对民族形成作出重大贡献的核心家族的始祖。见张博泉、程妮娜《中国地方史论》，吉林大学出版社1994年，第51—52页。夫余、高句丽、百济的统治者都出自北夫余，自然具有相同的属源与族源。夫余与高句丽的始祖起源传说相同，可能拥有相同的始祖，祖源相同。百济始祖温祚是高句丽始祖朱蒙之子，从这个意义上说，也可以认为高句丽与百济具有相同的祖源。见杨军《高句丽族属溯源》，《社会科学战线》，2002年第2期；《夫余族源考》，《东北地方史研究动态》，2001年第1期；《从夫余南下看百济国族源》，《北方民族》，2001年第2期；《也谈高句丽柳花神话》，《社会科学战线》，2001年第1期。

② 朴灿奎认为夫余的下户是奴隶。高句丽人的下户具有双重身份，既是本部族氏族共同体的成员，也是高句丽的隶属民。见朴灿奎《高句丽之"下户"性质考》，《东疆学刊》，2003年第3期。但《三国志》卷30《夫余传》称夫余人"用刑严急，杀人者死，没其家人为奴婢"，显然对奴隶是称"奴"或"婢"，并不称"下户"，"下户"的身份地位与奴隶不同。因此，我们认为，夫余人的下户性质当与高句丽人相同，是被高句丽人征服的其他部族的成员，不是奴隶。

夫余人的首领可分为两种类型。一类是大加，《三国志》卷30《夫余传》中提到的有马加、牛加、猪加、狗加等。这是血亲组织复合体的大首领。另一类是使者，《三国志》卷30《夫余传》中提到的有大使、大使者、使者等。这既有可能是血亲组织的首领，也有可能是大首领的亲信集团的成员。使者受大加的委派管理被征服的秽貊土著，那么，大加应该主要负责管理夫余人。

"有敌，诸加自战，下户俱担粮饮食之"，下户并不参加战斗，那么，"以弓矢刀矛为兵，家家自有铠仗"，[①]自然不包括下户在内，"家家自有铠仗"的是夫余人。这说明，出于对外征服与对内镇压秽貊人反抗的需要，夫余人已将原有的血亲组织改造成为具有相当强的军事性的军政合一的社会组织，这与我们后面将要论述的秃发鲜卑向国家演进模式的特点之一相同，应该属于拓跋鲜卑向国家演进模式的第一个环节——出现传统部落结构之外的组织和军事力量。这也是夫余人向国家演进过程的特点，即：为保证征服与贡赋的持续存在，而将其血亲组织改造为军政合一的社会组织。

但是，在接下来的发展中，夫余向国家演进的模式与拓跋鲜卑向国家演进的模式不同，而与高句丽向国家演进的模式相似。主要原因在于，夫余国内占人口多数的是从事农耕经济的土著秽貊人，他们的血亲组织已与村落的居住模式结合在一起，演变成一种地方行政组织，无须再进行对部族组织的改造。

从《三国志》卷30《夫余传》的记载分析，夫余人"用刑严急，杀人者死，没其家人为奴婢"，刑法使用的对象不只是秽貊人，当也用于夫余人，这说明当时夫余人中已出现沦为"奴婢"者。由此来看，至少在《三国志》的史料所反映的时代，夫余人血亲组织的普通成员，其社会地位与下户之间已不存在明显的区别。至晋代，下述史料也反映出，夫余国内已不存在征服民族与被征服民族的界线，而全部被认为是夫余种人，或称夫余之口：

> 尔后每为（慕容）廆掠其种人，卖于中国。帝愍之，又发诏以官物赎还，下司、冀二州，禁市夫余之口。[②]

---

① 《三国志》卷30《夫余传》。
② 《晋书》卷97《夫余传》。

至晚在东汉时代，①夫余国内征服民族与被征服者民族间的区别正在消失，社会分层取代征服者与被征服者之间的界线。这正是高句丽向国家演进模式的第二个重要环节。

在现有史料中虽然找不到夫余在东汉时代已经增设血亲组织之外的新机构的明确记载，但是，据《三国志》卷30《夫余传》："其民土著，有宫室、仓库、牢狱"，"以殷正月祭天，国中大会，连日饮食歌舞，名曰迎鼓，于是时断刑狱，解囚徒"，"其死，夏月皆用冰。杀人殉葬，多者百数"，其中"断刑狱"的不一定是专职法官，也不一定存在特殊的机构，但宫室的建筑，仓库、监狱的管理，却已需要专门的官员和机构。如果我们把"殉葬"者理解为奴隶的话，数量如此巨大的奴隶的存在，也需要管理机构。因此，我们认为，此时夫余也应该出现了血亲组织之外的新机构。

《三国志》卷30《夫余传》记载："旧夫余俗，水旱不调，五谷不熟，辄归咎于王，或言当易，或言当杀"，所谓的夫余王，在早期还不过是血亲组织复合体联盟的首领，并不具有王的权力。但臣服于汉政权以后，"夫余王葬用玉匣。常豫以付玄菟郡，王死则迎取以葬"，②这无疑巩固了夫余王的地位，对王权的加强起到促进作用。

现在我们可以找到与夫余王位继承有关的三则史料：

A. 永宁元年（120年），乃遣嗣子尉仇台诣阙贡献，天子赐尉仇台印绶金彩。③

B. 尉仇台死，简位居立。无适子，有孽子麻余。位居死，诸加共立麻余。

C. 麻余死，其子依虑年六岁，立以为王。④

---

① 陈寿在《三国志》卷30《东夷传》的"序"中说："故撰次其国，列其同异，以接前史之所未备焉"，表明《东夷传》不是严格遵照全书的断代，记载三国时期的史事，而是有相当多的追溯内容，以补两汉断代史之阙。《高句丽传》的编年叙事从王莽朝开始，《沃沮传》的叙事更是上溯至西汉武帝征卫氏朝鲜，都是这种体例的最好表现。《夫余传》中首列对夫余人风俗的记载，说明这些内容并不是三国时期夫余人的情况，最晚也是东汉时期的史事。因此，我们认为，《三国志》的记载中所反映的夫余人的社会状况，当是东汉时期夫余人的情况，或者说，大约是公元1—2世纪的情况。也正因此，范晔著《后汉书》时，其《夫余传》才大量照录《三国志·夫余传》的这部分内容。

② 《三国志》卷30《夫余传》。
③ 《后汉书》卷85《夫余传》。
④ 《三国志》卷30《夫余传》。

史料 A 证明夫余已存在王位的继承制度，在王生前就已经确立了继承者。史料 B 证明，夫余王位的继承制度受中原汉王朝的影响，已经存在立嫡原则。史料 C 证明，在立嫡原则下，未成年人可以继承王位，这在血亲组织复合体联盟时期是绝对不可能的。可以肯定，至晚在公元 120 年前后，夫余已形成王位继承制度，其王权已经形成并得到初步发展，夫余国家已经形成。

虽然夫余国家的形成在某些方面与拓跋鲜卑向国家演进的模式有相似之处，但总体上说，夫余国家的形成经历了征服与贡赋的持续存在、社会分层取代征服者与被征服者之间的界线、出现凌驾于权贵阶层之上的王权等三个环节，应该说，与高句丽向国家演进的模式还是基本一致的。

2. 高句丽与百济的比较研究

关于百济国家形成的年代，中外学者说法不一。1962 年以后，朝鲜史学界多数主张百济在 1 世纪建国。韩国学者一般认为百济于 3 世纪建国。苏联学者主张百济在 4 世纪建国。中国学者有的支持 3 世纪建国说。[1] 分歧的焦点在于，《三国史记·百济本纪》所载百济近肖古王以前的 12 个王的史事是否可信的问题。[2] 对此，我们支持日本学者津田左右吉、韩国学者李丙焘、金哲俊、李道学的观点，认为这些史料可信度并不高。[3] 因此，我们下文的

---

[1] 李成德《试析百济国家的社会性质》，《史学月刊》，1987 年第 4 期。
[2] 韩今玉《韩国学者关于百济初期史可信性的研究》，《世界史研究动态》，1993 年第 5 期。
[3] 《三国史记·百济本纪》早期记事不可靠的例证，我们仅举与本书研究的内容密切相关的官制问题。《周书》卷 49《百济传》对百济的官制有比较详细的记载："官有十六品。左平五人，一品。达率三十人，二品。恩率三品，德率四品，扞率五品，奈率六品，六品已上，冠饰银华。将德七品，紫带。施德八品，皂带。固德九品，赤带。季德十品，青带。对德十一品，文督十二品，皆黄带。武督十三品，佐军十四品，振武十五品，克虞十六品，皆白带。自恩率以下，官无常员，各有部司，分掌众务。内官有前内部、谷部、肉部、内掠部、外掠部、马部、刀部、功德部、药部、木部、法部、后宫部。外官有司军部、司徒部、司空部、司寇部、点口部、客部、外舍部、绸部、日官部、都市部。"同样的记载也见于《北史》卷 94《百济传》。上述官制应该是比较可靠的。但问题是，《三国史记·百济本纪》将上述官制系于古尔王二十七年，即曹魏景元元年（260 年）。据《宋书》卷 97《百济传》记载，大明二年（458 年）夫余庆上表称："臣苏累叶，偏受殊恩，文武良辅，世蒙朝爵。行冠军将军右贤王余纪等十一人，忠勤宜在显进"，《宋书》也记载了宋人加封"行冠军将军右贤王余纪为冠军将军。以行征虏将军左贤王余昆、行征虏将军余晕并为征虏将军。以行辅国将军余都、余乂并为辅国将军。以行龙骧将军沐衿、余爵并为龙骧将军。以行宁朔将军余流、麋贵并为宁朔将军。以行建武将军于西、余娄并为建武将军"，所列人数与夫余庆表中相符，正是 11 人。这证明在夫余庆时，百济尚未建立起十六品的官制体系。更可注意者，上述 11 人中，余姓占 8 人，若以于、余音同可通，则达 9 人，与《梁书·百济传》、《南史·百济传》所载"其国有二十二檐鲁，皆以子弟宗族分据之"的情况正相符合。因而可以肯定，至公元 5 世纪中叶，《周书·百济传》所载的官制系统尚未形成。百济新官制的出现显然是北魏以后的事情。《三国史记》的系年错误。

论述将以中国史料为主,以《三国史记》的记载为辅。

百济的先世与高句丽、东夫余一样,也出自北夫余。在公元前2世纪的移民浪潮中,夫余人的一支从卒本夫余中分离出来,进入马韩居住区并征服了当地民族,确立本部族在当地的统治地位,这就是百济的前身。[①]《三国志》卷30《韩传》中出现的"伯济",是对百济的最早记载。参之《后汉书》卷85《东夷传》可证,百济是三韩78国中的一国,属于马韩。

《三国志》卷30《韩传》记载,马韩"国邑虽有主帅,邑落杂居,不能善相制御","诸小别邑,各有渠帅",三韩的所谓"国",统治结构是,存在一个作为全国中心的国邑,也就是最大的邑,除此之外还存在着作为地区中心的"诸小别邑"。从"国邑"的主帅"不能善相制御",以及"其北方近郡诸国差晓礼俗,其远处直如囚徒奴婢相聚"[②]的记载来看,"国邑"与"别邑"之间尚未形成隶属关系,而应该是联盟关系。三韩的"国",不过是村落联合体,百济也不例外。百济的特点在于,是南迁的夫余人征服了当地的土著韩人,夫余人的部族成为百济的"国邑",夫余人的首领成为"主帅",而当地原有的韩人村落成为夫余人统治下的"别邑"。

《三国史记》卷23《百济始祖温祚王本纪》称温祚与其兄沸流都是高句丽始祖朱蒙之子:

> 及朱蒙在北扶余所生子来为太子,沸流、温祚恐为太子所不容,遂与乌干、马黎十臣南行,百姓从之者多。遂至汉山,登负儿岳,望可居之地。沸流欲居于海滨,十臣谏曰:"惟此河南之地,北带汉水,东据高岳,南望沃泽,西阻大海,其天险地利,难得之势,作都于斯,不亦宜乎!"沸流不听,分其民,归弥邹忽以居之。温祚都河南慰礼城,以十臣为辅翼。国号十济。是前汉成帝鸿嘉三年也。沸流以弥邹土湿水咸,不得安居,归见慰礼都邑鼎定,人民安泰,遂渐悔而死,其臣民皆归于慰礼。后以来时百姓乐从,改号百济。

从上述择地的传说来看,夫余人作为征服民族,与被征服的土著韩人并

[①] 杨军《从夫余南下看百济国族源》,《北方民族》,2001年第2期。
[②] 《三国志》卷30《韩传》。

不居住在一起，而是择地另建自己的邑落。上述史料没有记载南迁夫余人的数量，只是说"百姓从之者多"，而中国史书则称其"初以百家济"。①在温祚王八年，三千靺鞨兵来侵，就能迫使百济"闭城门不出"，温祚王十年，"靺鞨寇北境，王遣兵二百拒战于昆弥川上，我军败绩，依青木山自保，王亲帅精骑一百，出烽岘救之"，②所能动员的兵力不过三百人，都证明百济初期实力是非常有限的。虽然这支南迁的夫余人不会如中国史书记载的仅有"百家"，但其人数也不会太多。

《三国史记》卷23《百济始祖温祚王本纪》记载，温祚王三十一年，"分国内民户为南北部"，三十三年，"加置东西二部"。虽然其记事的年代未必可信，但至少可以证明，百济的五部是后来形成的，最初南下的夫余人都是一部。据朝鲜史书《三国史记》、《三国遗事》的记载，这一支夫余人的南下迟于夫余东迁41年、晚于高句丽南下19年。这么短的时间里其社会组织显然不可能发生本质性变化，因此，百济早期，统治者夫余人有着与高句丽相同的部下辖部的两级血亲组织。所谓一部，即一个血亲组织复合体；分为五部，是这个血亲组织自身的裂变，分为五个血亲组织复合体。上述分部的记载还说明，这个夫余人的血亲组织将被其征服的韩人村落分为五部分，分别隶属于其五部的一部。③

温祚王十四年"巡抚部落，务劝农事"④的记载，尚在百济五部形成之前，说明所"巡抚"的部落不是夫余人的部落，而是土著韩人的村落，夫余人的首领开始关心被征服者的农业生产情况，这是征服民族与被征服民族间界线开始消失的迹象，也证明韩人既存在部落，也存在村落。

百济早期的统治结构我们可以图示如下：

---

① 《北史》卷94《百济传》。
② [高丽] 金富轼著，杨军校勘《三国史记》（上），吉林大学出版社2015年，第276页。
③ 《周书》卷49《百济传》："都下有万家，分为五部，曰上部、前部、中部、下部、后部，统兵五百人。五方各有方领一人，以达率为之。郡将三人，以德率为之。方统一千二百人以下，七百人以上。城之内外民庶及余小城，咸分肄（据《北史·百济传》，当是隶字——引者注）焉。"从此条史料来看，百济五部似乎仅仅是"都下"的组织，而不涉及国内其他地区。但上述史料的统兵数与户数存在矛盾，五部万家，每部才统兵500人。说明此则记载存在问题。因此，本书不取《周书》的说法。
④ [高丽] 金富轼著，杨军校勘《三国史记》（上），吉林大学出版社2015年，第277页。

```
百济王 ──→ 百济五部 ──→ 五部下的部落 ──→ 夫余人家庭
     ╲→ 韩人的部落 ──→ 韩人的村落 ──→ 韩人家庭
     （血亲组织复合体）    （血亲组织）
```

从《三国志》卷30《韩传》的记载来看，[①] 至晚在公元3世纪，马韩各部已存在明确的社会分层。证据主要是以下两个方面。

首先，国邑首领的身边已出现亲信集团。马韩："各有长帅，大者自名为臣智，其次为邑借"，显然臣智是国邑首领的称号，而邑借是诸别邑首领的称号。弁韩"十二国，诸小别邑，各有渠帅，大者名臣智，其次有险侧，次有樊秽，次有杀奚，次有邑借"，在臣智与邑借之间出现了三个新的称号，这当是国邑中新出现的地位次于臣智的首领。《三国志》称马韩"其官有魏率善邑君、归义侯、中郎将、都尉、伯长"，虽然使用的都是曹魏政权的官名，但所反映的情况却与前引史料相符。从其地位高于诸别邑首领邑借来看，他们显然是国邑首领臣智的辅佐，是其亲信集团的成员。邑落首领身边出现专门负责执行其命令的辅佐，说明国邑首领的权力正在加强。

其次，国邑首领的权力在加强。《三国志》记载："臣智或加优呼臣云遣支报安邪踧支濆臣离儿不例拘邪秦支廉之号"，此处所涉及的称号我们目前还无法理解，因而也无法断句，但是其含义是十分明显的，即，有的臣智，也就是国邑的首领，已经在给自己增加一些尊号了。这种现象的出现，证明国邑对别邑控制力的加强，原有的平等联盟的关系已在破坏之中。中原王朝已经认识到国邑的首领与别邑的首领地位是不同的，所以给他们的待遇也是不同的，"诸韩国臣智加赐邑君印绶，其次与邑长"，证明国邑首领与别邑首领权力的差异已经相当明显。别邑已经逐渐在向属邑转变。

百济当也经历着相同的变化，社会分层逐渐取代了征服者与被征服者的界线。如果《三国史记》卷23《百济始祖温祚王本纪》所载南迁相地的传说是可信的，证明这一支夫余在南迁时，就已经以农耕为主要经济类型了。经济类型的相同，显然有利于征服者与被征服者间界线的消失。

[①] 以下史料未注明出处者皆出自《三国志》卷30《韩传》。

在其后的对外征服中，百济逐渐征服马韩其他"国"，也就是中国史书所说的"后渐强大，兼诸小国"，①统治结构发生相应的变化。

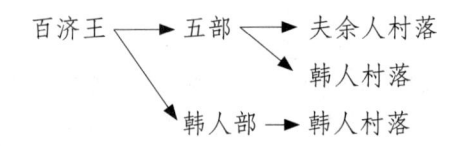

```
百济王 ——→ 五部 ——→ 夫余人村落
          ↘       ↘
                    韩人村落
           韩人部 ——→ 韩人村落
```

随着统治区域的扩大，夫余人在百济中所占比重越来越小。百济"言参诸夏，亦秦韩之遗俗"，②秦韩即辰韩，是中原移民与马韩相融合形成的新民族，③百济"言参诸夏"，证明其语言已经受到辰韩的影响。韩国学者都守熙认为，百济在此时期的语言分为两种，一种是与高句丽语言接近的统治阶层的语言，另一种是被统治阶层的语言。④在我们看来，后者就是韩人的语言，而且很可能以辰韩的语言为主。原来征服民族、被征服民族的语言已演化为统治阶层的语言与被统治阶层的语言，从另一角度证明了百济国内的社会分层已经取代了征服者与被征服者之间的界线。

《周书》卷49《百济传》、《北史》卷94《百济传》都对百济官制有详细的记载。其中央官不仅具有不同的等级，"各有部司，分掌众务"，也有了固定的分工与执掌。内官与外官各部性质如何虽然还不太清楚，但内官主要负责国王个人及王室的事务、外官负责国家事务的分工已很明显。中央已经具有各种职能部门。五部统领五方，"城之内外民庶及余小城，咸分隶焉"，⑤说明五方领的性质是地方一级建置，而各城则是地方二级建置，存在与高句丽相似的大城辖小城体制。而且"长吏三年一交代"，⑥地方官已经具有明确的任期。这些都证明此时百济已步入成熟国家。

《周书》卷49《百济传》："自晋、宋、齐、梁据江左，后魏宅中原，并

---

① 《梁书》卷54《百济传》。
② 《梁书》卷54《百济传》。
③ 杨军《辰国考》，《北方文物》，2001年第3期。
④ [韩] 都守熙《百济语研究概要——百济语的起源及发展史简述》，《当代韩国》，1997年第2期。
⑤ 《北史》卷94《百济传》："五方各有方领一人，以达率为之，方佐贰之。方有十郡，郡有将三人，以德率为之。统兵一千二百人以下、七百人以上。城之内外人庶及余小城，咸分隶焉"，与《周书》记载略有不同。
⑥ 《北史》卷94《百济传》。

遣使称藩，兼受封拜。齐氏擅东夏，其王隆亦通使焉。隆死，子昌立。建德六年（577年），齐灭，昌始遣使献方物"，则百济与后周的来往始于公元577年，也就是说，上文所引《周书》所载官制，周人当得之于公元577年以后。因此，至晚在公元5世纪中叶至公元6世纪下半叶，百济已经步入成熟的国家形态。

但大约与此同时，《梁书》卷54《百济传》记载：百济"谓邑曰檐鲁，如中国之言郡县也。其国有二十二檐鲁，皆以子弟宗族分据之"，说明其地方的实权掌握在王族的手中。虽然我们不知道百济自何时起出现超越权贵阶层之上的王室家族，但在其步入成熟国家之前，这个王室家族显然已经存在。毫无疑问，中原王朝对百济王的加封，起到了强化百济王权的作用。

综上所述，我们可以肯定，在百济向国家演进的过程中，先是存在征服者部族与被征服者部族间的界线，二者并不混居。而后，社会分层取代征服者与被征服者之间的界线。最后，首领的权力增强，王权出现，出现凌驾于权贵阶层之上的王室。这一切都与高句丽模式是相同的。但应该强调的是，"以子弟宗族分据"各邑的做法，与拓跋鲜卑七分国人，并派拓跋氏的子弟统领的做法非常相似。这成为百济向国家演进过程中的特点。

（二）关于拓跋鲜卑的比较研究

曾经建立国家的鲜卑人，除拓跋鲜卑之外，还有慕容鲜卑、秃发鲜卑、乞伏鲜卑与吐谷浑。学术界目前习惯将鲜卑分为拓跋鲜卑与东部鲜卑两支，[①] 上述各支鲜卑中，慕容鲜卑、吐谷浑属于东部鲜卑，秃发鲜卑、乞伏鲜卑属于拓跋鲜卑。我们拟从拓跋鲜卑与东部鲜卑中各选取一个个案与拓跋鲜卑进行比较。秃发鲜卑与拓跋鲜卑关系最为密切，是拓跋鲜卑的分支。钱大昕最早提出，秃发就是拓跋的不同音译，此说得到马长寿的支持，[②] 已成为学术界的通说。因此，我们选取秃发鲜卑与吐谷浑作为参照，对比其国家演进过程与拓跋鲜卑演进模式的异同。在东部鲜卑中之所以选中吐谷浑而没有选取慕容鲜卑，主要是因为慕容鲜卑在建国以前就已经汉化，并

---

① 参见马长寿《乌桓与鲜卑》，上海人民出版社1962年。
② 马长寿《乌桓与鲜卑》，上海人民出版社1962年，第31页。

成为农耕民族，[①] 经济类型与拓跋鲜卑存在明显差异，而吐谷浑与秃发鲜卑，甚至在立国以后，也一直是游牧民族，这一点与拓跋鲜卑是相同的。

1. 拓跋鲜卑与秃发鲜卑的比较研究

大约在公元220年前后，[②] 诘汾之子匹孤率部西迁。此时拓跋部尚依附于没鹿回部，应是没鹿回部的"附落"，远未开始对传统血亲组织的改造。因此，匹孤所部当保有血亲组织—血亲组织复合体的结构。从此，下至秃发部建立南凉（397—414年），在170多年的时间里，史书对秃发部的发展记载缺略。

据周伟洲的研究，匹孤率部从阴山一带向西迁徙，最初可能在今甘肃河西的北面，即今内蒙古额济纳旗（居延）至宁夏的北部，以后才进一步向南迁入甘肃河西，与当地汉、羌各族杂居。[③]

在匹孤率部脱离拓跋鲜卑时，拓跋部实力有限，因而匹孤所部初入河西时人口当不多。《资治通鉴》卷79晋武帝泰始五年："先是，邓艾纳鲜卑降者数万，置于雍、凉之间，与民杂居"，胡三省注："此河西鲜卑也"。周伟洲认为，此事当发生于256—263年之间。此时秃发部进入河西不久，认为此处的河西鲜卑"主要指秃发鲜卑"，[④] 恐怕是不正确的。因河西鲜卑除秃发部之外，至少还包括乙弗、折掘（叠掘）、意云、河南、北山、车盖、思盘、麦田、卑和、乌啼诸部，[⑤] 其中仅乙弗部的人口就达万落之多，[⑥] 这数万落鲜卑

---

① 关于慕容鲜卑的汉化问题，参见郑小容《慕容鲜卑汉化问题初探》，《文献》，1990年第2期；刘国石《鲜卑慕容氏与赵魏士族》，《吉林大学社会科学学报》，1997年第5期。另外，李海叶认为，慕容鲜卑在汉化的同时，其部族组织得以保存。见李海叶《汉士族与慕容氏政权》，《魏晋南北朝隋唐史》，2002年第1期。我们认为，慕容既然已经转向农耕经济类型，那么，在向国家演进的过程中，其部落组织的演化就会与拓跋鲜卑存在一定程度的差异，这就不得不就经济类型的影响作相应的说明，使问题复杂化。因此，选取与拓跋鲜卑同样都是从事游牧业的吐谷浑、秃发鲜卑作为比照对象更合适。

② 此据郭锋《关于秃发南凉早期历史的几个问题》（《兰州学刊》，1986年第4期）。林干认为在3世纪中叶（林干《东胡史》，内蒙古人民出版社1989年，第117页；林干、再思《东胡乌桓鲜卑研究与附论》，内蒙古大学出版社1995年，第82页）。周伟洲认为当在219—256年之间（周伟洲《南凉与西秦》，陕西人民出版社1987年，第5页）。按本书第二章中对秃发鲜卑世次的估算，秃发鲜卑平均每世22.4年，乌孤死于399年，则匹孤大约死于242年前后，其大约在220年率部迁徙是完全可能的。

③ 周伟洲《南凉与西秦》，陕西人民出版社1987年，第5页。

④ 周伟洲《南凉与西秦》，陕西人民出版社1987年，第6页。

⑤ 周伟洲《魏晋十六国时期鲜卑族向西北地区的迁徙及其分布》，《民族研究》，1983年第5期。

⑥ 《北史》卷96《吐谷浑传》所附"乙弗勿敌国"称其"众有万落"。

尚包括部分陇西鲜卑在内，①因此，在邓艾纳降的数万落鲜卑中，秃发鲜卑绝占不到多数。

前引《资治通鉴》说邓艾使鲜卑"与民杂居"，公元268年，傅玄的上疏中也提到"邓艾苟欲取一时之利，不虑后患，使鲜卑数万散居人间"，②证明包括秃发部在内的河西鲜卑诸部在迁入雍、凉之后是与汉族杂居的。树机能反晋（270—279年）时，被称为"羌虏树机能"，③证明树机能的队伍中羌人的比例很大。与其他民族的杂居无疑会对鲜卑人的血亲组织构成冲击，也就是说，在西迁后的前半个世纪中，秃发部的血亲组织是趋于衰落的。

利鹿孤在位时（399—402年），鍮勿仑在回顾秃发部的历史发展时说："昔我先君肇自幽、朔，被发左衽，无冠冕之义，迁徙不常，无城邑之制，用能中分天下，威振殊境。"鍮勿仑向利鹿孤建议："宜置晋人于诸城，劝课农桑，以供军国之用，我则习战法以诛未宾"，④得到利鹿孤的肯定。从鍮勿仑的话分析，在南凉立国以前，秃发部一直保持游牧生活，其血亲组织应该仍发挥着作用；在南凉立国以后，血亲组织被改造为秃发鲜卑人的军政合一的社会组织，具有很强的军事性。

《晋书》卷38《扶风王骏传》记载："机能乃遣所领二十部弹勃面缚军门，各遣入质子"，树机能的部队中存在部落结构，证明他是利用传统的血亲组织来组织反晋战争的，——除了这种鲜卑人熟悉的传统组织方式之外，树机能也没有组织民众的新方法——因此，鲜卑人的血亲组织重新得到强化。

但我们也应该注意到，树机能的部队中还有"安定、北地、金城诸胡吉轲罗、侯金多及北虏热冏等二十万口"，⑤民族成分非常复杂，并不是全部队伍都可以用其固有的血亲组织加以统治的，必然已经存在非血缘组织。

随着秃发部实力的增强与所统汉人的增加，其部队中已包括汉族士兵。秃发傉檀曾"征集戎夏之兵五万余人"，在受到乞伏炽磐进攻时，尉肃建议"宜聚国人于内城，肃等率诸晋人距战于外"，⑥都证明汉军已成为南凉一支重

---

① 周伟洲《南凉与西秦》，陕西人民出版社1987年，第126页。
② 《晋书》卷47《傅玄传》。
③ 《晋书》卷38《扶风王骏传》。
④ 《晋书》卷126《秃发利鹿孤载记》。
⑤ 《晋书》卷38《扶风王骏传》。
⑥ 《晋书》卷126《秃发傉檀载记》。

要的军事力量。而这显然是不可能用血亲组织进行组织的部队。

《资治通鉴》卷109晋孝武帝隆安元年（397年）记载："河南鲜卑吐秾等十二部大人，皆附于秃发乌孤"，而在秃发傉檀时尚在征伐乙弗鲜卑，由此看来，在南凉立国前，秃发部已形成了本部、附部、属国的统治结构，我们可以图示如下：

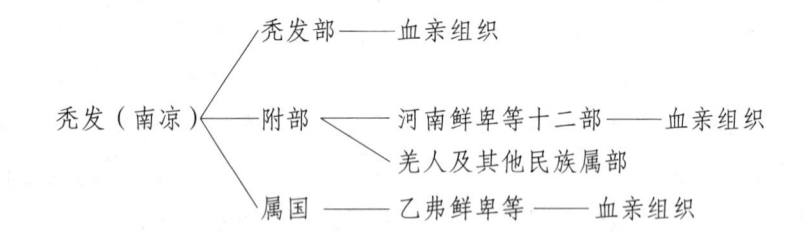

```
                ┌─ 秃发部 ──── 血亲组织
                │
秃发（南凉）────┤─ 附部 ──── 河南鲜卑等十二部 ──── 血亲组织
                │            羌人及其他民族属部
                │
                └─ 属国 ──── 乙弗鲜卑等 ──── 血亲组织
```

各属国应与秃发部存在类似的内部结构，对秃发部时服时叛。虽然自秃发乌孤时就不断出现秃发部征讨鲜卑其他各部的记载，但直至南凉灭亡前，还存在秃发傉檀征讨乙弗鲜卑的记载，证明这些与秃发部结构类似的鲜卑部族始终与秃发部并存，并未完全被秃发部征服。因此，其内部应保有传统的血亲组织。

秃发本部渐被改造为军政合一的准军事组织，秃发部的统治者就是依靠这种力量以及汉族士兵组成的部队，对附部的血亲组织进行了一定程度的改造。孟恺曾建议秃发傉檀"慰喻杂部"，[1] 证明直至南凉灭亡前夕，依附于秃发部的各族，特别是鲜卑人，仍保有部落组织。只不过这种部落组织已经完全被置于秃发部统治者的控制之下，而与传统的血亲组织不同。

见于史书记载的南凉官名大多出自汉官制，具体数字详见下表：[2]

职官分类	官称总数	涉及人数	秃发氏人数	其他鲜卑	汉族人数	其他族人数
中枢之官	24	28	3		22	3
军事之官	24	24	6	2	8	8
地方之官	10	12	4		8	

---

[1] 《晋书》卷126《秃发傉檀载记》。
[2] 此表数字据周伟洲《南凉与西秦》（陕西人民出版社1987年，第74—88页）和米海平《略论十六国时期南凉文化》（《青海民族研究》，2000年第1期）。

从汉族官员在官员中所占的压倒优势来看，见于史书记载的南凉汉官制主要是用来统治汉人的，这是南凉"置晋人于诸城，劝课农桑，以供军国之用"的基本国策的组成部分，并不是用于统治秃发部与其他依附秃发鲜卑的部族的机制。但是，非汉族官员在军官中占绝大多数，正是秃发部与依附部落被改造为军政一体的行政机构的反映，这其中应该包括非血亲组织的新机构。

综上，秃发部向国家演进的过程与拓跋鲜卑的演进模式大体相同，在两个方面又具有自己的特点：第一，对血亲组织的改造不是将之改造为地方行政组织，而是将之改造为军事性极强的军政合一的社会组织。第二，新机构的增设主要是对中原汉官制的移植。但是，与拓跋鲜卑一样，秃发部向国家的演进也同样经历了出现传统部落结构之外的组织和军事力量、将血亲组织改造为行政组织、增设新的机构三个重要阶段。因此，我们认为，秃发鲜卑向国家的演进与拓跋鲜卑属于同一模式。

2. 拓跋鲜卑与吐谷浑的比较研究

吐谷浑是慕容部首领涉归的庶长子，涉归在世时，分给吐谷浑1700户属民。[1] 慕容廆即位后，由于牧场狭小，吐谷浑所部与慕容廆所部因争夺牧场而产生矛盾，[2] 因受到慕容廆的责备，大约在太康四年至十年（283—289年）间，[3] 吐谷浑开始率众迁徙，离开辽西，进入阴山一带。大约在永嘉末年（311—313年），[4] 吐谷浑部离开阴山，经河套越陇山，进一步西迁进入今青海境内，也就是进入羌人的居住区，并最终在这里建立了自己的国家。

---

[1] 此据《晋书》卷97《吐谷浑传》。《魏书》卷101《吐谷浑传》、《北史》卷96《吐谷浑传》、《宋书》卷96《吐谷浑卷》皆作700户。

[2] 据《晋书》卷97《吐谷浑传》："及涉归卒，廆嗣位，而二部马斗，廆怒曰：'先公分建有别，奈何不相远离，而令马斗！'吐谷浑曰：'马为畜耳，斗其常性，何怒于人！乖离甚易，当去汝于万里之外矣。'于是遂行。"周伟洲认为，这则传说反映出，吐谷浑部迁徙的深刻原因是当地牧场的狭小。见周伟洲《吐谷浑史》，宁夏人民出版社1985年，第3—4页。李吉和认为生产力的发展、战争、统治阶级内部的斗争以及内地的吸引力是吐谷浑迁徙的主要原因。见李吉和《吐谷浑迁徙的原因及影响述略》，《青海民族研究》，2003年第3期。

[3] 此据周伟洲《吐谷浑史》（宁夏人民出版社1985年，第3页）。李文学认为吐谷浑部是以700户人口于公元249年至公元300年间自辽东西迁的。见李文学《吐谷浑部始迁人口及始迁时间考辨》，《黑龙江民族丛刊》，2004年第3期。

[4] 日本学者佐藤长认为吐谷浑部离开阴山是在永嘉五年至六年，即311—312年。周伟洲认为是在313年。见周伟洲《吐谷浑史》，宁夏人民出版社1985年，第6页。

史书没有明确记载吐谷浑所属 1700 户民众中存在何种社会组织，但是，在慕容涉归时期，慕容鲜卑尚未步入国家，其组织人民的方式还是血缘的而不是地缘的。因此，吐谷浑所部的社会组织形式应该是血亲组织—血亲组织复合体这种游牧民族传统的两级社会组织。吐谷浑部存在不同姓氏，也证明吐谷浑部是一个包括多个血亲组织的血亲组织复合体。从其长途迁徙所反映出的强固内部凝聚力来看，其内部的血亲组织还相当有活力。只不过吐谷浑本人原来并不属于这一血亲组织，而是联盟首领任命的血亲组织复合体的首领。这一点与拓跋鲜卑"七分国人"之后任命拓跋氏首领的兄弟分领各部的举措相同。

对吐谷浑部长达 40 年的迁徙历程中社会组织形式的演变，史书没有任何记载，但结合拓跋鲜卑与高句丽的迁徙来看，在迁徙过程中会不可避免地有异族加入。但这种加入，究竟是以个人的形式还是以血亲组织的形式，却已不得而知。

在进入羌人的居住区之后，吐谷浑部第二位首领吐延被一位羌人首领姜聪刺死，第四位首领碎奚时，在吐谷浑部掌大权的是羌人钟恶地，① 说明吐谷浑部与当地的土著羌人处于既斗争又联合的状况。最终，吐谷浑部与一些羌人部落结成联盟，按史书记载，吐谷浑部是这一联盟的盟主。但从碎奚至视罴时的史实来看，吐谷浑部即使已经成为联盟的首领，其地位也是不稳固的：

> 叶延死，子碎奚立，性淳谨，三弟专权，碎奚不能制，诸大将共诛之。奚忧哀不复摄事，遂立子视连为世子，委之事，号曰"莫贺郎"，华言父也。碎奚遂以忧死。视连立，以父忧思，不游娱酣宴。十五年，死，弟视罴立。②

碎奚三弟的死对碎奚刺激很大，"碎奚素友爱，因恍惚成疾"，③ 但他既无法保护其三弟，也无法在事后处罚害死他三弟的人。上述史料记载，碎奚父子皆以忧死，这其中似乎存在着某些无法明言的史事。由此看来，吐谷浑部

---

① 《资治通鉴》卷 103《晋纪》："长史钟恶地，西漒羌豪也。"
② 《魏书》卷 101《吐谷浑传》。
③ 《晋书》卷 97《吐谷浑传》。

在联盟中并不具备凌驾于诸部之上的统治地位。更为可能的情况是，虽然吐谷浑部被认为是联盟的首领，但与联盟中的几个强大的部的地位实际上是平等的，也许吐谷浑部此时是强大的羌人部落的"附落"。这与拓跋鲜卑在力微时依附于窦宾，后来虽然组成以拓跋部为核心的联盟，但独孤、贺兰等部还具有相当大的独立性，也是相似的。

由此推测，在吐谷浑以下的六代时间里，社会组织结构是血亲组织—血亲组织复合体—血亲组织复合体的联盟。与吐谷浑部组建联盟的多是羌人或氐人的血亲组织复合体。[①]

《晋书》卷97《吐谷浑传》记载，视罴去世后，乌纥堤"耽酒淫色，不恤国事"，树洛干（405—417年在位）"年十六嗣立，率所部数千家奔归莫何川"，"化行所部，众庶乐业，号为戊寅可汗，沙漒杂种莫不归附"。说明至公元5世纪初，吐谷浑人的社会组织仍遵循"强则分种为酋豪，弱则为人附落"[②]的草原定律，并未步入国家。

只不过吐谷浑部开始强大起来，拥有一批依附部落。羌人血亲组织的分分合合由来已久，其部落结构自然都比较复杂。也就是说，吐谷浑部在拥有一批依附部落之后，其社会结构一定变得非常复杂，这使吐谷浑部与迁入匈奴故地的拓跋鲜卑一样，面临如何改造依附部落的社会结构的问题。

据《魏书》卷101《吐谷浑传》："慕璝（426—436年在位）招集秦凉亡业之人及羌戎杂夷众至五六百落"，说明至晚在第七世慕璝时，吐谷浑部已经开始建立非血缘组织。也正是在慕璝时，史书记载吐谷浑"部众转盛"，[③]这当不是巧合，而是说明，吐谷浑开始了向国家的演进。

慕璝时吐谷浑联盟部众总数虽然没有明确记载，但可以作一大概的估计。据《魏书》卷101《吐谷浑传》记载，慕璝死后，其弟慕利延在位期间受到北魏的讨伐：

> 慕利延兄子拾寅走河西，伏罗遣将追击之，斩首五千余级。慕利延走白兰。慕利延从弟伏念、长史㺽鸠黎、部大崇娥等率众一万三千落归

---

① 《魏书》卷101《吐谷浑传》称："阿豺兼并羌氐，地方数千里，号为强国。"
② 《后汉书》卷117《西羌传》。
③ 《魏书》卷101《吐谷浑传》。

降。后复遣征西将军、高凉王那等讨之于白兰，慕利延遂入于阗国，杀其王，死者数万人。

在 13000 落投降之后，慕利延尚能依靠余部的力量攻入于阗，说明其部众总数应超过 2 万落。可资参证的是，视罴在位时（390—400 年），曾自称"控弦之士二万"，① 可证其部众也应在 2 万落左右。吐谷浑联盟已控制 2 万落人口，其中吐谷浑人占多少、羌人占多少已无从得知。但前引史料载树洛干"率所部数千家奔归莫何川"，这数千家可能才是联盟中吐谷浑人的数量。如果这种推测不误，那么，在慕璝组建非血缘组织时，吐谷浑联盟人口为 2 万落，其中包括数千家吐谷浑人，非血缘组织人口仅 500—600 落，约占联盟总人口数的四十分之一，肯定还不是举足轻重的力量。

吐谷浑以下的第七代中共出过 4 位首领：树洛干、阿豺、慕璝、慕利延。前后统治近 50 年。在树洛干的时代，我们还可以发现明显的本种—附落式结构，而到慕璝时就已开始组建非血亲组织了。可见，第七代 4 位首领统治的半个世纪，是吐谷浑发生重大社会变革的时期。第八世拾寅已开始"居止出入窃拟王者"，②"用书契，起城池，筑宫殿，其小王并立宅"，③ 至第十世伏连筹，"树置百官，称制诸国"，④ 证明自慕璝开始的变革得到持续发展。

从这一发展过程来看，吐谷浑步入国家肯定在第十世伏连筹以后，目前学术界认为吐谷浑国家出现于第一世吐谷浑时（312—313 年）、⑤ 第三世叶延时（329—351 年在位）⑥ 或第八世拾寅（452—481 年在位）时，⑦ 恐怕都是不能成立的。

由于学术界目前将吐谷浑国家出现的时间定得过早，因此，通常认为，

---

① 《晋书》卷 97《吐谷浑传》。
② 《魏书》卷 101《吐谷浑传》。
③ 《梁书》卷 54《河南传》。
④ 《魏书》卷 101《吐谷浑传》。
⑤ 马曼丽《论吐谷浑与周邻的关系》，《甘肃社会科学》，1987 年第 4 期。
⑥ 林干《东胡史》，内蒙古人民出版社 1989 年，第 161 页；周伟洲《吐谷浑史》，宁夏人民出版社 1985 年，第 26、118 页；申友良《中国北方民族及其政权研究》，中央民族大学出版社 1998 年，第 132 页。
⑦ 崔永红《吐谷浑社会经济和政治制度初探》，《青海社会科学》，1983 年第 5 期。原文称拾寅为十二世，是指第十二位首领，而不是指世次。在吐谷浑王室的世次中，若将吐谷浑本人视为第一世，则叶延是第三世，拾寅是第八世。

吐谷浑的官制演变可以夸吕在位时（535—591年）为界，分为前后两个时期。有的学者认为，吐谷浑官制的演变开始于慕利延时期，最后完成于夸吕之时；[①] 有的学者认为，这一演变开始于伏连筹时期，最后完成于夸吕之时。[②] 夸吕在吐谷浑王室的世次中居第十一世，所以我们可以归纳为，学者们公认，吐谷浑的政治制度在第七世至第十世之间发生了巨大变革。

李天雪、汤夺先认为，吐谷浑国的经济发展可以分为三个阶段：一是由叶延立国到阿豺时期，这一阶段吐谷浑游牧经济占主导；二是由阿豺至拾寅时期，此阶段主要是游牧经济向商业化转变；三是拾寅以后，是游牧型商业经济的发展时期。[③] 虽然我们并不完全同意他们对吐谷浑经济类型的论述，但是，他们指出吐谷浑的经济转型发生在第七世与第八世之间，与我们的上述论证还是相吻合的。

将吐谷浑官制分为前后两期的学者多是依据《晋书》、《魏书》与《旧唐书》的《吐谷浑传》。《晋书》卷97《吐谷浑传》："其官置长史、司马、将军"；《魏书》卷101《吐谷浑传》称夸吕以后"官有王公、仆射、尚书及郎将、将军之号"；《旧唐书》卷198《吐谷浑传》更是将其官制分为前后两期，"其官初有长史、司马、将军。近代已来，有王公、仆射、尚书、郎中"。但是，吐谷浑当时的社会发展状况显然还不足以引进中原的官制与机构，早期的长史、司马、将军，还有博士、[④] 侍郎[⑤] 等官称，不过是引入中原官称来称呼其血亲组织复合体的首领而已，并不是有着实际意义的官制。

慕容鲜卑自慕容廆的曾祖父莫护跋时就已经开始了汉化，"时燕代多冠步摇冠，莫护跋见而好之，乃敛发袭冠"，[⑥] 《通典》也说自吐谷浑至视罴的儿子树洛干，"司马、博士，皆用儒生"。[⑦] 说明引入中原官称是吐谷浑部汉化的结果，即"盖慕诸华为之"，[⑧] 并不能因早期存在中原官称，就认为吐谷浑

[①] 周伟洲《吐谷浑史》，宁夏人民出版社1985年，第120页。
[②] 慕勒著，郭向东、容真译《吐谷浑文化概况》，《西北民族研究》，1989年第2期。
[③] 李天雪、汤夺先《略论吐谷浑的游牧型商业经济及对其外交政策的影响》，《青海民族学院学报》，2002年第4期。
[④] 《通典》卷190《吐谷浑》："吐谷浑至叶延曾孙视罴皆有才略知古今，司马、博士，皆用儒生。"
[⑤] 《魏书》卷101《吐谷浑传》："世祖时，慕璝始遣其侍郎谢大宁奉表归国"，证明慕璝时吐谷浑还有侍郎官称，这无疑属于上述各家官制分期中的前期。
[⑥] 《晋书》卷108《慕容廆载记》。
[⑦] 《通典》卷190《吐谷浑》。
[⑧] 《新唐书》卷221上《吐谷浑传》。

已形成国家。

慕勒认为：

> 吐谷浑早期官制基本上是军事性的，只是到了后来，随着原始游牧生活的衰落，逐渐开始筑城定居，这才有了初级的行政机构。要搞清这种行政体制的结构是很困难的，但早期的行政机构无疑非常简略，将其视为仅是一个很简单的征税法亦无不可。从伏连筹（504—529）起，吐谷浑始仿汉制设官。①

既然吐谷浑早期的官制"基本是军事性的"，"早期的行政机构无疑非常简略"，甚至将其视为"征税法亦无不可"，那么，说伏连筹以前吐谷浑就已经形成国家显然是不现实的。崔永红也指出，吐谷浑"前一阶段的官名设置大致比照当时的州刺史或王府，后一阶段的官制，规格大大升级，显示出欲僭埒于当时的中原王朝"，②早期的吐谷浑首领甚至并未将自己视为国王，而是自比于中原的地方官，说此时的吐谷浑已形成自己民族的国家当然是说不通的。因此，我们认为，吐谷浑第七世至第十世之间（405—528年）的社会变革，并不是国家形态的转型，而是吐谷浑自前国家形态向国家的演进。

自慕璝开始建立非血亲组织，至伏连筹时"辄修洮阳、泥和城而置戍焉"。③其地方防御体系的存在，证明已经完成了对传统血亲组织的改造，使之成为地方行政机构。也是在伏连筹时，"准拟天朝，树置百官，称制诸国"，④基本形成了新的中央机构。因此，我们认为，吐谷浑国家的形成应该是在第十世伏连筹时期。

《周书》卷50《吐谷浑传》：

> 官有令尹一人，比中夏相国；次有公二人，皆其王子也，一为交河公，一为田地公；次有左右卫；次有八长史，曰吏部、祠部、库部、仓部、主客、礼部、民部、兵部等长史也；次有建武、威远、陵江、殿

---

① 慕勒著，郭向东、容真译《吐谷浑文化概况》，《西北民族研究》，1989年第2期。
② 崔永红《吐谷浑社会经济和政治制度初探》，《青海社会科学》，1983年第5期。
③ 《魏书》卷101《吐谷浑传》。
④ 《魏书》卷101《吐谷浑传》。

中、伏波等将军；次有八司马，长史之副也；次有侍郎、校书郎、主簿、从事，阶位相次，分掌诸事；次有省事，专掌导引。其大事决之于王，小事则世子及二公随状断决。平章录记，事讫即除。籍书之外，无久掌文案。官人虽有列位，并无曹府，唯每旦集于牙门评议众事。诸城各有户曹、水曹、田曹。每城遣司马、侍郎相监检校，名为城令。

从年代上分析，这应是夸吕以后吐谷浑的官制。[①]从中我们可以看出，吐谷浑的官制受中原官制影响极大。当吐谷浑组建非血亲组织，并以此为后盾完成对血亲组织的改造而需要增设新的机构以完成向国家的演进之时，即系统引进中原官制与制度，这是吐谷浑向国家演进过程中的特点。

综上，吐谷浑向国家演进的历程始于慕璝建立非血亲组织，终于伏连筹全面增设新机构，也经历了出现传统部落结构之外的组织和军事力量、将血亲组织改造为行政组织、增设新的机构三个重要阶段，与拓跋鲜卑的演进模式相同。

（三）拓跋鲜卑与高句丽的比较研究

在开始迁徙以前，无论是拓跋鲜卑与高句丽，还是其所迁入地区的部族，最普遍的社会组织方式都是两级血亲组织，即由有血亲关系的父家长制家庭组成的血亲组织和由若干血亲组织组成的血亲组织复合体。虽然血亲组织复合体也常常结成某种联盟，但是这种联盟并不是普遍存在的。从理论上讲，血亲组织复合体的所有家庭，应该都出自同一个男性祖先，具有明确的父系亲属关系，其内部的不同血亲组织是这个男性祖先后裔的各个支系。但在实际上，血亲组织内各家庭一般尚能保持这种血缘关系，拥有共同的男性祖先，而血亲组织复合体中却往往已经无法保持这一点。

早在拓跋鲜卑进入蒙古草原以前，草原民族的"强则分种为酋豪，弱则为人附落"[②]的习惯已经保持了很久。由若干血亲组织平等地联合为一个血亲组织复合体的情况即使不是从未出现过，也是早就不存在了。血亲组织复合

---

① 虽然《周书》成书于637年，但北周（557—581年）存在的时间与夸吕在位的时间（535—591年）相重合，因此，《周书》所载当为夸吕时代的官制。这证明从伏连筹开始增设新机构，至夸吕时已发展为比较完善的官制体系。
② 《后汉书》卷117《西羌传》。

体内部各血亲组织的地位是不平等的，存在一个比较强大的、居于统治地位的血亲组织，其首领也就是血亲组织复合体的首领。其他血亲组织都是这个居于统治地位的血亲组织的属部，虽然在大多数情况下，他们仍旧可以自由地选出自己的首领，但是，他们必须听命于居于统治地位的血亲组织。用中国史书的名称来说，他们的地位是"附落"，即依附部落，而不是独立的。

如果血亲组织复合体中居于统治地位的血亲组织逐渐衰落，或是由于某种原因——多数情况下是受到外来的打击——突然瓦解，原来依附于这个血亲组织的其他弱小血亲组织也会脱离对其的依附关系，转而投靠更为强大的部落，或者是四散奔逃，各谋出路。如果血亲组织复合体中处于依附地位的血亲组织实力逐渐壮大，有能力保护自己，他也会从原来的血亲组织复合体中独立出去，成为一个新的独立部落；就是血亲组织复合体中居于主导地位的血亲组织，在进一步发展之后，也可能由于某种原因——多数情况下是首领的继承问题——而导致分裂，其血亲组织的部分成员另立门户，成为新的独立的血亲组织。

不论出于何种情况，一个血亲组织一旦独立出来，其前途只有两个：要么，他足够强大，不仅可以维持自己的独立地位，也必然地开始吸纳弱小的血亲组织依附于自己，从而发展成为血亲组织复合体；要么，他无法维持独立，就不得不重新依附于其他血亲组织。这就是"强则分种为酋豪，弱则为人附落"的草原定律。

在游牧民族血亲组织的分合中，实力是最关键的因素，血缘、民族的不同，甚至语言、人种的差异，并不能成为血亲组织分合的障碍。强大的血亲组织的依附部落，不仅不能保证与其具有血缘关系，甚至不能保证与其属于同一民族、同一人种，也不能保证彼此间拥有相同的语言。但是，由于他们是依附者，已经失去了独立的地位，所以，在其他血亲组织复合体的人看来，他们同样是该血亲组织复合体的组成部分。当然，人们也注意到其与居于统治地位的血亲组织之间的区别，因此才把他们称为某某部的"杂种"、"附落"，某某部的称呼会跟随他们很久。即使他们日后强大起来，从该部独立出去，在相当长的一段时间里，他们还会被称为某某部的"别种"。高句丽曾被称为"夫余别种"，[①] 拓跋鲜卑曾被称为李陵后

---

① 《三国志》卷30《高句丽传》与《后汉书》卷85《高句丽传》。

裔，[①] 就是这个道理。

由血亲组织复合体组成的联盟，也同样遵循着上述原则。与血亲组织复合体相比，这种联盟的结构更为复杂，不仅存在居于主导地位的核心血亲组织与其依附的血亲组织之间的矛盾，还存在构成联盟的各血亲组织复合体的核心血亲组织之间的矛盾。因此，联盟也就比血亲组织复合体更加不稳定，更容易瓦解。我们可以肯定，在开始向国家演进以前，草原上就已经存在部落间地位的不平等，但是，如果不能克服血亲组织复合体的离心力，不能将血亲组织复合体间的联盟长期维持下去，就不会开始向国家的演进，而只能一直以血亲组织的分分合合徘徊在前国家社会中。

因此，在游牧民族中，出现血亲组织复合体间的联盟是其开始向国家演进的前提与基础，但能否在此基础上真的开始向国家演进，取决于在联盟中居于主导地位的血亲组织复合体是否有能力对其他血亲组织复合体进行改造，削弱其独立性与离心力，加强其隶属关系，使之转变为隶属于核心血亲组织复合体的行政单位。在这一过程中，必然会出现非血亲组织、部落的人为重组，以及血亲组织的首领由联盟最高首领任命而不再由血亲组织自身选举等现象。这就是拓跋鲜卑模式所反映的情况。

农耕民族的血亲组织受到其居住单位村落的制约。村落之间的发展自然不会是平衡的。村落的发展不仅表现在村落规模的扩大上，也表现为村落的裂变。经过数代的繁衍，构成一个大的村落的所有家庭虽然可能仍旧出自同一祖先，但是其内部自然会形成不同的分支，有的学者将这种组织结构归纳为个体家庭—家族—宗族—聚落共同体。[②]

但只要这种村落未经过裂变或不具有血缘关系的移民进入，其性质仍旧是血亲组织。由于人口增加造成的周边资源的相对不足，最终会有一个或几个支系从这一大村落中迁出，在邻近地域里组成一个新的村落，也就是一个新的血亲组织。新分出的血亲组织与其母体之间存在着必然的联系，二者共同构成一个血亲组织复合体。

[①] 《宋书》卷95《索虏传》："索头虏姓托跋氏，其先汉将李陵后也。陵降匈奴，有数百千种，各立名号，索头亦其一也。"这种记载未必符合历史事实，实际不过是想要表达拓跋鲜卑是"匈奴别种"的意思而已。中原史家之所以会有这种认识，当是因为拓跋鲜卑部包含很多匈奴人的血亲组织。

[②] 王震中《中国文明起源的比较研究》，陕西人民出版社1994年，第132—138页。

```
        中心聚落
       ↙      ↘
      A村      C村
       ↓
      B村
```

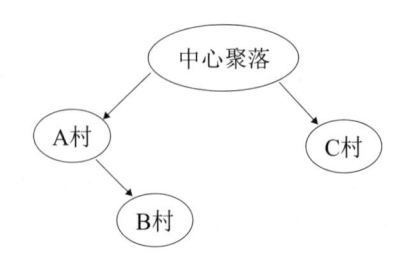

　　以上图所示为例，在一个大的中心聚落中，首先分出 A 村，随着进一步的发展，中心聚落的人口再一次超出周围资源所允许的限度而分出 C 村，与此同时，A 村的人口也达到饱和，分出 B 村。无论是中心聚落，还是 A、B、C 三村，其性质都是血亲组织，他们共同构成一个血亲组织复合体。

　　当然，我们这里说的不过是简单化的理论模式，实际的分化过程要复杂得多。但有一点是可以肯定的，如果未经过人为因素（如战争、移民、贸易）与自然因素（如天灾、山川河流等的自然阻隔）的影响，上述裂变过程不论进行得多么复杂，最终结果一定会在相当广阔的地域上形成一个血亲组织的联盟。这个联盟会存在一个起领导作用的中心聚落，控制各血亲组织复合体的中心聚落，各血亲组织复合体的中心聚落则控制所属的各个村。

　　史书所载三韩的 78 "国"，实际上都是这样的联盟。每个 "国" 中都存在一个 "国邑"，就是我们所说的起领导作用的中心聚落；还有 "诸小别邑"，就是若干个血亲组织复合体的中心聚落。从理论上讲，起领导作用的中心聚落应该是历史最悠久的血亲组织所在的村落，其他村落都是由此分出的，但实际情况恐怕还不是这么简单。农耕民族这种社会结构开始向国家的演进，取决于中心聚落对其他聚落与村落控制的加强。征服战争显然对此起到促进作用。

　　在农耕民族的战争中，由于定居的原因，战败的一方往往留在原地，接受战胜者的统治并提供贡赋和劳役。战胜的一方为了保证从战败者那里得到贡赋和劳役，必须加强对战败者聚落与村落的控制。这种控制如果能够持续下去，最终也必然会用于对战胜者自身聚落与村落的管理。管理方式的划一意味着征服者与被征服者间的界线为社会分层所取代。这就是高句丽模式所反映的情况。

　　拓跋鲜卑与高句丽向国家演进的模式显然存在上述差异，造成这种差异的最重要的原因在于其经济类型的不同。是不同的经济类型造就了不同的居住模式，而不同的居住模式必然影响到社会组织方式。

如果我们将游牧民族中的依附部落也理解为战败者、被征服者的话，[①]那么，拓跋鲜卑模式与高句丽模式向国家演进的第一步是极其相似的，即都是以武力为后盾加强对被征服者的控制。对武力的要求最终促使征服者形成血亲组织之外的武装力量，在此方面，拓跋鲜卑主要表现为组建非血亲组织的南、北二部，高句丽主要表现为对征服者与被征服者同时征兵，形成五部军。

对夫余、秃发鲜卑的研究表明，对武力的要求还可能形成另一种后果，即征服者的血亲组织被改造成具有极强军事性的军政合一的行政组织。此时的夫余刚从匈奴左地迁出不久，虽然我们不能将之视为典型的游牧民族，但也绝不会是纯粹的农耕民族，而此时的秃发鲜卑显然还保持着游牧习惯。他们统治下的被征服者则都是从事农业生产的人口。因此，我们推测，征服者的血亲组织被改造成军政合一的行政组织这种模式，多发生在征服者与被征服者存在不同经济类型的情况下。但无论如何，这都会带来向国家演进过程的第二步，即对传统血亲组织的改造。

当然，对血亲组织改造的具体途径是各不相同的。本书研究的几个个案在此阶段各具特色。由于西汉政府统治期间已经将浑江流域土著居民的血亲组织改造为地方行政组织，因此，高句丽是征服者在已经被改造过的被征服者的社会组织的影响下，迅速开始了对征服者血亲组织的改造。拓跋鲜卑则是首先完成了征服者的血亲组织的改造，而后由征服者对被征服者的血亲组织进行改造。夫余是征服者将自身的血亲组织改造为军政合一的组织，但在相当长的时间里，未触动被征服者的血亲组织。秃发鲜卑是将本族及其他少数民族的血亲组织统一改造为军政合一的组织，以统治从事农耕的汉人。吐谷浑是通过战争与置戍对征服者与被征服者的血亲组织同时进行改造。百济则是将征服者与被征服者的血亲组织进行了统一的改编。

需要强调的是，由于我们研究的个案都是次生形态的国家，在对血亲组织的改造过程中，都受到中原王朝的深刻影响，因此，我们很难断定，对血

[①] 事实上，这种依附部落很多不是被征服的，而是自动投靠强大部落、建立依附关系的。但是，这种投靠背后的原因却是其实力不足无法实现自我保护，也就是慑于强大部落的武力威胁。从这个角度说，他们与被征服的部落有着相似性，即都是被武力压服而失去自己的独立地位。

亲组织进行改造的最通行的模式是什么。

但是，尽管对血亲组织改造的途径各不相同，在此过程中却必然已形成王权、显贵家族以及效忠于他们的亲信集团。王权与显贵家族的形成也与征服战争有关，因此，王权与显贵家族的形成与对血亲组织的改造是同步的。亲信集团是王权的支柱，在没有形成行政机构以前，亲信集团是首领的命令的执行者，也是王权的具体表现。在完成对血亲组织的改造与增设新机构之后，亲信集团的成员转化成最早一批行政官员。

对血亲组织的改造，最重要的是确立一种自上而下的隶属关系，而不一定要打碎原有的血亲组织。当隶属关系取代了原有的联盟关系之后，血亲组织就演变为地方行政组织了。在联盟状态中，血亲组织复合体及其联盟，并不干涉血亲组织的内部事务，包括其首领的产生，也不存在对血亲组织的经济上的剥削。血亲组织复合体及其联盟对血亲组织的领导权主要体现在两个方面，即血亲组织必须参与血亲组织复合体及其联盟组织的战争与大规模祭祀活动。联盟最高首领作为联盟最高祭司的权力受到特别的重视，高句丽王对祭牲的关注、① 拓跋鲜卑因白部不肯参与其领导的祭祀活动而对其实行讨伐，② 都是这方面的例子。而隶属关系主要表现在首领的任命、收取贡赋或税收、征发兵役与劳役等方面的制度化。

在对血亲组织进行上述改造之后，不仅组织人民的方式不再完全依靠血缘关系，而且还形成原有的血亲组织所无法容纳的权力，需要设立相应的机构来行使相应的权力。这就步入向国家演进过程的第三步，即新机构的设立。我们所研究的个案都深受中原政权的影响，因此，这一步的演进很少表现为创设新的机构，而表现为对中原行政机构与官制的移植。

在上述向国家演进的三个步骤中，第二步对血亲组织的改造是最重要的。正是在血亲组织演变为地方行政组织的过程中，血亲组织复合体联盟的最高首领的权力逐渐强化，除军事权与祭祀权之外，最重要的是又拥有了行政权，最终由联盟的首领演变为王。与此同时，亲信集团也因执行首领的命

---

① 《三国史记》卷13《琉璃明王本纪》中两次出现"郊豕逸"，琉璃明王派人追赶的记载。因为负责寻找郊豕的托利、斯卑"以刀断其脚筋"，琉璃明王大怒，以"祭天之牲何可伤也"为由，将二人处死。
② 《魏书》卷1《序纪》。

令逐渐拥有一定的权力，最终演变为行政官员。无论是拓跋鲜卑模式还是高句丽模式，对血亲组织的改造过程都与社会分层的过程相伴随。

在对血亲组织改造的过程中所发生的变化我们可以图示如下：

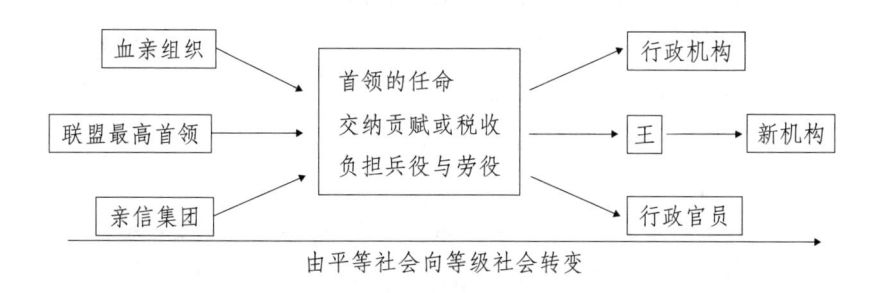

```
  ┌──────────┐                                    ┌──────────┐
  │ 血亲组织 │──┐                              ┌─→│ 行政机构 │
  └──────────┘  │   ┌──────────────┐          │   └──────────┘
  ┌──────────────┐  │ 首领的任命    │          │   ┌────┐   ┌──────────┐
  │联盟最高首领 │─→│ 交纳贡赋或税收│─────────→│ 王 │──→│ 新机构  │
  └──────────────┘  │ 负担兵役与劳役│          │   └────┘   └──────────┘
  ┌──────────┐  │   └──────────────┘          │   ┌──────────┐
  │ 亲信集团 │──┘                              └─→│ 行政官员 │
  └──────────┘                                    └──────────┘
─────────────────────────────────────────────────────────────→
                   由平等社会向等级社会转变
```

从上图可以看出，在对血亲组织的改造过程中，最重要的是行政权力的形成并掌握在原来的首领及其亲信集团的手中，这种权力的出现，使前国家形态中的社会组织及其首领的身份与地位发生了本质性变化。社会组织由血亲组织演变为行政组织，最高首领演变为王，各级首领演变为权贵阶层，首领的亲信演变为行政官员。

在社会组织发生上述演变的过程中，社会自身也在发生着变化，由平等社会演变为等级社会。可以说，正是社会自身的这种变化，带来了社会组织方式的变化。为行政职能的需要而增设的新机构开始正常发挥作用，就标志着这一演进过程的结束，国家已经出现了，尽管还很不完善，处处都可以见到前国家社会的影子。

（四）与两种理论的比较研究

正如易建平所说，无论在摩尔根的理论中，还是在恩格斯的理论中，部落联盟与军事民主制都不是一回事，二者并不是可以完全等同的概念。易建平认为，部落联盟存在于野蛮时代的低级、中级以及高级阶段的早期，而军事民主制则存在于整个野蛮时代，特别是完全涵盖了由前国家形态向国家转变的最关键时期——野蛮时代的高级阶段。[①] 也就是说，部落联盟还是属于典型的氏族

---

① 易建平《部落联盟还是民族——对摩尔根和恩格斯有关论述的再思考》，《历史研究》，2003年第5期。

社会的组织，而不是氏族社会瓦解、开始向国家演进时期的社会组织。①

恩格斯在对部落联盟特点的概括中提及："联盟的机关是联盟议事会"，"联盟没有一长制首长，即没有主掌执行权的首脑。但联盟有两个具有平等职能和平等权力的最高军事首长（类似斯巴达人的两'王'，罗马的两执政官）"（第93页）。但恩格斯认为，希腊的部落和小民族的组织是议事会、人民大会与军事首长。二者明显存在区别。

摩尔根将自己的观点概括为：

在低级野蛮社会，是一权政府，即酋长会议；在中级野蛮社会，是两权政府，即酋长会议和军事指挥官；在高级野蛮社会，是三权政府，即酋长会议、人民大会和军事指挥官。②

因此，本书所研究的内容并不属于典型的部落联盟社会，而属于部落联盟的转型期。将本书的个案研究与恩格斯的理论相比较，必须是与其有关部落联盟转型期的论述相比较。

马克思、恩格斯、摩尔根都认为，上述的所谓三权政府一直存在到国家以前。不言而喻，这种三权政府不会是一成不变的，否则人类社会将一直停留在这种状态中，也就不会出现向国家的演进。恩格斯没有展开论述这种三权政府的发展变化，但是提及：

国家怎样靠部分地改造氏族制度的机关，部分地用设置新机关来排挤掉它们，并且最后全部以真正的国家机关来取代它们而发展起来；同时受这些国家机关支配的，因而也可以被用来反对人民的，武装的"公共权力"，又怎样代替了氏族、胞族和部落中自己保卫自己的真正的

---

① 这一点在恩格斯《家庭、私有制和国家的起源》一书的叙述中是分得很清楚的。对部落联盟特点的最全面叙述出现在《易洛魁人的氏族》一章中，而恩格斯认为，易洛魁人尚未开始向国家演进。在恩格斯所涉及的三个个案中，都是将氏族社会的变化与向国家的演进分开叙述的，这在相关章的标题中就已经有明确的体现。问题在于，恩格斯在个案的叙述中，将部落联盟的演进情况放在氏族社会的变化中来谈，这就造成了人们的误解，以为他认为国家的演进是从部落联盟的典型时期开始的。但实际上，恩格斯这种行文格式恰恰表明，他认为，开始向国家演进时的社会状况与典型的部落联盟已存在相当大的差异。

② 杨东莼、马雍、马巨译《古代社会》上册，商务印书馆1977年，第257页。

"武装的人民"——关于这一切,至少是它的初始阶段,再好莫过于从古雅典来加以研究。各种形式的更替,基本上已由摩尔根描绘出来了,我所要补充的,多半是引起这种形式更替的经济内容。(第107页)

在恩格斯看来,由三权政府向国家的演进,最重要的变化是两个方面:一是改造氏族制度的机构并设置新的机构,一是从部落武装中形成武装的"公共权力"。

恩格斯之所以没有展开论述,是因为他完全赞同摩尔根的相关研究。在摩尔根的理论中,显然酋长会议才是最古老的机构,而人民大会和军事指挥官都是后来产生的。因此,"三权"并不会是和谐的,而是矛盾的。存在着人民大会、军事首长与酋长会议的权力之争。按恩格斯的说法:"常设的权力机关为议事会,这种议事会最初大概是由各氏族的酋长组成的,后来,由于其人数增加得太多,便由其中选出的一部分人组成,这就造成了发展和加强贵族分子的机会。"(第103页)酋长会议的成员后来发展为贵族阶层,因此,"三权"的矛盾可以理解为人民大会、军事首长与部落贵族的矛盾。

恩格斯继承了马克思的看法,认为在这种矛盾斗争中,最终人民大会成为最高的权力机构。[①] 但是,摩尔根的另一段论述应该引起我们的注意:

> 这个职位(指巴赛勒斯),由于它本身的性质和当时的局势,日益煊赫起来,权力越来越大,达到了他们的历史上以往任何个人所未曾达到的地位。
>
> 这是一个地位崇高而不可缺少的职位,他在战场上指挥部队,在城市内统领卫戍军,既有此大权,就使他获得同时影响内政的手段。
>
> 在氏族制度下,象这样一种职位,其权力本会逐渐受到经验习惯的限

[①] 马克思在谈到三权制时说:"第三个阶段:由酋长会议、人民大会和最高军事首长管理人民或民族的结构。这种管理形式出现于达到野蛮时代高级阶段的部落中,……人民大会作为管理结构而产生。酋长会议成为一个预审会议,人民大会接受或拒绝它所提出的公共措施,它的决定就是最后的决定,而最后则是军事首长。这一管理形式一直存在到政治社会开始时为止,此时,例如在雅典人中,酋长会议变为元老院,人民大会变为公民大会。"见马克思《路易斯·亨·摩尔根〈古代社会〉一书摘要》,《马克思恩格斯全集》第45卷,人民出版社1985年,第438页。这也符合摩尔根的观点。参见杨东莼、马雍、马巨译《古代社会》上册,商务印书馆1977年,第116—117页。

制,但巴赛勒斯却不断地倾向于攫取新的权力而危及社会。酋长会议仍然是政府的一个组成部分,因此可以说它代表了他们社会制度的民主原则,氏族也是如此,而巴赛勒斯却很快地趋向于代表贵族政权的原则了。①

显然,摩尔根已经意识到,在"三权"的矛盾斗争中,军事首长与部落贵族变为一方,而以人民大会为另一方。唯其如此,出于统治的需要,军事首长与部落贵族才需要改造氏族制度的机构、设置新的机构,并从部落武装中形成武装的"公共权力"。

从摩尔根的上述论述中我们不难得出这样的结论:在部落联盟趋于瓦解的时期,军事首长与部落贵族形成对人民大会的压制,军事首长逐渐拥有内政方面的权力。而后才出现了对氏族制度的改造、新机构的设置和从部落武装中形成武装的"公共权力"。

在军事首长攫取内政权力的过程中,用恩格斯的话来说,"有一种设施促进了王权的产生,这就是扈从队"(第145页)。如果我们将亲信集团理解为这种扈从队的话,这一点倒是在我们的个案研究中得到了验证。②

这样,从摩尔根与恩格斯的理论中我们可以推导出两种向国家演进的模式,它们都是从部落联盟内部权力结构演变为"三权"开始的。一种模式是,认为在酋长会议、人民大会、军事首长三者的竞争中,人民大会最终成为最高权力机构。另一种模式则认为,竞争的结果是军事首长与酋长们压制了人民大会。

摩尔根作为美国学者,在其研究中不自觉地受到美国"三权分立"的政治现实的影响,因而,他的理论中虽然也涉及第二种模式的一些特点,但他还是将向国家演进的模式定位为第一种模式。马克思与恩格斯无疑都受到了摩尔根的影响,对此问题持与摩尔根相同的观点。

我们对拓跋鲜卑与高句丽两个个案的研究,结论基本与上述第二种模式相似。因此,我们有理由认为,摩尔根在讨论"三权"的演变历程时所确立的模式是有问题的。有的学者认为,摩尔根与恩格斯用希腊罗马的例子来证

---

① 杨东莼、马雍、马巨译《古代社会》上册,商务印书馆1977年,第249—250页。
② 陈琳国认为,拓跋鲜卑在昭成帝时代的内侍,来源于恩格斯所说的扈从队。见陈琳国《北魏前期中央官制述略》,《中华文史论丛》1985年第2辑,上海古籍出版社1985年,第169—187页。

明他们所说的"三权"的演变模式是有问题的,[①] 如果真的如此,摩尔根与恩格斯用来证明其"三权"演变模式的证据就不成立了。

另外,需要说明的是,在恩格斯与摩尔根的理论中,有两个方面在我们的两个个案中都不存在。一是人民大会。我们不仅未能发现其与军事首长、部落贵族相斗争的任何线索,也未能发现任何证明其曾经存在的例子。一是从部落武装中形成武装的"公共权力"。在两个个案中,其早期阶段的军事力量都来自部落民,也就是自己保卫自己的"武装的人民"。如果我们认为,在军事首长与部落贵族攫取行政权之后,自己保卫自己的"武装的人民"的性质也就发生了变化,成为武装的"公共权力",那么,后者也可以说是得到了验证。但是,按摩尔根的说法,人民大会是"三权"中最后出现的,我们的个案研究中却完全未见到其踪影,这说明,如果不是这种东西根本就不曾存在过,就是摩尔根将其存在的时间弄错了,人民大会的出现应该相当早,而在我们个案研究所涉及的阶段,已经因军事首长与部落贵族的压制而趋于消亡了。

综上,恩格斯与摩尔根的理论,在我们的个案研究中得到验证的部分是:部落联盟的军事首长以军事权力为依托,在扈从队的支持下,联合部落贵族,逐渐在祭祀权与审判权之外又掌握了对内政的权力。为了更好地保证其权力的实行,一方面要对氏族制度的机构进行改造,另一方面又要增设新的机构。当新机构正常运转以后,早期国家也就出现了。高句丽的个案充分表现出,在此过程中,存在军事首长与部落贵族之间对权力的争夺。军事首长在竞争中获胜,意味着专制王权的确立;如果部落贵族成功地制约了军事首长的权力,所形成的早期国家将具有不同的特点。

塞维斯认为:

> 酋邦在很大程度上是家庭主义的,但不是平等的;它不存在政府,但确实存在某种权威和集中的管理;这里不存在资源方面的私有财产或企业化的市场经济,但存在对物品与生产的不平等控制;这里存在等级的不同,但不存在明显的社会经济或政治的阶级。[②]

[①] 易建平《部落联盟模式与希腊罗马早期社会权力结构》,《世界历史》,2000 年第 6 期。
[②] Elman R. Service, *Primitive Socil Organization: An Evolutionary Perspective*, p. 164. (New York: Random House, 1971)

就是说，酋邦是由部落社会向国家演进的过渡阶段。塞维斯认为，酋邦社会与群队社会、部落社会的最明显区别在于，存在协调经济、社会与宗教活动的中心。

在我们的两个个案研究中，都存在这样的中心：高句丽有始祖朱蒙所都的卒本川、琉璃明王所都的国内尉那岩；[①] 拓跋鲜卑在穆帝时就已经有盛乐、故平城、新平城（小平城）。[②] 塞维斯认为，在向国家过渡之前的酋邦阶段，就已经出现个人性质的权力，并在多数酋邦社会中形成长子继承制。酋邦社会的基层单位并不是对部落社会的简单继承，而是以等级制对部落社会中的地方居住团体进行了改造，形成自上而下的金字塔式等级结构。结合拓跋鲜卑与高句丽对血亲组织的改造来看，这一点在我们的个案研究中是有明显体现的。

但是，塞维斯认为，这与劳动分工以及由此而来的经济方面的再分配相结合，使酋长的权威逐渐提高，地位逐渐稳固，逐渐成为超出社会之上的特殊人物。"酋邦是拥有永久性协作中心机构的再分配社会（redistributional society）。"[③] 从酋长地位的上升中，最后生成了以酋长为核心的显贵阶层，也就完成了由群队、部落这样的平等社会向酋邦这一不平等社会的过渡。这在我们的个案研究中却得不到验证。特别是塞维斯所强调的作为酋邦形成前提的各居住单位日趋专业化，变成彼此间越来越不相似的团体，以及由此而来的交换的发展，在我们的个案研究中都没有任何迹象。

塞维斯认为，酋邦经常产生于复杂的地理环境中，因为各地物产不同所导致的分工、交换、再分配可以促使协调管理中心的出现。但在我们的个案研究中，这种中心的出现却往往是因为军事征服的需要。当然，由于我们的个案研究都是次生形态的国家，尚不足以构成对此方面的反证。通化市王八脖子遗址的发现，证明在朱蒙所部迁入以前浑江流域就可能存在协调管理的中心，只不过现在尚无法肯定这种中心的形成是否与塞维斯所说的分工、交换等有关。

[①] 《三国史记》卷13《始祖东明圣王本纪》、《琉璃明王本纪》。
[②] 《魏书》卷1《序纪》。
[③] Elman R. Service, *Primitive Socil Organization: An Evolutionary Perspective*, p. 134.（New York: Random House, 1971）

综上，塞维斯的理论，在我们的个案研究中得到验证的部分可以归纳为：因某种原因形成的协调经济、社会与宗教活动的中心的出现，促进了个人性质的权力的增长，由此带动社会向等级结构发展。在此过程中，也存在对旧有部落组织的改造。

在恩格斯的理论中，虽然没有强调社会的等级结构，但马克思却早已注意到了这一点。马克思认为："一旦在血缘亲族关系的氏族中产生等级的区别，这就和氏族的原则发生矛盾，氏族就可能僵化并转化为等级——自己的对立物！"[1] 由此看来，恩格斯的理论与塞维斯的理论还存在一个共性，即都认为在由前国家形态向国家演进的过渡阶段就已经形成了社会的等级制结构。换言之，在国家形成以前，就已经出现了等级社会。我们的个案研究也可以证明这一点。

对照恩格斯的理论与塞维斯的理论在我们的个案研究中得到验证的部分，可以发现，恩格斯的理论得到验证的部分相对较多。非常有趣的是，塞维斯的理论得到验证的部分恰好可以与恩格斯的部分互补。社会的等级制结构、协调管理中心的出现，以及个人性质的权力的发展，都是恩格斯的理论中所忽略的。前两个方面也许我们尚可以用恩格斯没有强调但也没有否定来加以解释，但最后一个方面，却显然是恩格斯受摩尔根的影响，错误地确立"三权"及其发展模式所导致的结果。

另外，恩格斯与塞维斯虽然在婚姻家庭的演进方面分歧很大，但是他们都认为，在向国家过渡时期，最基本的家庭形态是父家长制家庭。这一点在本书的个案研究中也有着充分的体现。但从本书的个案研究来看，在开始向国家演进以前，社会组织形式基本上是两级血亲组织，即血亲组织与血亲组织的复合体。构成血亲组织的是具有共同男性祖先的父家长制家庭。在国家形成以前，社会以血缘关系来组织，这一点恩格斯与摩尔根是对的；但恩格斯与摩尔根将这种血缘关系理解为氏族、部落，其特点与本书所说的血亲组织并不完全一致。恩格斯对此有非常明确的表述：

---

[1] 关于这个问题参见安德列耶夫《马克思在〈摩尔根《古代社会》一书摘要〉中关于原始社会结构和发展规律的论述》，中国社会科学院民族研究所、中央民族学院民族研究所编《民族学译文集》（一），第8—11页。

> 在氏族制度之下，家庭从来不是，也不可能是一个组织单位，因为夫与妻必然属于两个不同的氏族。氏族整个包括在胞族内，胞族整个包括在部落内；而家庭却是一半包括在丈夫的氏族内，一半包括在妻子的氏族内。(第99页)

可是，无法否认的是，家庭或者是一组家庭，也就是我们前面提到过恩格斯所说的"家户"，一定是居住单位，这一点摩尔根也是承认的。[①] 那么，将家庭分为两半同时也为家庭所割裂的氏族就不可能是居住单位。恩格斯也承认，部落"有自己的地区和自己的名称"（第89页），是与一定的地域相结合的，部落是血缘组织，也是居住单位，但组成部落的氏族却不是居住单位，即不能与特定的地域相结合，而氏族之下的家庭或家户却又与部落一样是居住单位，这不能不说是一个矛盾。

在我们所作的个案研究中，具有共同男性祖先的若干家庭构成的血亲组织是居住单位，由若干血亲组织构成的血亲组织复合体也占据着特定的地域。如果不考虑组织原则而仅仅从构成方式来看，我们所说的血亲组织复合体与恩格斯所说的部落还是有一定的相似性的，但血亲组织却无论如何也不能与氏族相比附。概言之，在我们的个案研究中，没有发现氏族的影子。如果认为本书所说的两级血亲组织在开始向国家演进之前，就已经存在了相当长的时间，那么，就必然会对氏族的存在产生怀疑，但这已经超出本书的研究范围了。

小　结

以下是对本书在个案研究与比较研究中得出的结论的归纳。

在开始向国家演进的时候，社会组织的最基本单位是实行从夫家居与父系继嗣原则的父家长制家庭。具有共同男性祖先的若干父家长制家庭构成一种居住单位，我们称之为血亲组织。若干血亲组织组成的血亲组织复合体是最大的、稳定的社会组织。由若干血亲组织复合体组成的联盟并不是普遍存

---

① 摩尔根《印第安人的房屋建筑与家室生活》，文物出版社1992年。

在的。

　　在农耕民族中，血亲组织与村落制的居住模式相结合，血亲组织复合体就体现为中心聚落控制周围各村落所形成的地域村落联盟。在游牧民族中，血亲组织构成迁徙与游牧的单位，在生存竞争中，弱小的血亲组织无法保持独立地位时，就会成为强大的血亲组织的依附部落，而强大的血亲组织发展到一定程度以后，也往往会因为首领的继承问题或其他原因而发生裂变，从中独立出新的血亲组织。这就是"强则分种为酋豪，弱则为人附落"的草原定律。

　　游牧民族的血亲组织经过长期的分分合合，其血亲组织复合体的结构变得日益复杂，并开始囊括不具有血缘关系甚至不出自同一民族、人种的血亲组织。当这种复杂的血亲组织复合体之间形成联盟的时候，也就具有了向国家演进的基础。农耕民族也可以通过血亲组织复合体之间的联盟建立起涵盖范围更为广大的地域同盟，而且，血亲组织复合体内部村落之间的不平等关系也将渗透到联盟之中。当联盟内明确生成居于主导地位的血亲组织复合体和中心聚落的时候，也就具有了向国家演进的基础。

　　但是，不论是游牧民族还是农耕民族，真正开始向国家演进，必须是在这种联盟稳定地存在一段时间以后。在此过程中，移民以及由此引发的战争起到一定的促进作用，战胜者为了牢固地控制战败者，自然会加强自身内部的凝聚力。

　　联盟的长期存在，以及因战争和控制战败者的需要带来的内部凝聚力的加强，使联盟的最高首领的职位变得越来越重要。利用战争中的掠夺和向战败者征收的贡赋，联盟首领得以维持效忠于个人的亲信集团，他们与各血亲组织的首领，是联盟首领权力的两大支柱。与此同时，各级首领也同样拥有了规模不等的亲信集团，其作用同样也是各级首领权力的支柱。

　　在亲信集团与血亲组织复合体的首领们的支持下，联盟最高首领除了按传统担任最高军事指挥官并拥有对战利品的分配权、担任联盟的最高祭司、在一定程度上拥有司法权以外，开始为自己争得管理联盟内政的权力。出于维护自身利益和为自己争得管理本部落内政的权力的需要，血亲组织复合体的首领一开始是支持联盟最高首领的权力扩张的。但当联盟最高首领权力的增长开始威胁到他们的利益时，就出现了血亲组织复合体的首领与联盟最高首领的权力之争。

最初，血亲组织的首领是由血亲组织内各父家长制大家庭的家长选举产生的，血亲组织复合体的首领可能是由血亲组织的首领选举产生，血亲组织复合体联盟的首领可能是由血亲组织复合体的首领选举产生。血亲组织复合体及其联盟的首领的权力主要是军事方面、祭祀方面和司法方面，并不过问所属血亲组织或血亲组织复合体的内部事务，也不干涉其首领的选举。

当联盟的首领为自己争得管理内政的权力后，为保证这种权力的行使，势必对传统的血亲组织的框架进行改造。一方面，血亲组织及其复合体的首领的选举制，被改造为由上级首领任命；与此相适应，联盟最高首领的继承也由世选改为世袭。另一方面，参与联盟首领发动的战争的义务被改造为制度化的兵役；为共同参与的祭祀所做的工作及捐献的财物被改造为制度化的劳役、税收。由此，血亲组织及其复合体演变为与联盟具有隶属关系的行政单位，联盟的性质也就向国家转化了。

战争之所以能在向国家演进的过程中起到促进作用，是因为对战败者的管理自然会完成对其血亲组织的上述两个方面的改造，而对战败者的这种管理模式反过来也会影响战胜者自身，促进其完成对血亲组织的改造。在此阶段，很常见的现象是，为维持统治战败者的武力，战胜者经常将自身的血亲组织改造为军事性极强的军政合一的组织。

一开始，在改造血亲组织过程中生成的权力自然落在支持联盟最高首领的血亲组织复合体的首领以及亲信集团成员的手中。随着行政权的成熟与完善，统治者越来越感觉到，仅仅凭借传统的管理机构已经无法适应新的需要，于是，他们要增设新的机构以行使相应的权力。当这种新设机构正常运转以后，国家也就出现了。联盟首领演变为国王，血亲组织复合体的首领与亲信集团的成员演变为各级行政官员，血亲组织演变为行政单位。

最后，需要说明的是，在向国家演进之前，一定已经存在部落权贵阶层，也就是说，社会性质已由平等社会向等级社会演进。而在向国家演进的过程中，社会的等级结构也同时处于发展、完善的过程之中。

由于本书研究的个案都是次生形态的国家，这使得上述理论具有相当大的片面性。也许，认为这是中国北方少数民族向国家演进的普遍规律，才是更合适的。

参考书目

（按作者姓氏拼音排序）

著作

［苏］A. 伯恩什达姆：《6 至 8 世纪鄂尔浑叶尼塞突厥社会经济制度》，新疆人民出版社 1997 年版。

［美］埃尔曼·R. 瑟维斯：《人类学百年争论：1860—1960》，云南大学出版社 1997 年版。

安作璋、熊铁基：《秦汉官制史稿》，齐鲁书社 1984 年版。

白翠琴：《魏晋南北朝民族史》，四川民族出版社 1996 年版。

白寿彝主编：《中国通史》第 5 卷《中古时代·三国两晋南北朝时期》，上海人民出版社 1995 年版。

［美］C. 恩伯、M. 恩伯：《文化的变异——现代文化人类学通论》，辽宁人民出版社 1988 年版。

［朝鲜］朝鲜科学院历史研究所：《朝鲜通史》，吉林人民出版社 1975 年版。

［朝鲜］朝鲜社会科学院历史研究所：《朝鲜全史》，延边大学出版社 1988 年版。

［朝鲜］《朝鲜历史概要》，朝鲜外国文出版社 1977 年版。

［朝鲜］《朝鲜建国始祖檀君》（论文集），朝鲜外文出版社 1994 年版。

岑仲勉：《突厥集史》，中华书局 1958 年版。

岑仲勉：《中国民族史》，东方出版社 1996 年版。

陈连开：《中国民族史纲要》，中国财经出版社 1999 年版。

陈连庆：《中国古代少数民族姓氏研究》，吉林文史出版社 1993 年版。

陈寅恪：《金明馆丛稿初编》，上海古籍出版社 1980 年版。

陈寅恪：《陈寅恪魏晋南北朝史讲演录》，黄山出版社 1987 年版。

程妮娜：《东北史》，吉林大学出版社 2001 年版。

道润梯步：《新译简注〈蒙古秘史〉》，内蒙古人民出版社 1978 年版。

董万仑：《东北史纲要》，黑龙江人民出版社 1987 年版。

杜士铎：《北魏史》，山西高校联合出版社 1992 年版。

[芬兰] E. A. 韦斯特马克:《人类婚姻史》, 商务印书馆 2002 年版。

[美] Elman R. Service, *Primitive Social Organization: An Evolutionary Perspective*, New York: Random House, 1971.

[美] Elman R. Service, *A Profile of Primitive Culture*, New York: Harper & Brothers, Publishers, 1958.

[美] Elman R. Service, *Origins of the State and Civilization: The Process of Cultural Evolution*, New York: W. W. Norton & Company, 1975.

[德] 弗·恩格斯:《家庭、私有制和国家的起源》,《马克思恩格斯选集》第 4 卷, 人民出版社 1995 年版。

傅朗云、杨旸:《东北民族史略》, 吉林人民出版社 1983 年版。

傅斯年:《东北史纲》, 中央研究院历史语言研究所 1933 年版。

干志耿、孙秀仁:《黑龙江古代民族史纲》, 黑龙江人民出版社 1986 年版。

高福顺、姜维公:《〈高丽记〉研究》, 吉林文史出版社 2003 年版。

耿铁华:《中国高句丽史》, 吉林人民出版社 2002 年版。

耿铁华:《好太王碑一千五百八十年祭》, 中国社会科学出版社 2003 年版。

耿铁华、孙仁杰:《高句丽研究文集》, 延边大学出版社 1993 年版。

韩国磐:《南北朝经济史略》, 厦门大学出版社 1990 年版。

韩国磐:《魏晋南北朝史纲》, 人民出版社 1983 年版。

Henri J. M. Claessen and Peter Skalník, ed., *The Early State*, Mouton Publishers, The Hague, The Netherlands, 1978.

洪涛:《五凉史略》, 中国社会科学出版社 1992 年版。

黄炎培:《朝鲜》, 商务印书馆 1929 年版。

[日] 吉备西村:《朝鲜史》, 点石斋书局 1903 年版。

吉林大学法律系:《〈家庭、私有制和国家的起源〉提要和注释》(初稿), 1975 年。

吉林省社会科学院高句丽研究中心、通化师范学院高句丽研究所:《全国首届高句丽学术研讨会论文集》, 吉林省内部资料性出版物第 9905006 号。

《〈家庭、私有制和国家的起源〉学习纲要》, 北京师范大学出版社 1981 年版。

姜孟山:《朝鲜通史》第一卷, 延边大学出版社 1992 年版。

姜维公:《高句丽历史研究初编》, 吉林人民出版社 2004 年版。

姜维公、高福顺:《中朝关系史译文集》, 吉林文史出版社 2001 年版。

[日] 江上波夫:《骑马民族国家》, 光明日报出版社 1988 年版。

江应梁:《中国民族史》, 民族出版社 1990 年版。

蒋斐斐等:《中韩关系史(古代卷)》, 社会科学文献出版社 1998 年版。

金毓黻:《东北通史》, 社会科学杂志社翻印本。

景爱:《沙漠考古通论》, 紫禁城出版社 1999 年版。

[德] 卡·马克思:《路易斯·亨·摩尔根〈古代社会〉一书摘要》,《马克思恩格斯全集》第 45 卷, 人民出版社 1985 年版。

［德］卡·马克思：《亨利·萨姆纳·梅恩〈古代法制史讲演录〉一书摘要》，《马克思恩格斯全集》第45卷，人民出版社1985年版。

［德］卡·马克思：《约·拉伯克〈文明的起源和人的原始状态〉一书摘要》，《马克思恩格斯全集》第45卷，人民出版社1985年版。

［美］拉尔斐·比尔斯等：《文化人类学》，河北教育出版社1993年版。

黎虎：《魏晋南北朝史论》，学苑出版社1999年版。

［韩］李丙焘：《三国史记》校注本，韩国乙酉文化社1983年版。

［韩］李基白：《韩国史新论》，国际文化出版公司1994年版。

李健才：《东北史地考略》，吉林文史出版社1986年版。

李凭：《北魏平城时代》，社会科学文献出版社2000年版。

李学勤：《中国古代文明与国家形成研究》，云南人民出版社1997年版。

李亚农：《周族的氏族制与拓跋族的前封建制》，华东人民出版社1954年版。

李永采等：《驱拨谬雾究真谛——恩格斯著〈家庭、私有制和国家的起源〉新辨释》，东南大学出版社1993年版。

林干：《东胡史》，内蒙古人民出版社1989年版。

林干：《匈奴史》，内蒙古人民出版社1977年版。

林干：《中国古代北方民族通论》，内蒙古人民出版社1998年版。

林干：《中国古代北方民族史新论》，内蒙古人民出版社1993年版。

林干、再思：《东胡乌桓鲜卑研究与附论》，内蒙古大学出版社1995年版。

［朝鲜］林相宗：《朝鲜文化概况》，外国文出版社1979年版。

刘子敏：《高句丽历史研究》，延边大学出版社1996年版。

［美］路易·H.摩尔根：《古代社会》，商务印书馆1977年版。

［美］路易·H.摩尔根：《印第安人的房屋建筑与家室生活》，文物出版社1992年版。

吕光天：《北方民族原始社会形态研究》，宁夏人民出版社1981年版。

吕思勉：《吕思勉读史札记》，上海古籍出版社1982年版。

吕思勉：《中国民族史》，东方出版社1996年版。

吕思勉：《两晋南北朝史》，上海古籍出版社1983年版。

罗福颐：《秦汉南北朝官印征存》，文物出版社1987年版。

马长寿：《乌桓与鲜卑》，上海人民出版社1962年版。

马长寿：《北狄与匈奴》，上海人民出版社1960年版。

马长寿：《氐与羌》，上海人民出版社1984年版。

马大正等：《古代中国高句丽历史丛论》，黑龙江教育出版社2001年版。

马大正等：《古代高句丽历史续论》，中国社会科学出版社2003年版。

马其昶：《韩昌黎文集校注》，上海古籍出版社1986年版。

蒙文通：《周秦少数民族研究》，上海龙门联合书局1958年版。

米文平：《鲜卑石室寻访记》，山东书画出版社1997年版。

朴灿奎：《〈三国志·高句丽传〉研究》，吉林人民出版社2000年版。

[日]前田正名：《河西历史地理学研究》，中国藏学出版社1993年版。
　　　　《平城历史地理学研究》，书目文献出版社1994年版。
[美]乔纳森·哈斯：《史前国家的演进》，求实出版社1988年版。
[美] Ronald Cohen and Elman R. Service eds., *Origins of The State: The Anthropology of Political Evolution*, Philadelphia: Institute for the Study of Human Issues, Inc., 1978.
[美] S. 南达：《文化人类学》，陕西人民出版社1987年版。
申友良：《中国北方民族及其政权研究》，中央民族大学出版社1998年版。
[俄]史禄国：《北方通古斯的社会组织》，内蒙古人民出版社1985年版。
苏秉琦：《中国文明起源新探》，生活·读书·新知三联书店1999年版。
孙进己：《东北民族源流》，黑龙江人民出版社1987年版。
孙进己等编：《东北古史资料丛编》第二卷，辽沈书社1989年版。
孙进己、王绵厚：《东北历史地理》第一卷，黑龙江人民出版社1989年版。
谭其骧：《〈中国历史地图集〉释文汇编·东北卷》，中央民族学院出版社1988年版。
唐长孺：《魏晋南北朝史论丛》，生活·读书·新知三联书店1955年版。
唐长孺：《魏晋南北朝史论丛续编》，生活·读书·新知三联书店1959年版。
唐长孺：《魏晋南北朝史论拾遗》，中华书局1983年版。
唐长孺：《魏晋南北朝隋唐史三论》，武汉大学出版社1992年版。
陶克涛：《毡乡春秋：拓跋篇》，内蒙古人民出版社1997年版。
田继周：《秦汉民族史》，四川民族出版社1996年版。
田余庆：《拓跋史探》，生活·读书·新知三联书店2003年版。
佟冬主编：《中国东北史》第一卷，吉林文史出版社1987年版。
童恩正：《人类与文化》，重庆出版社1998年版。
万绳楠：《魏晋南北朝史论稿》，安徽教育出版社1983年版。
万绳楠：《魏晋南北朝文化史》，黄山书社1989年版。
汪永祥、李德良、徐吉升：《〈家庭、私有制和国家的起源〉讲解》，中国人民大学出版社1986年版。
王健群：《好太王碑研究》，吉林人民出版社1984年版。
王绵厚：《秦汉东北》，辽宁人民出版社1994年版。
王绵厚：《东北古族古国古文化研究（中卷）》，黑龙江教育出版社2000年版。
王希恩：《民族过程与国家》，甘肃人民出版社1998年版。
王玉哲：《中华远古史》，上海人民出版社2000年版。
王震中：《中国文明起源的比较研究》，陕西人民出版社1994年版。
王钟翰：《中国民族史》，中国社会科学出版社1994年版。
王仲荦：《魏晋南北朝史》，上海人民出版社1980年版。
王壮弘、马成名：《六朝墓志检要》，上海书画出版社1985年版。
魏存成：《高句丽考古》，吉林大学出版社1994年版。
魏存成：《高句丽遗迹》，文物出版社2002年版。

翁独健主编：《中国民族关系史纲要》，中国社会科学出版社 2001 年版。

吴铎：《〈家庭、私有制和国家的起源〉读书札记》，华东师范大学出版社 1984 年版。

谢维扬：《中国早期国家》，浙江人民出版社 1995 年版。

徐秉琨：《鲜卑·三国·古坟 —— 中国、朝鲜、日本古代的文化交流》，辽宁古籍出版社 1995 年版。

姚薇元：《北朝胡姓考》，科学出版社 1958 年版。

易建平：《部落联盟与酋邦 —— 民主·专制·国家：起源问题比较研究》，社会科学文献出版社 2004 年版。

张碧波：《中国古代北方民族文化史》，黑龙江人民出版社 1993 年版。

张博泉：《东北地方史稿》，吉林大学出版社 1985 年版。

张博泉：《鲜卑新论》，吉林文史出版社 1993 年版。

张博泉：《中华一体的历史轨迹》，辽宁人民出版社 1994 年版。

张博泉：《箕子与朝鲜论集》，吉林文史出版社 1995 年版。

张博泉、程妮娜：《中国地方史论》，吉林大学出版社 1994 年版。

张博泉、苏金源、董玉瑛：《东北历代疆域史》，吉林人民出版社 1981 年版。

张博泉、魏存成：《东北古代民族·考古与疆域》，吉林大学出版社 1998 年版。

张光直：《中国青铜时代》，生活·读书·新知三联书店 1983 年版。

张久和：《原蒙古人的历史：室韦—达怛研究》，高等教育出版社 1998 年版。

赵超：《汉魏南北朝墓志汇编》，天津古籍出版社 1992 年版。

［日］中村哲：《奴隶制与农奴制的理论 —— 马克思恩格斯历史理论的重构》，武汉大学出版社 1994 年版。

中国社会科学院考古研究所编：《中国考古学中碳十四年代数据集（1965—1991）》，文物出版社 1992 年版。

中国世界古代史学会：《古代世界城邦问题译文集》，时事出版社 1985 年版。

周伟洲：《吐谷浑史》，宁夏人民出版社 1985 年版。

周伟洲：《吐谷浑史入门》，青海人民出版社 1988 年版。

周伟洲：《南凉与西秦》，陕西人民出版社 1987 年版。

周一良：《魏晋南北朝史论集》，北京大学出版社 1997 年版。

周一良：《魏晋南北朝史论集续编》，北京大学出版社 1991 年版。

周一良：《魏晋南北朝史札记》，中华书局 1985 年版。

论文

阿尔丁夫：《关于慕容鲜卑〈阿干之歌〉的真伪及其他》，《青海社会科学》，1987 年第 1 期。

阿其图：《拓跋鲜卑南迁至复国的实质性变化探究》，《内蒙古师范大学学报》，

2000 年第 3 期。

白劲松：《从考古发现看拓跋鲜卑的发展壮大》，《内蒙古社会科学》，1993 年第 2 期。

[日]白鸟库吉、箭内亘：《汉代的朝鲜》，姜维公、高福顺：《中朝关系史译文集》，吉林文史出版社 2001 年版。

蔡俊生：《人类从前存在过血缘家庭吗？——介绍一个论点，谈一点感想》，《民族学研究》第二辑，民族出版社 1981 年版。

蔡俊生：《摩尔根群婚概念的再认识》，《民族学研究》第五辑，民族出版社 1983 年版。

蔡曙先：《〈家庭、私有制和国家的起源〉写作背景和经过》，《四川大学学报》，1979 年第 3 期。

[朝鲜]蔡熙国：《高句丽封建国家的建国年代问题》，《东北亚历史与考古信息》，1999 年第 1 期。

曹德全：《〈后汉书〉、〈三国志〉中〈高句丽传〉的比较研究》，《社会科学战线》，2000 年第 4 期。

曹熙：《鲜卑南迁前的社会经济形态探讨》，《求是学刊》，1981 年第 3 期。

曹熙：《〈楚辞〉中的鲜卑与幽都考》，《齐齐哈尔师范学院学报》，1983 年第 4 期。

曹熙：《早期鲜卑史初探》，《齐齐哈尔师范学院学报》，1985 年第 1 期。

曹永年：《拓跋鲜卑南迁匈奴故地时间和契机考》，《内蒙古社会科学》，1987 年第 4 期。

曹永年：《早期拓跋鲜卑的社会状况和国家的建立》，《历史研究》，1987 年第 5 期。

曹永年：《拓跋力微卒后"诸部离叛国内纷扰"考》，《内蒙古师范大学学报》，1988 年第 2 期。

陈凤山、白劲松：《内蒙古札赉诺尔鲜卑墓》，《内蒙古文物考古》，1994 年第 2 期。

陈靓、朱泓、郑丽慧：《内蒙古东大井东汉时期鲜卑墓葬人骨研究》，《内蒙古文物考古》，2003 年第 1 期。

陈琳国：《北魏前期中央官制述略》，《中华文史论丛》1985 年第 2 辑，上海古籍出版社 1985 年版。

陈启汉：《论拓跋鲜卑南迁及其氏族制度解体》，《广东社会科学》，1985 年第 1 期。

陈新海：《吐谷浑官制的特色及成因》，《青海民族研究》，1994 年第 3 期。

[日]池内宏：《夫余考》，《民族史译文集》第 13 集，中国社会科学院民族研究所历史研究室资料组，1985 年版。

[日]船木胜马：《关于匈奴、乌桓、鲜卑的"大人"》，《民族译丛》，1984 年第 3 期。

崔明德：《李陵·拓跋氏·黠戛斯——兼论汉唐时期北方少数民族的寻根现象和认同心态》，《烟台大学学报》，1995 年第 1 期。

崔永红：《吐谷浑社会经济和政治制度初探》，《青海社会科学》，1983 年第 5 期。

董万仑:《后汉书东沃沮传考证》,《世界历史》,1989 年第 3 期。
董学增:《吉林东团山原始、汉、高句丽、渤海诸文化遗存调查简报》,《博物馆研究》,1982 年第 1 期。
[韩] 都守熙:《百济语研究概要 —— 百济语的起源及发展史简述》,《当代韩国》,1997 年第 2 期。
[韩] 都守熙:《百济语研究概要之二 —— 百济前期的语言》,《当代韩国》,1997 年第 3 期。
[韩] 都守熙:《百济语研究概要之三 —— 百济前期语言与古代日本语的关系》,《当代韩国》,1998 年第 1 期。
[韩] 都守熙:《百济语研究概要之四 —— 百济后期的语言》,《当代韩国》,1998 年第 2 期。
都兴智:《试论汉书文化和白金宝文化》,《北方文物》,1986 年第 4 期。
樊远生:《高句丽民族的探讨》,《博物馆研究》,1987 年第 3 期。
范树梁:《关于箕氏朝鲜的两个问题》,《辽金史论丛 —— 纪念张博泉教授逝世三周年论文集》,吉林人民出版社 2003 年版。
干志耿、耿秀仁:《关于鲜卑早期历史及其考古遗存的几个问题》,《民族研究》,1982 年第 1 期。
干志耿:《古代橐离研究》,《民族研究》,1984 年第 2 期。
高福顺:《〈高丽记〉所记高句丽官制体系的初步研究》,《黑土地的古代文明》,远方出版社 2000 年。
高福顺:《试论汉魏时期高句丽政权的统辖区域》,《东疆学刊》,2001 年第 4 期。
高福顺:《高句丽官制中的"加"》,《东北史地》,2004 年第 8 期。
耿铁华:《高句丽起源和建国问题探索》,《求是学刊》,1986 年第 1 期。
耿铁华:《高句丽渔猎经济初探》,《博物馆研究》,1986 年第 3 期。
耿铁华:《高句丽人的婚姻和家庭》,《延边大学学报》,1996 年第 3 期。
耿铁华:《高句丽国王名号相似现象的分析》,《北方文物》,1999 年第 4 期。
顾铭学:《〈魏志·高句丽传〉考释(上)》,《学术研究丛刊》,1981 年第 1 期。
郭锋:《关于秃发南凉早期历史的几个问题》,《兰州学刊》,1986 年第 4 期。
韩今玉:《韩国学者关于百济初期史可信性的研究》,《世界史研究动态》,1993 年第 5 期。
郝思德:《白金宝文化初探》,《求是学刊》,1982 年第 5 期。
何德章:《鲜卑代国的成长与拓跋鲜卑初期汉化》,《武汉大学学报》,2001 年第 1 期。
何光岳:《鲜卑族的来源与迁徙》,《黑龙江文物丛刊》,1984 年第 4 期。
何天明:《试论鲜卑族的迁徙及其社会进步》,《黑龙江民族丛刊》,1994 年第 3 期。
何天明:《北都盛乐与拓跋鲜卑的代政权》,《北方文物》,1998 年第 2 期。
黑龙江省文物考古研究所、吉林大学历史系考古专业:《黑龙江肇源白金宝遗址 1986 年发掘简报》,《北方文物》,1997 年第 4 期。

胡小鹏：《论吐谷浑民族的形成及其特点》，《西北师范大学学报》，1992 年第 4 期。

黄烈：《拓跋鲜卑早期国家的形成》，《魏晋隋唐史论集》第二辑，中国社会科学出版社 1984 年版。

贾伟明：《关于白金宝类型分期的探索》，《北方文物》，1986 年第 1 期。

江洁：《内蒙古地区鲜卑墓葬的发现与研究》，《考古与文物》，2004 年第 6 期。

姜孟山：《试论高句丽族的源流及其早期国家》，《朝鲜史研究》，1983 年第 5 期。

姜孟山：《论高句丽国家的社会性质》，载《朝鲜中世纪研究》，延边大学出版社 1987 年版。

[朝鲜] 姜仁淑：《关于先行于高句丽的古代国家句丽》，《东北亚历史与考古信息》，1992 年第 1 期。

[朝鲜] 姜仁淑：《高句丽的封建土地所有关系》，《东北亚历史与考古信息》，1998 年第 2 期。

姜维东：《高句丽文化渊源概论》，《社会科学战线》，2004 年第 6 期。

姜维东：《从夫余、高句丽官制中的"加"看夫余玉文化与红山文化的关系》，《全国首届高句丽学术研讨会论文集》。

姜维东：《中原王朝对高句丽的册封制度研究》，《东北史地》，2004 年第 5 期。

姜维公：《高句丽的灵星祭祀》，《北方民族》，2001 年第 2 期。

姜维公：《历代汉族移民对高句丽经济的影响》，《东北史地》，2004 年第 3 期。

姜维公：《南朝与北朝对高句丽政策的比较研究》，《中国边疆史地研究》，2004 年第 4 期。

姜维公：《北魏灭燕对海东局势的影响》，《北朝史研究》，商务印书馆 2004 年版。

姜维公、姜维东：《〈高丽记〉成书时间及作者考》，《古籍整理研究学刊》，1998 年第 2 期。

[韩] 金成淑：《试论慕容鲜卑的形成》，《辽宁大学学报》，1998 年第 3 期。

[日] 今西龙：《箕氏朝鲜传说考》，《东北亚历史与考古信息》，1999 年第 2 期。

金宪淑：《"百济略有辽西"记事初探》，《延边大学学报》，2000 年第 3 期。

[韩] 金在善：《高句丽职官考》，《中央民族大学学报》，1998 年第 5 期。

靳维柏：《关于鲜卑早期文化的再认识》，《北方文物》，1988 年第 3 期。

[日] 井上秀松：《高句丽的祭祀礼仪》，《黑龙江民族丛刊》，1990 年第 3 期。

景有泉：《汉晋之际鲜卑宇文部"九世大人"世系考》，《东北师范大学学报》，1988 年第 2 期。

康家兴：《浑江中游的考古调查》，《考古通讯》，1956 年第 6 期。

孔令平：《实事求是地对待摩尔根模式》，《中国社会科学》，1989 年第 5 期。

李炳海：《夫余神话中的中土文化因子——兼论夫余王解慕漱系中土流人》，《民族文学研究》，2002 年第 1 期。

[韩] 李丙焘：《汉四郡的设置及其变迁》，姜维公、高福顺：《中朝关系史译文集》，吉林文史出版社 2001 年版。

李成德：《试析百济国家的社会性质》，《史学月刊》，1987 年第 4 期。

[日] 李成市：《高句丽的建国传说与王权》，《博物馆研究》，1995 年第 4 期。

李大龙：《关于高句丽侯骀的几个问题》，《学习与探索》，2003 年第 5 期。

李德山：《夫余起源新论》，《社会科学战线》，1991 年第 2 期。

李德山：《高句丽族称及其族属考辨》，《社会科学战线》，1992 年第 1 期。

李德山：《试论鲜卑史研究中的几个问题》，《社会科学战线》，1993 年第 2 期。

李殿福：《汉代夫余文化刍议》，《东北亚研究 —— 东北考古研究（二）》，中州古籍出版社 1994 年版。

李殿福：《高句丽民族的形成、发展与解体》，《东北亚研究 —— 东北考古研究（二）》，中州古籍出版社 1994 年版。

李东源：《通过好太王碑看朱蒙建立高句丽国的年代》，《延边大学学报》，1999 年第 1 期。

李海叶：《汉士族与慕容氏政权》，《魏晋南北朝隋唐史》，2002 年第 1 期。

李宏伟：《两种国家起源模式的比较研究 —— 国家起源道路新探》，《中央民族大学学报》，2003 年第 2 期。

李健才：《夫余的疆域和王城》，《社会科学战线》，1982 年第 4 期。

李健才：《三论北夫余、东夫余即夫余的问题》，《社会科学战线》，2000 年第 6 期。

李强：《沃沮、东沃沮考略》，《北方文物》，1986 年第 1 期。

李黔宁：《近年来关于酋邦问题讨论综述》，《中国史研究动态》，2000 年第 4 期。

李书吉：《北魏前期的经济形态和社会性质 —— 兼论北魏模式》，《中国经济史研究》，2002 年第 2 期。

李淑英、耿铁华：《高句丽建国时间考论》，《学习与探索》，2004 年第 3 期。

李淑英、耿铁华：《两汉时期高句丽的封国地位》，《中国边疆史地研究》，2004 年第 4 期。

李树林：《千年"神鳖"现古国：通化"王八脖子"遗址探秘》，《吉林日报》，2004 年 11 月 16 日。

李天雪、汤夺先：《略论吐谷浑的游牧型商业经济及对其外交政策的影响》，《青海民族学院学报》，2002 年第 4 期。

李兴盛：《乌兰察布盟鲜卑墓葬综述 —— 兼谈乌盟地区鲜卑墓的年代》，《内蒙古文物考古》，2003 年第 1 期。

李逸友：《扎赉诺尔古墓为拓跋鲜卑遗迹论》，载《中国考古学会第一次年会论文集（1979）》，文物出版社 1980 年版。

[朝鲜] 李趾麟：《夫余考》，《东北亚历史与考古信息》，2002 年第 1 期。

李志敏：《魏晋六朝"杂胡"之称释义问题》，《民族研究》，1996 年第 1 期。

李志敏：《嘎仙洞的发现与拓跋魏发祥地问题》，《中国史研究》，2002 年第 1 期。

梁志龙：《高句丽南北道新探》，《社会科学战线》，1995 年第 1 期。

梁志龙：《高句丽史札五则》，《博物馆研究》，1996 年第 3 期。

梁志龙：《高句丽名称考释》，《辽海文物学刊》，1996 年第 1 期。

梁志龙：《朱蒙考源》，《社会科学战线》，1997 年第 5 期。

梁志龙：《高句丽隧神考》，《北方文物》，2001 年第 4 期。

林干：《鲜卑拓跋、秃发、乞伏三部的早期历史及其南迁路线的初步探索》，《北方文物》，1989 年第 3 期。
林沄：《说"貊"》，《史学集刊》，1999 年第 4 期。
林沄：《甲骨文中所见的商代方国联盟》，《古文字研究》第 6 辑，1982 年。
林沄：《关于中国早期国家形式的几个问题》，《吉林大学社会科学学报》，1986 年第 6 期。
林沄：《夫余史地再探讨》，《北方文物》，1999 年第 4 期。
刘高潮、姚东玉：《"日种"说与匈奴之族源 —— 兼论夫余王族属东胡系统》，《求是学刊》，1988 年第 4 期。
刘国石：《鲜卑慕容氏与赵魏士族》，《吉林大学社会科学学报》，1997 年第 5 期。
刘景义：《古夫余农牧业探索》，《农业考古》，1991 年第 3 期。
刘矩：《高句丽相权考》，《北方文物》，2003 年第 3 期。
刘庆：《别种杂说》，《北方文物》，1988 年第 1 期。
刘永智：《"百济略有辽西"辩》，《学术研究丛刊》，1983 年第 4 期。
刘永智：《〈三国史记·高句丽本纪〉校评》，《社会科学战线》，2000 年第 6 期。
刘展、李彦君：《黑龙江省巴彦县王八脖子山遗址考古调查简报》，《北方文物》，1995 年第 1 期。
刘子敏：《高句丽新大王伯固考》，《延边大学学报》，1995 年第 3 期。
刘子敏：《高句丽疆域沿革考辨》，《社会科学战线》，2001 年第 4 期。
刘子敏：《朱蒙之死新探 —— 兼说高句丽迁都"国内"》，《北方文物》，2002 年第 4 期。
刘子敏：《高句丽族源研究》，《社会科学战线》，2002 年第 5 期。
刘子敏：《驳〈"百济略有辽西"记事初探〉》，《延边大学学报》，2003 年第 1 期。
吕光天：《论摩尔根的原始社会史分期 —— 兼与杨堃先生商榷》，《学术研究》，1964 年第 6 期。
栾兆鹏：《从考古学上看汉代夫余国的社会经济》，《博物馆研究》，1995 年第 1 期。
罗新：《北魏直勤考》，《历史研究》，2004 年第 5 期。
马曼丽：《论吐谷浑与周邻的关系》，《甘肃社会科学》，1987 年第 4 期。
马曼丽、何俊芳：《魏晋时期鲜卑的西进》，《新疆社会科学》，1988 年第 5 期。
米文平：《鲜卑石室的发现与初步研究》，《文物》，1981 年第 2 期。
米文平：《鲜卑石室所关诸地理问题》，《民族研究》，1982 年第 4 期。
莫任南：《匈奴、乌桓的"落"究竟指什么？》，《民族研究》，1994 年第 1 期。
慕勒著，郭向东、容真译：《吐谷浑文化概况》，《西北民族研究》，1989 年第 2 期。
内蒙古自治区文物工作队：《内蒙古陈巴尔虎旗完工古墓清理简报》，《考古》，1965 年第 6 期。
内蒙古文物工作队：《内蒙古扎赉诺尔古墓群发掘简报》，《考古》，1961 年第 12 期。
潘其风、韩康信：《东汉北方草原游牧民族人骨的研究》，《考古学报》，1982 年第 1 期。

朴灿奎：《王莽朝高句丽记事的诸史料辨析——王莽朝高句丽记事与高句丽侯騊考》，《延边大学学报》，2000年第3—4期。

朴灿奎：《高句丽太祖王宫考》，《东疆学刊》，2000年第4期。

朴灿奎：《高句丽之新大王和故国川王考》，《东疆学刊》，2001年第1期。

朴灿奎：《高句丽之"下户"性质考》，《东疆学刊》，2003年第3期。

朴真奭著，李东源译：《通过好太王碑看朱蒙建立高句丽国的年代》，《延边大学学报》，1999年第1期。

朴真奭：《关于高句丽存在山上王与否的问题——与杨通方同志商榷》，《世界历史》，1989年第2期。

乔梁、杨晶：《早期拓跋鲜卑遗存试析》，《内蒙古文物考古》，2003年第2期。

钱国旗：《民族融合的良性发展模式——论南迁拓跋鲜卑与汉族的融合》，《民族研究》，1998年第4期。

钱国旗：《拓跋鲜卑的南迁及其对鲜汉民族融合的影响》，《江苏社会科学》，1995年第2期。

秦升阳：《高句丽的军事扩张及其疆域变迁》，《通化师范学院学报》，2003年第1期。

邱久荣：《鲜卑段部世系考略》，《社会科学战线》，1985年第1期。

任传兴：《高句丽先都考》，《满族研究》，1994年第4期。

日知：《〈家庭、私有制和国家的起源〉1884年第一版序言和恩格斯1884年的一条遗稿》，《云南民族学院学报》，1985年第1期。

三江：《汉魏夫余史地考略》，《北方文物》，1988年第1期。

沈祯云：《吐谷浑官制略论》，《敦煌学辑刊》，1997年第2期。

舒顺林：《"匈奴故地"初探》，《内蒙古社会科学》，1983年第1期。

舒顺林：《拓跋鲜卑的南迁与其在我国历史上的作用》，《内蒙古师范大学学报》，1984年第4期。

宋福娟：《高句丽与北方民族的融合》，《通化师范学院学报》，2003年第1期。

宋新潮：《匈奴早期活动地域考》，《民族研究》，1993年第6期。

宿白：《东北、内蒙古地区的鲜卑遗迹——鲜卑遗迹辑录之一》，《文物》，1977年第5期。

宿白：《盛乐、平城一带的拓跋鲜卑—北魏遗迹——鲜卑遗迹辑录之二》，《文物》，1977年第11期。

孙进己：《高句丽的起源及前高句丽文化的研究》，《社会科学战线》，2002年第2期。

孙进己：《鲜卑源流考》，《黑龙江文物丛刊》，1982年第3期。

孙进己、艾生武：《关于高句丽社会性质的几个问题》，《朝鲜史通讯》，1982年第4期。

孙进己、艾生武、庄严：《渤海的族源》，《学习与探索》，1982年第5期。

孙进己、张志立：《秽貊文化的探索》，《辽海文物学刊》，1986年创刊号。

孙危：《内蒙古地区鲜卑墓葬的初步研究》，《内蒙古文物考古》，2001 年第 1 期。

［朝鲜］孙永钟：《高句丽建国年代的再探讨》，《东北亚历史与考古信息》，1991 年第 1 期。

孙玉良：《高句丽社会性质浅析》，《博物馆研究》，1984 年第 1 期。

孙正甲：《夫余源流辨析》，《学习与探索》，1984 年第 6 期。

孙子溪：《白部新释》，《山西地方志论丛》第一辑，山西人民出版社 1985 年版。

谭乐山：《对杂交血缘群婚和马来亚亲属制的质疑》，《民族学研究》第二辑，民族出版社 1981 年版。

唐长孺：《拓跋国家的建立及其封建化》，《魏晋南北朝史论丛》，生活·读书·新知三联书店 1955 年版。

田刚：《嘎仙洞与拓跋鲜卑的历史发展》，《黑龙江民族丛刊》，2004 年第 4 期。

田远：《评李亚农同志关于拓跋族社会历史的著作》，《历史研究》，1956 年第 11 期。

田中华：《考古资料所反映的拓跋鲜卑迁徙》，《文博》，1985 年第 3 期。

陶克涛：《论嘎仙洞刻石》，《民族研究》，1991 年第 6 期。

童恩正：《摩尔根的模式与中国的原始社会史研究》，《中国社会科学》，1988 年第 3 期。

童恩正：《有关文明起源的几个问题》，《考古》，1989 年第 1 期。

王和：《走出部落联盟——读谢维扬著〈中国早期国家〉》，《历史研究》，1999 年第 1 期。

王健群：《高句丽族属探源》，《学习与探索》，1987 年第 6 期。

王健群：《玄菟郡的西迁与高句丽的发展》，《社会科学战线》，1987 年第 2 期。

王俊杰：《魏晋南北朝的鲜卑是不是一个民族》，《西北师范学院学报》，1985 年第 3 期。

王可宾：《匈奴左地与姑夕王驻地》，《黑龙江文物丛刊》，1984 年第 2 期。

王绵厚：《高句丽的城邑制度与都城》，《辽海文物学刊》，1997 年第 2 期。

王绵厚：《关于通化万发拨子遗址的考古与民族学考察》，《北方文物》，2001 年第 3 期。

王绵厚：《高句丽的城邑制度与山城》，《社会科学战线》，2001 年第 4 期。

王绵厚：《高夷、濊貊与高句丽——再论高句丽族源主体为先秦之"高夷"即辽东"二江"流域"貊"部说》，《社会科学战线》，2002 年第 5 期。

王培新：《檀君陵发掘质疑》，《东北亚历史与考古信息》，1994 年第 2 期。

王万盈：《论拓跋鲜卑民族的形成》，《北朝研究》，1997 年第 1 期。

王万盈：《论拓跋鲜卑民族的融合》，《西北师范大学学报》，2001 年第 6 期。

王希恩：《白部考述》，《中央民族学院学报》，1992 年第 3 期。

王晓南：《高句丽的起源问题再论》，《通化师范学院学报》，2002 年第 6 期。

王禹浪、李彦君：《北夷"索离"国及其夫余初期王城新考》，《黑龙江民族丛刊》，2003 年第 1 期。

王颋:《室韦的族源》,《内蒙古社会科学》,1984年第3期。
王兆明:《东北古代夫余的活动中心及有关问题——兼与张博泉同志商榷》,《东北师范大学学报》,1983年第4期。
王宗维:《秦汉西羌的部落和部落组织》,《西北历史研究》1988年号,三秦出版社1990年版。
卫广来:《东汉鲜卑起源断想》,《南都学刊》,1993年第1期。
温玉成:《高句丽"相之国"》,《北方文物》,2004年第3期。
乌恩:《论匈奴考古研究中的几个问题》,《考古学报》,1990年第4期。
乌其拉图:《〈南齐书〉中部分拓跋鲜卑语名词的复原考释》,《内蒙古社会科学》,2002年第6期。
[韩]吴江原:《关于北韩学界最近提出的古朝鲜"新平壤说"——以"檀君陵"发掘及南北韩学界的论争为中心》,《东北亚考古资料译文集·高句丽、渤海专号》,北方文物杂志社2001年版。
[日]武田幸男:《牟头娄一族与高句丽王权》,《东北亚考古与信息》,1986年第4期。
[日]武田幸男:《朝鲜各古代国家的形成》,姜维公、高福顺:《中朝关系史译文集》,吉林文史出版社2001年版。
谢维扬:《中国国家形成过程中的酋邦》,《华东师范大学学报》,1987年第5期。
徐德源:《高句丽社会性质问题的综合述评》,《辽宁大学学报》,1982年第6期。
徐国栋:《家庭、国家和方法论——现代学者对摩尔根〈古代社会〉和恩格斯〈家庭、私有制和国家的起源〉之批评百年综述》,《中外法学》,2002年第2期。
徐美莉:《试论北魏前期的官员薪酬分配模式》,《民族研究》,2003年第6期。
许宪范:《"高句丽"名称由来及其民族形成》,《延边大学学报》,1985年第2期。
杨军:《秽与貊》,《烟台师范学院学报》,1996年第4期。
杨军:《也谈高句丽柳花神话》,《社会科学战线》,2001年第1期。
杨军:《夫余族源考》,《东北地方史研究动态》,2001年第1期。
杨军:《从夫余南下看百济国族源》,《北方民族》,2001年第2期。
杨军:《辰国考》,《北方文物》,2001年第3期。
杨军:《高句丽五部研究》,《吉林大学社科学报》,2001年第4期。
杨军:《高句丽中央官制研究》,《黑龙江民族丛刊》,2001年第4期。
杨军:《高句丽地方统治结构研究》,《史学集刊》,2002年第1期。
杨军:《高句丽族属溯源》,《社会科学战线》,2002年第2期。
杨军:《公元前朝鲜半岛的民族迁徙与融合》,《东北亚论坛》,2002年第3期。
杨军:《汉四郡的民族构成》,《北方民族》,2002年第3期。
杨军:《秽国考》,《黑龙江民族丛刊》,2004年第1期。
杨军:《中国与古代东亚国际体系》,《吉林大学社科学报》,2004年第2期。
杨军:《高句丽名义考》,《东北史地》,2004年第5期。
杨堃:《关于摩尔根的原始社会史分期法的重新估价问题》,《学术研究》,1964

年第 3 期。

杨茂盛：《试论吐谷浑汗国长期存在的原因》，《北方文物》，1995 年第 3 期。

杨茂盛、郭红卫：《试论宗族部族汗国吐谷浑》，《民族研究》，1995 年第 4 期。

杨少卫：《鲜卑拓跋魏前期农牧业地位之比较》，《首都师范大学学报》，1997 年第 2 期。

杨通方：《高句丽不存在山上王优延其人——论朝鲜〈三国史记〉有关高句丽君主世系问题》，《世界历史》，1981 年第 3 期。

杨永俊：《论拓跋鲜卑的西郊祭天》，《民族研究》，2002 年第 2 期。《论北魏的西郊祭天制度》，《兰州大学学报》，2002 年第 2 期。

杨永俊：《论拓跋鲜卑的原始祭天》，《西北民族学院学报》，2002 年第 6 期。

杨永俊：《拓跋传统祭天时地考》，《甘肃社会科学》，2002 年第 6 期。

杨永俊：《拓跋鲜卑祭天礼俗探源》，《寻根》，2002 年第 6 期。

[苏联] 伊·恩·文尼科夫：《恩格斯"家庭、私有制和国家的起源"一书的第一版和第四版》，《民族问题译丛》，1956 年第 5 期。

易建平：《论古代非专制政治地区发展的差异》，《历史研究》，1998 年第 6 期。

易建平：《部落联盟模式、酋邦模式与对外战争问题》，《史学理论研究》，2000 年第 4 期。

易建平：《部落联盟模式与希腊罗马早期社会权力结构》，《世界历史》，2000 年第 6 期。

易建平：《祖鲁与酋邦模式》，《四川大学学报》，2001 年第 2 期。

易建平：《酋邦与"中央集权"》，《史林》，2001 年第 4 期。

易建平：《伦斯基的园耕社会理论与谢维扬的酋邦学说》，《世界历史》，2001 年第 4 期。

易建平：《战争与文化演进：卡内罗的限制理论》，《史学理论研究》，2001 年第 4 期。

易建平：《酋邦与专制政治》，《历史研究》，2001 年第 5 期。

易建平：《部落联盟还是民族——对摩尔根和恩格斯有关论述的再思考》，《历史研究》，2003 年第 5 期。

[韩] 余昊奎：《三世纪后期—四世纪前期高句丽的交通道与地方统治组织——以南道和北道为中心》，《东北亚历史与考古信息》，2000 年第 1 期。

展立新：《摩尔根理论批判》，《广西师范学院学报》，2003 年第 3 期。

尹国有：《高句丽墓室壁画中的鸟图腾》，《北方民族》，1997 年第 1 期。

张碧波：《高句丽文化渊源考》，《北方文物》，1998 年第 1 期。

张博泉：《夫余史地丛说》，《社会科学辑刊》，1981 年第 6 期。

张博泉：《〈魏书·豆莫娄传〉中的几个问题》，《黑龙江文物丛刊》，1982 年第 2 期。

张博泉：《别种刍议》，《社会科学战线》，1983 年第 4 期。

张博泉：《关于夫余史地研究的问题：复王兆明同志信》，《东北师范大学学报》，

1984 年第 3 期。

张博泉：《试论我国北方民族政权类型的划分》，《学习与探索》，1987 年第 1 期。

张博泉：《高句丽的名称、族属与一体结构》，《龙江社会科学》，1992 年第 6 期。

张博泉：《嘎仙洞刻石与对拓跋鲜卑史源的研究》，《黑龙江民族丛刊》，1993 年第 1 期。

张博泉：《箕子"八条之教"的研究》，《史学集刊》，1995 年第 1 期。

张博泉：《高句丽五部与统一的民族和国家》，《黑龙江社会科学》，1996 年第 1 期。

张博泉：《夫余社会与一体结构》，《史学集刊》，1997 年第 4 期。

张博泉：《高句丽社会性质研究》，《黑龙江社会科学》，1997 年第 4 期。

张博泉：《关于箕子、朝鲜侯东迁及高丽、辽东之地问题之我见 —— 兼与李健才先生商讨》，《博物馆研究》，1998 年第 1 期。

张博泉：《夫余的地理环境与疆域》，《北方文物》，1998 年第 2 期。

张博泉：《高句丽与中原文明》，《社会科学战线》，1998 年第 5 期。

张博泉：《北夫余与东夫余史地考略》，《史学集刊》，1999 年第 4 期。

张博泉：《箕子与朝鲜研究的问题》，《吉林大学社科学报》，2000 年第 3 期。

张博泉：《汉魏夫余史地研究综述 —— 兼与林沄先生商讨》，《黑土地的古代文明》，远方出版社 2000 年版。

张昌熙：《东夫余及其地区初探》，《延边大学学报》，1986 年第 4 期。

张广志：《鲜卑拓跋部与奴隶制 —— "从少数民族史看初始阶级社会的非奴隶制性质"专题研究之二》，《青海师范学院学报》，1983 年第 1 期。

张国庆：《略论汉武帝对乌桓和对濊、东沃沮、高句丽的不同治理方式》，《沈阳师范学院学报》，1988 年第 3 期。

张金龙：《拓跋珪"元从二十一人"考》，《北朝研究》，1995 年第 1 期。

张金龙：《文成帝〈南巡碑〉所见北魏前期禁卫武官制度》，《民族研究》，2003 年第 4 期。

张久和：《两晋十六国时期慕容鲜卑与高句丽的关系》，《黑龙江民族丛刊》，2003 年第 3 期。

张庆捷、郭春梅：《北魏文成帝〈南巡碑〉所见拓跋职官初探》，《中国史研究》，1999 年第 2 期。

张书城：《拓跋魏系李陵之后小考》，《兰州大学学报》，1990 年第 2 期。

张泰湘、范忠泽、王世杰：《从最新考古学成就看鲜卑族的渊流与发展》，《黑龙江民族丛刊》，2003 年第 2 期。

张泰湘、邹越华：《从考古学材料看历史上的夫余、沃沮人》，《黑龙江民族丛刊》，2002 年第 4 期。

张维训：《论鲜卑拓跋族由游牧社会走向农业社会的历史转变》，《中国社会经济史研究》，1985 年第 3 期。

张小虎：《拓跋鲜卑早期的权力继承》，《西北师范大学学报》，2000 年第 4 期。

张旭华：《试论北魏前期的奴隶主贵族官职世袭制》，《郑州大学学报》，1997 年第 4 期。

赵红梅：《夫余、马韩、邪马台三国"下户"之比较》，《东疆学刊》，2001 年第 3 期。

赵越：《内蒙古额右旗拉布达林发现鲜卑墓》，《考古》，1990 年第 10 期。

赵展：《试论高句丽的社会制度》，《中央民族大学学报》，1999 年第 4 期。

郑丽慧、朱泓：《内蒙古七郎山魏晋时期鲜卑墓葬人骨研究》，《内蒙古文物考古》，2003 年第 1 期。

郑小容：《慕容鲜卑汉化问题初探》，《文献》，1990 年第 2 期。

郑英德：《室韦地理新探》，《社会科学辑刊》，1983 年第 4 期。

周伟洲：《魏晋十六国时期鲜卑族向西北地区的迁徙及其分布》，《民族研究》，1983 年第 5 期。

周伟洲：《关于吐谷浑的来源、迁徙和名称诸问题》，《西北史地》，1983 年第 3 期。

周向永：《"鲜卑"涵义考纲》，《博物馆研究》，2000 年第 3 期。

周一良：《领民酋长与六州都督》，《魏晋南北朝史论集》，中华书局 1963 年版。

周一良：《关于崔浩国史之狱》，《中华文史论丛》1980 年第 4 辑，上海古籍出版社 1980 年版。

朱本源：《关于〈家庭、私有制和国家的起源〉汉语译文的若干问题》，《陕西师范大学学报》，1978 年第 4 期。

朱泓：《人种学上的匈奴、鲜卑与契丹》，《北方文物》，1994 年第 2 期。

朱泓：《从扎赉诺尔汉代居民的体质差异探讨鲜卑族的人种构成》，《北方文物》，1989 年第 2 期。

朱永刚：《松嫩平原先白金宝文化遗存的发现与研究》，《北方文物》，1998 年第 1 期。

朱永刚：《肇源白金宝遗址第三次发掘与松嫩平原汉代以前古文化遗存的年代序列》，《吉林大学社科学报》，1998 年第 2 期。

索 引

A

阿豺 15, 248, 249
阿阑豁阿 72
安帝 45-47, 56, 142
安胜 41, 137
安同 196, 197
安原王（宝延、延）89, 130, 131, 133-136, 138
安臧（藏）王（兴安、安）40, 89, 130-132, 134-136, 138
卬 31, 52

B

拔奇 97, 100
拔位使者 118, 119
白部 95, 150, 177-179, 186, 256
白圭 79
白霤 53
百济 7, 8, 98, 233, 236-241
宝臧王（臧）131, 138
北部大人 159, 168
北夫余 32-35, 37, 60, 237
北沃沮 89, 90, 101
弁韩 239
不过节 119
步度根 149, 172
部落联盟 2, 3, 5, 6, 44, 57, 62, 75, 76, 86, 144, 153, 170, 173, 182, 183, 196, 203, 205, 206, 209, 210, 216, 217, 220, 229, 231, 257, 258, 260, 261

C

仓助利 100, 115
曹操 59
昌意 11, 18, 19, 21, 24
长寿王（琏、连）39, 40, 117, 120, 125, 130-138
成帝（毛）11-13, 16, 17, 19, 22-25, 42, 44-48, 51, 53, 55, 56, 170
叱列伏龟 156, 157
叱列平 155, 156
叱列延庆 155, 156
叱鍮石 157
处间 122, 123
椽那部 59, 60, 65, 108, 109, 115, 116
幢将 193
次大王（遂成）40, 89, 100, 108, 115, 116, 130, 133, 134, 136, 138
崔宏 22, 23

D

达末娄 37
大对卢 116, 117, 119
大夫使者 118, 119

大辅 106, 108, 114, 121

大邗城 22

大加 90, 91, 93, 96, 109, 110, 113-115, 118, 120, 122, 136, 234

大使 60-62, 234

大使者 60, 62, 115, 117-119, 234

大武神王（大朱留王、无恤、如栗）38-40, 41, 68, 89, 99, 101, 105, 108, 109, 114, 115, 121, 124, 131-133, 137, 138

大鲜卑山 17, 18, 22, 23, 25

大兴安岭 1, 10, 11, 17, 23, 25, 37, 41, 62, 75, 144, 145

大兄 96, 117, 118

大兄加 119

大泽 10, 11, 17, 23, 24, 44, 45, 50, 55-57, 62, 68, 71, 73-76, 145, 170, 174

党项 53

道武帝 22, 159, 164, 168, 193

第二推寅 10, 11, 26-28

东川王（位宫、优位居、郊彘）40, 59, 112, 115, 129, 130, 133, 134, 138

东夫余 10, 32-38, 41, 60, 63, 66, 75, 76, 128, 237

东明圣王（朱蒙、邹牟）1, 33, 35-41, 58, 60, 63-67, 75, 77-79, 84, 88-92, 95-103, 106, 107, 113, 114, 120, 121, 124-129, 131-133, 137, 139, 237, 262

东沃沮 89, 90

豆卢氏 49, 50

豆莫娄 37

都蛙锁豁儿 72

独孤部 178, 202

对卢 90, 113, 116-118

对偶制（家庭）213, 214, 220

敦煌 26, 27, 148, 173

多妻制 68, 71

多勿部 59, 60, 115

朵奔蔑儿干 72

F

范班 161

沸流部 59, 60, 63, 65, 68, 89, 97, 105, 107-110, 115, 116, 120, 121, 124

沸流水 41, 100, 104

焚求 106, 108, 109, 121

烽上王（雉葛、相夫、歃矢娄）94, 100, 115, 118, 134, 138

夫余 8, 28, 31, 33, 35, 36, 43, 62, 63, 77, 78, 97, 103, 233-240, 255

伏连筹 15, 248-251

扶芬奴 101, 107

扶罗韩 149, 172

苻坚 163-165, 179, 186-188, 199

父家长制（大家庭、家庭）67, 68, 71, 73, 75, 80, 81, 83, 84, 92, 111, 126, 148, 154, 200, 213, 215, 220, 229, 232, 251, 263, 264, 266

负鼎氏 104, 105

G

嘎仙洞 11, 23-25

高车 48, 57, 71, 144, 145, 166, 167, 175, 201

高惠贞 96, 122

高句丽县 41, 62, 64, 86, 88, 101, 113, 116, 138-140

高钦 158

高延寿 96

高佑 19

功曹 85-87

狗加 60, 62, 234

孤 158

古雏加 89-91, 113, 115, 116

谷守 94, 96, 121, 123

故国川王（男武、伊夷模）40, 59, 65, 89, 93, 100, 108, 109, 112, 115, 116, 129, 133, 134, 138

故国壤王（伊连、于只支、安）138

故国原王（国冈上王、斯由、刘、钊）40,
　98, 100, 130, 132, 134, 138
怪由 104, 105
毌丘俭 130, 134
贯那部 59, 60, 97, 101, 115
灌奴部 58-60, 95, 115
广开土王（谈德）138
广漠 19
桂娄部 58-60, 95
过节 119

H

好太王 36, 39, 40, 131-133, 136
好童 99
和连 149, 172
贺兰部 166, 167, 178, 183, 184, 193
侯莫陈氏 47
后部军主 96
呼伦贝尔 17, 25, 42-44, 55, 57, 145
呼伦湖 17, 43, 144-146, 154, 173, 174, 201
桓帝 22, 130, 152, 154, 162, 176, 178, 182-184
桓那部 59, 60, 97, 101, 115
黄帝 11, 18-24
回鹘 53
秽貊 34, 35, 60, 63, 64, 136
浑江流域 1, 42, 66, 76, 78, 80, 81, 84, 85, 87, 88, 92, 93, 95, 97, 103, 107, 111, 125, 127, 139, 255, 262

J

姬澹 160-163, 199
箕氏朝鲜 6, 81, 83, 84, 111
箕子 6, 81-83
迦叶原 34, 37
家户经济 213-216
接续婚 71
金蛙 33, 66, 67

沮渠蒙逊 23
涓（消）奴部 58-60, 95, 100, 115
绝奴部 58-60, 65, 115
厥机 148

K

轲比能 148-150, 153, 171, 173, 174, 203
可逻达 122, 123
库狄干 156, 159, 167, 168
库莫奚 37
库贤 151, 189, 190, 192
魁头 149, 172

L

李敖 36, 38, 39
李彪 19
理大夫 96
利鹿孤 243
辽东郡 130, 134, 172
烈帝（翳槐）12, 13, 184
刘虎 179, 180
刘库仁 159, 164, 165, 188, 194
刘琨 160, 161
刘猛 179, 180
刘卫辰 164, 165, 187, 188
琉璃明王（儒留、孺留、类利、始闻谐、闾达）38-41, 43, 48, 66, 67, 89, 93, 98, 99, 101, 106-108, 114, 116, 120, 124, 131, 133, 134, 137-140, 150, 262
柳花 66, 67
六修 158, 160, 161, 163, 182, 199
娄肖 122, 123

M

麻卢 104, 105
马韩 237, 239, 240
马加 60, 62, 234
美川王（好壤王、乙弗、乙弗利、忧弗）

40, 100, 112, 130, 133, 134, 138
弥加 148
弥儒 115, 116
密友 112
闵中王 39, 41, 93, 99, 124, 133, 138
明临答夫 65, 112, 115, 116
明元帝 197
摩离 60, 63, 64, 67, 101, 140
没鹿回部 148-151, 153, 167, 178, 242
莫含 161, 182, 183, 192, 195
莫护跋 53, 249
莫槐 14, 177
莫来 38-40, 131-134, 137, 138
靺鞨 24, 25, 53, 63, 122, 135, 238
默居 64, 65, 100, 102, 103, 105
慕本王（解忧、解爱娄）39, 99, 100, 124, 133, 134, 138
慕璝 15, 247, 248, 250, 251
慕利延 15, 247-249
慕容部 14, 49, 52, 150, 158, 178, 245
慕容涉 246
慕容廆 14, 130, 158, 245, 249
慕容鲜卑 16, 241, 246, 249
穆帝 153, 154, 158-164, 176, 178-187, 191-193, 195, 198, 199, 202, 203, 262

N

南凉 242-245
南沃沮 89, 90
南匈奴 72, 130, 180
嫩江 11, 25, 35-37, 53
牛加 60-62, 234
耨（褥）萨 96, 117, 122, 123

P

潘六奚 157
沛者 90, 101, 113, 115, 116, 118, 119
匹孤 15, 242

平帝（绰）12, 14, 175, 177, 178
平壤（城）6, 36, 38
平文帝 141, 183, 184
平原王（平冈上好王、阳成、汤）89, 131, 133-136, 138
破多罗氏 47, 50
普拔 14

Q

乞得龟 14
乞伏炽磐 243
乞伏鲜卑 145, 241
契丹 37, 52, 53
骞曼 149, 172
前部军主 96
前秦 163-165, 188, 199
秦韩（辰韩）34, 240
丘不勤 14
酋邦 3-7, 205, 206, 220-227, 229-232, 261, 262
仇都 105-106, 108, 109, 121

R

忍 29, 31, 32, 51, 52
荣留王（建武）131, 133, 134, 136, 138
褥奢 118

S

沙漠汗 151, 152, 175, 179, 183, 188, 189, 200
沙勿 104, 105
山上王 89, 100, 115, 134
陕父 60, 63, 67, 106, 108, 109, 114, 120, 121, 128
上谷（郡）26, 27, 34, 147-149, 152, 176
上位使者 118, 119
尚须 105
神元皇帝（力微）6, 12-14, 16, 19, 27, 28,

46, 47, 55, 141, 144, 146, 148, 150, 152, 153, 163, 167, 175, 178-180, 186, 188, 189, 191, 192, 200, 202, 247

圣武皇帝（诘汾）12-15, 19, 21, 27, 28, 142, 146, 148, 170, 242

盛乐 43, 150, 152, 160, 176, 177, 181, 186, 262

实君 155, 158, 164, 184

拾寅 15, 247-249

使者 60, 62, 90, 91, 93, 97, 109-111, 113, 118, 120, 121, 127

始均 11-13, 16-22, 24, 170

氏族制度 142, 211-213, 215, 217, 220, 229, 230, 258-261, 264

侍郎 195, 249, 251

视罴 15, 247-249

室韦 24, 25, 37, 53

室韦乌罗护部 24

叔均 20, 21

树机能 14, 15, 243

树洛干 15, 247-249

顺奴部 58-60, 95

司马 120, 125, 130, 249, 251

思帝（弗）12, 175, 176, 183, 184

斯卑 101, 104, 105

素利 148

碎奚 15, 246

T

拓跋部 28, 145, 153, 165, 167, 168, 176, 178-183, 186, 188-190, 202, 242, 247

拓跋珪 22, 23, 51, 141, 164-168, 177, 184, 188, 190, 192-197, 199, 200

拓跋煮 23

太大使者 117, 118

太大兄 117, 119

太奢 117, 118

太祖大王（宫、于漱）39-41, 77, 89, 94,

96, 100, 101, 108, 115, 121, 123, 124, 129-134, 136, 138

檀君朝鲜 6

檀石槐 26-28, 147-149, 152, 153, 171-176, 189, 203

铁弗部 180, 187, 189

统都长 193

秃发部 14, 242-245

秃发傉檀 243, 244

秃发鲜卑 8, 14, 16, 234, 241-243, 245, 255

吐伏卢氏 49

吐延 15, 246

吐谷浑 8, 14-16, 241, 242, 245-251, 255

托利 101, 104, 105

脱罗豁罗真 72

橐离国 33-37, 43

W

外婚制 222-224

完颜部 54

王莽 40, 86, 132, 139

卫操 22, 161, 162, 182, 195, 199

卫瑾 151, 179, 188, 189

卫氏朝鲜 34, 41, 85, 86, 88, 138, 139

卫雄 160-163, 199

位头大兄 96, 118

尉那岩 43, 104, 262

尉肃 243

尉须 105

温达 112

温祚（王）98, 128, 237, 238

文咨明王（明治好王、罗云、云）40, 130, 134, 135, 137, 138

乌纥堤 15, 247

乌孤 14, 15, 244

乌桓 34, 35, 55, 57, 59, 71, 81, 160, 161, 163, 172, 176, 190

乌罗浑 24

乌洛侯 23, 24
乌伊 60, 63, 64, 67, 101, 140
乌拙 117, 118
屋句 112
武骨 64, 65, 100, 102, 103, 105
舞 29, 31, 32, 51, 52

X
西川王（药卢）100, 115, 134, 138
奚 37, 42, 43, 52, 53
奚箪 194
奚斤 47, 194, 197
瑕丘仲 37, 38
仙人 117, 118
献帝（邻）6, 16, 17, 19, 27, 45-47, 50, 51, 53-55, 57, 75, 76, 141, 144, 145, 159, 167, 170, 175, 190
小使者 117, 118
小兽林王（小解朱留王、丘夫）117, 123, 134, 138
小水貊 31
小兄 117-120
孝文帝 28, 47, 48, 51, 55, 187, 198
泄归泥 149
（解）夫娄 32-34
解慕漱 32, 33, 37, 66, 67
新大王（伯固）40, 65, 89, 100, 112, 114, 115, 129, 130, 133, 136, 138
新罗 7, 40, 137
匈奴 10, 11, 19, 23, 27, 28, 34, 35, 41, 44, 46, 48, 50, 51, 56, 57, 71, 73, 86, 132, 141, 142, 144-149, 154, 160, 170-177, 180, 190, 201, 233, 247, 255
宣帝（推寅）10, 11, 13, 16, 17, 24, 26, 27, 32, 38, 45, 170, 174, 190
玄菟郡 41, 62, 85-88, 116, 136, 138-140
薛支 43, 105, 106, 116
逊昵延 14

Y
鸭绿江 84, 85, 124
延丕 41, 132, 133
严尤 40, 41, 132, 133
阳神 108, 116
阳原王（阳刚上好王、平成、成）89, 130, 135, 138
炀帝（纥那）12, 13, 184
叶延 15, 246, 248, 249
谒奢 116, 118
乙巴素 93, 94, 108, 109, 112, 115, 117
乙素 93
逸苟 106, 108, 109, 121
意俟奢 117, 118
翳属 117, 118
阴友 115, 116
婴阳王（平阳、元、大元）138
优台 90, 98, 118, 119
幽都 18, 19, 23
右辅 114, 115
宥连氏 47
于畀留 65, 109
于刀 105
于台 91, 108, 115-117
于阗 248
宇文部 14, 152, 176-178, 183, 184
羽氏 104, 105
庾岳 194
郁折 119

Z
再思 64, 65, 100, 102, 103, 105
藻那部 97
皂衣头大兄 118, 119
皂衣先人 90, 97, 108-110, 113, 116, 118, 120, 121, 127
扎赉诺尔 17, 18, 42, 55, 56, 68, 70, 71, 73, 144

张衮 196, 197
章帝（悉鹿）12, 19, 27, 175
长史 120, 122, 123, 125, 130, 249
长孙嵩 159, 197
昭成帝（什翼犍）6, 12, 13, 141, 158, 159, 162-165, 179, 184-187, 189, 191-195, 199
昭帝 152-154, 175, 176
中川王（然弗）115, 134, 138
钟恶地 246

朱那部 97
诸兄 119
猪加 60, 62, 234
主簿 85-88, 90, 113, 116, 118, 119, 251
驺 39-41, 132-134, 137-139
卒本川 10, 77, 103, 262
卒本扶（夫）余 10, 32, 98, 237
左辅 108, 114-116
左可虑 65, 109